WITHDRAWN
HARVARD LIBRARY
WITHDRAWN

ORGANUM DEITATIS

STUDIES IN MEDIEVAL AND REFORMATION THOUGHT

EDITED BY

HEIKO A. OBERMAN, Tucson, Arizona

IN COOPERATION WITH

THOMAS A. BRADY, Jr., Berkeley, California
E. JANE DEMPSEY DOUGLASS, Princeton, New Jersey
JÜRGEN MIETHKE, Heidelberg
M. E. H. NICOLETTE MOUT, Leiden
ANDREW PETTEGREE, St. Andrews
MANFRED SCHULZE, Wuppertal
DAVID C. STEINMETZ, Durham, North Carolina

VOLUME LXII

MARCEL NIEDEN

ORGANUM DEITATIS

ORGANUM DEITATIS

DIE CHRISTOLOGIE DES THOMAS DE VIO CAJETAN

VON

MARCEL NIEDEN

BRILL
LEIDEN · NEW YORK · KÖLN
1997

This book is printed on acid-free paper.

Library of Congress Cataloging-in-Publication Data

Nieden, Marcel.
  Organum Deitatis : die Christologie des Thomas de Vio Cajetan, 1997.
    p.   cm. — (Studies in medieval and Reformation thought, ISSN 0585-6914 ; v. 62)
  Originally presented as the author's thesis—Friedrich–Alexander–Universität Erlangen–Nürnberg, 1996.
  Includes bibliographical references (p.   ) and index.
  ISBN 9004108017 (cloth : alk. paper)
  1. Jesus Christ—Person and offices—HIstory of doctrines—16th century. 2. Cajetan, Tommaso de Vio, 1469–1534—Contributions in Christology.   I. Title.   II. Series.
BT198.N438   1997
232'.092—dc21   97–16209
                                                                        CIP

Die Deutsche Bibliothek - CIP-Einheitsaufnahme

Nieden, Marcel:
Organum Deitatis : die Christologie des Thomas de Vio Cajetan / von Marcel Nieden. – Leiden ; New York ; Köln : Brill, 1997
  (Studies in medieval and reformation thought ; Vol. 62)
  Zugl.: Erlangen, Nürnberg, Univ., Diss., 1996
  ISBN 90–04–10801–7

ISSN 0585-6914
ISBN 90 04 10801 7

© *Copyright 1997 by Koninklijke Brill, Leiden, The Netherlands*

All rights reserved.
No part of this publication may be reproduced,
translated, stored in a retrieval system, or transmitted in any form
or by any means, electronic, mechanical, photocopying,
recording or otherwise, without prior written permission
from the publisher.

PRINTED IN THE NETHERLANDS

MEINEN ELTERN

INHALTSVERZEICHNIS

Vorwort xi

Abkürzungsverzeichnis xiii

I. Einleitung 1
   1. Vorbemerkung 1
   2. Zur biographischen Orientierung 2
   3. Zielsetzung, Methodik und Anlage der Arbeit 6

II. Grundbegriffe der Christo-Ontologie Cajetans 12
   1. *natura* 12
   2. *persona* 14
      2.1 Die kreatürliche Person 16
      2.2 Die göttliche Person 26
   3. *relatio* 30
      3.1 Die prädikamentale Relation 30
      3.2 Die transzendentale Relation 39

III. Die Prinzipien der Inkarnation 42
   1. Die Konvenienz der Menschwerdung 42
   2. Die Frage nach der Prädestination Christi
      als Frage nach dem Inkarnationsmotiv 48
      2.1 „*Christus praedestinatus est Filius Dei*"
          Die Auslegung von *Röm* 1,4 48
      2.2 Absolute oder bedingte Prädestination Christi? .. 52

IV. Die hypostatische Union 58
   1. Die ‚unaussprechliche' Vereinigung von Gott und Mensch
      in Jesus Christus 58
      1.1 Die Doxographie des Lombarden 58
      1.2 Die Rezeption der Subsistenztheorie 61
   2. Analogien zur hypostatischen Union 70

3. Die Einheit des Seins in Christus 75
  3.1 Die Frage nach der Natur der ‚einigenden Einheit' 75
  3.2 Cajetan und Thomas 84
4. Idiomenkommunikation und Idiomenprädikation 88

V. Der Akt der Menschwerdung Gottes 98
  1. *unio* und *assumptio* 98
  2. Der Terminus des Inkarnationsaktes 103
  3. Die menschliche Natur als Gegenstand des Inkarnationsaktes . 107
  4. Der *ordo assumptionis* 113

VI. Die Vollkommenheiten der menschlichen Natur Christi 122
  1. Gnade und hypostatische Union 122
    1.1 *gratia unionis* 122
    1.2 *gratia habitualis* 127
    1.3 *gratia capitis* 134
  2. Das menschliche Wissen Christi 138
    2.1 *scientia beata* 138
    2.2 *scientia infusa* 144
    2.3 *scientia acquisita* 150
  3. Wille und Wollen Christi 155
  4. Handeln und Wirken Christi 160
    4.1 Zum Begriff des *instrumentum*
        und der Instrumentalursächlichkeit 162
    4.2 Das Agieren von Gott und Mensch in Jesus Christus 167
  5. Christologie und Kultus 175

VII. Die Mysterien des Lebens Jesu 180
  1. *mysterium nativitatis* 180
    1.1 Die Empfängnis durch den Hl. Geist 180
    1.2 Die Geburt aus Maria 187
    1.3 Christus als Sohn Gottes und Sohn Marias 189
  2. *mysterium paschale* 194
    2.1 Passion und Tod Christi 194
    2.2 Der Gottmensch während des *triduum mortis* 202
      2.2.1 Das permanente Verbundensein der beiden
            menschlichen Teilsubstanzen mit dem Logos 202
      2.2.2 Der tote Körper Christi im Grab 207
      2.2.3 Die vom Körper separierte Seele Christi
            im *limbus patrum* 210

3. *mysterium resurrectionis* 214
    3.1 Der Körper des auferstandenen Christus 214
    3.2 Der Beginn der Königsherrschaft Christi 219
4. *mysterium exaltationis* 223
    4.1 Die Himmelfahrt 223
    4.2 Das Sitzen zur Rechten des Vaters 225

VIII. Zusammenfassung 227

Literaturverzeichnis 233

Register 241
    1. Personenregister 241
    2. Ortsregister 243
    3. Sachregister 243

VORWORT

In der vorliegenden Arbeit wird erstmals versucht, das christologische Denken des Dominikanertheologen und Luther-Inquisitors Thomas de Vio Cajetan zu analysieren und zusammenhängend darzustellen. Sie wurde im Februar 1996 von der Theologischen Fakultät der Friedrich-Alexander-Universität Erlangen-Nürnberg als Dissertationsschrift angenommen und für die Drucklegung an einigen Stellen behutsam ‚delatinisiert'.

Ihre Veröffentlichung möchte ich zum Anlaß nehmen, meinem Lehrer und Doktorvater, Herrn Professor Dr. Berndt Hamm, herzlich zu danken. Er hat meine Forschungen stets kritisch begleitet und sich engagiert und erfolgreich um ihre finanzielle Absicherung bemüht. Herrn Professor Dr. Hanns Christof Brennecke danke ich für die Übernahme des Korreferates und für wertvolle Hinweise im Blick auf die Drucklegung. Mein Dank gilt ferner Herrn Professor Dr. Heiko A. Oberman, der die Arbeit in die Reihe der „Studies in Medieval and Reformation Thought" aufgenommen hat.

Die Untersuchung der Christologie Cajetans entstand im Kontext zahlreicher Gespräche mit meinen Lehrern, Freunden und Studienkollegen in Erlangen. Ihnen allen sei an dieser Stelle vielmals gedankt. Von meinen katholischen Gesprächspartnern möchte ich namentlich Frau Professor Dr. Barbara Hallensleben, Fribourg, und Herrn Professor Dr. Otto Hermann Pesch, Hamburg, hervorheben. Ihre Anregungen haben zum Entstehen dieser Arbeit nicht unwesentlich beigetragen. Meiner Freundin Susanne Cadario danke ich schließlich für die sorgfältige Durchsicht des Typoskripts und die unermüdliche Mithilfe beim Erstellen der Register.

Berg, im März 1997   Marcel Nieden

ABKÜRZUNGSVERZEICHNIS

Abkürzungen werden angeführt nach SIEGFRIED M. SCHWERTNER, Internationales Abkürzungsverzeichnis für Theologie und Grenzgebiete (IATG), 2. Aufl. Berlin-New York 1993. An weiteren, nicht im IATG enthaltenen und nicht unmittelbar als bekannt vorauszusetzenden Abkürzungen seien genannt:

a.	=	articulus
arg.	=	argumentum
c.	=	caput
co.	=	corpus
d.	=	distinctio
Kat.	=	ARISTOTELES, *Kategorienschrift*
Met.	=	—, *Metaphysik*
n.	=	numerus
Nik.Eth.	=	ARISTOTELES, *Nikomachische Ethik*
ob.	=	obiectio
Op.Ox.	=	JOHANNES DUNS SCOTUS, *Opus Oxoniense*
Ord.	=	—, *Ordinatio*
q.	=	quaestio
Qd.	=	*Quaestio disputata*
qla.	=	quaestiuncula
Quodl.	=	*Quodlibeta, Quaestiones ad quodlibet*
Rep.	=	JOHANNES DUNS SCOTUS, *Reportatio Parisiensis*
s.c.	=	sed contra
Sent.	=	PETRUS LOMBARDUS, *Sententiae in IV libris distinctae*
sol.	=	solutio
S.th.	=	THOMAS VON AQUIN, *Summa theologiae*
tract.	=	tractatus
Vulg.	=	Vulgata

KAPITEL I

EINLEITUNG

1. Vorbemerkung

Die Aufgabe einer verantworteten, reflektierten Auskunft über Jesus Christus wäre von der Theologie, recht verstanden, stets auch als eine Auseinandersetzung mit der altkirchlichen christologischen Lehrbildung wahrzunehmen. Sie müßte das theologische Nachdenken eigentlich zu den dogmatischen Formeln, vor allem zu der Formel von Chalkedon, zurückführen, die als Niederschlag eines eigenständigen Interpretations- und Verstehensprozesses zugleich das Ergebnis oft jahrzehntelangen Ringens um Klarheit in der christologischen Lehraussage sind und wenigstens dem Anspruch nach eine Glaubenswahrheit bleibend gültig zum Ausdruck bringen wollen. Freilich läßt sich die so konkretisierte christologische Aufgabenstellung heute fast nur noch konjunktivisch formulieren, zu verstellt erscheint der Rekurs auf die chalkedonische Zweinaturenlehre und die ihr zugrundeliegende ‚Metaphysik‘, als daß sich theologisches Denken hier nicht ablehnend-überwindend darauf zu beziehen hätte. Gerade von protestantischer Seite ist in der neueren christologischen Diskussion deutlich auf das substanzmetaphysisch begründete Defizit und Ungenügen, auf die ‚Aporetik‘ der Formel von Chalkedon hingewiesen worden.[1] Vor diesem Hintergrund hat es eine Christologie, die mit großer Selbstverständlichkeit in der Tradition von Chalkedon und seiner ‚neuchalkedonischen‘ Weiterbildung steht, natürlich schwer, in unvoreingenommener Weise Gehör zu finden. Das gilt auch für die Christologie Cajetans, die wir hier zum Gegenstand unserer Untersuchung machen wollen.

Aber das Bemühen um Überwindung der altkirchlichen Formeln wegen ihrer ‚unzeitgemäßen‘ philosophischen und exegetischen Voraussetzungen würde dem Charakter der in der Zeit erkannten und formulierten Wahrheit des Glaubens genausowenig gerecht wie die sture Repristination und bloße Wiederholung der Formeln.

> Wer die ‚Geschichtlichkeit‘ der menschlichen Wahrheit (in die sich auch die Wahrheit Gottes in seiner Offenbarung inkarniert hat) ernst nimmt, sieht ein, daß von da aus weder die abschaffende Überholung einer Formel noch ihre

---

[1] Vgl. W. Pannenberg, Grundzüge der Christologie, 291-295.

versteinernde Bewahrung der menschlichen Erkenntnis gerecht werden. Denn Geschichte ist einerseits gerade nicht das atomisierte Immer-neu-anfangen, sondern (je geistiger sie ist) das Neu-werden, das das Vergangene bewahrt, und zwar um so mehr *als* das Alte, je geistiger die Geschichte ist. Aber dieses Bewahren, das ein echtes Ein-für-allemal kennt, ist geschichtliches Bewahren nur, wenn die Geschichte weitergeht und die Bewegung des Denkens von der erreichten Formel weggeht, um sie (sie, die alte, selbst) wiederzufinden. Das gilt auch von der chalkedonischen Formulierung des Geheimnisses Jesu. Denn diese Formel ist—eine Formel. Wir haben somit nicht nur das Recht, sondern die Pflicht, sie als Ende *und* als Anfang zu betrachten.[2]

Wird also die Formel von Chalkedon nur dann in ihrer ‚Geschichtlichkeit' ernstgenommen, wenn sich die Theologie um ihre kritisch-verstehende Aneignung, um ein Nachdenken über sie bemüht, das sie dialektisch als Anfang und Ende begreift, dann gewinnt in dieser Perspektive der Versuch Cajetans, diese Formel aus dem eigenen zeitgenössischen Kontext heraus zu verstehen und zu erklären, die Konturen eines exemplarisch-hermeneutischen Vollzugs. Ist das Bemühen, die einfache Klarheit und Verbindlichkeit dieser Formel gedanklich einzuholen, als eine legitime, ja notwendige theologische Aufgabe erkannt, dann werden auch die historischen christologischen Konzeptionen, die auf Chalkedon basieren, zu berücksichtigen sein. Denn eine Aneignung von Chalkedon, die die Rezeptionsgeschichte übersähe, würde wiederum die ‚Geschichtlichkeit' der menschlichen Wahrheit verfehlen. Der Versuch, die Aneignung und Reformulierung der chalkedonischen Lehraussage in der Christologie eines der bedeutendsten katholischen Theologen des Reformationszeitalters zu studieren, soll mit den folgenden Ausführungen unternommen werden.

2. Zur biographischen Orientierung

Bevor Zielsetzung und Methodik der Arbeit näher entfaltet werden, wollen wir uns zunächst kurz die wichtigsten Daten und Fakten zum Leben Cajetans vergegenwärtigen.[3]

---

[2] K. Rahner, Probleme der Christologie von heute, 170.

[3] Eine wissenschaftliche, an den Quellen erarbeitete Biographie Cajetans fehlt bislang. Das umfangreiche Werk von A. Cossio, Il Cardinale Gaetano e la riforma, ist fehlerhaft und in der Auswahl und Auswertung des zugrundegelegten Materials vielfach unzureichend. Zur ausführlicheren Orientierung über das Leben Cajetans kann auf folgende Arbeiten verwiesen werden: J. F. Groner, Kardinal Cajetan; P. Mandonnet, Art. Cajétan; J. Wicks, Cajetan und die Anfänge der Reformation. Umfangreiche bibliographische Angaben zur Biographie (aber auch zur Lehre) Cajetans finden sich bei Y. Congar, Bio-bibliographie de Cajétan, und J. Hegyi, Die Bedeutung des Seins bei den klassischen Kommentatoren des heiligen Thomas von Aquin, 109-112 Anm. 1; 114f. Anm. 7 und 115f. Anm. 8; vgl. auch W. Totok, Handbuch der Geschichte der Philosophie, Bd. 3, 186-195. An neueren biographischen Kurzdarstellungen sind ergänzend nachzutragen: B. Hallensleben, Thomas de Vio Cajetan (1469-1534); U. Horst, Thomas de Vio Cajetan (1469-1534); A. Bodem, Das Wesen der Kirche nach Kardi-

Jakob de Vio wurde am 20.2.1469[4] in Gaeta geboren und trat bereits mit fünfzehn Jahren in den Dominikanerorden ein (Ordensname: Thomas). Der Weg seiner Studien führte ihn über das Priorat in Neapel und das *studium generale* in Bologna an die Universität zu Padua, wo er—nach seiner Heimatstadt meist nur „*Caietanus*" genannt—1493 den Grad des *Baccalaureus Sententiarum* erwarb und bereits 1494 zum Magister der Theologie promoviert wurde.

Cajetan übernahm nach seiner Magisterpromotion den Lehrstuhl für thomistische Metaphysik in Padua, wirkte als Philosophiedozent in verschiedenen norditalienischen Dominikanerkonventen und lehrte Theologie an der Universität zu Pavia und—von 1500 bis 1507—an der Sapienza in Rom. Aus dieser Zeit der ersten Lehrtätigkeit resultieren bereits zahlreiche philosophische und theologische Schriften. Hervorzuheben sind vor allem der Kommentar zu „*De ente et essentia*" des Thomas von Aquin (†1274), in dem sich Cajetan kritisch mit den Skotisten (v. a. mit Antonius Trombetta) und dem Paduaner Averroismus auseinandersetzt, die Kommentare zu Aristoteles („*Peri Hermeneias*", „*Zweite Analytiken*", „*Kategorienschrift*", „*Physikvorlesung*") und zur „*Isagoge*" des Porphyrios sowie seine vielleicht originellste philosophische Schrift „*De nominum analogia*"[5], in der Cajetan seine Konzeption der Proportionalitätsanalogie entfaltet. Auch die zahlreichen kleineren Schriften Cajetans zu sozialethischen und moraltheologischen Fragen[6] datieren zum großen Teil schon aus dieser Zeit.

Mit der Ernennung zum Generalprokurator der Dominikaner im Jahre 1501 begann eine Reihe von Berufungen, die Cajetan schließlich 1508 als Generalmagister für zehn Jahre an die Spitze seines Ordens brachte. Die Jahre 1501 bis 1511 waren geprägt von Cajetans Engagement um die Reform des Predigerordens, dessen Zustand er unumwunden als desolat beurteilt. Cajetan, dem die Biographen ein nahezu ‚übernatürliches' Arbeitsvermögen und eine strenge, einfache Lebensweise nachsagen, wandte sich ge-

---

nal Cajetan, 1-7; M. O'CONNELL, Cardinal Cajetan: Intellectual and Activist; W. SEAVER, Cardinal Cajetan: renaissance man; J. WICKS, Cajetan responds, 3-42.255-265. Vgl. auch die Lexikonartikel zu Cajetan in der TRE (E. ISERLOH/B. HALLENSLEBEN), RGG³ (H. LIEBING) und NCE (J. WEISHEIPL), im LThK² (R. BAUER), LThK³ (B. HALLENSLEBEN) und im Marienlexikon (A. HOFFMANN (R. SCHENK)).

[4] Zur Wahrscheinlichkeit dieser Datierung im Unterschied zur Jahresangabe 1468, die sich z.B. noch bei P. MANDONNET, a.a.O. (Anm. 3), 1313, findet, vgl. A. BODEM, a.a.O. (Anm. 3), 2f. Anm. 6; G. HENNIG, Cajetan und Luther, 13 Anm. 1.

[5] Vgl. dazu vor allem die Forschungen von B. PINCHARD, Du mystère analogique à la «sagesse des Italiens»; ders., Métaphysique et sémantique. Siehe auch F. H. HARRISON, The Cajetan Tradition of Analogy; M. D. KOSTER, Zur Metaphysik Cajetans, 547-550; P. G. KUNTZ, The Analogy of Degrees of Being; M. MCCANLES, Univocalism in Cajetan's Doctrine of Analogy.

[6] Zu diesem Fragenkreis siehe zuletzt D. DOHERTY, The sexual Doctrine of Cardinal Cajetan; F. VAN GUNTEN, La doctrine de Cajétan sur l'indissolubilité du mariage.

gen jede Form von Privateigentum bei den Predigerbrüdern, mahnte die uneingeschränkte *vita communis* an und forderte insbesondere eine unbedingte Anhebung des Bildungsniveaus durch strenge Einhaltung täglicher Studienzeiten.[7] Er selber hatte seit 1507 begonnen, den Plan eines Kommentars zur ganzen „*Summa theologiae*" des Aquinaten—gedacht als wissenschaftliches Hilfsmittel für die jungen Ordensschüler (*novitii*)—zu verwirklichen. Freilich ließ ihm der Gang der kirchenpolitischen Ereignisse wenig Möglichkeiten zur kontinuierlichen Arbeit an den Thomas-Texten. Die auf dem Konzil von Pisa 1511 von dem Benediktinerabt Zaccaria Ferreri († 1524) vertretene These, das Allgemeine Konzil dürfe einen im Blick auf sittliche Verfehlungen unbußfertigen Papst absetzen, traf auf Cajetans prompten Widerspruch. In dem von ihm als schriftliche Erwiderung verfaßten Traktat „*De comparatione auctoritatis Papae et Concilii*" entwickelt Cajetan erstmals seine Lehre vom päpstlichen Primat. Aus dem echten Bemühen um eine Kirchenreform heraus, die Cajetan maßgeblich als theologische Reform des Papsttums auf der Basis des *corpus-mysticum*-Gedankens versteht, verteidigt er seinen Ansatz gegenüber den konziliaristischen Einwänden der Sorbonne (v. a. des Jacques Almain († 1515)) in der Schrift „*Apologia tractatus de comparata auctoritate Papae et Concilii*" und in seiner Ansprache auf dem fünften Laterankonzil (16.5.1512).[8]

Nach der Ernennung zum Kardinal (1.7.1517; Titularkirche San Sisto) wurde Cajetan im Sommer des darauffolgenden Jahres 1518 von Papst Leo X. nach Deutschland entsandt. Ursprünglich mit der Abklärung möglicher finanzieller Unterstützung des päpstlich projektierten Türkenkreuzzugs durch die Reichsstände beauftragt, erhielt Cajetan während seiner Legation von Leo X. Anweisung und Vollmacht, in der *causa Lutheri* nach einvernehmlichem Verhör und gemäß der Alternative „Widerruf oder Deklaration als Häretiker" das Urteil der Prozeßkommission in die eigene Hand zu nehmen. Ausgehend von den 95 Thesen Martin Luthers († 1546) erörterte Cajetan in den 15 sog. „Augsburger Traktaten"—gleichsam als Vorbereitung auf die Verhandlung mit dem Augustinereremiten—wichtige Fragen zur Problematik der Glaubensgewißheit und zur Lehre vom Bußsakrament und Fegefeuer. Das Verhör Luthers fand dann vom 12.-14.10.1518 im Anschluß an den Reichstag in Augsburg statt. Wenn auch die Begegnung letztlich daran scheiterte, daß Luther die Anerkennung der Bulle „*Unigenitus*" verweigerte, so lagen doch schon zuvor in dem Verständnis der subjektiven

---

[7] Vgl. J. WICKS, Cajetan und die Anfänge der Reformation, 26f.
[8] Siehe dazu vor allem O. DE LA BROSSE, Le pape et le concile; J. A. DOMÍNGUEZ ASENSIO, Infalibilidad y potestad magisterial en la polémica anticonciliarista de Cayetano; U. HORST, Zwischen Konziliarismus und Reformation; V. MONDELLO, La dottrina del Gaetano sul Romano Pontefice.

Heilsgewißheit die Standpunkte unübersehbar auseinander.[9] Nachdem Cajetan Luthers Landesherrn, Kurfürst Friedrich den Weisen, zuvor das Versprechen gegeben hatte, Luther väterlich, nicht richterlich zu verhören, verzichtete er—nicht zuletzt in Rücksicht auf kuriale Interessen an dem sächsischen Kurfürsten angesichts der bevorstehenden Kaiserwahl—trotz des unterlassenen Widerrufs auf eine richterliche Feststellung der Häresie. Mit der Wahl Karls V. im Juni 1519 endete Cajetans Deutschlandlegation.

In seinem römischen Domizil widmete sich Cajetan, der inzwischen von Leo X. zum Bischof seiner Heimatstadt Gaeta ernannt worden war, wieder vorrangig seinem wissenschaftlichen Werk. 1522 vollendete er den Summenkommentar, an dem er über 15 Jahre gearbeitet hatte. Unter der Ägide des von ihm protegierten Papstes Hadrian IV. wurde Cajetan 1523 erneut in Sachen Türkenabwehr entsandt, diesmal in die unmittelbar betroffenen Frontstaaten Ungarn, Böhmen, Polen und Österreich. In Preßburg wandte sich Cajetan erstmals einem für ihn völlig neuen Gegenstand der Kommentierung zu, der Hl. Schrift. Zwar trägt sein erstes exegetisches Werk, die *„Jentacula Novi Testamenti"*—etwa zu übersetzen mit „Frühstücksgespräche zum Neuen Testament"—, noch ganz die Züge der mittelalterlichen Quästionenliteratur, doch schon nach seiner Rückkehr (1524) ging Cajetan an die Verwirklichung eines umfangreichen Projekts, der fortlaufenden Kommentierung der ganzen Hl. Schrift. Bereits 1529 lagen die Kommentare zu den Psalmen und zum Neuen Testament (ohne die Offb) vor. Nur wenige rein dogmatische oder moraltheologische Schriften wie etwa der Traktat *„De fide et operibus adversus Lutheranos"*[10] oder die Äußerungen zur lutherischen Abendmahlstheologie[11] und zur Legitimität der Ehen König Heinrichs VIII.[12] unterbrechen die Liste der exegetischen Veröffentlichungen. Der Genuswechsel im literarischen Schaffen Cajetans ist auffällig. De facto nahm die Auslegung der alt- und neutestamentlichen Schriften das letzte

---

[9] Die Begegnung von Cajetan und Luther ist gerade auch im Blick auf die von G. HENNIG prononciert vorgetragene These, Luther habe „„die Theologie des heiligen Thomas' in ihrem besten Vertreter, in Cajetan, sehr wohl kennengelernt, verstanden und—abgelehnt" (a.a.O. (Anm. 4), 11), Gegenstand mehrerer neuer Abhandlungen geworden: B. HALLENSLEBEN, Communicatio, bes. 438-539; dies., „Das heißt eine neue Kirche bauen"; B. LOHSE, Cajetan und Luther; C. MOREROD, La controverse entre Cajétan et Luther à propos de l'excommunication, à Augsbourg, en 1518; O. H. PESCH, „Das heißt eine neue Kirche bauen"; K.-V. SELGE, Die Augsburger Begegnung von Luther und Kardinal Cajetan im Oktober 1518; ders., Normen der Christenheit im Streit um Ablaß und Kirchenautorität 1518 bis 1521; J. WICKS, a.a.O. (Anm. 7), 72-112; ders., Roman reactions to Luther.

[10] Zur theologischen Auseinandersetzung, die Cajetan in diesem Traktat führt, siehe B. HALLENSLEBEN, Kardinal Cajetans Traktat „De fide et operibus" (1532); G. HENNIG, a.a.O. (Anm. 4), 161-168.171-177; D. R. JANZ, Luther and Late Medieval Thomism, 146-151.

[11] Zu Cajetans Eucharistielehre siehe v.a. S. N. BOSSHARD, Zwingli–Erasmus–Cajetan; vgl. auch W. BAUM, The Teaching of the Cardinal Cajetan on the Sacrifice of the Mass; A. GIORDANO, Il sacrificio della Messa nel pensiero del Gaetano (1469-1534).

[12] Vgl. G. B. SKELLY, Cardinal Cajetan.

Drittel seines Lebens in bezwingender Ausschließlichkeit in Anspruch. Das spekulative Interesse steht hier zurück zugunsten einer engagierten Erschließung des Literalsinns, sekundiert von einer Bereitschaft zur historischen Kritik, die auch im Anschluß an Hieronymus Konflikte mit traditionellen Lehrmeinungen in der Echtheitsfrage nicht scheut. Allerdings führte die Berücksichtigung humanistischer Anforderungen an die Schriftexegese bei Cajetan zu Resultaten, die ihm nicht nur Anerkennung, sondern auch die scharfe Kritik seines Ordensbruders Ambrosius Catharinus (†1553) eintrugen.[13] Am 10.10.1534 starb Cajetan über dem Kommentar zu Jes 3, nachdem er noch kurz zuvor den Vorschlag, ihn für die kommende Papstwahl als Kandidaten aufzustellen, in Anbetracht seines Gesundheitszustandes abschlägig beschieden hatte.

3. Zielsetzung, Methodik und Anlage der Arbeit

Aus der einleitenden Bemerkung zu Beginn dieses Kapitels ist bereits in Umrissen der Gegenstand sichtbar geworden, dem wir uns nun zuwenden wollen: Cajetans theologisch reflektierte Rede von Jesus Christus. Unsere Untersuchung wird sich näherhin auf die Themen der speziellen Christologie konzentrieren, also die Frage nach der Heilsbedeutung des Todes Jesu weitgehend aussparen. Das bedeutet keinen generellen Verzicht auf die soteriologische Fragestellung, sondern zunächst vielmehr nur, daß diese Fragestellung—was einer adäquaten Interpretation der Cajetanschen Christologie nicht per se zum Nachteil gereichen muß—nicht direkt und ausschließlich auf das Faktum des Kreuzestodes bezogen werden kann.

In dieser Arbeit soll der Versuch unternommen werden, die einzelnen christologischen Aussagen Cajetans systematisch zu sichten und ihre charakteristischen Linien herauszuarbeiten. Es geht also zunächst darum, eine ‚Gesamtansicht' der Christologie Cajetans zu gewinnen, um festzustellen, welche christologischen Probleme diesen Theologen im Spannungsfeld zwischen Thomismus und Humanismus beschäftigen. Aufgrund der Durchsicht des Materials wird es uns dann aber auch möglich sein, die entscheidenden philosophisch-theologischen Grundzüge zu eruieren, die wiederum als Fundament für Aussagen zu Leitmotiven des theologischen Denkens Cajetans fungieren können. Zugleich sollen durch ausgewählte historische Referenzen Unterschiede dieser Christologie beobachtet und so die Frage nach der Originalität beantwortet werden können. Der Akzent liegt jedoch in unserer Untersuchung auf der begrifflich-systematischen Durchdringung der Chri-

---

[13] Vgl. T. A. Collins, The Cajetan Controversy; U. Horst, Der Streit um die Hl. Schrift zwischen Kardinal Cajetan und Ambrosius Catharinus.

stologie Cajetans—nicht auf der Erforschung ihrer theologiegeschichtlichen Provenienzen.

Es gilt also zunächst und vor allem Cajetan selbst zu hören mit dem, was er christologisch in seiner Zeit zu sagen wußte. Dazu sollen die Aussagen Cajetans nach christologischen Themenbereichen geordnet und auf ihre Begründung und Argumentationsstruktur hin untersucht werden. Die Methode der werkimmanenten Analyse ist legitimiert durch das Prinzip des „*Caietanus sui interpres*". Zugleich lassen sich die christologischen Aussagen Cajetans so auf ihre Konsistenz und Kohärenz prüfen, wodurch wiederum eine Beurteilung des Problems der ‚inneren Systematik' sowie der zugrundeliegenden Gesamtkonzeption der Christologie Cajetans in Aussicht genommen werden kann.

Andererseits ist das Denken Cajetans auch zu dem anderer Autoren in Beziehung zu setzen, um so eine weitere Beobachtungsebene und damit ein vollständigeres Bild der Christologie Cajetans zu gewinnen. Als Gesprächspartner sollen im Rahmen einer erstmaligen Untersuchung der gesamten (speziellen) Christologie Cajetans diejenigen Theologen berücksichtigt werden, mit denen sich Cajetan in seinen christologischen Texten direkt auseinandersetzt. Das sind Thomas von Aquin auf der einen, sowie Johannes Duns Scotus (†1308) und Durandus de Sancto Porciano (†1334) auf der anderen Seite.

Allerdings stellt nun gerade das Verhältnis Cajetans zu seinem intellektuellen Leitbild Thomas von Aquin besondere Anforderungen an die historische Methode. Die überragende Bedeutung des Thomas als theologischer und auch philosophischer Autorität für das Denken Cajetans ist unbestritten. Zugleich steht aber fest, daß Cajetan—trotz seiner bekundeten Absicht, dem authentischen Thomas zu folgen—in vielen Punkten die Lehrmeinungen des *doctor communis* nicht richtig wiedergibt bzw. Konklusionen aus diesen Lehrmeinungen ableitet, die auf ein defizientes Verständnis thomanischer Theologie bzw. Philosophie schließen lassen.[14] Eine Untersuchung der Theologie Cajetans wird deshalb immer wieder auch kritisch zu prüfen haben, inwieweit der Anspruch, Thomas auszulegen, wie er sich selber verstanden hat, tatsächlich eingelöst wurde.[15] Jede einseitige Forcierung einer sympathetischen Interpretation Cajetans, die zugleich den Eindruck erweckte, die in den Kommentartexten angeführten Argumente könnten wechselweise Thomas oder Cajetan zugeschrieben werden, liefe auf eine unzuläs-

---

[14] Vgl. É. GILSON, Cajetan et l'humanisme théologique, 136; U. HORST, a.a.O. (Anm. 3), 282.

[15] „Daraus folgt weiter, daß die durch die Neuscholastik verbreitete Ansicht, Thomas v. Aquin und Cajetan seien in ihren Lehren nahezu identisch, so nicht richtig sein kann. Übereinstimmung im ganzen und im einzelnen wird nicht ohne weiteres vorauszusetzen, sondern jeweils zu beweisen sein": ebd., 273.

sige Nivellierung der Differenz zwischen thomanischem und thomistischem Gedankengut hinaus.[16]

Indem wir nun kurz die zwei wichtigsten, für die Untersuchung der Christologie Cajetans unmittelbar relevanten Quellencorpora vorstellen, lassen sich zugleich auch noch einige methodische Bemerkungen vertiefend fortführen. Cajetan hat seine christologischen Überlegungen nicht in einer größeren systematischen Abhandlung schriftlich niedergelegt. Als sein *opus summum christologicum* kommt vielmehr der Kommentar zum „dritten Teil" (*Tertia Pars*) der „*Summa theologiae*" (q.1-59) in Betracht, den er—wohl 1517 begonnen—am 10.03.1522 in Rom vollendete.[17] In Ausrichtung an den beiden theologischen Normen „Vernunft" (*ratio*) und „Autorität" (*auctoritas*)—im Autoritätsbeweis stehen die Namen des Aristoteles und Thomas unter denen aller anderen Philosophen und Theologen vornan—soll Thomas klärend durchdrungen und gegenüber seinen Kritikern aus sich selbst heraus wirksam verteidigt werden.

Zu Beginn der Kommentierung bietet Cajetan meist eine syllogistische Durchstrukturierung der Argumente des *corpus articuli* (*expositio formalis*). Anschließend eröffnet er die Diskussion zu speziellen theologischen Fragen und „Zweifelsfällen" (*dubia*), die mit dem Text des *corpus articuli* oder der *responsiones* in mehr oder minder direktem Zusammenhang stehen, bietet Querverweise zu anderen thomanischen Werken oder macht den *novitius* auf bestimmte Gedanken und Ausdrucksweisen des Autors aufmerksam (*expositio magistralis*).[18] In den christologischen Partien des Summenkommentars führt Cajetan die theologische Auseinandersetzung vor allem mit zwei Kritikern des Thomas: mit Johannes Duns Scotus und mit Durandus de Sancto Porciano, dem Dominikanertheologen und Bischof von Meaux. Cajetan

---

[16] Gerade Passagen im Kommentartext Cajetans zur „*Summa theologiae*", in denen die Gedankengänge des *corpus articuli* nach dem Schema „*minor-maior*" zu ordnen versucht werden, erfordern besondere Vorsicht, dürfen doch die aus ihnen zitierten theologischen Sätze nicht einfach für Cajetan präsumiert werden—wie bei B. HALLENSLEBEN, Communicatio, 209f. (Anm. 25-28); 270 (Anm. 62); 293 (Anm. 3f.); 307 (Anm. 38) geschehen. Wenn diese Passagen im engen sprachlichen Anschluß an Thomas formuliert sind und der thomanische Summentext bereits in sich durch eine klare Argumentationsstruktur ausgezeichnet ist, die eine Aufgliederung in einzelne Argumente in kontrollierbarer Weise ermöglicht, dann sind die in ihnen geäußerten Gedanken Thomas und nicht Cajetan zuzuschreiben.

[17] Ein Hinweis zur Zitation: die Quellenangaben zu den Zitaten aus der „*Summa theologiae*" des Thomas und dem Summenkommentar Cajetans erfolgen in gekürzter Form. Für die *Summa* werden Frage und Artikel nicht gesondert durch q. bzw. a. kenntlich gemacht, sondern ihre jeweiligen arabischen Nummern werden, durch ein Komma voneinander getrennt, hinter die römische Ziffer für den Summenteil gestellt (z.B. *S.th.* III 2,8 co.). Quellenangaben zum Summenkommentar Cajetans sind daran erkennbar, daß auf die allgemeine Kommentarabkürzung „*In*" ohne Anführung des Kürzels „*S.th.*" unmittelbar die römische Ziffer des jeweiligen Teils der „*Summa theologiae*" sowie die Angaben zu *quaestio, articulus* und *numerus* folgen (z.B. *In* III 2,8 II).

[18] Vgl. M. GRABMANN, Die Stellung des Kardinals Cajetan in der Geschichte des Thomismus und der Thomistenschule, 606.

stützt sich dabei keineswegs nur auf die „*Defensiones*" des Johannes Capreolus (†1444), die ihm oft als wichtige Textgrundlage für die Diskussion der von Thomas abweichenden Meinungen dienen. Vielmehr zeigen die Argumente, die Cajetan den beiden Theologen zuordnet, daß er eine über das bei Capreolus versammelte Material hinausgehende Kenntnis der Sentenzenkommentare des Duns Scotus und Durandus besaß.[19]

Während Cajetan nicht zuletzt aufgrund seiner Kenntnis der genannten Sentenzenkommentare zu einigen Artikeln der „*Summa theologiae*" eine umfangreiche theologische Diskussion eröffnet und sich sein Kommentar dementsprechend wie eine kleine theologische Abhandlung ausnimmt, finden sich zu anderen Artikeln lediglich kurze Resümees der Argumentation des *corpus articuli*, meist abgeschlossen mit der lapidaren Bemerkung „*omnia clara sunt*". Diese Kurzresümees können nun gerade Texte betreffen, in denen Thomas in charakteristischer, prägnanter und von seinem damaligen zeitgenössischen Kontext aus nicht unumstrittener Weise zu einem bestimmten theologischen Problem Stellung bezieht. Hier verbirgt sich ein hermeneutisches Problem, da aus den Kurzresümees nicht ermessen werden kann, ob Cajetan die Argumentation des Thomas gedanklich eingeholt hat. Cajetan gibt *prima facie* zu erkennen, daß er sowohl in der Antwort des Thomas als auch in der zugrundeliegenden dogmatischen Frage kein ernsthaftes hermeneutisch-theologisches Problem gesehen hat. Es bleibt aber zu fragen, ob Cajetan mit der Bemerkung „*omnia clara sunt*"—möglicherweise im Blick auf den Verständnishorizont des Dominikanernovizen—nur vorgibt, im dem Artikel der *Summa* kein Problem gesehen zu haben oder ob ihm die spezielle Problematik der verhandelten Frage als auch der thomanischen Lösung im Grunde verborgen blieb. Die Unentscheidbarkeit dieser Frage hat zur Folge, daß die Kurzresümees nicht von der entfalteten Problemlösung des Thomas im *corpus articuli* her ‚gefüllt' und so als Lehrmeinung Cajetans ausgegeben werden dürfen, sondern vielmehr für die Interpretation des Cajetanschen Denkens (weitgehend) außer Betracht bleiben müssen. Dem Summenkommentar ist also zu wichtigen theologischen bzw. christologischen Fragen keine Stellungnahme Cajetans zu entnehmen.

---

[19] An einigen wichtigen Stellen führt Cajetan Zitate der beiden Theologen an, die Capreolus nicht bietet, vgl. z.B. zu Duns Scotus *In* III 3,1 IV.VI (XI,54b.55ab) (aus: *Op.Ox.* III, d.1, q.4f.), *In* III 6,1 III (XI,94ab) (aus: *Op.Ox.* III, d.2, q.2) bzw. zu Durandus *In* III 3,2 V (XI,57a) (aus: *In* III *Sent.*, d.1, q.2), *In* III 12,1 II (XI,167a) (aus: *In* III *Sent.*, d.14, q.3). Cajetan gibt dann die Argumente des Durandus nach der letzten, später gedruckten und weit verbreiteten sog. „dritten Redaktion" von dessen Sentenzenkommentar wieder (zu den unterschiedlichen Fassungen dieses Kommentars und deren Verbreitung vgl. J. KOCH, Durandus de Sancto Porciano, 5-92). Das läßt sich schon dadurch wahrscheinlich machen, daß sich Cajetan an einer Stelle auf ein Argument des Durandus bezieht, das nicht in den ausführlichen Zitationen der ersten Redaktion, mit der Petrus de Palude (†1342) in seinem Kommentar zum dritten Sentenzenbuch (vgl. ebd., 39-43.57) Durandus zu Wort kommen läßt, zu finden ist, vgl. u. Kap. VII.2.2.3 Anm. 116.

Wir haben uns somit zur Beantwortung dieser Fragen vor allem an die zweite große, für das Thema dieser Arbeit unmittelbar relevante Textgruppe zu halten: die Kommentare zur Hl. Schrift. Trotz der sich ausdifferenzierenden Vielfalt theologischer, und das heißt in diesem Falle auch christologischer Lehrmeinungen auf seiten der reformatorischen Theologen wird mit ihnen innerhalb der versweisen Kommentierung der Schrifttexte nur selten, und dann ohne konkrete Zuspitzung auf den Urheber der Ansicht, das geistige Gespräch gesucht. Gerade für Cajetans christologisches Nachdenken sind weniger die reformatorischen als vielmehr (wie schon im Summenkommentar) die altkirchlichen ‚Häretiker' (v. a. Arius und Nestorius) die wirklichen theologischen Antagonisten. Cajetan setzt in seinen exegetischen Werken den Akzent ganz auf die versweise Erklärung des Literalsinns und vermeidet im Unterschied zu anderen spätmittelalterlichen Exegeten die Einfügung eigenständiger systematisch-theologischer Traktate fast völlig. Somit legt nicht primär der explizite literarische Diskurs mit den reformatorischen Gegnern, sondern vor allem die Tatsache, daß die Kommentierung der Hl. Schrift als völlig neues und im bisherigen theologisch-philosophischen Schaffen keineswegs angelegtes Genre das letzte Lebensdrittel Cajetans dominiert, Zeugnis für die Auswirkungen der reformatorischen Bewegung auf das Denken Cajetans und damit zugleich Zeugnis für dessen geistige Flexibilität und präsent-sensible ‚Zeitgenossenschaft' ab.[20]

Neben den beiden großen Kommentarwerken Cajetans zur „*Summa theologiae*" und zur Hl. Schrift sind die übrigen Schriften Cajetans für unsere Untersuchung der Christologie lediglich von untergeordneter Bedeutung.[21] Schon von daher liegt es nicht nahe, den Aufbau der Arbeit an der chronologischen Ordnung der einzelnen Schriften auszurichten, die dann je gesondert auf die in ihnen explizierte Christologie hin zu untersuchen wären, wie dies etwa für die Darstellung der Christologie Luthers mit Recht gefordert wur-

---

[20] Der ursächliche Einfluß der Auseinandersetzung mit der reformatorischen Bewegung im Blick auf die Dominanz der Schriftauslegung im Spätwerk Cajetans wird allgemein zugestanden, vgl. bes. B. HALLENSLEBEN, a.a.O. (Anm. 16), 24; dies., „Das heißt eine neue Kirche bauen", 222; dies., Thomas de Vio Cajetan (1469-1534), 24; G. HENNIG, a.a.O. (Anm. 4), 82-161; U. HORST, a.a.O. (Anm. 3), 279f. (vgl. aber die Vorbehalte in: ders., a.a.O. (Anm. 13), 551f.).

[21] Der unter dem Namen des „Thomas de Vio" überlieferte Kommentar zu den Sentenzenbüchern des Lombarden, Paris, Bibliothèque Nationale, Fond latin, codex 3076, dürfte kaum der authentische Text der Paduaner Sentenzenvorlesung Cajetans sein, den man in ihm immer wieder hatte erblicken wollen. Eine eindeutige Verifizierung seines Autors ist bislang noch nicht gelungen, vgl. S. N. BOSSHARD, a.a.O. (Anm. 11) 109 Anm. 1. Der Schreiber hat an zahlreichen Stellen in einer schwer rekonstruierbaren, sinnentstellenden Weise Text ‚ausgespart', die ohnehin nur an eine Hörernachschrift, nicht jedoch an ein ‚Vorlesungsmanuskript' denken läßt. Dieses Werk findet daher in unserer Untersuchung keine Berücksichtigung; vgl. auch B. HALLENSLEBEN, a.a.O. (Anm. 16), 16.

de[22]. Das christologische Denken Cajetans ist, um ein wichtiges Resultat unserer Untersuchung vorwegzunehmen, über die Jahre seiner schriftstellerischen Tätigkeit hindurch im wesentlichen konstant geblieben—unabhängig von den literarischen Formen, in denen es jeweils Ausdruck fand, und abgesehen von seltenen Korrekturen. In keinem der vorgestellten Werke sind die christologischen Gedenkengänge zudem so auf auf eine bestimmte theologische Lehrsituation hin angelegt, daß eine Interpretation des Textes nur im Zusammenhang der Darstellung des historischen Kontextes möglich wäre.

In der vorliegenden Arbeit wird also versucht, die den einzelnen christologischen Äußerungen Cajetans zugrundeliegende systematisch-theologische Gesamtkonzeption zu eruieren. Dazu hat der Aufbau der Arbeit weder dem Schema eines werkexternen, womöglich noch neuzeitlichen christologischen Entwurfs, noch einer rekonstruierten, vorab vorauszusetzenden ‚inneren' Systematik der Cajetanschen Christologie zu folgen, vielmehr wird die strukturelle Gliederung des *Tertia*-Kommentars, und das heißt letztlich die Reihenfolge der Quästionen und Artikel, wie sie Thomas aus dem heilsgeschichtlichen Konzept der „*Summa theologiae*" heraus für die Beschreibung des Christusgeschehens anlegte, den Aufbau unserer Arbeit maßgeblich bestimmen. Diese Gliederung dient somit als heuristisches und formal-strukturelles Prinzip der Darstellung, das eben als aus den Quellen abgeleitetes am ehesten der gewählten hermeneutischen Leitperspektive entspricht: Cajetan selbst zu hören.

---

[22] »... une étude systématique de la Christologie de Luther ... devrait être menée minutieusement selon une méthode rigoureusement historique, en suivant, écrit par écrit, la succession des œuvres«: Y. CONGAR, Regards et réflexions sur la christologie de Luther, 457.

KAPITEL II

II. GRUNDBEGRIFFE DER CHRISTO-ONTOLOGIE CAJETANS

1. NATURA

Die Frage nach Cajetans Verständnis von „Natur" wird im Zusammenhang der Präliminarien zur speziellen Christologie, d.h. zu der vornehmlich an der chalkedonischen Formel der zwei Naturen ($\delta\acute{u}o$ $\phi\acute{u}\sigma\epsilon\iota\varsigma$) orientierten theologischen Wesensbeschreibung Jesu Christi, gestellt. Der Naturbegriff kann somit nicht in den Konnotationen zur Debatte stehen, mit denen er im Rahmen der neuzeitlichen Diskussion um Natur und Geschichte, Natur und Kultur, Natur und Geist—um nur die wichtigsten Begriffspaare zu nennen— belegt wurde, noch auch gerät er hier in seiner eigentlich theologischen Ausformung, in der Gegenüberstellung zu Gnade bzw. Übernatur, in den Blick. Auszugehen ist vielmehr von der Verwendung des Wortes „*natura*", wie es Cajetan in den Konzilstexten von Chalkedon als Übersetzung des griechischen Wortes „*physis*" ($\phi\acute{u}\sigma\iota\varsigma$) vorfindet, das dort—ohne nähere philosophische Determinierung—in einem allgemeinen Sinne eigentlich nur das bezeichnen soll, was jeweils Gott als Gott und den Menschen als Menschen ausmacht und was heute approximativ mit „Wesen" umschrieben werden könnte. Wir fragen also nach „Natur" in diesem rein formalontologischen Sinne, nach dem Begriff, der das Prädikat „*natura*" sowohl auf Gott wie Mensch anzuwenden gestattet, und seiner Intention, die eben nur einem marginalen Aspekt des Bedeutungsspektrums von „Natur" in heutiger Verwendung gleichkommt.

Cajetan gewinnt sein metaphysisches Verständnis von *natura* in enger Ausrichtung an seine beiden zentralen philosophisch-theologischen Autoritäten Aristoteles und Thomas. Wie bei letzterem, so läßt sich auch bei Cajetan der Naturbegriff auf die Grundunterscheidung von Natur als Essenz und Natur als Prinzip zurückführen. Cajetans dynamisches Naturverständnis hat seinen letzten Grund in der berühmten ‚Definition' des Aristoteles im zweiten Buch der Physikvorlesung. Dort heißt es von den Dingen, die von Natur aus sind: „Von diesen hat nämlich jedes in sich selbst einen Ursprung von Veränderung und Bestand"[1]. Diese Selbstbewegung wird nach Cajetan

---

[1] „τούτων μὲν γὰρ ἕκαστον ἐν ἑαυτῷ ἀρχὴν ἔχει κινήσεως καὶ στάσεως": *Physik* II 1, 192b13f.; siehe auch ebd., 192b20-22. Vgl. *In* I 27,5 V (IV,316b).

nicht in absichtsloser Zufälligkeit, sondern stets um eines Zieles willen vollzogen[2], das jeder freien Entscheidung und freiwilligen Ausrichtung der Kreatur vorgegeben ist. Indem Cajetan den dynamisch-philosophischen Naturbegriff mit dem Gedanken einer durch Gott begründeten Teleologie verbindet, transformiert er ihn letztlich theologisch zum Korrespondenzbegriff der ‚Übernatur'. In diesem Sinne ist dann der dynamische Naturbegriff vor allem von gnadentheologischer Relevanz.[3]

Den trinitätstheologischen und christologischen Überlegungen Cajetans liegt dagegen unmittelbar der essentielle Naturbegriff zugrunde. „Natura" bezeichnet nach diesem Verständnis dasselbe wie „Wesenheit" (*essentia*)[4] und insofern eben auch das, was durch die Definition beschrieben wird.[5] Cajetan vollzieht auf dieser Linie faktisch eine Gleichsetzung der Natur mit der „zweiten Substanz" des Aristoteles und leitet daraus die Bestimmung des substantiellen Seinsmodus der Natur ab. Natur und Substanz sind also nicht einfach identisch, denn der Substanzbegriff umfaßt ja gerade auch das, gegen das Natur in trinitarisch-christologischen Zusammenhängen immer abgegrenzt gedacht wird, den „Selbstand" (*suppositum*) oder zunächst eben allgemein die „erste Substanz". Wenn Cajetan davon spricht, daß die „natürliche Form" (*forma naturalis*) der Grund sei, weshalb einem Ding über eine naturbestimmte Größe hinaus jede Art von ‚Wachstum' widerstreite[6], dann nennt er damit zugleich einen zweiten Äquivalentbegriff: Die Natur ist „Form" (*forma*). Dabei denkt er nicht nur an die Form, sofern mit ihr die Wesenheit des ganzen Seienden bezeichnet wird. Vielmehr stellt er die Natur der „substantiellen Form" (*forma substantialis*) wenigstens in funktionaler Hinsicht gleich, wenn er von der Natur sagt, sie sei das „unmittelbare Prinzip des Seins selbst"[7]. Der Begriff der Natur kann also bei Cajetan gera-

---

[2] „quia naturalia sunt propter finem": *In* I 54,3 XII (IV,49a).

[3] Vgl. B. HALLENSLEBEN, Communicatio, 300-308.

[4] „Ubi nota quod Auctor, discurrendo per diversas significationes ordine quodam convenientes nomini naturae, decernit in hac quaestione naturam significare essentiam rei": *In* III 2,1 I (XI,23b); „... natura dicitur dupliciter, V Metaphys.: scilicet de essentia, et de nativitate": *In* III 2,12 I (XI,52a). Der Hinweis Cajetans, daß *natura* auch von der *nativitas* ausgesagt werde, stützt sich auf die Etymologie des Wortes „*natura*"—von *nasci* (vgl. schon *S.th.* III 2,1 co. (XI, 22b-23b))—, die freilich nicht genau der in Met. V 4, 1014b16f. angedeuteten Ableitung des Wortes „φύσις" von „φύεσθαι" entspricht.

[5] „... cum nomine naturae intelligatur id quod per diffinitionem significatur": *In De ente et essentia*, c.5, n.84 (134).

[6] „Et quia ratio quare quantitati determinatae ad naturam talem repugnat additio, est forma naturalis, ut patet ex II de Anima [c.4, 416a16f.]; ideo littera, radicem attingens, subdit quod multo magis ipsi formae naturali, quamvis finitae, repugnat additio. Quoniam, si forma naturalis efficit ut quantitas, cui secundum se non repugnat additio, excludat additionem; multo magis efficit ut a seipsa excludat additionem": *In* III 7,12 V (XI,123b).

[7] „... natura est principium quo immediatum ipsius esse": *In* III 17,2 XIII (XI,226a).

de auch für das stehen, „wodurch etwas ist" (*quo est*)[8], und zwar nicht nur im Blick auf das „spezifische (So-)Sein" (*esse specificum*), sondern auch im Blick auf das „Dasein" (*esse existentiae*).

Der rein formal bestimmte essentielle Naturbegriff Cajetans, den wir in seinen Bedeutungsnuancen kurz skizziert haben, ist allgemein genug gefaßt, um von Gott und Mensch im analogen Sinne ausgesagt werden zu können. Auf einen wichtigen inhaltlichen Unterschied müssen wir allerdings an dieser Stelle bereits aufmerksam machen. Die geschaffene Natur als Seinsprinzip bringt nach Cajetan das Sein stets als von ihr real verschiedenes Sein hervor. Sie ist nicht wie Gott mit ihrem Sein identisch. Sein und Wesen sind gleichsam zwei verschiedene Dinge[9], wie Cajetan diesen Unterschied einmal mit deutlichen Worten zum Ausdruck bringt. In Gott dagegen ist diese Realdistinktion aufgehoben. Seine Natur, seine „Washeit" (*quiditas*), ist mit seinem Sein realidentisch.[10] Die inhaltliche Bestimmung der göttlichen Natur als ‚Sein selbst'[11] ist die fundamentale Wesensbeschreibung Gottes, mit der zugleich die entscheidende Differenz zu den geschaffenen Naturen benannt ist. Diese Differenz bleibt in der Verwendung des formalontologischen Naturbegriffs durch Cajetan stets im Hintergrund präsent. Denn im christologischen Kontext kann letztlich nicht davon abgesehen werden, was „*natura*" bei Gott und Mensch inhaltlich bedeutet.

2. PERSONA

Der Personbegriff wurde, gerade auch in seiner philosophisch zu bestimmenden ontologischen Fundierung, in der mittelalterlichen theologischen Diskussion vor allem in trinitarischem, christologischem und angelologischem Zusammenhang thematisiert. Die Zuweisung des Personprädikates an Gott sowie die vernunftbegabten Lebewesen Engel und Mensch war spätestens seit den Überlegungen des Boethius (†524) zu diesem Thema gesondert zu reflektieren. Boethius hatte mit seiner Rezeptionsgeschichte schreibenden Definition von der Person als einer „Einzelsubstanz der vernunftbe-

---

[8] „Sunt enim multi essendi modi. Et naturis quidem ac formis consonus essendi modus est, non ut sint tanquam quod est, sed ut sint tanquam quo est: nec plus eis debetur. Sicut, apud Peripateticos, principium est indubitatum quod formae sunt et non sunt absque sui generatione et corruptione [vgl. *Met.* VI 3, 1027a29-30]": ebd. Zur Interpretation der Natur als Wesensform, vgl. *In* III 35,1 II (XI,352a): „natura secundum rationem naturae, ut scilicet actum naturae seu formae exercet, qui exprimitur per ly ut quo".

[9] „S. Thomas autem ex fundamentis in dubitatione praecedenti positis opinatur intelligentias et quamlibet creaturam esse compositas ex actu et potentia, sicut ex duabus rebus distinctis realiter, esse scilicet et essentia": *In De ente et essentia*, c.5, n.102 (161).

[10] „... esse actualis existentiae divinum est ipsa quiditas ejus [= Deus] ...": ebd., c.6, n.105 (170).

[11] „quiditas vero, quae est sua existentia, est ipsum esse purum ...": ebd., c.5, n.91 (146).

gabten Natur"¹² versucht, eine nicht nur für den christologischen Theoriezusammenhang gültige Personbestimmung zu geben. Der Rückgriff auf den Substanzbegriff wird von einem aristotelischen Verständnishorizont her erklärbar. Das, was die Konzilstheologen mit „*prosopon*" (πρόσωπον) meinten¹³ und wofür im lateinischen Westen das Wort „*persona*" stand, war sachlich identisch mit der von Aristoteles so bezeichneten „ersten Substanz", also mit der individuierten, in ihrer Umrißhaftigkeit als „*Dieses-etwas*" (τόδε τι) erkennbaren Natur. Freilich konnte diese Bestimmung des Boethius, die Person und (vernunftbegabtes) Individuum gleichsetzte, kaum den Anforderungen der christologischen, geschweige denn trinitätstheologischen Reflexionsaufgaben gerecht werden. So mußte doch gerade in der Perspektive der Enhypostasie der aristotelische Begriff der ersten Substanz als in sich unterschieden gedacht werden. Denn in Jesus Christus ist die menschliche Natur wohl individuiert, aber nicht Person.

Richard von St. Victor (†1173), der die boethianische Definition vor allem wegen ihrer Insuffizienz für die Ausgestaltung der Trinitätslehre kritisierte, unternahm nun seinerseits den Versuch, den Substanzbegriff durch den Terminus der „nichtmitteilbaren Existenz" (*incommunicabilis existentia*)¹⁴ zu ersetzen, um so eine Persondefinition zu gewinnen, die sowohl für Gott als auch für Engel und Menschen Gültigkeit beanspruchen konnten. Auch diese Überlegungen gelangten im Hoch- und Spätmittelalter zu großem, keineswegs schulgebundenen Einfluß innerhalb der Diskussion. Der *prosopon*-Begriff wird erst in christlicher Rezeption zum Personproblem, da die Bestimmung dessen, was eine Person ist, gar nicht unabhängig von den altkirchlich formulierten Lehrentscheidungen und der durch sie hergestellten

---

[12] „reperta personae est definitio: ‚naturae rationabilis individua substantia'": *Contra Eutychen et Nestorium*, c.3 (84,4f.).

[13] Der christliche Personbegriff verdankt sich zu wesentlichen Teilen der Anwendung des antik-grammatikalischen πρόσωπον-Begriffs auf die Exegese gerade derjenigen Bibeltexte, die später in der Zeit der trinitarischen und christologischen Debatte als *dicta probantia* häufige Verwendung finden sollten. Schriftstellen, die den Plural in der direkten Gottesrede führten, konnten so prosopographisch auf die jeweilige Kommunikationssituation hin analysiert werden. Der Kommunikator wurde noch vor Tertullian mit dem Terminus „*persona*" belegt, womit sich von der Exegese ausgehend eine einheitliche sprachliche Ausdrucksweise für die göttlichen Träger der ‚Sprecher'-Rollen durchzusetzen begann. Daß innerhalb der theologischen Diskussion der genaue ontische Status der trinitarischen Personen freilich erst noch zu bestimmen war, auch im Osten gewisse Vorbehalte gegenüber der v.a. überwiegend im Westen entwickelten prosopographischen Exegese noch nicht gänzlich überwunden waren, hinderte die Konzilstheologen nicht, den Terminus „*persona*" bzw. „πρόσωπον" in die Lehrdefinition von Chalkedon aufzunehmen. Nachdem sich bereits im Osten seit Apollinaris von Laodicea „ὑπόστασις" und „πρόσωπον" innerhalb der Trinitätslehre in der Bedeutung angenähert hatten, wurden sie im Anschluß an die Texte von Chalkedon synonym gebraucht, vgl. C. ANDRESEN, Zur Entstehung und Geschichte des trinitarischen Personbegriffs; M. FUHRMANN, Art. Person, I. Von der Antike bis zum Mittelalter.

[14] „quantum ad divina nichil aliud est persona divina quam incommunicabilis existentia": *De Trinitate* IV, c.18 (181,18-20).

Problemlage zu gewinnen war.[15] Von daher ist von vornherein innerhalb der mittelalterlichen Diskussion keine Auseinandersetzung mit rein philosophischen Mitteln zu erwarten, sondern dogmatische Begründungsverfahren werden gleichzeitig neben philosophisch-logischen zu stehen kommen.

2.1 Die kreatürliche Person

Das Wort „Person" bezeichnet allgemein eine „erste Substanz im Genus der intellektuellen Substanzen"[16]. Oder wie Cajetan sich in noch deutlicherer Anlehnung an die Definition des Boethius ausdrückt: „eine Person zu konstituieren ist eine individuelle Substanz in intellektueller Natur zu konstituieren"[17]. Das Genus, die erste oder individuelle Substanz, wird durch das Kriterium „intellektuelle/rationale Natur" näher spezifiziert. Dasselbe Genus wird auch mit den Ausdrücken „Hypostase" (*hypostasis*) und „Subsistenz" (*subsistentia*) (als *nomen concretum*) bezeichnet.[18] Auch den Terminus *„suppositum"* läßt Cajetan als Synonym für die aristotelische erste Substanz gelten.[19] Während die genannten Äquivalentbegriffe der ersten Substanz jeden geschaffenen Selbstand supponieren, kann das Personprädikat nur von vernunftbegabten Lebewesen ausgesagt werden.[20]

---

[15] Schon Cajetan führt die bis in die philosophisch-theologische Literatur der Gegenwart immer wieder beschriebene Beobachtung an, daß ohne die Offenbarung Gottes wohl nie auf die Differenz zwischen Person und Einzelnatur reflektiert worden wäre, vgl. *In* III 4,2 XXI (XI,79a): „Puto autem in causa fuisse quod usque hodie non fuissent excitata ingenia humana ad perscrutandas subtilitates inter personam et individuam naturam, nisi mysterium Trinitatis et incarnationis revelatum ad hoc invitasset". Vgl. entsprechend z.B. W. BRUGGER/J. B. LOTZ, Allgemeine Metaphysik, 183; A. KREMPEL, Des hl. Thomas Natur- und Personbegriff im Zusammenhang mit dem Dreifaltigkeits- und Menschwerdungsverständnis, 116; J. B. REICHMANN, St. Thomas, Capreolus, Cajetan and the Created Person, 21.

[16] „... persona significat primam substantiam in genere intellectualis substantiae": *In* III 2,2 I (XI,26a).

[17] „... constituere personam est constituere substantiam individuam in natura intellectuali": *In* III 3,2 VII (XI,57b).

[18] „Persona significat in genere rationalium substantiarum, quod haec tria nomina, scilicet subsistentia, res naturae et substantia seu hypostasis, significant communiter in toto genere substantiarum": *In* I 29,2 I (IV,331a); „Hypostasis autem graecum est vocabulum: et idem significat quod apud nos substantia, loquendo de substantia quae proprie, principaliter et maxime dicitur, ut habetur in Praedicamentis. Hoc est: significat primam substantiam": *In* III 2,3 I (XI,31a).

[19] Das Wort *„suppositum"* steht zweitintentionell für den Selbstand als Begriff, vgl. ebd. (XI,30b-31a): „... suppositum hominis est hic homo, puta Socrates: quia hic homo est de quo praedicatur tam esse hominem, quam esse album, quantum, filium, locatum, agens, etc. Et quia suppositum est nomen secundae intentionis, sicut genus, ideo suppositum significat propriam denominationem primae substantiae, puta huius hominis, seu Socratis".

[20] „Idem autem significatur per substantiam primam, hypostasim, suppositum et personam, nisi quod persona in solis rationalibus locum habet, ut patet ex ante dictis [vgl. *In* III 2,3 I]": *In* III 4,2 VIII (XI,76a). Vgl. *In* III 2,3 I (XI,30-31b).

Das Einzeln-Sein der ersten Substanz hält Cajetan nicht schon dadurch für gegeben, daß die Natur in numerischer Einzahl vorliegt. Vielmehr muß das Einzeln-Sein in dem Modus der inkommunikablen Existenz (*incommunicabiliter existere*) gegeben sein, d.h. die Substanz darf nicht als zu anderem Sein vermittelbar gedacht werden, wie etwa das Akzidens dem Subjekt oder der Teil dem Ganzen mitgeteilt werden kann.[21] Das Beispiel des durch das „Sein im anderen" (*esse in alio*) bestimmten Substanz-Akzidens-Verhältnisses zeigt zugleich, daß Cajetan mit dem Kriterium der „Nichtmitteilbarkeit" (*incommunicabilitas*) auch jede ontische Abhängigkeit aufgrund von Inhärenz definitiv ausgeschlossen wissen will. Die Seinsweise der ersten Substanz ist die der Subsistenz im strengen Sinne des Wortes, die des Für-Sich-Seins.[22] Die *incommunicabilitas* gilt ihm somit als die entscheidende Bestimmung des Seinsaktes der ersten Substanz.[23] Die Persondefinition des Boethius kann nach Cajetan durchaus gehalten werden, wenn die Wendung „*individua substantia*" streng nach dem Kriterium der inkommunikablen Existenz und damit als Ausdruck für die erste Substanz verstanden wird. Cajetan interpretiert also die boethianische Definition von den Überlegungen des Richard von St. Victor her.[24]

Durch den Seinsmodus der nichtmitteilbaren Existenz unterscheidet sich die Person als erste Substanz von der individuellen Natur. Wenn Cajetan die „Seinsweise der Subsistenz" (*modus subsistendi*) als „etwas Wirkliches"[25] bezeichnet, dann entsteht das schwierige Problem, worin dieser *modus* ontologisch begründet ist, oder anders gefragt, was nun das Formalkonstitutivum der Person ist.

Zur Beantwortung der Frage sind wir an Cajetans Kommentar zur *Quaestio* 4, Artikel 2 der *Tertia Pars* gewiesen, wo er ausführlich diese „*quaestio difficillima*"[26] behandelt. Ausgangspunkt der Argumentation sind zwei Thomas-Zitate, die belegen, daß nur das Suppositum, nicht aber die Natur, das

---

[21] „... quod pertinet ad communem rationem singularitatum individuorum substantiae, id est modus, quo subsistunt individua substantiarum, vel substantia habens talem modum, qui vocatur incommunicabiliter existere. Socrates enim existit ita incommunicabiliter quod non potest communicari alteri, sicut accidens subiecto, neque sicut universale particulari, neque sicut pars toti": *In Praedicamenta*, 40.

[22] „per se subsistere non distrahit rationem entis, sed est perfectior illius modus; sed distrahit rationem entis in alio, puta accidentis": *In* III 25,5 II (XI,283b).

[23] „... quia est substantia prima, id est quia est substantia incommunicabiliter existens": *In Praedicamenta*, 41.

[24] „Ita quod incommunicabilitatem denotaverit Boetius, in definitione personae, per ly individua substantia: quoniam aequivalet ad ly substantia prima, quae alio nomine dicitur hypostasis": *In* III 2,2 XV (XI,29ab). Diese Tendenz ist auch bei anderen spätscholastischen Theologen nachweisbar, etwa bei Heinrich von Langenstein (†1397), vgl. J. LANG, Die Christologie bei Heinrich von Langenstein, 267.

[25] „... aliquid reale, scilicet modus subsistendi, ultra naturam specificam, convenit individuis substantiae": *In* I 29,1 XIII (IV,329b).

[26] *In* III 4,2 II (XI,74a).

„Aufnehmende" (*susceptivum*) von außen zukommender Wirklichkeiten wie etwa des von der Wesenheit real verschiedenen Seinsaktes[27] oder der Relation zu anderen Personen ist.[28] Cajetan sieht durch die Bestimmung des *susceptivum*-Seins eine Realdistinktion zwischen individueller Natur und Suppositum begründet[29], die er als „Sachunterscheidung" (*distinctio secundum rem*) begreift, d. h. das Suppositum ist durch eine zusätzliche Wirklichkeit von der einzelnen Natur unterschieden.[30]

Die Stringenz der Cajetanschen Argumentation steht und fällt in der Tat mit der Interpretation dieser durch das *susceptivum*-Sein des Suppositums konstituierten Unterscheidung. Es wäre ja denkbar, daß der ersten Substanz über die einzelne Natur hinaus lediglich die Bestimmung zukommt, nicht mit dem Logos[31] vereint zu sein. Bekanntlich hatte Duns Scotus die Personalität des Menschen durch die Verneinung zweier Abhängigkeiten ontologisch bestimmt: Die singuläre menschliche Natur ist dann Person, wenn sie nicht in einem Abhängigkeitsverhältnis zu einer anderen Person steht (*negatio potentiae actualis*) und auch nicht der Tendenz zu einem solchen Abhängigkeitsverhältnis unterliegt (*negatio potentiae aptitudinalis*), sondern eben zur Ausbildung ihrer eigenen Personalität tendiert.[32] Da, wie auch Cajetan zugibt, mit Ausnahme der Menschennatur Christi individuelle Natur und erste Substanz des Menschen identisch sind[33], ist nicht einzusehen, warum die Differenz nicht auch nur von dieser einen Ausnahme her bezeichnet werden sollte. Doch lehnt Cajetan diese Überlegung mit Blick auf die scoti-

---

[27] Vgl. o. Abschnitt 1.

[28] „esse consequitur naturam, non sicut habentem esse, sed sicut qua aliquid est: personam autem, sive hypostasim, consequitur sicut habentem esse": *S.th.* III 17,2 ad 1 (XI,222b); „... nativitas temporalis causaret in Christo temporalem filiationem realem, si esset ibi subiectum huiusmodi filiationis capax": *S.th.* III 35,5 ad 1 (XI,357a).

[29] „Ex hoc autem quod haec humanitas et hic homo sic differunt quod illa secundum rem neque actus essendi neque filiationis realis est capax nisi ratione huius hominis ut per se primo subiecti utriusque, oportet dicere quod aliqua realis differentia sit inter hanc humanitatem et hunc hominem, ita quod aliquid reale includat hic homo quod non includit haec humanitas, qua realitate hic homo habeat quod sit susceptivum tam actus essendi quam filiationis realis, cuiusque realitatis defectu haec humanitas deficiat ab hoc quod est esse susceptivum per se primo actus essendi et filiationis temporalis": *In* III 4,2 VI (XI,75b).

[30] „Et hoc modo suppositum distinguitur a natura secundum rem: quia scilicet includit naturam et addit aliqua alia": *In* III 2,2 II (XI,26a).

[31] Der Terminus „Logos" wird im folgenden stets als Bezeichnung für die zweite göttliche Hypostase gebraucht, um Äquivokationen und Mißverständnisse, die mit der Verwendung des in den Texten Cajetans belegten lateinischen Äquivalents „*Verbum*" verbunden sein könnten, zu vermeiden.

[32] „et ita ista negatio, scilicet non dependentia, non quidem actualis tantum, sed etiam actualis et aptitudinalis, talis complet rationem personae in natura intellectuali, et suppositi in alia natura creata": *Op.Ox.* III, d.1, q.1, n.9 (VII/1,15); vgl. auch *Quodl.*, q.19, n.19 (XII,508). Zur Personlehre des Duns Scotus vgl. N. HARTMANN, Person in Einsamkeit und Gemeinsamkeit, 37-42; H. MÜHLEN, Sein und Person nach Johannes Duns Scotus, 95-128.

[33] „... in creaturis non est differentia inter individuum naturae et primam substantiam seu hypostasim": *In* III 3,2 VI (XI,57b).

sche Theorie von der Apersonalität der Menschennatur Christi aus zwei Gründen ab:

1.) Der Unterschied kann nicht in einer Negation bestehen, da diese keine „Washeit" ist und somit auf anderes Sein nicht formursächlich Einfluß zu nehmen vermag[34];

2.) Der allgemeine Sprachgebrauch legt es nicht nahe, die für die erste Substanz supponierenden Bezeichnungen als Ausdrücke von Negationen zu nehmen.[35]

Eine „Wirklichkeit" (*realitas*) wird somit von Cajetan gefordert, die zwischen individueller Natur und erster Substanz *realiter* unterscheiden läßt.[36] Auch eine andere Möglichkeit, den Unterschied zwischen Natur und Suppositum zu denken, schließt Cajetan in seinem Summenkommentar aus. Der Unterschied kann nicht dadurch begründet sein, daß die erste Substanz gegenüber der individuellen Natur lediglich eine zusätzliche, von außen hinzugetretene Wirklichkeit wie etwa die Existenz mitumfaßt. Denn dann würde sie sich bereits durch die Disposition, jene Wirklichkeit aufnehmen zu können, von der einzelnen Natur unterscheiden. Der zu erklärende Unterschied würde somit bereits in der Erklärung vorausgesetzt.[37] Cajetan richtet dieses

---

[34] „... negatio non est constitutiva subiecti entitatis realis, quamvis sit concomitans et circumloquens constitutivum illud quandoque; quoniam subiectum entitatis realis, ut sic, purum ens reale esse in se sufficit; negatio enim, cum nihil formaliter sit, non dat formaliter alicui enti esse capax entitatis realis": *In* III 4,2 VI (XI,75b).

[35] „Accedit ad haec quod nomen hypostasis aut personae, et similiter nomina propria naturarum cum pronominibus, ut hic homo, hic bos, et similiter pronomina demonstrativa personaliter, ut ego, tu, ille, omnes confitemur significare formaliter substantiam, et non negationem aut accidens aut extranea. Si omnes hoc fatemur, cur, ad quid rei significatae perscrutantes, divertimus a communi confessione? Et, si personalitatem negationem esse formaliter dicere licet, cur non statur in sententia tanto probabiliori quanto magis consona communi confessioni?": ebd. VIII (XI,76a). R. GARRIGOU-LAGRANGE, De personalitate iuxta Caietanum, 414f. sieht in dieser Passage den entscheidenden argumentativen Schritt Cajetans vollzogen: den Übergang von der Nominal- zur Realdefinition von „Person"; vgl. auch ders., Art. Thomisme, 926. Demgegenüber dürfte jedoch der Interpretation Quarellos, der hier lediglich einen von Aristoteles her gut begründbaren Appell an den mit den genannten Worten verbundenen *sensus communis* sieht, wohl der Vorzug zu geben sein, vgl. E. QUARELLO, Il problema scolastico della persona nel Gaetano e nel Capreolo, 50f. Anm. 48; siehe dazu auch den vergleichbaren Hinweis Cajetans an anderer Stelle, *In* III 16,3 IV (XI,203b): „Nominibus autem utendum est ut plures utuntur: secundum Philosophum [vgl. *Topik* II, 2 110a16f.]".

[36] „Quoniam tota vis rationis consistit in hoc, quod constitutivum rei in hoc quod est esse per se primo susceptivum entitatis realis, oportet esse realitatem aliquam: sed hic homo in hoc differt ab hac humanitate, quod claudit in se aliquid quo est per se primo susceptivus alicuius entitatis realis repugnantis huic humanitati: ergo claudit in se realitatem constitutivam in esse quo differt ab hac humanitate": *In* III 4,2 VII (XI,75b-76a).

[37] „Et propterea non potest [differentia inter hanc humanitatem et hunc hominem] reduci ad differentiam secundum modos intelligendi aut significandi, nec ad differentiam secundum extra connotata, quaecumque sint illa: quoniam haec differentia praevenit omnia extrinseca, et modos intelligendi et significandi": ebd. VI (XI,75b). Wie der Schlußsatz zeigt, sieht Cajetan mit diesem Argument auch die These von der rein gedanklichen Unterscheidung von Natur

Argument sowohl gegen die These, die das Formalkonstitutivum der Person ausschließlich in das Dasein verlegt—heute meistens als „Existenztheorie" bezeichnet[38]—als auch unausgesprochen gegen eigene früher geäußerte Ansichten, wie wir noch sehen werden.

Somit ist der unterschiedliche Seinsmodus, der der individuellen Natur und der ersten Substanz zugeteilt werden muß, selber wieder als von einer konstitutiven, der Substanz innerlich zukommenden, von ihr zu unterscheidenden Realität (*reale positivum*) notwendig verursacht zu denken. Da der Seinsmodus des Suppositums das „Personsein" (*esse personale*) ist, muß diese Realität mit dem, wodurch die einzelne Natur Person wird (*personalitas*), identisch sein. Wie bestimmt nun Cajetan dieses *reale positivum*?

Das, was die Substanz zur Annahme des Seinsaktes „innerlich" (*intrinsece*) befähigt, kann keine akzidentielle Bestimmung sein, sondern muß eine unter dem Oberbegriff der Substanz einzuordnende Entität sein, ohne doch selber eine Substanz zu sein. Cajetan zählt sie zu den innerlich konstitutiven Wesensmerkmalen der Substanz, die nicht unmittelbar (*reductive*) dem Genus der Substanz angehören. Gleichwohl stellt sie keine spezifische Differenz, sondern einen die Natur in den Status der Unmitteilbarkeit und der Substanz erhebenden, ihr formal wesenseigenen „Abschluß" (*terminus*) dar.[39] Über diesen *terminus* hinaus ist keine weitere Bestimmung der Natursubstanz möglich. Daher schreibt Cajetan:

> Die Personalität ist also die Wirklichkeit, die die Person als solche konstituiert. Und deswegen folgen auf sie die Verneinungen und die Gegensätze zum Wesen-Sein und Teil-Sein; und die Fähigkeiten zu den personalen Wirklichkeiten, wie diese der Seinsakt und die Sohnschaft sind; und das ‚Was-ist' [*quod est*] und das ‚Sein-besitzend', und die übrigen [Prädikate], die der Hypostase beigelegt werden. Aber eine derartige Wirklichkeit ist in reduzierter Weise im Genus der Substanz, wie die übrigen substanzkonstituierenden Wirklichkeiten, etwa das ‚vernunftbegabt' und dergleichen: obwohl sie im eigentlichen Sinne

---

und Suppositum, wie sie Heinrich von Gent (†1293), in modifizierter Weise aber auch Herveus Natalis (†1323), vertreten hatte, widerlegt; vgl. die Doxographie ebd. III (XI,75a).

[38] Aus heutiger Perspektive beschrieben hat Cajetan in Capreolus einen Vertreter der Existenztheorie gesehen: „Quinta opinio est quod suppositum differt a natura per unum connotatum extrinsecum, scilicet actum essendi. Ponit enim haec opinio actum essendi non claudi in suppositi ratione (in quo differt a praecedente: et bene dicit in hoc), sed connotari per suppositum: quia esse est proprius actus suppositi ut quod est. Et haec est opinio Capreoli, in III Sent., dist. V, qu. III": ebd. (XI,75a); siehe dazu u. Anm. 50.

[39] Zur Begründung des Ausdrucks „*terminus naturae*" führt Cajetan an: „Quod probatur ex hoc quod naturam personari est naturam terminari, et personare est terminare naturam. Exponimus enim naturam humanam in Christo personari per Verbum, quia terminatur per illius personam: et e contra Verbum personare naturam illam, quia terminat illam": *In* III 4,2 X (XI,76b).

des Wortes keine Differenz ist, sondern der äußerste Endpunkt und als solcher ein bloßer [Endpunkt] der Natursubstanz.[40]

In der berühmt gewordenen Formulierung „*terminus ultimus, ac ut sic, purus naturae substantiae*" soll durch das in Verbindung mit den Adverbien „*ut sic*" besonders hervorgehobene Adjektiv „*purus*" jeglicher formal- oder materialursächlicher Einfluß des *terminus* auf die Wesenskonstitution der ersten Substanz ausgeschlossen werden.[41] Außerdem kann *terminus* nur etwas sein, was dem Wesen selber zugehört, ein ihm ‚innerlich' eigener Zustand des Ganzes-Seins und keine äußerlich zukommende Wirklichkeit. Der *terminus* ist der Endpunkt, auf den hin die erste Substanz ihrem Wesen nach angelegt ist und der sie in ihrer Subsistenz, in ihrem *modus subsistendi*, begründet.

Cajetan hat zur Erläuterung des *terminus* immer wieder die Punkt-Linie-Analogie herangezogen: Zwischen (endlicher) Linie und Schlußpunkt herrscht ein Verhältnis partieller Identität, da der Schlußpunkt von den unendlich vielen linienkonstituierenden Punkten unterscheidbar bleibt, ohne doch die Linie von außen zu begrenzen.[42] Auch kann dem Versuch, dem *terminus* Ursachenqualitäten beizulegen, von diesem Gleichnis her gewehrt werden.[43] Die so konstituierte Person ist das unmittelbare *susceptivum* des Seinsaktes. Der Modus der Abgeschlossenheit tritt also vermittelnd zwischen die individuelle Wesenheit und die Existenz, indem er die Natur zur Aufnahme des Seinsaktes befähigt.[44]

Im Unterschied zur Personlehre des Summenkommentars hatte Cajetan in den 1496 verfaßten „*Commentaria in De ente et essentia*" neben dem Individuationsprinzip der körperlichen Substanzen noch das „aktuelle Dasein"

---

[40] „Est igitur personalitas realitas constitutiva personae ut sic. Et ideo ad eam consequuntur negationes; ac repugnantiae ad esse quo et esse partem; et capacitates ad personales realitates, ut sunt actus essendi et filiatio; et quod est, et habens esse, et reliqua quae hypostasi attribuuntur. Est autem huiusmodi realitas in genere substantiae reductive, sicut reliquiae realitates constitutivae substantiarum, ut rationale et huiusmodi: quamvis non sit differentia, proprie loquendo; sed est terminus ultimus, ac ut sic purus, naturae substantiae": ebd.

[41] „Quod autem tertio addidi, ut sic purus, ad maiorem explicationem, non ad necessitatem appositum est: ad instruendum novitios quod terminare, ut terminare, nullam dicit causalitatem; et explanandum quod personalitas, ut terminans naturam, nullam causalitatem dicit respectu naturae terminatae; ita quod non solum est extra genera causarum extrinsecarum, sed etiam extra causas intrinsecas; quoniam nec in genere causae formalis, nec in genere causae materialis se habet ad naturam, sed ut terminus eius. Unde et in mysterio incarnationis dictum est quod unio personalis secundum nullum genus causae attenditur": ebd.

[42] „Ex hoc namque quod realitas personalitatis est terminus ultimus naturae, patet primo difficultas de identitate et diversitate eius a natura singulari. Est enim quodammodo idem, et quodammodo non idem: sicut terminus est terminato quasi idem, et quasi non idem. Est enim aliquid eius, scilicet terminus, et non est illud: ut patet de puncto et linea": ebd. XII (XI,77a); vgl. auch ebd. XXII (XI,79a). Eine genauere Bestimmung des realen Unterschieds zwischen Natur und *terminus* ist den Texten Cajetans leider nicht zu entnehmen.

[43] „punctum enim est ita terminus lineae quod nulla causa est illius": ebd. X (XI,76b).

[44] Siehe o. Anm. 36.

(*esse actualis existentiae*) als ein dem Suppositum über die Natur hinaus zukommendes Konstitutivum bezeichnet.⁴⁵ Davon ist jetzt nicht mehr die Rede. Die Existenz wird vielmehr aus den Personkonstitutiva ausgeblendet. Denn wir sahen bereits, daß für Cajetan der reale Unterschied nicht durch eine dem Suppositum von außen zugefügte Wirklichkeit, wie in diesem Falle durch den Seinsakt, begründet sein kann.

Die von Cajetan im Kommentar zur *Tertia* vorgetragene Lehre vom Formalkonstitutivum der menschlichen Person—im Blick auf das Verständnis der Subsistenz als Seinsmodus der ‚Abgeschlossenheit' kurz „Modustheorie" genannt—gelangte noch bis ins 20. Jahrhundert hinein innerhalb der Thomistenschule zu breiter Aufnahme.⁴⁶ Heute herrscht in der Forschung weitgehend Einverständnis darüber, daß die Modustheorie den Rang einer authentischen Thomasinterpretation nicht mehr beanspruchen kann⁴⁷, wenn auch noch über die Lehre des Thomas, wie nun Einzelnatur und Suppositum zu unterscheiden sind, die Meinungen auseinandergehen.⁴⁸ Die historische Provenienz der Modustheorie läßt sich bislang über Ägidius Romanus (†1316) und andere Theologen der Hochscholastik erst vage erschließen.⁴⁹ Bei Capreolus finden sich unter anderem Texte, die zugunsten des personalen *modus* angeführt werden können, obwohl er selber eher unter die Vorläufer der Existenztheorie zu rechnen ist.⁵⁰

---

⁴⁵ „In substantiis siquidem materialibus suppositum differt a natura dupliciter secundum rem et ultra hoc secundum rationem. Differt primo modo intrinsece quia aliquod reale suppositum sibi intrinsecum includit, quod non includit natura, scilicet principia individuationis. Si enim Sortes diffiniretur, in ejus diffinitione poneretur haec materia quae non ponitur in diffinitione naturae humanae. Differt secundo extrinsece quia aliquid reale extrinsecum sibi includit suppositum, scilicet esse actuale existentiae quod non includit natura; existentia enim primo est actus suppositi, cujus est fieri, quae tamen caderet in diffinitione Sortis si diffiniretur": *In De ente et essentia*, c.5, n.84 (134); vgl. dazu U. DEGL'INNOCENTI, L'opinione giovanile del Gaetano sulla costituzione ontologica della persona.

⁴⁶ »L'opinion de Cajétan est enseignée, aujourd'hui encore, dans les écoles théologiques de la famille dominicaine«: M.-A. MICHEL, Art. Hypostase, 417.

⁴⁷ Dies ist vor allem das Ergebnis der Arbeit von O. SCHWEIZER, Person und Hypostatische Union bei Thomas von Aquin, Fribourg 1957, das zumindest in dieser Hinsicht in der neueren Thomas-Forschung weitgehende Akzeptanz fand.

⁴⁸ Für die Existenztheorie als der wahren Lehrmeinung des Thomas plädieren J. B. REICHMANN, a.a.O. (Anm. 15), 30.208.213.228.230;—mit Vorbehalt—: M.-A. MICHEL, a.a.O. (Anm. 46), 427; daß Thomas sein Personverständnis an der ‚Ausnahmesituation' der Union von Gott und Mensch in Jesus Christus entwickelte und die menschliche Person lediglich durch das Nicht-Vereintsein mit dem Logos von der menschlichen Natur unterschieden sah, behauptet—im Anschluß an O. SCHWEIZER, a.a.O. (Anm. 47), 107ff.—O. H. PESCH, Art. Thomismus, 164f. Zur einschlägigen Literatur bis 1956 vgl. den „problemgeschichtlichen Überblick" bei O. SCHWEIZER, a.a.O. (Anm. 47), 18-53.

⁴⁹ Vgl. dazu M.-A. MICHEL, a.a.O. (Anm. 46), 412; O. SCHWEIZER, a.a.O. (Anm. 47), 19.

⁵⁰ Einige Forscher rücken Capreolus von den Vertretern der Existenztheorie ab, indem sie seine Gedanken bereits in sachlicher Nähe zur Modustheorie Cajetans sehen—freilich nicht ohne die Modustheorie selber im Sinne der Existenztheorie zu interpretieren, vgl. v.a. T. MULLANEY, Created Personanlity, 391-402; vgl. dagegen J. B. REICHMANN, a.a.O. (Anm. 15); O. SCHWEIZER, a.a.O. (Anm. 47), 27.

Cajetan setzt sich mit Duns Scotus auseinander, der bereits sachlich die Modustheorie bestreitet, indem er gegen die These argumentiert, „die Person sei Person durch etwas Positives in der Natur über jenes hinaus, wodurch die Natur eine individuelle sei, und dieses beziehungsweise jenes Angenommene sei ein Absolutes oder eine Beziehung"[51]. Ohne daß hier speziell auf die Näherbestimmung dieser zusätzlichen Wirklichkeit Bezug genommen würde, weist Duns Scotus auf die grundsätzliche Problematik aller Versuche hin, die das Formalkonstitutivum der menschlichen Person ausschließlich auf der Linie der Wesenheit ansetzen wollen. Er bezieht sich dabei in seiner Argumentation ganz auf die kirchlich vorgegebene Lehraussage, daß der Logos zwar eine einzelne menschliche Natur, nicht aber eine menschliche Person in die Vereinigung mit sich angenommen hat.

Nach der Modustheorie ließe sich die Apersonalität der Menschennatur Christi dadurch erklären, daß diese Natur dann, wenn sie mit dem Gottessohn vereint ist, nicht mit dem ihr eigenen Zustand der Abgeschlossenheit und somit nicht in ihrer Totalität vorliegt. Das hieße aber doch, daß letztlich ein positiver, entitativer ‚Teil' der Menschennatur nicht vom Logos hätte angenommen werden können, da dieses *positivum* gerade die unmitteilbare Existenz für die menschliche Natur bedeuten würde—eine Annahme, die im Blick auf das von Johannes von Damaskus (im Anschluß an Gregor von Nazianz) formulierte Axiom „Was nicht angenommen werden kann, ist auch nicht heilbar" schlichtweg inkonvenient wäre.[52] Die dieser Überlegung des Duns Scotus zugrundeliegende Zusammengehörigkeit von *terminus* und Natur hat Petrus Aureoli (†1322) als unabweisbares Implikat der Modustheorie herauszustellen versucht: Wie der Punkt als unteilbare Grenze einer Linie mit dieser wesentlich verbunden ist, so ist auch der ‚Abschluß', d.h. die Personalität, der angenommenen Menschennatur Christi nicht von dieser abtrennbar.[53] Damit ergibt sich das Dilemma, daß der Gottessohn entweder

---

[51] „... persona sit persona per aliquid positivum in natura ultra illud, quo natura est individua, et hoc sive illud positivum sit absolutum, sive respectus": *Op.Ox.* III, d.1, q.1, n.6 (VII/1,12).

[52] „Primo, quia tunc esset aliqua entitas positiva in natura humana, quae esset inassumptibilis a Verbo. Probatio consequentiae: Isti enim ultimae entitati, quam addit persona ultra singulare, repugnaret contradictorie communicari, sicut natura communicatur supposito. Patet, quia persona est incommunicabilis existentia, et ita repugnaret sibi contradictorie assumi. Consequens videtur inconveniens; tum, quia secundum Damascenum 25. quod est inassumptibile, est incurabile": ebd. n.7 (VII/1,12); vgl. Johannes von Damaskus, *Expositio fidei* III,6 (PTS 12: 121,36f.): „τὸ γὰρ ἀπρόσληπτον ἀθεράπευτον [vgl. Gregor von Nazianz, *Ep*. 101,7 (PG 37,181 C)]".

[53] Petrus Aureoli, zit. bei Johannes Capreolus, *Defensiones, In* III *Sent.*, d.5, q.3, a.2 (V,91a): „Tum quia generaliter verum est, quod terminus indivisibilis est ejusdem generis cum terminato ... unde punctus est positio indivisibilis simpliciter; linea vero, positio divisibilis tantum secundum longitudinem; superficies vero est positio divisibilis secundum duas dimensiones; corpus vero, secundum tres; et sic sunt ejusdem generis. Similiter ultimum aquae quo

keine integrale menschliche Natur oder eben auch eine menschliche Person mitangenommen hat. Beide Möglichkeiten sind von den altkirchlichen Lehrentscheidungen her gesehen unhaltbar.

Die Argumente des Johannes Duns Scotus und des Petrus Aureoli werden von Cajetan zum Anlaß genommen, das Verhältnis der partiellen Identität zwischen menschlicher Natur und Person genauer zu klären. Die theologischen Inkonvenienzen, die sich aufgrund der Bestimmung des *terminus* als eines der Natur ‚innerlich' zukommenden Teiles ergeben, nötigen Cajetan, das trennende Moment zwischen der Natur und ihrem wesenszugehörigen „letzten Abschluß" (*terminus ultimus*) stärker zu betonen.

Der *terminus* ist integraler Teil der menschlichen Natur, der jedoch dann, wenn die Natur nicht personiert sein sollte, lediglich als Potenz gegeben ist, und zwar als Potenz der Natur, durch den ihr eigenen *terminus ultimus* substantiell abgeschlossen zu werden.[54] Der menschlichen Natur Christi fehlt genaugenommen nur die aktuelle Personalität, die jedoch potentiell gleichwohl vorhanden ist, so daß sich in dem hypothetischen Fall einer ‚Entlassung' der Menschheit aus der hypostatischen Union die Eigenterminierung unmittelbar einstellen würde.[55] Von daher ist für Cajetan durchaus eine Vollständigkeit und Integrität der menschlichen Natur denkbar, die mit dem Fehlen der eigenen Personalität zusammenbestehen kann. Mit Hilfe der Akt-Potenz-Differenz gelingt es Cajetan somit, eine Unterscheidung zwischen der menschlichen Natur und ihrem *terminus* aufrechtzuerhalten, ohne die wesenhafte Zugehörigkeit des (dann freilich nur noch als potentiell zu denkenden) *terminus ultimus* zur individuellen, apersonalen Menschennatur Christi in Frage zu stellen. Es liegt dann in der Konsequenz dieser Unterscheidung, daß das *Damascenus*-Axiom auf die der menschlichen Natur zukommenden personalen Wirklichkeiten keine Anwendung finden kann.[56] Aber der *terminus ultimus* fällt nach Cajetan nicht mehr *per definitionem* auf die Seite der inassumptiblen Personalität.

Wenden wir uns abschließend noch zwei Fragen zu, die innerhalb der scholastischen Persondiskussion zum festen Problembestand zählten und gerade auch im Blick auf den Gesamtzusammenhang des kreatürlichen Per-

---

clauditur et terminatur, est indivisibile aquae, et aliquid pertinens ad naturam aquae. Igitur terminus humanitatis est aliquid humanitatis".

[54] „Et si contra hoc applicetur instantia allata, scilicet, Terminus humanitatis est aliquid humanitatis, respondetur: Quod terminus ultimus (de quo solo est sermo) sit aliquid humanitatis, potest dupliciter intelligi. Primo, quod ita sit aliquid humanitatis distinctae contra personam, quod conveniat sibi absque personalitate. Et sic negatur: quia implicat duo contradictoria simul, quoniam est constitutivus personalitatis.—Alio modo, quod sit aliquid humanitatis totaliter completae. Et hoc est verum: quia est terminus eius. Et ultra hoc, est aliquid in potentia ipsius humanitatis, quae secundum se est terminabilis termino proprio": *In* III 4,2 XIX (XI,78b).

[55] Vgl. ebd. XVI (XI,78a).

[56] Vgl. ebd. XV (XI,77b-78a).

sonbegriffs bei Cajetan wenigstens kurz Berücksichtigung finden sollen. Es handelt sich um folgende Fragen:
1.) Ist die „separate Seele" (anima separata) eine Person?
2.) Was ist das Formalkonstitutivum der Person des Engels?

Zu 1.) Die menschliche Substanz wird durch den *terminus* abgeschlossen und ist infolgedessen auch als ganze die menschliche Person. Zwar nennt Cajetan die separate Seele „Halb-Person" (*semi-persona*) und schreibt ihr aufgrund der mit dem Tod einsetzenden Eigenterminierung auch eine eigene Subsistenz zu.[57] Aber das darf doch nicht so verstanden werden, als ob deshalb die *anima separata* nach der Trennung vom Leib weiter als menschliche Person subsistieren würde. Die Seele ist vielmehr wesenhaft auf das Zusammen- und In-Sein in dem menschlichen Körper angelegt. Analog ihrer Formursächlichkeit konstituiert sie die Subsistenz des Menschen als „Seinsprinzip" (*principium quo*), während der Körper der Seele selbst das Einzeln-Sein vermittelt. Die Seele ‚erbettelt' ihr „Dieses-Sein" (*haecceitas*) vom Körper, wie sich Cajetan einmal in der Terminologie des Duns Scotus ausdrückt.[58] Sie verbleibt also im Zustand der Separation als Halb-Person, weil sie ohne Leib keine vollständige menschliche Spezies und damit kein substantielles Ganzes bildet, das erst als menschliche Person angesprochen werden könnte.

Zu 2.) Eine Personengruppe rationaler Natur, die gleichfalls unter die Definition des Boethius fällt, wurde bislang noch nicht in die Erwägungen einbezogen: die Engel. Ihre ontologische Formalstruktur ist dadurch gekennzeichnet, daß ihre Natur per se als individuelle vorliegt.[59] Gleichwohl läßt sich aber auch in diesem Falle das Suppositum von der Natur unterscheiden. Natur und Person des Engels sind sachlich identisch, ‚äußerlich' aber ist im Begriff des Engelsuppositums noch zusätzlich der Seinsakt mitbezeichnet.[60] Cajetan bleibt im Summenkommentar seiner bereits in der Schrift zu „*De ente et essentia*" geäußerten Ansicht im Blick auf die Differenz von Natur und Suppositum bei Gott und Engeln treu.

---

[57] „Imaginandum est enim quod anima separata est semi-persona, et non solum semi-natura ... Sed statim ut separata est a corpore, ex hoc ipso quo constituitur in esse separato, constituitur in quadam totalitate et completione, ut scilicet sit quod subsistit (inadaequate tamen ad suum esse, in quo natum est etiam corpus, et totus homo subsistere): iam enim dictum est quod separatio dat quandam totalitatem et completionem. Et ideo statim separata anima est semi-persona, ac per hoc proprio termino terminatur: quae, in corpore existens, terminabatur termino totius hominis": *In* III 6,3 III (XI,98ab); „... anima separata habet modum essendi similem angelis, pro quanto est per se subsistens sine corpore": *In* III 52,2 V (XI,495a).

[58] „Quia anima intellectiva in suo fieri mendicat haecceitatem a corpore": *In* III 6,1 VIII (XI,95b).

[59] „... in illis [= angelis] non differat individuum a natura": *In* III 17,1 IV (XI,221b).

[60] Vgl. *In De ente et essentia*, c.5, n.84 (135).

Ausgehend von der boethianischen Definition gelangt Cajetan so zu der These von der Substantialität des personalen Formalkonstitutivs, durch die das personcharakteristische Moment der Abgeschlossenheit, der Perseität, ins Substantielle erhöht und die Personalität zur Substanz der Substanz verdichtet wird.

2.2 Die göttliche Person

Schon der kurze Blick auf den angelologischen Personbegriff Cajetans hat deutlich werden lassen, daß das Modell der Modustheorie im Fall der immateriellen Substanzen, die jeweils von ihrer Wesenheit nicht real unterschieden sind, nicht zur Erklärung des Selbstandes herangezogen werden kann. Dies gilt a fortiori auch von den Personen in Gott. Denn würde man versuchen, die trinitarische Personalität nach diesem Modell zu verstehen, dann hätte man die göttlichen Hypostasen als drei gegeneinander abgeschlossene individuelle Substanzen der einen göttlichen Natur aufzufassen. Diese Vorstellung verbietet sich aber schon deshalb, weil die Einheit des göttlichen Wesens nach der numerischen und nicht der spezifischen Einheit, die mit einer Distribuierung der Natur an mehrere individuelle Träger zusammenbestehen könnte, verstanden werden muß. Die trinitarischen Personen individuieren sich nicht durch einen *terminus ultimus*, der ihre je eigene göttliche Einzelnatur zur Totalität erheben würde, sondern durch die mit den innergöttlichen Hervorgängen gesetzten Beziehungen. Die Ursprungsrelation ist nach Cajetan das Formalkonstitutivum der Person in Gott.[61]

Diese Bestimmung erscheint nun freilich von einem inneren Widerspruch geprägt, wird doch in ihr der Personbegriff, als dessen formales Charakteristikum Cajetan gerade die *incommunicabilitas* festgestellt hatte, von einer Relation, mithin von einem wesenhaft auf anderes hin determinierten Sein (*esse ad aliud*)[62], ausgesagt. Cajetan möchte das Problem nicht durch eine Äquivokation des Personbegriffs lösen. Er versucht vielmehr, das Subsistieren im strengen Sinne des Wortes auch als Zentralbestimmung des trinitarischen Personbegriffs festzuhalten. Die Meinung des Durandus, der den trinitarischen Personen nicht aufgrund ihres eigenen Relation-Seins, sondern nur sofern sich in ihnen die „durch sich (selbst) zuerst" (*per se primo*) subsistierende göttliche Natur artikuliert, das Subsistieren zusprechen wollte[63], wird

---

[61] „Filius autem subsistit formaliter sua personalitate, quae est ipsa filiatio": *In* III 3,2 VI (XI,57b).

[62] Vgl. u. Abschnitt 3.1.

[63] „in divinis vero licet suppositum sit illud quod subsistit, tamen ratio formalis suppositi non est per subsistentia, nec fundatur in proprietate per se subsistendi, sed est ad aliud esse et ideo per aliud est suppositum et per aliud subsistit: est enim suppositum formaliter et completive per proprietatem relativam, subsistit autem non per proprietatem relativam, sed per essentiam vel substantiam. Cuius ratio est, quia subsistere dicit esse secundum perfectissimum

von Cajetan zurückgewiesen. Denn das Subsistieren, das Für-Sich-Sein, macht gerade das Wesen der Person aus und kann daher auch den trinitarischen Personen nicht in abgeleiteter Weise zukommen.[64] Das Für-Sich-Sein ist somit für den trinitarischen wie für den kreatürlichen Personbegriff ein unaufgebbares Begriffsmoment.

Die notwendige Vermittlung zwischen dem Für-Sich-Sein der Person und dem „Auf-etwas-hin-Sein" (*esse ad*) der Relation leistet nach Cajetan folgende Signifikationsunterscheidung: Durch den Begriff der göttlichen Person wird die wesenskonstitutive Ursprungsrelation nicht als Relation, sondern als Hypostase bezeichnet.[65] Der Unterschied zwischen beiden Bezeichnungsweisen kann nur ein gedanklicher sein, da die Relationalität als solche das Formalkonstitutivum der göttlichen Personen ist und somit auch deren Hypostase-Sein zugleich allein begründet. Die Subsistenz kann deshalb von der Ursprungsrelation als göttlicher Person ausgesagt werden. Vor diesem Hintergrund ist der *prima facie* nicht leicht zugängliche Satz zu verstehen,

> daß das Subsistieren—formal gesprochen—keinen Seinsmodus ‚auf etwas hin' besagt, womit aber [gleichwohl] zusammenbestehen kann, daß es einen Seinsmodus besagt, der durch ein ‚auf etwas hin'[-Sein] konstituiert worden ist, [aber] nicht insofern es ein ‚auf etwas hin'[-Sein], sondern insofern es eine hypostatische Form ist[66].

Wird die Ursprungsrelation so als zweidimensionale Form bestimmt, dann können von ihr die Prädikate „Hypostase", „erste Substanz", „Person" im

---

modum essendi, sed perfectissimus modus essendi est esse in se vel ad se, hoc autem non convenit alicui in divinis nisi ratione essentiae": *In* III *Sent.*, d.1, q.2, n.7 (II,211rb-va); vgl. *In* III 3,2 V (XI,57b).

[64] „Quod subsistere sit personale, patet sic. Personalitas divina est formaliter personale. Ergo subsistentia.—Tenet sequela: alioquin, personalitas non constitueret personam, sed relativum tantum. Si enim paternitas non constituit ipsum quasi subiectum relationis paternae, constat quod non constituit personam Patris: et si constituit personam Patris, constituit quasi subiectum paternae relationis. Ipsum autem quasi subiectum paternae relationis constat esse substantiam individuam, subsistentiam, hypostasim. ... quia constituere personam est constituere substantiam individuam in natura intellectuali": ebd. VII (XI,57b).

[65] „Videtur tamen mihi quod hoc in loco, altius perscrutatus propriam rationem subiecti, idest personae divinae, intendat quod non solum materialiter (idest tanquam id in quo necessario salvatur), sed etiam formaliter relationem divina persona includat, non tamen determinate paternitatem aut filiationem: de ratione enim formali divinae hypostasis, secundum veritatem, est relatio originis, quamvis non ista vel illa": *In* I 29,4 V (IV,334b). Cajetan schließt sich der Meinung des späten Thomas an, der nicht mehr die *relatio subsistens*, sondern die Relation an sich als das Formalkonstitutivum der göttlichen Personen betrachtet, vgl. B. HALLENSLEBEN, a.a.O. (Anm. 3), 208; „breviter dicendum est ... quod ipsa [persona divina] significat relationem originis in communi, non per modum relationis, sed hypostasis. Et quia relatio originis constitutiva divinae personae, non solum in speciali, ut paternitas, sed etiam secundum rationem relationis hypostaticae, clauditur quidditative in ratione divinae personae, puta Patris, eo modo quo superius clauditur in ratione inferioris": *In* I 29,4 VIII (IV,335a).

[66] „... quod subsistere non dicit modum essendi ad aliud, formaliter loquendo: cum quo stat quod dicat modum essendi constitutum per ad aliud, non inquantum ad aliud, sed inquantum est forma hypostatica": *In* III 3,2 IX (XI,58a).

Blick auf die personale Dimension des relationalen Seins zu Recht ausgesagt werden.[67]

In einem zweiten Gedankenschritt bezieht Cajetan dann die Natur Gottes in seine Reflexionen zum Begriff der göttlichen Person mit ein. Da die göttliche Wesenheit per se nur eine einzige ist, die zudem in völliger Unabhängigkeit von außergöttlicher Wirklichkeit gedacht werden muß, ist sie eigentlich das, was vor den trinitarischen Personen Für-Sich-Sein hat. Die Subsistenz fällt somit in Gott zweistufig an. Denn anders als bei den Kreaturen gibt es hier zwei zu unterscheidende Träger der einen „göttlichen Wesenheit" (*natura divina*), der der absoluten Einheit der Natur entsprechende Selbstand und die drei subsistenten Relationen als Personen.[68] Um die Konsequenz einer Quaternität von Subsistenzen zu vermeiden, unterscheidet Cajetan einen zweifachen Subsistenzmodus in Gott: Die als Selbstand betrachtete göttliche Natur (*hic Deus*) subsistiert durch das gemeinsame Wesen (*essentialiter*) und somit auch in den trinitarischen Personen (*communiter*), die drei Hypostasen subsistieren durch ihre hypostatischen Formen (*personaliter*) und somit wesentlich unmitteilbar (*incommunicabiliter*).[69] Mit der Subsistenz der göttlichen Wesenheit wird also nicht eine vierte Hypostase behauptet, die mit den trinitarischen Personen auf derselben Subsistenzebene zu stehen käme. Denn die *natura divina*—und sei diese auch als individuierte, ‚selbständige'—genommen—unterscheidet sich nach Cajetan weder real noch formal (so Duns Scotus), sondern lediglich gedanklich von den drei Hypostasen.[70] Der Logos ist sachlich vom Vater verschieden, aber real identisch mit Gott. Die von Cajetan mit dem Selbstand der göttlichen Natur verbundene Vorstellung dürfte somit eher die eines Subsistierenden sein, das sich, obwohl inkommunikabel an ‚außergöttliche Wirklichkeit', gleichsam

---

[67] „et ipsa eadem relatio est substantia prima, seu hypostasis divinae naturae": *In* I 29,4 VIII (IV,335a).

[68] „In Deo autem invenitur duplici ratione et modo habens naturam: scilicet habens naturam communiter, ut hic Deus; et habens naturam incommunicabiliter, ut Pater. Ac per hoc, invenitur subsistens in natura communiter, ut hic Deus: et subsistens in natura incommunicabiliter, ut quaelibet divina persona": *In* III 3,2 VI (XI,57b); „in Deo autem habens naturam dupliciter invenitur, scilicet suppositum, ut Pater vel Filius, et singulare, idest hic Deus. Itaque in divinis consideranda sunt tria, scilicet essentia, hic Deus, et supposita divina, scilicet Pater et Filius et Spiritus Sanctus. In reliquis autem duo tantum inveniuntur, puta humanitas et Socrates: non enim hic homo est aliud quam Socrates": *In* I 39,4 VIII (IV,403b).

[69] „Constat enim quod hic Deus, ut sic, subsistit essentialiter: tam Pater autem quam Filius quam Spiritus Sanctus, ut sic, subsistit personaliter. Hic Deus subsistit formaliter deitate: Filius autem subsistit formaliter sua personalitate, quae est ipsa filiatio. Alia ergo est ratio subsistendi huic Deo, et alia Filio: sicut alia est ratio deitatis, et personalitatis. Et similiter alius est modus subsistendi quo hic Deus subsistit, quoniam subsistit essentialiter et communiter: et quo Filius subsistit, quoniam subsistit personaliter et incommunicabiliter": *In* III 3,2 VI (XI,57b).

[70] Vgl. *In* I 39,1 VIIf. (IV,397b-398a); R. GARRIGOU-LAGRANGE, L'Éminence de la Déité, 307-311.

noch ‚nach innen' mitzuteilen vermag. Dem *hic Deus* eignet insofern eine nur unvollständige Weise des Personseins, als die Formalbestimmung des Personbegriffs, die *incommunicabilitas*, für die göttliche Natur eigentlich erst in den drei Hypostasen gegeben ist.

Damit ist sichtbar geworden, daß Cajetan die Persondefiniton des Boethius—in viktorinisch geprägter Interpretation—auf Gott grundsätzlich für übertragbar hält. Daß die göttliche Wesenheit in exemplarisch-analogem Sinn die Kriterien der Rationalität sowie der Singularität der Substanz erfüllt, steht für Cajetan außer Frage. Auf sie ist deshalb auch ‚in vorzüglicherer Weise' das Personprädikat anzuwenden.[71] Obwohl also Cajetan sachlich durchaus einen Begriff von Gott als Person hat, bleibt doch der Terminus *„persona"* den trinitarischen Hypostasen vorbehalten. Hier macht sich nun der Umstand geltend, daß Cajetan die zentrale Bestimmung der Persondefinition des Richard von St. Victor, die *incommunicabilitas*, als Kriterium für das Vorhandensein einer „einzelnen Substanz" (*individua substantia*) heranzieht. Der Selbstand der göttlichen Natur ist zwar in ganz eminentem Sinn eine einzige Substanz, er liegt jedoch in der ‚inneren', relationalen Ausdifferenzierung der drei Hypostasen vor, in denen erst das göttliche Wesen die Seinsweise der inkommunikablen Subsistenz erlangt. Weil diese Seinsweise, die Subsistenz im strengen Sinne des Wortes, eine ‚schlechthinnige' Vollkommenheit besagt, jede einfache Vollkommenheit aber in Gott unendlich ist, teilt Cajetan den göttlichen Personen nicht nur aufgrund ihres essentiellen Seins, sondern auch aufgrund ihres Personseins das Prädikat der „Unendlichkeit" (*infinitas*) zu.[72] Das Formalkonstitutivum der Person in Gott, die Ursprungsrelation, vermag nur eine unendliche Person zu konstituieren.

Mit dem Hinweis auf die Ursprungsrelation als dem Formalkonstitutivum der trinitarischen Personen ist nun ein entscheidender Unterschied zu den menschlichen Personen genannt. Zwar sieht Cajetan diese Relation als eine positive Entität und insofern als Urbild einer vergleichbar ‚positiven' menschlichen Personalität an[73], aber inhaltlich werden die beiden Prinzipien mit dem *terminus ultimus* auf der einen und dem relativen Sein des innergöttlichen Hervorgangs auf der anderen Seite doch sehr verschieden be-

---

[71] Cajetan faßt die Quintessenz des *corpus articuli* von *S.th.* I 29,3 folgendermaßen zusammen: „Persona de Deo dicitur excellentiori modo quam de creaturis": *In* I 29,3 I (IV,332a).

[72] „sed secundum suam personalitatem [Verbum] est formaliter infinitum, quoniam personalitas divina non est constitutiva personae nisi infinitae. Et quemadmodum personalitas Verbi, scilicet filiatio divina, est formaliter subsistens, alioquin non esset constitutiva personae, quae formaliter est subsistens, ita est formaliter infinita ... quia subsistentia perfectionem sonat simpliciter, ut patet": *In* III 3,1 V (XI,54b).

[73] „Theologi quoque, ponentes personalitatem in divinis positivam rem, cum ex illa personalitate omnis personalitas in caelo et in terra nominetur, sicut ex illo Patre omnis paternitas, iuxta Apostoli sententiam [vgl. Eph 3,15], docent nos, ad divinae personalitatis aliqualem imitationem, etiam in creaturis personalitatem positivam rem esse": *In* III 4,2 IX (XI,76ab).

stimmt. Vom Begriff des *actus purus* her ist in Gott keine weitere Determination denkbar. Das gilt auch für die mit der göttlichen Wesenheit real identischen trinitarischen Personen. Außerdem bedarf Gott seiner Natur nach als das „Sein-selbst" bestimmt keines terminativen Abschlusses zur Aufnahme des Seinsaktes. Die göttliche Natur ist vielmehr Quelle allen göttlichen Seins, so daß sich nach Cajetan in gedanklicher Unterscheidung vielmehr folgende Situation im Vergleich zu den Kreaturen ergibt: Während die geschaffene Natur durch den *terminus* der Abgeschlossenheit den *modus subsistendi* erlangt, ‚erbetteln' die göttlichen Personen ihre Subsistenz von der göttlichen Natur, die eben diese Subsistenz selber noch nicht in schlichtweg inkommunikabler Weise besitzt.[74] Die Subsistenzderivation verläuft also in umgekehrter Richtung. Das Personsein Gottes bleibt somit—trotz der analogen Anwendbarkeit des formalen Personbegriffs—deutlich von dem der Menschen und Engel unterschieden.

3. RELATIO

3.1 *Die prädikamentale Relation*

Als weiterer wichtiger Grundbegriff der Christo-Ontologie Cajetans, der zugleich für seine Theologie insgesamt von Bedeutung ist, muß der Relationsbegriff genannt werden. Im Unterschied zu den beiden Termini *„natura"* und *„persona"* entspricht ihm zwar kein Äquivalent in den Konzilsakten von Chalkedon oder Konstantinopel, er folgt jedoch für ein die aristotelische Kategorienlehre voraussetzendes Verstehen sachlogisch aus den altkirchlichen christologischen Lehrentscheidungen. Denn die hypostatische Vereinigung von Gott und Mensch in Jesus Christus kommt gleichsam als ‚Spezialfall' des Gott-Kreatur-Verhältnisses unter den Oberbegriff der „Relation" (*relatio*) zu stehen. Wie der Personbegriff so wurde auch die philosophische Relationslehre im Mittelalter aus theologischem, insbesondere aus trinitätstheologischem Interesse heraus vorangetrieben und weiterentwickelt. Die Diskussion differenzierte sich bereits zu Beginn des 14. Jahrhunderts zu einem beachtlichen Lehrspektrum aus, das neben Positionen, die auf dem ‚klassischen' Verständnis der realen Relation als Eigenschaft der Substanz

---

[74] „Notanter autem dixi, formaliter. Quia radicaliter constat divinam essentiam habere primo rationem subsistentis: ita quod, si sic loqui licet, personae divinae mendicant subsistentiam ab essentia, et non e contra. Et secundum hoc salvatur differentia inter Deum et creaturas, quod in creaturis natura mendicat subsistere ab hypostasi, non enim subsistit haec humanitas nisi per hypostasim: in divinis vero deitas seipsa subsistit. Et ideo paternitas constituit hypostasim paternam, quia est eadem deitati. Ita quod ex deitate habet quasi originaliter seu radicaliter, ex seipsa autem formaliter, quod subsistat, quod constituat hypostasim, quod est constituere subsistens hypostatice": *In* III 3,2 VIII (XI,57b-58a).

basierten, mit der These des Petrus Aureoli—beide Relate einer wirklichen Beziehung sind lediglich durch eine Verstandestätigkeit ‚relational' verbunden[75]—auch bereits eine dem sprachanalytischen Verständnis der Relation als Eigenschaft von Begriffen sehr nahekommende Position mitumfaßte.

Cajetan orientiert sich innerhalb dieser Diskussion ganz an dem ‚klassischen', auf Aristoteles zurückgehenden Relationsverständnis. Die *relatio* ist ihrem Wesen nach ein Akzidens[76], dessen Eigentümlichkeit gerade darin besteht, die Substanz in ihrer Außenreferenz zu bestimmen. Damit kommt der Relation ein zweifaches Sein zu: das „In-Sein" (*esse in*), wie es jedem Akzidens in Bezug auf die Substanz eignet, und das „Auf-etwas-hin-Sein" (*esse ad*)[77], das gleichsam das ‚Wesen' des Relativen umschreibt[78]. Es ist das Spezifikum dieses Akzidens, nicht in einer im Subjekt ‚verbleibenden' Bestimmung aufzugehen, sondern über die Substanz auf ein außerhalb ihrer selbst liegendes Sein hinauszuweisen und somit ihren „Hinblick" (*respectus*) „auf ein anderes" (*ad aliud*) zum Ausdruck zu bringen.

Aristoteles hatte in der Kategorienschrift, nachdem er zunächst ein am Sprachmodus orientiertes Kriterium der Relation gegeben hatte[79], das Prädikament des *ad aliquid* (πρός τι) folgendermaßen umschrieben: „‚auf etwas hin' sind diejenigen Dinge, für die es das Sein selbst ist, sich gewissermaßen zu anderem zu verhalten"[80]. Die in der lateinischen Wiedergabe dieser ‚Definition' mit „*ad aliquid sunt*" angedeuteten beiden Relate wurden im scholastischen Sprachgebrauch meist als „*termini*" oder „*extrema*" bezeichnet. Davon unterschied man innerhalb der mittelalterlichen Diskussion den „Grund", das *fundamentum*, um dessentwillen sich die beiden Termini aufeinander beziehen und das somit die Relation als Bezogen-Sein verursacht. Entsprechend nennt Cajetan drei wesenskonstitutive Bestandteile der realen Relation,

> nämlich [1.] die Ursache, nicht eine beliebige, sondern die, welche die Relation begründet, wie das Weißsein hinsichtlich der Ähnlichkeit, die Quantität hinsichtlich der Gleichheit, die aktive Zeugung hinsichtlich der Vaterschaft

---

[75] Vgl. M. HENNINGER, Relations, 150-173.182f.
[76] „... relatio est essentialiter accidens": *In* I 28,2 X (IV,323a).
[77] „... relatio realis fundata in substantia, habet proprium esse in et proprium esse ad": ebd. IX (IV,323a).
[78] „Essentia enim propria relativi, ut sic, in ipso ‚ad' consistit": *In Porphyrii Isagogen*, 31. In enger Anlehnung an Thomas spricht Cajetan auch von der „*ratio*" der Relation, die durch die Präposition „*ad*" ausgedrückt ist: „sed est ad aliud se habere, quod dictione simplici optime significatur per ly ad. Et propterea, quandocumque de ad aliquid, seu relatione, secundum propriam rationem loquimur, de ad est sermo": *In* I 28,1 VI (IV,319b); vgl. *S.th.* I 28,2 co. (IV,321a): „... ratio propria relationis non accipitur secundum comparationem ad illud in quo est, sed secundum comparationem ad aliquid extra".
[79] Vgl. *Kat.* 6a36-38.
[80] „ἀλλ' ἔστι τὰ πρός τι οἷς τὸ εἶναι ταὐτόν ἐστι τῷ πρός τί πως ἔχειν": *Kat.* 8a31f.; dazu Cajetan, *In* I 13,7 XI (IV,155b): „... in definitione ad aliquid dicitur: ‚ad aliquid sunt, quibus hoc ipsum quod sunt, est ad aliud se habere'"; vgl. *In* III 63,2 VIII (XII,33ab).

und ähnliches; [2.] das Subjekt, in welchem nämlich die Relation ihrem Träger nach ist, wie die Vaterschaft in der Person des Vaters, und so von anderen Dingen; und [3.] das Ziel, zu dem hin wie zu einem Bezugspunkt die Relation besteht, wie [dies] der Sohn ist, zu dem hin die Vaterschaft ausgesagt wird, und so von anderen Dingen[81].

Betrachten wir nun die hier von Cajetan genannten Elemente der Relation etwas genauer.

Das *fundamentum* ist die gleichsam nächste Ursache der Beziehung.[82] Ist der Beziehungsgrund gegeben, dann ist die Beziehung wenigstens virtuell bereits vorhanden, auch wenn das Beziehungsziel erst ‚später' hinzutreten und so die Beziehung aktualisieren sollte.[83] B. Hallensleben gibt im Sinne Cajetans folgendes Beispiel: „Sobald Plato als hellhäutiger Mensch geboren wird, besteht—nicht entsteht—im hellhäutigen Sokrates die Relation der Ähnlichkeit."[84] Nach Cajetan kann nur die Substanz unmittelbarer Grund einer Relation sein.[85] Denn eine akzidentielle Bestimmung, wie etwa die Hellhäutigkeit, auf der in dem angeführten Beispiel die Relation der Ähnlichkeit basiert, vermag nicht eine Beziehung ihrem Sein nach zu begründen, ist doch die Qualität wie jedes andere Akzidens selber wiederum vom substantiellen Träger ontologisch abhängig.[86] Cajetan denkt deshalb auch nur an einen modalen Einfluß des jeweiligen Akzidens auf die fundamentalursächliche Wirksamkeit der Substanz, die die Relation letztlich in ihrem Sein begründet.[87] Das Sein der Relation bleibt—wie das aller Akzidentien—an das Sein eines absoluten Subjekts zurückgebunden, das im eigentlichen Sinn das ist, was sich bezieht und deshalb auch ein Sich-Beziehendes genannt wird.[88]

---

[81] „... causa, non quaecumque, sed ea quae fundat relationem, ut albedo respectu similitudinis, et quantitas respectu aequalitatis, et generatio activa respectu paternitatis, et similia; subiectum, in quo scilicet est subiective ipsa relatio, ut paternitas in persona patris, et sic de aliis; et terminus ad quem ut ad correlativum relatio est, ut filius est ad quem dicitur paternitas, et sic de aliis": *In* III 35,5 II (XI,357a).
[82] „secundum suam proximam causam, seu fundamentum": *In* I 28,1 XIII (IV,320b).
[83] „Relatio enim formaliter sumpta, quia hoc ipsum quod est, est ad aliud, si realis est, nascitur cum fundamento, non simpliciter in actu, sed sic quod ex sola appositione termini fit actu: similitudo enim nascitur cum albo sic quod, posito co-albo, statim similitudo in primo albo consurgit; et sic de aliis": *In* III 63,2 VIII (XII,33b).
[84] a.a.O. (Anm. 3), 112.
[85] „... omnis relatio realis fundata immediate in substantia": *In* I 28,2 VIII (IV,323a); „Habes enim hinc et quod relatio immediate fundatur in substantia": *In* I 28,1 XVI (IV,320b); vgl. auch o. Anm. 77.
[86] „Nec obstat primo dicto [vgl. Anm. 85], quod alibi [*In* III Phys., lectio 1, n.6] dicatur relationem oportere fundari in substantia mediantibus aliis generibus, propter sui debilitatem. Hoc enim intelligitur, non realiter, sed formaliter": *In* I 28,1 XVI (IV,320b).
[87] Zu dem Satz des Thomas, *S.th.* I 28,4 co. (IV,325b), „relatio omnis fundatur vel supra quantitatem ... vel supra actionem et passionem [vgl. *Met.* V,15]" schreibt Cajetan: „quod intelligitur secundum modum, non secundum rem": *In* I 28,4 II (IV,326a).
[88] Das Wort „*relativum*" steht nach Cajetan sowohl für das absolute Subjekt als auch für die Relation bzw. das Subjekt unter dem Aspekt seines Bezogenseins: „Ly vero ‚ad aliquid' sive ‚relativa' potest accipi dupliciter scilicet: materialiter pro re illa quae relativa vel ad ali-

Somit muß nach Cajetan die akzidentiell bestimmte Substanz selbst als Fundamentalursache einer Beziehung betrachtet werden.

Die enge Rückbindung des Beziehungsgrundes an die Substanz wird auch noch in einer anderen Überlegung Cajetans sichtbar. Wir können diese Überlegung in folgendem Schluß zusammenfassen: Wenn Substanz und Relation real verschieden sind, jede reale Relation aber ihre Fundamentalursache in einer Substanz hat, dann muß auch die Relation real von ihrer Fundamentalursache verschieden sein. Cajetan hat nun in der Tat die Realdistinktion von Relation und Fundamentalursache gelehrt[89] und in dieser These die korrekte Wiedergabe der Lehrmeinung des Thomas gesehen.[90] Damit ist eine klare Antwort auf die gerade auch innerhalb der Thomistenschule umstrittene Frage gegeben, wie nach Thomas der Unterschied zwischen der Relation und ihrem *fundamentum* zu denken sei. Thomas selbst hatte die Frage nach der Art des Unterschieds zwischen realer Relation und Fundamentalursache noch nicht explizit gestellt. Cajetan ist sich der Tatsache durchaus bewußt, daß einige frühe Thomisten beide Größen sachlich ineinsgesetzt und lediglich einen modalen bzw. gedanklichen Unterschied gelehrt haben.[91]

Die Gültigkeit des oben genannten Schlusses hängt freilich von der Richtigkeit der zweiten Prämisse ab. Würde etwa, um das Beispiel Cajetans wieder aufzunehmen, die „Hellhäutigkeit" (*albedo*) des Sokrates als die alleinige und maßgebliche Ursache für die Beziehung der Ähnlichkeit zu dem hellhäutigen Platon angesehen werden, dann wäre kaum einzusehen, warum die Ähnlichkeit eine von der *albedo* real verschiedene, quasi hinzugekommene ‚andere' Sache sein sollte und nicht vielmehr nur ein gedanklich oder modal zu unterscheidender Beziehungsaspekt, der mit seinem *fundamentum* wirklich identisch ist.[92] Cajetan vermag jedoch die oben zusammengefaßte Überlegung in den Schriften des Thomas zu verankern:

---

quid denominatur, et formaliter pro ipsa relatione seu re ut habet relationem, verbi gratia: dominus potest accipi pro illo homine qui denominatur dominus, et potest accipi pro illo in quantum dominium habet": *In Praedicamenta*, 124.

[89] „Habes enim hinc et quod relatio immediate fundatur in substantia, et quod distinguitur realiter a fundamento: quoniam constat, apud s. Thomam, huiusmodi relationes esse accidentia, in praedicamento Relationis posita": *In* I 28,1 XVI (IV,320b); vgl. o. Anm. 85.

[90] „Est igitur mens s. Thomae, quod omnis relatio realis praedicamenti ad aliquid, distinguitur realiter a fundamento": *In* I 28,2 IX (IV,323a).

[91] „Quidam enim, etiam Thomistae, tenent relationem esse eandem rem cum fundamento": ebd. V (IV,322b); „Opinio vero dicens relationem omnem realem distingui realiter a fundamento, est sine dubio s. Thomae, quamvis multi Thomistae ipsum non intellexerint: habeturque manifeste et ex auctoritatibus eius, et sequitur ex propositionibus suis": ebd. VIII (IV,323a). Vgl. A. KREMPEL, La doctrine de la relation chez Saint Thomas, 245-254.

[92] Vgl. z.B. die in der Frühzeit der Thomistenschule noch für thomanisch gehaltene *Summa totius logicae*, tract.5, c.2: „Cum autem dico quod similitudo Socratis habet albedinem eius ut fundamentum, non est intelligendum quod similitudo Socratis sit aliqua res in Socrate alia

Der erste [Satz] ist, daß keine Substanz der Gattung nach real mit einer Relation identisch sein kann, wie sich aus den *Quaestiones de Potentia*, q.8, a.2, ad 1 ergibt.—Der zweite ist: Eine reale Relation wird unmittelbar in dem Ding begründet, das die Substanz ist; wie sich aus dem vorhergehenden Artikel [*S.th.* I 28,1 ad 2] ergibt ...—Der dritte aber, der aus diesen offensichtlich folgt, ist, daß in den realen Relationen der Kreaturen die Relationen den Substanzen inhärieren und eine Zusammensetzung des Akzidens mit dem Subjekt bilden; wie sich aus dem Kommentar zum ersten Sentenzenbuch ergibt, d.33, q.1, a.1, gegen Ende des *corpus articuli*.—Daraus folgt nämlich offensichtlich, daß jede reale Relation, da sie unmittelbar in der Substanz begründet ist, real von ihrer Fundamentalursache unterschieden wird, [so] bei dem hl. Thomas.[93]

Die These der Realdistinktion zwischen *relatio* und *fundamentum* wird auch von der neueren Forschung zu diesem Problemkreis als eine durchaus legitime Ableitung aus dem Denken des Thomas beurteilt.[94] Wie die Anordnung der thomanischen Sätze durch Cajetan zeigt, beruht die Gültigkeit der Ableitung gerade darauf, daß das *fundamentum* in die Substanz hinein zurückgenommen wird und somit die reale Substanz-Akzidens-Differenz zur Begründung herangezogen werden kann.

Cajetan verdeutlicht diese Unterscheidung wiederum an dem schon erwähnten Sokrates-Beispiel. Mit der Hellhäutigkeit ist die Beziehung der Ähnlichkeit bereits ihrem (akzidentiellen) Sein nach in Sokrates gegeben, jedoch noch nicht vollständig. Denn erst durch das Hinzutreten des hellhäutigen Platon wird die Beziehung der Ähnlichkeit aktiviert. Indem das *esse ad* konstituiert wird, gewinnt die Beziehung ihr vollständiges *esse in*.[95] Es ist

---

ab ipsa albedine, sed solum est ipsa albedo, ut se habet ad albedinem Platonis ut ad terminum": zit. nach A. KREMPEL, a.a.O. (Anm. 91), 251.

[93] „Prima est, quod nulla substantia in genere potest idem esse realiter quod relatio, ut patet in Qq. de Potentia, qu. VIII, art. 2, ad 1.—Secunda est: Aliqua relatio realis fundatur immediate in re quae est substantia; ut patet in articulo praecedente ...—Tertia autem, quae ex istis manifeste sequitur, est quod in realibus relationibus creaturarum, relationes insunt substantiis, et compositionem faciunt accidentis ad subiectum; ut patet in I Sent., dist. XXXIII, qu. I, art. 1, in calce corporis.—Ex his enim manifeste sequitur quod omnis relatio realis fundata immediate in substantia, distinguitur realiter a fundamento, apud s. Thomam": *In* I 28,2 VIII (IV,323a).

[94] Vgl. M. HENNINGER, a.a.O. (Anm. 75), 29-31; A. KREMPEL, a.a.O. (Anm. 91), 255-259.

[95] „... inesse similitudinis, Socrate tantum existente albo, neque omnino est, neque omnino non est; sed quodammodo est, et quodammodo non est; est enim incomplete, non est autem complete. Et quoniam esse actualiter sonat esse complete, ideo ista negativa est vera, inesse relationis non est: cum qua tamen stat veritas affirmativae cum conditione secundum quid, scilicet, inesse relationis est quodammodo, idest incomplete. Et propter debilitatem sui esse, ex sola appositione termini completur: resultante siquidem ad, resultat et complementum ipsius in ... quoniam ex parte causarum sufficientia iam est in actu, sed quasi impediuntur ex subtractione extrinseci": *In* I 28,2 XII (IV,323b); vgl. auch o. Anm. 83.

wichtig festzuhalten, daß nach Cajetan das Fundament, nicht der Terminus, die Seinsvervollständigung bewirkt.[96]

Man hat mit Recht auf die Nähe dieser Interpretation der Realdistinktion zu der Konzeption der kreatürlichen Personalität bei Cajetan hingewiesen.[97] Die Begründungsfigur weist insofern eine gewisse Ähnlichkeit auf, als der reale Unterschied in der Differenz zwischen „vollständigem Sein" (*esse completum*) und „unvollständigem Sein" (*esse incompletum*) auf der Linie der Wesenheit begründet liegen soll. Fehlt dort der *modus* der Abgeschlossenheit, der erst die individuelle menschliche Natur zum personalen Sein erheben würde, so fehlt hier der *terminus ad quem*, durch den erst die mit dem Sein des Fundaments virtuell vorhandene Beziehung der Ähnlichkeit ihrem Sein nach vervollständigt würde. Wenn auch zwischen beiden Lösungsvorschlägen eine wichtige Differenz bestehen bleibt—die Absenz des *terminus ad quem* bedeutet für die Relation einen zweifellos größeren Verlust essentieller Vollständigkeit als die Absenz des *terminus ultimus* für die individuelle menschliche Natur—, so muß hier doch eigens auf das zugrundeliegende Modell der ‚Seinskomplettierung' hingewiesen werden, das Cajetan zur Erläuterung des realen Unterschieds jeweils heranzieht. Zugleich bleibt festzustellen, daß Cajetan beide Beschreibungen der Realdistinktion nur für den Bereich des kreatürlichen Seins gelten lassen will.[98] Dies darf insbesondere von dem Kontext der Trinitätstheologie her, in dem Cajetan wesentliche Aspekte seiner Relationslehre entfaltet, nicht übersehen werden. Denn in Gott können die Personen als subsistente Relationen nicht wirklich von ihrem Beziehungsgrund, der göttlichen Natur, verschieden sein.[99] Andernfalls wäre Gott nicht mehr dreifaltig, sondern eine Quaternität.

Wir haben bereits darauf hingewiesen, daß mit dem Wort „*terminus*" das eigentlich wesensbestimmende Element des Relationsbegriffs bezeichnet wurde. Cajetan fordert für jedes reale „in Beziehung stehende Ding" (*relativum*) einen vom Subjekt real verschiedenen Terminus.[100] Das bedeutet nicht, daß in dem Fall, wenn die Beziehung zu einem vom Beziehungsträger lediglich gedanklich verschiedenen Beziehungsziel verläuft, nicht mehr eine Beziehung im Vollsinn des Wortes gegeben wäre. Cajetan spricht dann, wenn der Terminus kein „wirklich Seiendes" (*ens reale*) ist, sondern in sei-

---

[96] „Quoniam non ex defectu fundamenti similitudo incompletum esse habebat, sed ex defectu termini: et propterea consequens est quod, posito termino qui deficiebat, compleat fundamentum quasi prolem aut fructum seu effectum suum": *In* I 28,2 XII (IV,323b).

[97] A. KREMPEL, a.a.O. (Anm. 91), 265 bemerkt zu dem in Anm. 96 zitierten Text Cajetans:»Si donc la relation réelle n'existe pas depuis toujours, c'est par suite de l'absence d'un élément qui aurait dû être! (Qui ne se rappelle ici l'interprétation analogue de la personnalité chez Cajetan!)«.

[98] Siehe o. Anm. 93.

[99] Vgl. den Kommentar zu *S.th.* I 39,1 (XI,397a-398b).

[100] „quia relativum reale exigit terminum realiter a se distinctum": *In* I 13,7 XI (IV,155b).

ner Existenz von einer Verstandestätigkeit abhängt, von einer „gedanklichen Beziehung" (*relatio rationis*)[101] im Unterschied zu der „wirklichen Beziehung" (*relatio realis*). Beide Relationsarten haben somit nach Cajetan einen wenigstens gedanklich vom Subjekt unterscheidbaren Bezugspunkt zur Voraussetzung.

Daß Cajetan den Terminus tatsächlich nur als *conditio sine qua non* des Relationsbegriffs auffaßt, wird an einer anderen Stelle deutlich sichtbar. Cajetan lehrt mit Albert dem Großen (†1280), daß das *relativum* nicht ‚durch' das Beziehungsziel, sondern ‚auf' das Beziehungsziel hin in der Kategorienschrift definiert worden sei. Die Begründung lautet: Denn das *relativum* hat sein Sein nicht ‚durch' den Terminus, sondern auf den Terminus hin.[102] Ausdrücklich wird von Cajetan dabei jede Vorstellung zurückgewiesen, der Terminus könne ursächlich am Zustandekommen der Beziehung beteiligt sein. Vielmehr erscheint umgekehrt in nicht wenigen Fällen realer Relationen das Beziehungsziel erst der durch die Relation konstituierte Endpunkt zu sein. Der Vater bezieht sich auf den Sohn durch die Zeugung, d.h. der Sohn terminiert die Beziehung der „Vaterschaft" (*paternitas*) aufgrund der väterlichen Zeugung, durch die er selber erst seinem Sein nach konstituiert wird. Wenn auch keineswegs alle Fundamente Ursachen der Beziehungsziele sind, so legt doch Cajetan großen Wert darauf, daß der Terminus nicht als relational unbestimmter Gegenstand an sich, als *absolutum*, wie Duns Scotus meinte[103], sondern als ein durch die Beziehung bereits qualifizierter Gegenstand, als *correlativum*, die Beziehung terminiert.[104] Der Herr bezieht sich auf den Sklaven als Sklaven, d.h. in der formalen Hinsicht des

---

[101] „Distinguendum tamen est, quod relatio rationis potest considerari dupliciter. Uno modo, secundum suum esse: et sic non habet esse nisi in intelligi. Alio modo, secundum suam quasi proximam causam, seu fundamentum: et sic causatur et a voluntate et ab imaginativa. Imo etiam a visu exteriori: visus namque, attingendo colorem, causat in eo relationem visi ad videntem. Et similiter dextrum animalis causat relationem dextreitatis in columna. Et tamen hae relationes non sunt actu nisi cum intelliguntur": *In* I 28,1 XIII (IV,320b).

[102] „quia, ut Magnus docuit Albertus [vgl. *De Praedicamentis*, tract.4, c.6], relativum non definitur per terminum, sed ad terminum; quia non habet esse per terminum, in quocumque genere causae, sed ad terminum": *In* I 13,7 XII (IV,156a); „Propter quod dicit Magnus Albertus [vgl. *In Metaph.* 5, tract.3, c.8] quod unum relativorum non est diffiniendum per reliquum sed ad reliquum eo quod ly per denotat causalitatem": *In De ente et essentia*, q.16, n.136 (222).

[103] „... nullum relativum refertur primo ad correlativum ut ad terminum, in creaturis. Probatio: relativum, in quantum relativum, primo definitur per terminum ad quem refertur,—ergo terminus ‚ut terminus' est prior definitione relativo ut relativum.[n.35] ... Possibile est ergo aliquid referri ad absolutum [n.37]": *Ord.* I, d.30, q.1-2, n.35/37 (VI,183/185).

[104] „Dicendum est ergo cum Peripateticis et ceteris philosophis, quantum vidisse me recolo, quod terminus relativi et correlativum idem sunt: imo terminare relativum est in ratione correlativi cuiusque": *In* I 13,7 XI (IV,155b); vgl. dazu B. HALLENSLEBEN, a.a.O. (Anm. 3), 111f.

Knechtschaftsverhältnisses.[105] Cajetan verweist auf die relativen Bezeichnungen „Doppeltes", „Herr", „Vater" etc., die nicht einen absoluten, sondern stets einen in Beziehung stehenden und durch diese Beziehung bereits bestimmten Gegenstand supponieren.[106]

Es scheint, als habe gerade der trinitätstheologische Kontext, in dem diese Überlegungen angestellt werden, Cajetan in besonderer Weise die Notwendigkeit vor Augen geführt, die Abhängigkeit des Terminus von der Relation zu betonen. In Gott besitzen die Termini der innertrinitarischen Hervorgänge kein anderes Sein neben und außer ihrem Sein als Termini.[107] Für den kreatürlichen Seinsbereich dagegen dürfte Cajetans Gleichsetzung von *terminus* und *correlativum* kaum verallgemeinerungsfähig sein. Denn in denjenigen Fällen, in denen die beiden Termini sich lediglich akzidentiell aufeinander beziehen, kann im Anschluß an Duns Scotus[108], aber wohl auch Thomas[109], durchaus mit Recht von einem *absolutum* als Beziehungsziel die Rede sein, sofern eben dieser Terminus vor aller Qualifizierung, die ihm durch die Beziehung selbst zuteil wird, bereits ein selbständig Seiendes ist.

Besondere Aufmerksamkeit widmet Cajetan der Auslegung eines anderen, für die mittelalterliche Relationslehre gleichfalls zentralen Textes aus dem *Corpus Aristotelicum*. Es handelt sich um das 15. Kapitel des fünften Buches der *„Metaphysik"*, in dem Aristoteles drei Arten von *relativa* unterscheidet. Der ersten Gruppe von *relativa* liegen numerische Verhältnisse zugrunde, wie etwa das des Doppelten zum Halben, der zweiten Gruppe Verhältnisse, die sich aus der Aktuierung von Potenzen ergeben, wie etwa das des Wärmenden zum Gewärmten.[110] Cajetan interessiert jedoch eigentlich nur die dritte Gruppe. Zu ihr rechnet Aristoteles Dinge, die insofern ‚relativ' genannt werden können, als sich ein anderes Ding auf sie bezieht. Aristoteles nennt als Beispiel das Verhältnis des Denkbaren zum Denken: Der gedachte Gegenstand wird nicht aufgrund einer eigenen Beziehung zum denkenden Subjekt relativ genannt, sondern nur deshalb, weil das Denken auf ihn bezogen ist.[111]

Zahlreiche scholastische Theologen, unter ihnen auch Thomas von Aquin, haben die dieser Gruppe zugrundeliegenden Relationen als „nicht

---

[105] „... dominus non dicitur ad aliquid aliud in servo existens, nisi ad ipsum sub ratione servi": *In* I 13,7 XI (IV,155b).
[106] „Si absolutum ut sic, esset terminus relativi, sequeretur primo quod, cum in definitione ad aliquid dicitur: ‚ad aliquid sunt, quibus hoc ipsum quod sunt, est ad aliud se habere', ly aliud supponeret pro re absoluta: et sic duplum, hoc ipsum quod est, non est ad aliud, idest dimidium, nec servus est ad dominum, nec pater ad filium, etc.": ebd.
[107] „Et propterea una est actualis existentia omnium divinarum relationum: quamvis inter se distinguantur realiter ipsae relationes": *In* I 28,2 IV (IV,322b).
[108] Vgl. *Ord.* I, d.30, q.1-2, n.30-39 (VI,181-186).
[109] Vgl. A. KREMPEL, a.a.O. (Anm. 91), 272-277.289.
[110] Vgl. *Met.* V,15 1020b26-30.
[111] Vgl. ebd. 1021a30-33.

wechselseitige Relationen" (*relationes non mutuae*) charakterisiert, d.h. als reale Relationen, denen jeweils nur eine gedankliche Relation als Umkehrung entspricht.[112] Aufgrund dieser Interpretation war die dritte Relationengruppe stets von besonderer theologischer Relevanz, konnte doch nach ihrem Schema die ontologische Abhängigkeit der Welt von Gott gedacht werden, ohne umgekehrt in Gott mehr als nur eine gedankliche Abhängigkeit von der Welt annehmen zu müssen. Auch Cajetan wendet sich aus Interesse an dem richtigen Verständnis des Gott-Welt-Verhältnisses dieser dritten Gruppe zu. Es scheint nun, als habe er dieses Verhältnis nicht wie Thomas nach dem Modell der *relatio non mutua* denken wollen, ja als habe er überhaupt die drei von Aristoteles genannten Relationstypen nur als „wechselseitige Relationen" (*relationes mutuae*) begriffen.[113] Cajetan hat in der Tat behauptet, daß der Text aus *Met.* V,15 nicht von der Unterscheidung zwischen wechselseitig und nicht wechselseitig bezogenen Dingen handelt, sondern Unterschiede im relationalen Seinsmodus und deren Ursachen zum Thema hat: Gegenüber den beiden ersten Gruppen ist es das Spezifikum der dritten Gruppe, daß eines der beiden Extreme nur durch das Verhältnis des anderen zu ihm selbst als *relativum* konstituiert wird.[114] Einige Dinge stehen also in Beziehung, weil ihnen das Prädikat des „*relativum reale*" innerlich zukommt; anderen Dingen kommt dieses Prädikat nur äußerlich zu, d.h. aufgrund der Beziehung zu einem Ding, dem dieses Prädikat innerlich zukommt. Damit lehrt Cajetan dann aber doch, daß die Ansicht zahlreicher Scholastiker, die in dem Text des Aristoteles die Unterscheidung zwischen wechselseitig und nicht wechselseitig bezogenen Dingen ausgedrückt finden, durchaus aufrecht gehalten werden kann.[115]

---

[112] Siehe dazu die ausführlichen Zitate bei A. KREMPEL, a.a.O. (Anm. 91), 454f.

[113] B. HALLENSLEBEN, a.a.O. (Anm. 3), 114 schreibt: „Cajetan unterscheidet verschiedene Arten der *relatio mutua* nach den verschiedenen Hinsichten, in denen ein ‚Sein auf anderes hin' zustande kommt. Dabei schließt er sich an die von Aristoteles vorgenommene Dreiteilung an." Im Blick auf die Relationen der dritte Gruppe ist dann zu lesen: „Diese Art der Relation darf nach Cajetan nicht mit einer *relatio non mutua* verwechselt werden, da hier beide Termini zum Zustandekommen der Relation beitragen, wenn auch auf unterschiedliche Weise: Das Wißbare als Wißbares wird durch den Wissensvollzug konstituiert, das Wissen als Wissen gibt es nur vom Wißbaren. Mit Hilfe dieser dritten Art der *relatio mutua* läßt sich das Verhältnis zwischen Gott und Geschöpfen als wahre Relation ausdrücken, ohne von Gott eine Abhängigkeit, einen quasi notwendigen Bezug zur Schöpfung aussagen zu müssen": ebd., 114f.

[114] Vgl. *In* I 13,7 VIII (IV,155a).

[115] „Ita quod differentia consistit in hoc: per se relativorum quaedam sunt relativa realia per denominationem seu praedicationem intrinsecam; quaedam vero per denominationem extrinsecam; ab alterius enim realitate relativa, ipsa quoque inter realia relativa connumerantur. Et iuxta hunc sensum consonat dictum commune, scilicet quod ex hoc textu habetur quod omnia relativa non sunt mutua quoad realitatem": ebd. X (IV,155ab). Cajetan schreibt ausdrücklich: „relativa autem tertii modi ... in hoc differunt ab aliis, quia non sunt mutua": *In* I 28,4 III (IV,326b).

Es legt sich die Vermutung nahe, daß Cajetan in seiner Behauptung, Aristoteles habe in *Met.* V,15 nicht die Unterscheidung zwischen *relativa mutua* und *relativa non mutua* anzeigen wollen, ein anderes Kriterium der Nichtwechselseitigkeit voraussetzt: Eine *relatio non mutua* wäre demnach nicht schon dann gegeben, wenn einer realen Relation nur eine gedankliche, sondern wenn ihr gar keine Umkehrrelation entspricht. Denn Cajetan geht offenbar davon aus, daß Duns Scotus die Unterscheidung nach diesem Kriterium verstanden habe, und sieht mit Recht diese Unterscheidung so nicht bei Aristoteles angelegt.[116]

Das Verhältnis Gottes zur Welt wird jedenfalls von Cajetan ganz nach dem Schema zweier, in ihrer Seinsweise unterschiedener, gleichwohl korrespondierender Relationen gedacht: Die Kreatur wird durch den Schöpfungsakt in ein reales Abhängigkeitsverhältnis (*servitus*) von Gott gesetzt, dem auf seiten Gottes jedoch eine nur gedankliche Beziehung des Herr-Seins (*dominium*) entspricht.[117] Diese Überlegungen dürften letztlich auf die Vorstellung zurückgehen, daß Gott aufgrund seiner Unveränderlichkeit[118] keine Veränderung, etwa einen ‚Seinszuwachs' durch eine neue hinzugetretene reale Beziehung, erfahren kann. Jedenfalls bringen sie hinreichend zum Ausdruck, daß Cajetan wie schon Thomas[119] das Gott-Welt-Verhältnis nach dem Modell einer nicht wechselseitig realen Relation versteht.

3.2 Die transzendentale Relation

Nachdem sich die bisherigen Überlegungen stets auf die Relation als Akzidens bezogen hatten, müssen wir nun abschließend noch die Stellung Cajetans zu der Lehre des Duns Scotus von den transzendentalen Relationen klären. Der Begriff „*relatio transcendens*" wurde von Duns Scotus zur Bezeichnung einer Relation gewählt, die mit ihrem Fundament real identisch ist, die also notwendig aus einem gegebenen Subjekt folgt. Ihre Fundamentalursache ist in direktem Sinne das tragende Subjekt selber, so daß sie nicht auf ein anderes Akzidens zurückgeführt werden kann, wie etwa die Ähn-

---

[116] „Erravit [Duns Scotus] siquidem dupliciter in illo textu. Primo, quia ipse supponit textum illum intelligi de extremis, seu fundamentis relativorum: ita quod Aristoteles voluerit, dicere quod quaedam extrema sunt, quae dicuntur ad aliquid, propter relationes quas habent ad invicem; quaedam vero propter relationem quae est in uno extremo tantum. Hoc enim esse contra sensum, imo verba Aristotelis": *In* I 13,7 VIII (IV,155a). Die Behauptung von B. HALLENSLEBEN (vgl. Anm. 113) ist also nur von diesem Verständnis der *relatio non mutua* her zutreffend.

[117] „... esse Dominum ponit in Deo relationem rationis. Et sic dicitur, et vere, quod Deus dicitur Dominus a dominio, quod est relatio rationis": *In* I 13,7 XVIII (IV,157a).

[118] „quoniam in Deo nulla possibilis est mutatio, sed est omnino immobilis": ebd. XVII (IV,156b).

[119] Vgl. *Qd. De Potentia*, q.7, a.10 (II,210ab).

lichkeit auf die Hellhäutigkeit und somit auf die Kategorie der Qualität, sondern wie der Träger die Kategorien gleichsam ‚übersteigt'.[120]

Cajetan markiert nun zweifellos eine wichtige Station in der speziell dominikanisch-thomistischen Rezeptionsgeschichte dieser Lehre.[121] Schon in seinem Jugendwerk, dem Kommentar zu „De ente et essentia", lehrt Cajetan die transzendentale Relation der Sache nach, wenn er sich dort auch noch scheut, den Begriff „relatio transcendens" zu verwenden und in Ermangelung eines vergleichsweise ‚unvorbelasteten' Äquivalents statt dessen nur von einem „respectus" spricht.[122] Im Hintergrund der Überlegungen Cajetans zu dem Problem nichtprädikamentaler Relationen scheinen wichtige Gedanken des Dominik von Flandern (†1481) zu stehen, der bereits bestimmte essentielle Beziehungen des Subjekts sowie das Verhältnis der Materialursache zu ihrer Wirkung als überkategoriale Beziehungen auffaßte.[123] Cajetan geht noch darüber hinaus, indem er in allen Ursache-Wirkung-Relationen nichtakzidentielle *respectus* gegeben sieht.[124] Zugleich hält er in diesem Werk seine *respectus*-Lehre noch für grundsätzlich unterscheidbar von der skotischen Lehre der transzendentalen Relation.[125]

Aber schon in seinem Kommentar zur *Prima Pars* hat Cajetan die terminologische Zurückhaltung aufgegeben. Anläßlich der Frage, ob die Potenzen nach ihren zugehörigen Akten und Objekten unterschieden werden (*S.th.* I 77,3), betont Cajetan die wesentliche Hinordnung der Potenz auf den ihr entsprechenden Akt als das entscheidende Differenzkriterium der Potenzen. In diesem Zusammenhang ist dann von der Akt-Potenz-Beziehung als „transzendierenden Ordnung" die Rede[126], an anderer Stelle wird diese Be-

---

[120] Vgl. *Op.Ox.* II, d.1, q.4, n.26 (VI/1,101); „... huiusmodi relatio est transcendens, quia quod convenit enti, antequam descendat ad Genera, est transcendens: sed quod convenit omni enti antequam in Genera descendat: ergo quod est tale, est transcendens": ebd. Siehe auch die Literaturhinweise bei M. HENNINGER, a.a.O. (Anm. 75), 70 Anm. 8.

[121] Vgl. A. KREMPEL, a.a.O. (Anm. 91), 645-670.

[122] „In hoc enim differt relatio pertinens ad praedicamentum relationis ab aliis respectibus caeterorum generum, qui a quibusdam transcendentes vocantur, quod respectus pertinens ad genus ad aliquid essentialiter est ad aliud, non ut receptivum vel causam efficientem aut finalem aut formalem, sed praecise est ad aliud tanquam terminum; unum enim relativorum nec est forma nec finis nec efficiens alterius, sed terminus ... Respectus autem aliorum generum, qui propter vocabulorum penuriam respectus dicitur, respicit essentialiter aliud, sed ut subiectum, vel materiam vel formam et hujusmodi, sic enim materia essentialiter respicit formam et e contra": *In De ente et essentia*, q.16, n.136 (222).

[123] Vgl. A. KREMPEL, a.a.O. (Anm. 91), 652-657.664f.

[124] Siehe o. Anm. 122.

[125] „... deceptus videtur Scotus, quia non vidit differentiam inter respectum in et ad. Respectus enim in non est relatio, nam licet talis respectus terminetur ad subjectum et consequenter subjectum sit terminus, tamen non terminat ut terminus, sed ut receptivum illius; et hoc oportet hic valde attendere": *In De ente et essentia*, q.16, n.137 (223).

[126] „Imaginamur enim, secundum divum Thomam, quod potentiae et habitus, et alia huiusmodi, sunt entitates quaedam mediae inter absolutas omnino, et respectivas totaliter. Ita quod non per aliquid superadditum, sed per suas essentias essentialiter ordinem habent ad

ziehung ausdrücklich als „*relatio transcendens*" bezeichnet[127]. Im Unterschied zu Duns Scotus faßt Cajetan das Gott-Kreatur-Verhältnis nicht als transzendentale Beziehung auf.[128] Denn wenn die Schöpfung als Relation verstanden wird, dann ist das geschaffene Subjekt stets schon vorausgesetzt, so daß die Beziehung zu Gott in der sachlichen Ordnung lediglich ‚nachträglich' hinzutreten kann.[129] Cajetan hat sich also im Unterschied zu Thomas zwar den Gedanken der transzendentalen Relation wirklich angeeignet, eine dominante und letztlich auch christologisch bedeutsame Rolle kommt diesem Gedanken aber in seinen Werken nicht zu.

---

actus, ita quod absque eis intelligi etiam in prima operatione intellectus non possint: non quia differentiae earum sint, sed quia earum differentiae sumuntur ab ordine ad illos; ordine autem dico, non relationis praedicamentalis, sed transcendente": *In* I 77,3 IV (V, 242b).

[127] „Ibi [*Met.* IX,7] enim tractatur [ab Aristotele] de natura potentiae et de natura actus secundum transcendentes relationes, quibus essentialiter potentia respicit actum, et actus talis respicit potentiam": *In* I 13,7 XII (IV,155b).

[128] Vgl. A. KREMPEL, a.a.O. (Anm. 91), 663.

[129] Vgl. *In* I 45,3 III (IV,467a), wo Cajetan auf dieses Argument des Thomas in *Qd. De Potentia*, q.3, a.3, ad 3 (II,43b) und *S.th.* I 45,3 ad 3 (IV,467b) verweist.

KAPITEL III

DIE PRINZIPIEN DER INKARNATION

1. Die Konvenienz der Menschwerdung

Nicht ohne Grund eröffnet Thomas von Aquin seine christologischen Reflexionen in der *Tertia* mit der Frage nach der „Angemessenheit" (*convenientia*) des Inkarnationsgeschehens. Die theologischen Daten, auf die es in der Christologie zu reflektieren gilt, sind eben zuerst und vor allem die zentralen heilsgeschichtlichen Fakten der Jesusgeschichte, die als kontingent-geschichtliche Ereignisse nicht aus evidenten Prinzipien rational abgeleitet und als ‚notwendig' dem menschlichen Verstehen einsichtig gemacht werden können. Auf die Frage nach dem ‚Warum?' von Menschwerdung, Jungfrauengeburt, Kreuzestod—um nur wenige Beispiele zu nennen—lassen sich nach Thomas keine ‚Notwendigkeitsargumente' vorbringen, sondern allenfalls Angemessenheitsgründe, mit denen der Versuch unternommen werden kann, das durch die Hl. Schrift bezeugte geschichtliche Faktum nachträglich, gleichsam aposteriorisch, zu plausibilisieren. Es ist für das methodische Unterfangen der Konvenienztheologie charakteristisch, sich nicht mit dem Hinweis oder Rekurs auf den freien Willen Gottes zur ‚Begründung' eines heilsgeschichtlichen Ereignisses zu begnügen, sondern nach Gründen vor und außerhalb des göttlichen Ratschlusses, d.h. vor allem nach essentiell-strukturellen Gründen, zu suchen, ohne freilich die eruierten Angemessenheitsgründe schon als Motive göttlichen Handelns ausgeben oder gar mit ihnen einen, wenn auch noch so schwachen Notwendigkeitsanspruch aufstellen zu wollen, dem Gott hätte nachgeben müssen und der somit die freie Entscheidung Gottes selber gefährden würde.

Man könnte versucht sein, nun im Konvenienzkriterium lediglich den Indikator eines unvollkommenen theologischen Erkennens zu sehen, das den Gegenstand nur in seiner Konvenienz, nicht aber in seiner inneren Notwendigkeit zu erkennen vermag.[1] Doch kann die Bedeutung der konvenienztheologischen Überlegungen auch in einer anderen Richtung gesucht werden:

---

[1] Vgl. etwa M.-D. CHENU, Das Werk des hl. Thomas von Aquin, 347; G. LOHAUS, Die Geheimnisse des Lebens Jesu, 227f.

... mit der ‚Angemessenheit' ist nicht ein defizitärer Erkenntnismodus ausgesagt, sondern das logisch notwendige Apriori freien geschichtlichen Geschehens. Wesensstrukturen nötigen nicht zum Handeln, aber wo gehandelt wird, geschieht dies in Entsprechung zu ihnen. Gott mußte die Welt nicht schaffen, aber da er sie schuf, schuf er sie nach seinem Bild und Gleichnis.[2]

Die Ausrichtung auf die essentiellen Strukturen ist deutlich sichtbar an dem entscheidenden Konvenienzgrund, den Thomas in der *„Summa theologiae"* für die Menschwerdung Gottes anführt: Jedem Ding ist das angemessen, was ihm seiner Natur nach zukommt. Gottes Wesen ist das Gute; zum Wesen des Guten gehört es aber, sich anderen mitzuteilen, bzw. zum Wesen des höchsten Gutes gehört es, sich in höchster Weise, d.h. in personaler Vereinigung, mitzuteilen. Also war es für Gott durchaus konvenient, Mensch zu werden.[3]

Cajetan untersucht in seinem Kommentar das die Argumentation des Thomas tragende Axiom „Das Gute verströmt sich selbst" (*bonum est diffusivum sui*) nicht auf die Vereinbarkeit mit dem *actus-purus*-Theorem hin, wie vielleicht nicht ohne Grund zu vermuten wäre. Denn schließlich scheint durch die Behauptung der Selbstmitteilung gerade eine Potentialität in Gott gesetzt zu werden, die durch die zur Erfüllung der göttlichen Wesensbestimmung notwendige ‚Entäußerung' erst noch aktuiert werden müßte. Er setzt sich vielmehr mit dem Einwand auseinander, daß ein freies Werk Gottes nicht aus dessen Natur abgeleitet werden kann. Denn als rein natürlich verursachtes Geschehen, quasi als ‚natürlicher Prozeß', würde es mit Notwendigkeit eintreten und notwendig in einer bestimmten Weise ablaufen.[4] Der Einwand stellt direkt die Anwendbarkeit des neuplatonischen Axioms auf den thomanischen Gottesbegriff in Frage. Cajetan verweist darauf, daß sich der Satz *„bonum est diffusivum sui"* auf das Gute als Transzendentale bezieht, das noch einmal abstrahiert von den sich willentlich oder natürlich mitteilenden Gütern gedacht wird und durch deren Seins- und Mitteilungsmodi keinerlei Determinierung erfährt.[5] Die Selbstmitteilung wird unbe-

---

[2] M. SECKLER, Das Heil in der Geschichte, 45f.
[3] Vgl. *S.th.* III 1,1 co. (XI, 6b-7a).
[4] „Circa eiusdem sequelae probationem eandem dubium secundo occurrit, quia inefficax invenitur: quoniam transitur ex naturali conditione boni ad voluntariam boni conditionem. Quod non licere patet ex eo quod voluntaria libere a bono procedunt: non enim inferuntur ex naturalibus, utpote necessariis et alterius ordinis. Non ergo ex quacumque Dei naturali conditione potest efficaciter inferri aliquod opus ipsius liberum, ut patet ... Constat enim quod pertinentia ad rationem boni conveniunt ipsi bono et Deo naturaliter: et quod communicare seipsum convenit Deo, summo bono, libere": *In* III 1,1 V (XI,8a).
[5] „dicitur quod, cum bonum sit unum transcendentium, et comprehendat sub se non solum bonum secundum esse naturae, sed etiam bonam voluntatem; ac per hoc, abstrahat ab utroque essendi et causandi modo, scilicet per modum naturae vel voluntatis: consequens est quod id quod pertinere dicitur ad rationem boni, non minus quam ipsum bonum et illius ratio, abstrahat a modo naturae vel libertatis. Ac per hoc, communicare seipsum pertinere ad boni rationem intelligendum est non determinate per modum naturae aut libere, sed communiter et indeterminate, ut in unoquoque verificetur secundum illius modum": ebd. VI (XI,8b).

stimmt-allgemein, d. h. vor jeder modalen Unterscheidung von dem Wesen des Guten an sich, von der *ratio boni*, ausgesagt. Sie vollzieht sich als selbstlose Bonifizierung anderer, die gerade für das eigene Wesen keine weitere Vollkommenheit zu erlangen trachtet, sondern den anderen das eigene Gutsein mitteilt und somit auch nicht dem Begriff des „höchsten Guts" (*summum bonum*) widerspricht.[6]

Thomas lehrt, daß es dem höchsten Gut entspricht, sich auch in „höchster Weise" (*summo modo*) der Schöpfung mitzuteilen.[7] Diese Behauptung erläutert Cajetan durch die Unterscheidung dreier Modi der Selbstmitteilung Gottes[8]: Der erste Modus ist der der Schöpfung und Vorsehung, wodurch die natürliche Ordnung konstituiert und erhalten wird. Gott wird nach der Erschaffung außergöttlichen Seins diesem nicht schlechthin äußerlich, sondern bleibt in ihm anwesend wie die Ursache in der Wirkung.[9] Dieser Modus gilt dem ganzen Universum, für den zweiten Modus sind lediglich die rationalen Substanzen empfänglich. In ihm teilt sich Gott durch die Gnade so mit, daß er die vernünftige Kreatur an seiner eigenen Natur teilhaben läßt, in der „Gemeinschaft der göttlichen Natur" (*consortium divinae naturae* (vgl. 2 Petr 1,4)).

> Aber zu dem einen, was übrig blieb, und Unausdenkbaren hat er [= Gott] die Kreatur erhoben, nämlich zur göttlichen Personalität, was sich auf den dritten und höchsten Modus der Mitteilung bezieht. Nach diesem dritten Modus teilt sich Gott insofern der Kreatur mit, als er jener nicht die Ähnlichkeit [zu sich selbst] oder irgendeine geschaffene Gabe der natürlichen oder übernatürlichen Ordnung zuteilt: Sondern er teilt der Kreatur die eigene Person mit, gemäß der ihr eigenen Substanz, die sie in sich selbst hat, und macht so für sich als Gott und für die geschaffene Natur eine gemeinsame Person, damit die Kreatur, das ist der Mensch, der Sache nach das Wort Gottes ist, das [eben] Gott [selbst] ist. Dies ist ohne Zweifel der höchste Modus, durch den sich das höchste Gut der Kreatur mitteilen kann: Es ist nämlich kein größerer Modus denkbar, durch den Gott der Kreatur mitgeteilt werden kann.[10]

---

[6] „nam bonum communicare seipsum aliis, dato quod nullam addat perfectionem bono communicanti seipsum, necessario tamen perfectionem ponit in illis aliis quibus seipsum communicat. Et ad naturam boni spectat communicare seipsum aliis, non ut ipsum communicans sit melius, sed ut alia bonificentur per ipsum": ebd. (XI,8ab).

[7] „Unde ad rationem summi boni pertinet quod summo modo se creaturae communicet": *S.th.* III 1,1 co. (XI, 7a).

[8] Vgl. *In* III 1,1 VII (XI,8b-9a).

[9] „... quod effective Deus est in omnibus": *In* I 8,3 I (IV,88a).

[10] „sed ad id unum quod reliquum erat, et inexcogitabile, elevavit creaturam, ad personalitatem scilicet divinam, quod ad tertium et supremum modum communicandi se spectat. Secundum siquidem hunc tertium modum communicat se Deus creaturae, non tribuendo illi similitudinem aut donum aliquod creatum naturalis vel supernaturalis ordinis: sed propriam personam, secundum suam propriam subsistentiam quam in semetipsa habet, communicat creaturae, sicque sibi Deo et creatae naturae communem personam facit ut creatura, hoc est homo, sit secundum rem Verbum Dei, quod est Deus. Hic procul dubio est summus modus quo

Trotz des leicht mißdeutbaren Ausdrucks „Person machen" (*facere personam*) wird das thomanische Konvenienzargument deutlich: Die supranaturale „Mitteilung" (*communicatio*) Gottes, die der Kreatur die gnadenhafte Teilhabe an der göttlichen Natur gewährt, kann nur noch überboten werden durch die Insubsistenz der menschlichen Natur in der göttlichen Person, indem der Mensch nun statt einer vom Guten ablösbaren Gnadengabe der göttlichen Subsistenz selbst teilhaftig wird.[11] An anderer Stelle redet Cajetan vom *„ordo Dei et creaturae simul"*, der durch diesen dritten Mitteilungsmodus über die Ordnung der Natur und der Gnade hinaus von Gott konstituiert wird.[12] Das mit der Schöpfung anhebende Selbstmitteilungsgeschehen findet somit im Inkarnationsakt des Logos seine Vollendung. Kommt es dem höchsten Gut zu, sich auf höchste Weise der Kreatur mitzuteilen, dann muß die Menschwerdung Gott grundsätzlich angemessen sein.[13]

Nach der konvenienztheologischen Betrachtung von Gottes Wesen legt sich die Frage nahe, ob es angemessen war, daß gerade die zweite göttliche Hypostase Mensch wurde. Der Gedanke, daß grundsätzlich auch der Vater oder der Hl. Geist eine menschliche Natur hätten annehmen können, wird von Cajetan in seinen Überlegungen zum Problem des „Zielpunkts der Annahme" (*terminus assumptionis*), denen wir uns später eingehender zu widmen haben[14], zwar stets vorausgesetzt; aber Cajetan wird dadurch nicht zu einer eigenständigen Reflexion der Gründe veranlaßt, die für die Angemessenheit der Inkarnation des Gottessohnes genannt werden können. In seinem Kommentar zu *S.th.* III 3,8, wo sich Thomas mit unserer Frage ausführlich beschäftigt, bietet Cajetan zu dem ersten der drei im *corpus articuli* genannten Argumente lediglich eine Aufgliederung der Argumentationsstruktur (*expositio formalis*)[15], ohne jedoch einen neuen Gedanken zu diesem Thema hinzuzufügen.

---

summum bonum communicare se potest creaturae: non est enim intelligibilis maior modus quo possit communicari Deus creaturae": *In* III 1,1 VII (XI,8b-9a).

[11] „Esse namque Deum, quod communicatur homini, non est esse relativum, sed in genere seu ordine substantiae": *In* III 2,7 VI (XI,42b).

[12] Vgl. *In* III 1,3 VI (XI,16a); siehe u. Anm. 55. Freilich stellt dieses Dreierschema ein idealtypisches, auf die Stellung Christi in der Heilsökonomie hin konzipiertes Modell dar, das nicht im Sinne einer ‚Stockwerktheorie' gnadentheologisch interpretiert werden darf. Da Cajetan Gnade letztlich als Teilhabe an der innertrinitarischen Lebensgemeinschaft versteht, läßt sich im Hinblick auf die Vollendung des Menschen der Unterschied zwischen dem *ordo gratiae* und dem *ordo Dei et creaturae simul* nicht aufrechterhalten, vgl. B. HALLENSLEBEN, Communicatio, 222f.

[13] Mit diesem Konvenienzargument sieht Cajetan zugleich auch die Schulfrage beantwortet, ob die Inkarnation Gottes überhaupt möglich war, mit der Thomas noch seinen Kommentar zum dritten Sentenzenbuch eröffnet hatte. Denn alles, was konvenient ist, ist auch möglich, aber nicht alles, was möglich ist, ist auch konvenient, vgl. *In* III 1,1 I (XI, 7a).

[14] Vgl. u. Kap. V.2.

[15] Dieses Argument läßt sich zusammenfassend so wiedergeben: Es ist angemessen, ähnliche Dinge miteinander zu verbinden; (1.) der Logos steht aber als Urbild, als Idee der Schöp-

Wir haben nun mit Cajetan auch die assumierte Menschennatur Christi in der Konvenienzperspektive zu betrachten, indem wir danach fragen, worin die besondere Angemessenheit der menschlichen Natur für die Annahme durch den Logos besteht. Wenn sich Gott zur Wiederherstellung und Erlösung der Schöpfung selbst mitteilen wollte, warum war es ihm dann gerade entsprechend, Mensch und nicht Engel zu werden? Cajetan betont, daß damit nicht nach einer möglichen passiv-natürlichen oder obödientialen Potenz der menschlichen Natur für die Annahme durch den Logos gefragt wird, sondern nach einer möglichen Angemessenheit der menschlichen Natur für die personale Vereinigung mit dem Gottessohn (*potentia congruitatis ad unionem personalem*).[16] Da die passiv-natürliche Potenz im Menschen nur im Blick auf die Gegenstände der natürlichen Ordnung gegeben ist, zu denen eben auch eine natürliche Neigung in der menschlichen Natur angelegt ist[17], kann sie ohnehin nicht mit den genannten Fragen intendiert sein. Aber auch nach einer obödientialen Potenz wird hier nicht gefragt, würde sich doch darin die menschliche Natur nicht prinzipiell von der einer anderen Kreatur unterscheiden. Cajetan hält es durchaus für möglich, daß Gott eine Steinesnatur hätte annehmen können.[18] Vielmehr wird die menschliche Natur seiner Meinung nach gerade nach den ihr ureigensten natürlichen Vermögen und Proprietäten konvenienztheologisch betrachtet und nicht nach dem, was ihr aufgrund göttlicher Einwirkung zukommt.[19] Steinesnatur und Menschennatur verhalten sich zur Annahme durch den Logos durchaus in unterschiedlicher Weise kongruent, obwohl sie beide im Blick auf Gottes Allmacht assumptibel sind.

Thomas hatte die These von der besonderen Konvenienz der menschlichen Natur für die personale Vereinigung mit dem Gottessohn durch zwei Gründe untermauert:

---

fung, zu allem kreatürlichen Sein in einem Ähnlichkeitsverhältnis; es war somit durchaus sinnvoll, ihn deshalb zur Wiederherstellung der Schöpfung personal mit dem Menschen zu vereinigen. Außerdem (2.) steht der Logos zur menschlichen Natur in einem speziellen Ähnlichkeitsverhältnis: Im Logos spricht der Vater seine Weisheit aus, auf die der Mensch als geistiges Wesen teleologisch angelegt ist; es war somit durchaus sinnvoll, den Logos zur Vollendung des Menschen personal mit der menschlichen Natur zu vereinigen, vgl. *S.th.* III 3,8 co. (XI, 70ab).

[16] „Titulus articuli primi quaestionis quartae, in corporis principio, declaratur quod intelligitur de assumptibili non secundum potentiam passivam naturalem; et in responsione ad primum, nec secundum potentiam obedientiae ad omnipotentiam Dei; sed secundum potentiam congruitatis ad unionem personalem": *In* III 4,1 I (XI,72a).

[17] „potentia passiva naturalis non se extendit ad id quod transcendit ordinem naturalem": ebd.

[18] Vgl. ebd. VII (XI,73a).

[19] „Potentia autem obedientiae convenit creaturae in ordine ad primam causam, ut patet: potentia autem congruitatis attenditur secundum propria ipsius creaturae. Et ideo creaturae denominantur aliquales, hoc est, assumptibiles, secundum congruitatem, non secundum obedientiam": ebd. II (XI,72b); vgl. auch ebd. IV (XI,72b-73a).

1.) Der Mensch vermag Gott in Liebe und Erkennen zu erreichen und ist daher ein in dieser Würde Gott zumindest näherungsweise zudenkbarer Gegenstand des Assumptionsaktes.
2.) Der Mensch ist durch seine Schuld unabdingbar auf das Heilshandeln Gottes in der Inkarnation angewiesen.[20]

Beide Bestimmungen treffen zusammen nur für die Natur des Menschen zu. Für die Natur der gefallenen Engel besteht dagegen, wie Cajetan bemerkt, trotz höchster Erlösungsbedürftigkeit keine Angemessenheit der Erlösung, da sich die Bedürftigkeit auf das irreparabel determinierte Ziel, nicht aber auf den Weg zur natürlichen Vollendung bezieht.[21] Dem darf entnommen werden, daß Cajetan der Argumentation des Thomas grundsätzlich zustimmt.

Er selber führt aber noch einen anderen Gedanken an. Dem Menschen kommt aufgrund seiner leiblich-seelischen Wesenskonstitution eine einzigartige Mittelstellung innerhalb der Schöpfung zu, die ihn sowohl an der geistigen wie auch an der körperlichen Welt teilhaben läßt.[22] Indem aber der Logos, zugleich für die Welt der geistigen Substanzen stehend, die menschliche Natur mit sich personal vereinte, wurden letztlich alle kreatürlichen Wesenheiten mit dem Gottessohn verbunden. Die Inkarnation bedeutet somit die Erhebung des gesamten Universums zur göttlichen Person.[23] Die menschliche Natur, mit dem Gottessohn in höchster Weise, d.h. personal vereinigt, vermag dem universalen Gemeinschaftswillen Gottes, der auf die Erfüllung und Restitution des gesamten Universums abzielenden Bewegung

---

[20] „Quae quidem aptitudo non potest intelligi secundum potentiam passivam naturalem, quae non se extendit ad id quod transcendit ordinem naturalem, quem transcendit unio personalis creaturae ad Deum. Unde relinquitur quod assumptibile aliquid dicatur secundum congruentiam ad unionem praedictam. Quae quidem congruentia attenditur secundum duo in humana natura: scilicet secundum eius dignitatem; et necessitatem. Secundum dignitatem quidem, quia humana natura, inquantum est rationalis et intellectualis, nata est contingere aliqualiter ipsum Verbum per suam operationem, cognoscendo scilicet et amando ipsum. Secundum necessitatem autem, quia indigebat reparatione, cum subiaceret originali peccato": *S.th.* III 4,1 co. (XI,71b).

[21] „Ad hoc dicitur quod non intendit Auctor excludere ab angelica natura indigentiam seu necessitatem reparationis: sed congruentiam necessitatis. Ita quod, licet in angelica natura sit maior indigentia, quia irreparabilis est illius lapsus; quia tamen necessitas illa non habet congruitatem ad reparationem, quia est necessitas non viae, sed termini; ideo notanter dicitur quod deest angelicae naturae congruitas ex parte necessitatis, tam in corpore articuli quam in responsione ad tertium": *In* III 4,1 V (XI,73a).

[22] „... in homine omnes creaturae quodammodo inveniuntur": *In* III 46,5 IV (XI, 442b).

[23] „ex eo patet, quod incarnatio est elevatio totius universi in divinam personam. Nam si pure spiritualis natura, ut est angelica, assumpta fuisset, creatura corporea elevata non fuisset. Et similiter, si caelestis natura fuisset assumpta, sensitiva vegetativaque creatura non fuisset huius elevationis particeps. Et similiter, si solam corpoream quamcumque naturam, aut vegetativam, aut sensitivam assumpsisset, intellectualis natura elevat non fuisset. Assumendo autem naturam humanam, quod significatur per incarnationem, totius universi natura elevata est ad divinam personam": *In* III 1,1 VII (XI,9a).

der göttlichen Selbstmitteilung, am adäquatesten Ausdruck zu verleihen. Die Liebe Gottes gegen die außergöttliche, geschaffene Wirklichkeit wird gerade darin in ihrer Allgemeinheit sichtbar, daß in der menschlichen Natur die ganze Schöpfung in die Gemeinschaft mit dem Sohn Gottes erhoben wurde. Denn der letzte Grund für die Menschwerdung liegt nirgendwo anders als in der sich an die Welt verströmenden Güte und Liebe Gottes.[24] Die Überlegungen Cajetans haben somit von selbst zur Frage nach dem Inkarnationsmotiv hinübergeführt, der wir uns nun zuwenden wollen.

2. Die Frage nach der Prädestination Christi als Frage nach dem Inkarnationsmotiv

2.1 „Christus praedestinatus est Filius Dei". *Die Auslegung von Röm 1,4*

Die konvenienztheologischen Überlegungen Cajetans haben die Frage nach dem Grund der Menschwerdung Gottes in einer streng am Wesen Gottes orientierten, vorerst aber noch sehr abstrakten Weise zu beantworten versucht. Mit ihnen ist das Problemfeld der christologischen Prinzipien- und Ursachenlehre und zugleich eine für unsere weiteren Untersuchungen wichtige Perspektive eröffnet, in der viele der von Cajetan in deutlich verschiedenen christologischen Problemzusammenhängen angeführten Argumente zu betrachten und zu prüfen sein werden. Mit dem Hinweis auf die Bewegung der Selbstmitteilung Gottes, die in der Inkarnation des Gottessohnes gipfelt, sieht Cajetan die Möglichkeit, ja die Angemessenheit der Menschwerdung Gottes erwiesen. Eine Begründung der Tatsache, daß Gottes Sohn in der Fülle der Zeit wirklich Mensch geworden ist, soll damit noch nicht gegeben sein. Um diese Begründung zu versuchen, gilt es den Blick von den essentiell-natürlichen Tendenzen Gottes auf sein personales Sein zu richten.

Cajetan deutet das Christus-Ereignis in Entsprechung zu dem Zeugnis der Schrift als von Ewigkeit her vorgesehene Tat Gottes. Vor aller Zeit hat Gott beschlossen, seinen Sohn „in der Fülle der Zeit" (vgl. Gal 4,4) Mensch werden zu lassen. Der letzte Grund für das Inkarnationsgeschehen ist nach Cajetan nirgendwo anders zu suchen als im göttlichen Heilsratschluß. Lassen sich im theologischen Diskurs durchaus Ursachen dieses Geschehens benennen, so bleibt doch dessen letztlicher und eigentlicher Grund in Gott verborgen.[25] Es ist somit die notwendig inappellable und inkognoszible Freiheit

---

[24] „Habes ergo hinc potissimam rationem incarnationis ex bonitate divina erga universum, si potissima ratio est quae ex communissimo bono, utpote maxime divino, sumitur: quam Dominus docuit, Ioan. III[,16]: Sic Deus dilexit mundum ut Filium suum unigenitum daret": ebd. (XI,9ab).

[25] „rationes autem spectantes ad mysterium verbi incarnati, sunt velut intimae profunditates dei, velut latentes in intimo consilio dei": *In* 1 Kor 2,10 (43v).

Gottes, auf die als letzter Grund für die Anordnung des Christus-Ereignisses hingewiesen werden kann[26], die selber aber wiederum nicht weiter rational ableitbar ist. Berücksichtigt man die in einem noch nicht näher bestimmten Sinne gnadenhafte Verursachung dieses Ereignisses, so sind die entscheidenden Bedingungen gegeben, die den göttlichen Präordinationsakt als Prädestinationsakt begreifen lassen. Cajetan zitiert folgende Bestimmung des Thomas: „Die Prädestination im eigentlichen Sinne ist die göttliche, von Ewigkeit her bestehende Vorweganordnung der Dinge, die durch Gnade in der Zeit geschehen sollen."[27] Demnach kann also durchaus sinnvoll von einer „Prädestination Christi" die Rede sein—in der Bedeutung, daß die Menschwerdung des Gottessohnes von Ewigkeit her von Gott festgelegt worden ist.

Freilich sahen sich die scholastisch-spätscholastischen Theologen in der Vulgata mit einem Text konfrontiert, der die Prädestination Christi als auf ein ganz bestimmtes Gut terminiert zum Ausdruck zu bringen schien. Der berühmte Passus des Römerbriefs (Kap. 1,3f.) lautet nach der lateinischen Fassung: „[3:] ... der gemacht ist aus dem Samen Davids nach dem Fleisch, [4:] der vorherbestimmt ist als Sohn Gottes in Kraft nach dem Geist der Heiligkeit durch die Auferstehung von den Toten ..."[28]. Cajetan ist sich durchaus bewußt, daß der Rückgriff auf den zitierten Passus zum Beweis des Prädestiniertseins Christi, der das Prädestinationsziel ausschließlich in den Worten „Sohn Gottes" ausgedrückt sieht und die Näherbestimmung „in Kraft nach dem Geist der Heiligkeit durch die Auferstehung von den Toten" weitgehend unbeachtet läßt, eine deutliche Verkürzung des von Paulus ursprünglich intendierten Sinnes bedeutet.[29] Da aber Thomas, gestützt auf die

---

[26] Vgl. *In* Eph 1,10 (106rv).

[27] „Praedestinatio proprie est divina ab aeterno praeordinatio eorum quae per gratiam sunt fienda in tempore": *In* III 24,1 I (XI,270a); vgl. *S.th.* III 24,1 co. (XI,269ab).

[28] „[3:] ... qui factus est ex semine David secundum carnem [4:] qui praedestinatus est Filius Dei in virtute secundum Spiritum sanctificationis ex resurrectione mortuorum ...": Röm 1,3f. (Vulg.).

[29] „referri quoque potest praedestinatio Christi ad Filium Dei in virtute actuali, ita quod Filius Dei, ex semine David secundum carnem, praedestinatus est Filius Dei in virtute actualis operationis sanctificativae et reparativae mundi; ita quod totum coniunctum, scilicet Filius Dei in virtute actuali, est terminus praedestinationis. ... haec expositio satis consonet litterae Apostoli subiungentis opera sanctificationis et ressurectionis mortuorum": *In* III 24,1 IV (XI,271a). Cajetans Auslegung von Röm 1,4 hat eine gewisse Entwicklung durchlaufen. In den „*Jentacula Novi Testamenti*" von 1524 geht Cajetan noch davon aus, daß die mit der Auferstehung einsetzende umfassende und manifeste Heiligungstätigkeit das eigentliche Ziel ist, zu dem Christus nach der Meinung des Paulus prädestiniert worden sei, vgl. *Jentacula* 2, q.1 (22r-24v). Nach dem Römerbriefkommentar von 1528 bezieht sich diese Stelle dagegen auf die Wiederkunft Christi: „Literalis itaque sensus est secundus christi adventus definitus in potentia executiva non qualicumque sed secundum spiritum sanctitatis. Ita quod non est sensus quod definitus est filius dei, sed quod definitus est filius dei in hoc scilicet in potentia ... secundum spiritum sanctitatis ... ex resurrectione mortuorum: hoc est sanctitatis congruae statui qui erit ex resurrectione mortuorum": *In* Röm 1,4 (1v).

„*Glossa Ordinaria*" bzw. die „*Glossa Interlinearis*", das Gottessohnsein allein als Zielpunkt der Prädestination in diesem Passus behauptet sieht, läßt auch Cajetan, trotz seiner exegetischen Bedenken, die Kurzfassung des Verses 4 „Christus wurde vorherbestimmt zum Sohn Gottes" als Schriftbeleg für das Theologumenon von der Prädestination Christi gelten.[30]

Das Verständnis von Röm 1,4 gestaltete sich insofern schwierig, als die göttliche Vorweganordnung des Christusereignisses als Prädestinationsgeschehen in Bezug auf den bereits Inkarnierten beschrieben wurde. Denn Paulus hatte ja gerade die Konverse des zu erwartenden Satzes „Gottes Sohn wurde vorherbestimmt zum Christus" formuliert. Soll die Kurzfassung von Röm 1,4 im wörtlichen Sinne zu verstehen sein, dann ist also die zweite göttliche Hypostase nicht als solche das Subjekt, von dem die Prädestinationsaussage gelten kann. Cajetan unterscheidet genau zwischen dem Logos an sich und dem Logos als Träger der menschlichen Natur. Der Sohn Gottes, wie er durch den innertrinitarischen Hervorgang konstituiert wird, ist wesenhaft Sohn und kann schon deswegen nicht zur Gottessohnschaft prädestiniert werden. Es bleibt somit nur übrig, den inkarnierten Logos als das Subjekt zu nehmen, das durch die Gnade der hypostatischen Vereinigung zur (trinitarischen) Gottessohnschaft bestimmt wird.[31]

Cajetan konfrontiert diese These mit einer Bestimmung, die Durandus de Sancto Porciano als wesenskonstitutiv für den Prädestinationsbegriff ansieht und die ihm gerade im Satz „Ein Mensch ist vorherbestimmt zum Sohn Gottes" (*homo praedestinatus est Filius Dei*) nicht ausreichend berücksichtigt zu sein scheint. Nötigt nicht zuletzt schon die Ausdrucksweise des „Prädestiniert-Seins zu etwas" zur Annahme, das Prädestinationsziel müsse dem zu Prädestinierenden wenigstens der Natur nach später zukommen[32], so ist im Falle des zitierten Satzes durchaus zu erklären, worin sich eigentlich der inkarnierte Gottessohn, der seiner assumierten Menschennatur nach prädestiniert werden soll, und der inkarnierte Gottessohn, der unter dem Aspekt der Gottessohnschaft betrachtet als Prädestinationsziel ausgegeben wird, unterscheiden. Sollte hier keine Differenz in der sachlichen Reihenfolge, im

---

[30] „... exponitur etiam quod Filius Dei absolute sit terminus praedestinationis, ut Auctor, cum Glossa ibidem, sustinet": *In* III 24,1 IV (XI,271a); vgl. *S.th.* III 24,1 co. und ad 2 (XI,269a-270b).

[31] „Considerat quippe aeternam Christi personam dupliciter. Vel secundum se, seu absolute: et sic negat ipsam praedestinatam ad filiationem Dei, quia est ipsa Dei filiatio per essentiam. Vel secundum quod induta est humanitatem: et sic affirmat ipsam praedestinatam ad filiationem Dei, quia, ut sic, per gratiam unionis assecuta est filiationem Dei": *In* III 24,1 IV (XI,271a).

[32] „Tertium est, quod illud ad quod aliquis praedestinatur sequatur praedestinationem, et praedestinatum, praedestinationem quidem: quia praedestinatio ratione praepositionis (quae est prae) importat antecessionem ad illud de quo est, praedestinatum vero": *In* III *Sent.*, d.7, q.3, n.5 (II,227rb).

ordo naturae, vorliegen, dann wäre besagter Satz nach Durandus nur im uneigentlichen Sinne wahr.[33]

Nun besteht für Cajetan der Sache nach in der Tat kein *ordo*-Verhältnis zwischen den beiden Gliedern des Satzes, d.h. das inkarnierte Wort ist—auch unter dem exklusiven Aspekt der Menschennatur—nicht der Natur nach früher als das inkarnierte Wort, das der Sohn Gottes durch die Unionsgnade ist. Das schließt freilich nicht aus, daß beide in der Erfassung durch den (göttlichen) Intellekt voneinander geschieden sind.[34] Analog zu der Reihenfolge, die sich daraus ergibt, daß der Verstand aus der Betrachtung der allgemeinen Natur eines Gegenstandes zur Erfassung des individuellen Seins fortschreitet, sind nach Cajetan auch der inkarnierte Logos und der in einem bestimmten Modus mit der Menschennatur geeinte Logos dem Begriff nach zu unterscheiden.[35] Cajetan sieht die so gegebene *genus-species*-Differenz als ausreichend zur Unterscheidung eines sachlichen „Früher-Später" zwischen Prädestinationssubjekt und Prädestinationsziel an. Er versucht, die Problemlösung des Thomas, derzufolge nach Röm 1,4 die göttliche Person als Trägerin der menschlichen Natur dazu bestimmt sei, der Sohn Gottes in Macht zu werden, auf die Differenz von Gegenstand und Ziel der Prädestination Christi hin zu entfalten. Dazu trägt er den Gedanken des *modus unionis*, der Art und Weise der Vereinigung, als Kriterium der Unterscheidung ein. Die Passage aus dem Römerbrief bleibt somit, durchaus im eigentlichen Sinne verstanden, ein wichtiges *dictum probans* für die göttliche Bestimmung der menschlichen Natur Christi zum Sohn Gottes, über die der Sache nach kein Dissens unter den Theologen besteht.[36]

Die eingehende Auseinandersetzung mit der Argumentation des Durandus zeigt, daß es für Cajetan mit der Frage, ob Röm 1,4 eine eigentliche oder uneigentliche Rede sei, nicht nur um eine oberflächliche theologische Klassifikation der Prädestination Christi geht. Der Satz „Christus ist vorherbestimmt zum Sohn Gottes" bringt eine gerade auch in ihrer soteriologischen Relevanz unaufgebbare Wahrheit zum Ausdruck und darf deshalb nicht als

---

[33] „Sed in alia propositione [= homo praedestinatus est esse Filius Dei] obviat totaliter tertia conditio praedestinationis, scilicet quod illud ad quod aliquis praedestinatur sequatur ipsum saltem ordine naturae": ebd. n.9 (II,227va); vgl. dazu Cajetan, *In* III 24,1 V (XI,271a).

[34] „Quocirca, licet secundum rem nullus sit ibi ordo, secundum apprehensionem tamen intellectus, qui natus est non solum coniuncta dividere, sed etiam unum et idem a seipso abstrahere, inter Verbum ut habens carnem, et seipsum ut habens carnem personaliter iunctam, ordo est naturae sicut inter commune et proprium": ebd. (XI,271b).

[35] „Et dicitur quod, licet non sit prius natura Verbum incarnatum quam Verbum incarnatum esse Filius Dei per gratiam unionis, tamen, secundum considerationem abstractivam intellectus, prius natura est Verbum incarnatum quam modus incarnationis, scilicet per unionem personalem": ebd.

[36] „secundum rem, nulla est inter Catholicos quaestio de praedestinatione Christi ad filiationem Dei per gratiam unionis naturae humanae ad Filium Dei": ebd. IV (XI,271a).

im Vergleich zur Konverse ‚uneigentlichere Rede' abqualifiziert werden.³⁷ Denn die Christen sind in Jesus Christus zum ewigen Heil prädestiniert. Mit der Erwählung Christi vor der Grundlegung der Welt wurden zugleich die Christen als Glieder seines mystischen Leibes erwählt und mit allen geistlichen Gütern des kommenden Äons gesegnet.³⁸ Ausdrücklich wird der Gedanke der Erwählung von Cajetan mit dem Gedanken der Prädestination parallelisiert: Auch die Prädestination betrifft den Menschen nur, wenn er mit Christus verbunden wird.³⁹ Durch den Prädestinationsakt, durch den Christus zum natürlichen Sohn Gottes bestimmt wird, werden zugleich die Christen zu Adoptivsöhnen Gottes prädestiniert. Wir finden hier also schon deutlich die für Cajetan wichtige Vorstellung von der ekklesial-inklusiven Dimension Christi formuliert. Es ist von dieser Vorstellung her für Cajetan nicht denkbar, daß die Seele Christi mit dem göttlichen Prädestinationsakt nicht wie die Seelen der ‚in' ihr und ‚durch' sie Prädestinierten zugleich auch auf die eigene Seligkeit, d.h. die unmittelbare Gottesschau, hingeordnet und somit nicht ‚schlechthin' prädestiniert sein sollte.⁴⁰

Die christologischen und soteriologischen Ausführungen Cajetans zum christologischen Prädestinationsgedanken zeigen: Von einer Prädestination Christi kann und muß geredet werden—nicht zuletzt auch um der Prädestination der Christen willen. Darin besteht das Recht des Rekurses auf die Kurzfassung von Röm 1,4. Wir werden aber nun zu sehen haben, welche Rolle dem Vorherwissen des Sündenfalls im Zusammenhang mit diesem göttlichen Prädestinationsakt zukommt.

2.2 Absolute oder bedingte Prädestination Christi?

Thomas wendet sich in *S.th.* III 1,3 der Frage zu, ob der Sohn Gottes auch dann Mensch geworden wäre, wenn Adam nicht gesündigt hätte. Die Ant-

---

³⁷ Vgl. Durandus, *In III Sent.*, d.7, q.3, n.8 (II,227rb): „Inter illas tamen magis est impropria haec, homo praedestinatus est esse filius dei, quam ista filius dei praedestinatus est esse homo".

³⁸ „Explicatur siquidem quod non sumus electi seorsum, sed iuncti christo, ut membra christi. ratio enim electorum ex parte rei electae significatur christus: et huiusmodi electio non nova sed ante fundationem mundi describitur. Affertur autem hoc ad manifestandum quod deus sic benedixit nos, sic adimplevit benedictionem nostram omnium spiritualium beneficiorum in supercoelestibus in christo, quemadmodum elegit ante fundationem mundi nos membra christi": *In Eph* 1,4 (105v).

³⁹ „Et quemadmodum de nostra electione dixit elegit nos in ipso (christo) ita de nostra praedestinatione dicit quod praedestinavit nos in adoptione (hoc est ut simus filii adoptivi) per iesum christum filium naturalem": *In Eph* 1,5 (106r).

⁴⁰ „Si enim gratia consummata sufficit ad terminum praedestinationis simpliciter, ut dictum est; multo magis gratia unionis, quae parit gratiam consummatam ut proprietatem, sufficiens est ut terminet praedestinationem etiam absolute": *In III* 24,1 III (XI,270b).

wort, die er auf die schon zu seiner Zeit kontrovers diskutierte Frage[41] im *corpus articuli* gibt, beginnt mit einem Hinweis auf die Hl. Schrift als der maßgeblichen Quelle zur Erkenntnis des göttlichen Wesens.[42] Da eine ganz überwiegende Zahl der Schriftstellen die Sünde Adams als Ursache der Menschwerdung bezeichnet, erscheint Thomas die These angemessener, daß das Inkarnationsgeschehen zur Heilung der Sünde bestimmt sei und infolgedessen auch nicht ohne den Sündenfall stattgefunden haben würde.[43] Diese Argumentation des Thomas zeigt, wie die Beantwortung der eingangs gestellten Frage unmittelbar davon abhängt, welches Motiv von dem einzelnen theologischen Autor—mehr oder weniger explizit—als das letztlich entscheidende dem Inkarnationsgeschehen zugrundegelegt wird. Nimmt Gottes Sohn gerade deswegen eine menschliche Natur an, um die Menschheit von der Sünde zu erlösen, und setzt somit die Inkarnation den Sündenfall voraus, so hat in der Tat die Behauptung einiges für sich, daß Gott kaum Mensch geworden wäre, wenn Adam nicht gesündigt hätte. Wird dagegen—wie insbesondere die franziskanisch inspirierte Theologie hervorhebt—das Christusereignis (im Anschluß an Kol 1,15) teleologisch mit der Erschaffung der Welt verbunden, dann wäre die Behauptung keineswegs abwegig, daß die Menschwerdung Gottes auch ohne den Fall Adams stattgefunden hätte.

Die Frage „Ob Christus auch gekommen wäre, wenn Adam nicht gesündigt hätte" (*utrum Christus venisset, si Adam non pecasset*) kann auch in prädestinationstheologisch gewendeter Fassung vorgetragen werden. Dann wird das Verhältnis zwischen der Inkarnation und dem Sündenfall in strenger Beziehung auf das göttliche Wollen und Erkennen beschrieben und—auf nicht ungefährlichem anthropomorphen Vorstellungshintergrund—letztlich nach der Reihenfolge bestimmter geistiger Akte Gottes gefragt: Setzt die Prädestination Christi das „Vorherwissen" (*praescientia*) des „Sündenfalls" (*lapsus*) voraus oder nicht? Um das Verhältnis des „Früher-Später" zwischen dem Prädestinationsakt Christi und der Voraussicht des Sündenfalls zu determinieren, ist wiederum das Inkarnationsmotiv als Kriterium heranzuziehen, d.h. es ist danach zu fragen, wozu Gott Christus prädestinierte. In der Terminologie der späteren Schultradition gesprochen steht mit der Frage nach der absoluten oder bedingten Prädestination Christi zugleich das Problem der Finalursache der Menschwerdung Gottes zur Debatte. Es ist gerade

---

[41] Unter den Theologen, die schon vor Duns Scotus die Ansicht vertraten, daß Christus auch dann Mensch geworden wäre, wenn Adam nicht gesündigt hätte, sind vor allem Honorius Augustodunensis († nach 1130), Robert Grosseteste (†1253) und Matthäus von Acquasparta (†1302) zu nennen, vgl. W. DETTLOFF, Art. Duns Scotus/Scotismus, 225; R. HAUBST, Das hoch- und spätmittelalterliche „Cur Deus homo?"; M.-A. MICHEL, Art. Incarnation, 1495.

[42] „Ea enim quae ex sola Dei voluntate proveniunt, supra omne debitum creaturae, nobis innotescere non possunt nisi quatenus in sacra Scriptura traduntur, per quam divina voluntas innotescit": *S.th.* III 1,3 co. (XI,14a).

[43] Vgl. ebd.

im Zusammenhang unserer Untersuchung wichtig festzustellen, daß also auch die prädestinationstheologisch gewendete und somit präzisierte Fassung der Frage „Ob Christus auch gekommen wäre, wenn Adam nicht gesündigt hätte" die Möglichkeit, auf den vom Autor vorausgesetzten adäquaten Beweggrund für die Inkarnation rückzuschließen, gleichfalls zu gewährleisten vermag. Denn Cajetan nimmt zwecks Auseinandersetzung mit der Lehrmeinung des Duns Scotus die Frage speziell unter dem Aspekt des Verhältnisses von *lapsus*-Präszienz und Prädestination Christi auf.[44]

In der *„Ordinatio"* hatte Duns Scotus ‚ohne Vorurteil' die Meinung vertreten, daß die Prädestination nicht notwendigerweise den Sündenfall Adams voraussetzte und auch nicht um seiner Folgen willen allein verwirklicht wurde.[45] Cajetan liest die zur Begründung dieser Meinung vorgebrachten Argumente ganz im Licht der allerdings nur in den Hörernachschriften greifbaren These des Duns Scotus von der absoluten Prädestination Christi. In der Pariser *„Reportatio"* findet sich ein Text, aus dem unzweifelhaft hervorgeht, daß nach Duns Scotus Christus auch dann Mensch geworden wäre, wenn Adam nicht gesündigt hätte.[46] Offenbar erachtet Cajetan die Argumente der *„Ordinatio"* auch zur Begründung dieser stärkeren These für hinreichend.[47] Wir haben von diesen Argumenten diejenigen näher zu betrachten, die Cajetan als die vermeintlich stärksten evaluiert und mit denen er sich deshalb auch ausführlicher auseinandersetzt.

Duns Scotus nennt an erster Stelle das Argument, daß die Prädestination eines Menschen als Willensobjekt Gottes der Präszienz der Sünde stets vorausgeht. Gott prädestiniert Petrus unmittelbar zum ewigen Heil und sieht dann die Sünde des Petrus voraus. Um wie viel mehr muß also die Seele Christi, die zur höchsten Seligkeit bestimmt werden soll, unmittelbar prädestiniert werden.[48] Im Hintergrund dieser Überlegung steht das von Duns

---

[44] Cajetan führt das Gespräch mit Duns Scotus gerade im Kommentar zu *S.th.* III 1,3 ad 4, wo Thomas die entscheidende Aussage trifft: „praedestinatio praesupponit praescientiam futurorum" (ebd. (XI,14b)), vgl. *In* III 1,3 III-X (XI,15a-16b).

[45] Vgl. *Op.Ox.* III, d.7, q.3, n.3f. (VII/1,202). Nach C. BALIĆ, Duns Skotus' Lehre über Christi Prädestination im Lichte der neuesten Forschungen, 24, kann aus den dort angeführten Beweisen als These des Duns Scotus gefolgert werden, „daß der Sündenfall der Voreltern nicht die ‚conditio sine qua non' für die Prädestination Christi war, daß die Inkarnation weder des Sündenfalls noch der Erlösung wegen verwirklicht wurde; wenn auch die Erlösung mit ein Grund für die Ankunft Christi war, so doch nicht der e i n z i g e und n o t w e n d i g e."

[46] „... si nec fuisset Angelus lapsus, nec homo, adhuc fuisset Christus sic praedestinatus: imo, et si non fuissent creandi alii quam solus Christus": *Rep.* III, d.7, q.4, n.4 (XI/1,451a).

[47] „Dubium tertio est ex Scoto, in III Sent., dist. VII, qu. III, ex ratione praedestinationis animae Christi inferente, ‚sine praeiudicio tamen', quod incarnatio etiam sine peccato fuisset": *In* III 1,3 V (XI,15a).

[48] „... dici potest, quod cum praedestinatio cuiuscumque ad gloriam praecedat ex parte obiecti naturaliter, praescientiam peccati, vel damnationis cuiuscumque ... multo magis est verum de praedestinatione illius animae, quae depraedestinabatur ad summam gloriam": *Op.Ox.* III, d.7, q.3, n.3 (VII/1,202).

Scotus gleichsam als zweites Argument angeführte und für sein Denken zentrale Axiom „Jeder ‚ordnungsgemäß' Wollende will zuerst das Ziel" (*omnis ordinate volens prius vult finem*). Demnach will Gott unmittelbar und zuerst die Seligkeit des Petrus, dann will er die Gnade aufgrund des vorhergesehenen Sündenfalls als Mittel zur Erlangung des Prädestinationsziels.[49]

Es steht zunächst für Cajetan wie auch schon für Thomas außer Frage, daß Gott aufgrund seiner Allmacht auch dann hätte Mensch werden können, wenn Adam nicht gesündigt hätte und die Erlösung von der Sünde somit nicht notwendig gewesen wäre.[50] Soll aber der in sich und aus sich heraus bestimmte Wille Gottes erkannt werden, soweit Gott selbst diesen dem Menschen erschlossen hat, dann führt nach Cajetan kein Weg an der in der Hl. Schrift niedergelegten Offenbarung Gottes vorbei. Aus dieser, aber auch aus der Tradition der Väter, ist nun die Inkarnation nicht anders denn als von Gott zur Erlösung der sündigen Menschheit bestimmtes Geschehen erkennbar.[51] Dann wird freilich die theologische Aufgabe unabweisbar, wenigstens im Falle Christi die Möglichkeit nachzuweisen, wie der göttliche Prädestinationsakt mit einem vorausgehenden Präszienzakt zusammengedacht werden kann. Dieser Aufgabe stellt sich Cajetan, indem er seinen Überlegungen den von Thomas knapp und allgemein gehaltenen Satz „Die Vorherbestimmung setzt das Vorherwissen der künftigen Dinge voraus" (*praedestinatio praesupponit praescientiam futurorum*) zugrundelegt.[52] Wie ist also dieser Satz zu verstehen?

Cajetan unterscheidet genau zwischen Gegenständen, die durch den göttlichen Prädestinationsakt vorherbestimmt und konstituiert werden, und Gegenständen, die ihre Existenz nicht der göttlichen Prädestination verdanken, sondern durch sie lediglich ‚vorwegangeordnet' werden. Wird Petrus von Gott zum ewigen Heil prädestiniert, dann liegen die Gnade und die Seligkeit als Wirkungen allein im göttlichen Prädestinationsakt begründet, während die Seele Petri—wie überhaupt alle für ihren Seinserhalt notwendigen natürlichen Wesensvollzüge—durch diesen Akt lediglich auf das übernatürli-

---

[49] „universaliter autem ordinate volens prius videtur velle hoc quod est fini propinquius, et ita sicut vult prius gloriam alicui, quam gratiam, ita etiam inter praedestinatos, quibus vult gloriam ordinate prius videtur velle gloriam illi, quem vult esse proximum fini": ebd.

[50] Vgl. *In* III 1,3 IX (XI,16ab).

[51] „quia ex Scriptura non habemus incarnationem nisi redemptivam, dicimus quod, licet potuisset Deus velle incarnationem etiam sine redemptione futuram, de facto tamen noluit eam nisi sic: quia ipse non aliter revelavit suam voluntatem, quae ex sola ipsius revelatione cognosci potest": ebd. (XI,16b); „Incarnatio autem Verbi Dei, quamvis secundum se sit etiam bonum omniquaque, et ideo simpliciter non oporteret occasionari ex peccato; ut tamen revelata est nobis per Sanctos, est de genere bonorum supponentium mala; quoniam revelata est non nisi ut redemptrix, ac per hoc captivorum, ac per hoc peccatorum, etc. Et hoc ex ordinatione divina, quantum scimus": *In* I 98,1 III (V,437a).

[52] Vgl. o. Anm. 44.

che Prädestinationsziel hingeordnet werden.[53] Denn die Prädestination des Petrus zur Seligkeit ist nicht der Grund dafür, daß es Petrus einmal geben wird; sie setzt vielmehr die Existenz des Petrus im göttlichen Intellekt, d.h. die Präszienz des von Gott dereinst zu erschaffenden Menschen Petrus, bereits voraus. Aus demselben Grund ist dann aber auch die Sünde Petri vor dessen Prädestination zum Heil von Gott vorhergewußt.[54] Im Sinne Cajetans läßt sich also das Argument noch allgemeiner fassen: Alles, was Petrus der natürlichen Ordnung nach zukommt, tritt ein, weil es von Gott vorhergesehen wurde. Dinge, die aber durch den *ordo* der göttlichen Providenz in ihrem künftigen Sein begründet sind, werden durch die Prädestination lediglich nachträglich auf ein bestimmtes übernatürliches Gut hingeordnet.

Damit wird das entscheidende Argument sichtbar. Die Reihenfolge der göttlichen Vorhersehungs- und Vorherbestimmungsakte ergibt sich aus dem Axiom „Die Gnade stützt die Natur" (*gratia supponit naturam*). Cajetan entwickelt daraus ein Drei-*ordines*-Modell: Gott sieht und ordnet zunächst die Dinge an, die dem *ordo* der Natur zuzurechnen sind, und etabliert dann, weil er vorhersieht, daß die Natur das Ziel der Gottesschau nicht erreichen wird, den *ordo* der Gnade; weil auch dieser *ordo* noch nicht das Ziel der höchstmöglichen Vereinigung des Geschöpfes mit seinem Gott erreicht, präordiniert er schließlich das Inkarnationsgeschehen.[55] Es leuchtet ein, daß nach diesem Modell, in dem die beiden ersten *ordines* quasi-materialursächlich Einfluß auf den dritten *ordo* nehmen, die Prädestination Christi zum Sohn Gottes die Präszienz der künftigen Sünden voraussetzt. Wie also die Anordnung einer bestimmten Medizin die Kenntnis der Krankheit voraus-

---

[53] „Quam ut clarius intelligas, distingue inter effectus praedestinationis. Quoniam quidam sunt non solum ordinati, sed constituti per praedestinationem: ut gloria et gratia, et universaliter finis et media ut sic. Quidam autem sunt solum ordinati per praedestinationem: ut anima illius hominis qui est sanctus Petrus, et reliqua spectantia ad naturalem ordinem universi. Haec enim futuri rationem habent ab aeterno ex providentia divina, et non ex praedestinatione divina: sed praedestinatio quasi superveniens, sicut ordo gratiae supervenit ordini naturae, ordinat animam sancti Petri in gloriam aeternam mediante gratia, etc.": *In* III 1,3 VI (XI,15b).

[54] „ideo sicut, simpliciter loquendo, praedestinatio praesupponit providentiam universi naturalis, ita, simpliciter loquendo, praesupponit praescientiam futurorum pertinentium ad ordinem universi naturalem, et defectuum in illo futurorum. Inter quae constat contineri peccata hominum: quoniam non spectat nostrum peccare ad ordinem gratiae, sed ad ordinem naturae; quia ex nobis solis peccamus, ut patet, et auctoritate Scripturae firmatur, Osee XIII[,9]: Perditio tua ex te, Israel": ebd.

[55] „Et si perspicacius tres qui de facto in universo inveniuntur ordines consideraverimus, videlicet ordinem naturae, ordinem gratiae et ordinem Dei et creaturae simul, videbimus quod secundus supponit primum, et tertius supponit utrumque; et similiter praeordinatio et praevisio primi praesupponitur a praeordinatione et praevisione secundi; et similiter praeordinatio et praevisio tertii praesupponit praeordinationem et praevisionem utriusque. Ita quod Deus primo ordinavit universum secundum ordinem naturae; et quoniam universum secundum talem ordinem non attingit ad fruitionem divinam, superaddidit ordinem gratiae; et quoniam talis ordo non pertingit ad unionem summo modo possibilem cum Deo, praeordinavit creaturam ad unionem personalem cum Deo": ebd. (XI,16a).

setzt, so muß der Prädestination Christi die Präszienz der Sünden vorausgehen, zu deren „Heilmittel" (*remedium*) Christus gerade prädestiniert werden soll.⁵⁶ In Cajetans Denken entspricht der bedingten Inkarnation notwendigerweise eine bedingte Prädestination Christi.

Wir nähern uns damit der Frage nach dem letzten Beweggrund Gottes für die Menschwerdung seines Sohnes. Cajetan weist ausdrücklich die Vorstellung zurück, das Vorherwissen der materialursächlich fungierenden Sünden sei für sich genommen schon hinreichende Ursache der Menschwerdung Gottes, und nicht vielmehr nur deren *conditio sine qua non*.⁵⁷ Aber selbst noch die finalursächliche Bestimmung Christi als „Heilmittel von der Sünde" (*remedium peccati*), die Cajetan mit Thomas teilt⁵⁸, vermag Cajetans Antwort auf die Frage nach der Motivation Gottes nicht vollständig wiederzugeben. Denn es kann stets noch gefragt werden, warum Gott bei sich beschlossen hat, seinen Sohn zur Überwindung der Sünde Mensch werden zu lassen. Eine solche Frage würde jedoch direkt auf die innersten Beweggründe göttlichen Handelns abzielen. Ist eine Antwort auf diese Frage überhaupt noch möglich? Cajetan gibt an einer Stelle zu erkennen, daß für ihn hinter dem Ratschluß, seinen Sohn Mensch werden zu lassen, kein anderes Motiv sichtbar wird als die Barmherzigkeit Gottes, der sich den Fall Adams als den seinen anrechnen und durch sich selbst Genugtuung leisten will.⁵⁹ Sie allein bewegt Gott zur Inkarnation seines Sohnes und damit zur Rettung der in der Sünde befangenen Menschen, so daß sich also der Menschgewordene ganz dem erbarmenden Willen Gottes über die Sünder verdankt.⁶⁰ Indem Cajetan auf der Vorhersehung der Sünde vor der Prädestination Christi zum Sohn Gottes, d.h. zur personalen Vereinigung von Gott und Mensch, beharrt, erweist er die Inkarnation als Selbstmitteilung Gottes, die die Unheilsgeschichte des Menschen voraussetzt, als Geschichte gescheiterter Freiheit ernstnimmt und durch das Menschsein des Logos in der Geschichte überwindet.

---

⁵⁶ „... [praedestinatio Christi] praesupponit praescientiam peccatorum in quorum remedium Christus est praedestinatus; ordinatio namque medicinae praesupponit notitiam morbi": ebd. VII (XI,16a).

⁵⁷ „... praevisio futuri casus Adae non est sufficiens causa praedestinationis Christi": ebd. X (XI,16b).

⁵⁸ „... incarnationis opus ordinatum esse a Deo in remedium peccati": *S.th.* III 1,3 co. (XI,14a).

⁵⁹ „Sed si supra praevisionem futuri casus Adae apponatur misericordia Dei volentis casum illum ut suum computare, et per seipsum satisfacere, iam habebitur quod ideo Christus est praedestinatus Filius Dei, quia Deus vult satisfacere pro casu humano. Nec ex hoc oportet gaudere de lapsu alterius: sed de misericordia Dei, qui alterius lapsum praevisum convertit in alterius bonum": *In* III 1,3 X (XI,16b).

⁶⁰ „Et intendit quod magnitudo dilectionis divinae erga mundum; fuit ratio ut filium suum unigenitum daret mundo ad hoc ut omnes credentes in eum non perirent sed haberent vitam aeternam. Hanc sententiam intendit, quae quoniam profunda valde est, eleva lector mentem": *In* Joh 3,16 (149r).

KAPITEL IV

DIE HYPOSTATISCHE UNION

1. Die ‚Unaussprechliche' Vereinigung von Gott und Mensch in Jesus Christus

1.1 *Die Doxographie des Lombarden*

In der Theologie des lateinischen Westens ist das Bewußtsein um die Defizite der neuchalkedonischen Interpretation der Konzilsentscheidungen von 451 nie verlorengegangen. Blieb in *dieser* Rezeptionslinie noch das „uns wesensgleich"[1] gewahrt? Konnte im Zuge dieser Interpretation Christus wirklich noch als Mensch bezeichnet werden, wenn das, was seine menschliche Natur zu diesem unterscheidbaren Menschen Jesus erhob, der Sohn Gottes selber war?

Die christologischen Überlegungen eines Felix von Urgel (†818), aber auch noch eines Abaelard (†1142) gehen trotz immer wieder geäußerter lehramtlicher Vorbehalte dahin, die Integrität und Konnaturalität der Menschheit Jesu letztlich ‚adoptianisch' zu sichern. Daß die Anknüpfung an die *homo-assumptus*-Christologie auch im 12. Jahrhundert noch nach wie vor möglich war, zeigt die berühmte Zusammenstellung der drei „Lehrmeinungen" (*opiniones*)—meist kurz als Assumptus-, Subsistenz- und Habitustheorie bezeichnet[2]—im dritten Sentenzenbuch des Lombarden.

Die in der sechsten *distinctio* an erster Stelle angeführte Lehrmeinung geht davon aus, daß der Logos einen aus Leib und Seele bestehenden, vollständigen Menschen angenommen und in seiner Person vereinigt hat. Jener Mensch ist Gott geworden und Gott ist jener Mensch geworden.[3] Das dogmatische Problem dieser Lehrmeinung besteht darin, daß die Menschheit de

---

[1] „... et consubstantialem nobis eundem secundum humanitatem, per omnia nobis similem absque peccato [vgl. Hebr 4,15]": ACO II 3,2 (137,26-28).

[2] Diese Bezeichnungen haben sich im Anschluß an B. BARTH, Ein neues Dokument zur Geschichte der frühscholastischen Christologie, ThQ 100, 1919, 423 in der Literatur weitgehend durchgesetzt.

[3] „Alii enim dicunt in ipsa Verbi incarnatione hominem quendam ex anima rationali et humana carne constitutum: ex quibus duobus omnis verus homo constituitur. Et ille homo coepit esse Deus, non quidem natura Dei, sed persona Verbi; et Deus coepit esse homo ille. Concedunt etiam hominem illum assumptum a Verbo et unitum Verbo, et tamen esse Verbum": III *Sent.*, d.6, c.2, n.1 (II,50,8-13).

facto als ein konkretes Individuum (*ille homo*) gedacht wird, wodurch die Verbindung beider Naturen in der einen Person kaum noch anschaulich werden kann. Trotz der Autorität Augustins, auf dessen Schriften zur Absicherung der Grundformel von dem „angenommenen Menschen" (*homo assumptus*) hingewiesen werden konnte[4], wurde die Assumptustheorie im 13. Jahrhundert mehr und mehr aufgegeben sowie man aufgrund einer genaueren Kenntnis der Werke des Boethius und des Johannes von Damaskus zur Überzeugung kam, daß diese Theorie letztlich mit dem Dogma der Enhypostasie unvereinbar war.[5]

Auch die dritte, von Petrus Lombardus angeführte Lehrmeinung[6] vermochte nicht die altkirchliche Lehrvorgabe der „Vereinigung in der Person" (ἕνωσις καθ' ὑπόστασιν) gedanklich einzuholen. Die Vertreter dieser Lehrmeinung hatten offenbar Schwierigkeiten sich vorzustellen, wie Leib und Seele zusammensein können, ohne daß dadurch nicht zugleich auch eine menschliche Person gegeben wäre. Ihnen zufolge sind die beiden menschlichen Teilsubstanzen je für sich so mit dem Logos verbunden, daß aus diesen ‚Bestandteilen' nicht eine Substanz oder Person als Komposition entsteht, sondern daß die Logosperson mit beiden wie mit einem „Gewand" (*indumentum*) bekleidet wird.[7]

Freilich erwies sich gerade die Kleidmetapher als ungenügend zur Erklärung des Zusammenseins von Gott und Mensch in Jesus Christus. Sowohl nach der ersten wie nach der dritten *opinio* läuft das Verständnis der hypostatischen Union im Grunde auf ein lediglich akzidentielles Vereintsein des Logos mit dem ‚angenommenen Menschen' bzw. mit den beiden Teilsubstanzen Leib und Seele hinaus. Außerdem ergibt sich dann, wenn man sich Leib und Seele nicht untereinander, sondern nur über die Person des Logos verbunden vorstellt, auf der Basis der damaligen philosophischen Anthropologie das Problem, daß die menschliche Natur eigentlich nicht mehr als eine Substanz, als ein *aliquid*, gedacht werden kann. Mit der Verurteilung des christologischen Nihilianismus durch Papst Alexander III. im Jahr 1177[8], auf die Cajetan ausdrücklich hinweist[9], hatte freilich die Habitustheorie den Status einer theologischen Lehrmeinung verloren.

---

[4] Vgl. z.B. das ebd. n.6 (II,51,24-26) angeführte Augustin-Zitat aus der Schrift *De praedestinatione sanctorum*, c.15, n.30 (PL 44,981f.).

[5] Siehe I. BACKES, Die christologische Problematik der Hochscholastik und ihre Beziehung zu Chalkedon, 927.

[6] Vgl. III *Sent.*, d.6, c.4-6; d.7, c.2; d.10, c.1.

[7] „sed sic illa duo, scilicet animam et carnem, Verbi personae vel naturae unita esse [alii] aiunt, ut non ex illis duobus vel ex his tribus aliqua substantia vel persona fieret sive componoretur, sed illis duobus velut indumento Verbum Dei vestiretur ut mortalium oculis congruenter appareret": ebd., d.6, c.4, n.1 (II,55,5-9).

[8] DS 750; vgl. auch DS 749.

[9] „Hoc est quod Extra, de Haer., in cap. Cum Christus, Alexander III explicavit: ubi, sub anathemate inhibens ne quis audeat dicere quod Christus, secundum quod homo, non est

Die zweite vom Lombarden referierte Ansicht betont, daß der Logos durch die Inkarnation die neue Subsistenzweise in der menschlichen Natur hinzugenommen hat. Jener Mensch besteht aus drei Substanzen (Leib, Seele, Gottheit), ist aber nur eine Person, die aus der Gottheit und Menschheit zusammengesetzt ist. Diese Person ist die Person des Logos, die vorher einfach war und nur in der göttlichen Natur existierte, mit der Inkarnation aber in (*in*) und aus (*ex*) zwei Naturen subsistiert. Sofern also jene Person ihrer Subsistenz nach betrachtet wird, ist sie zusammengesetzt; sofern sie aber als die zweite göttliche Hypostase betrachtet wird, ist sie einfach.[10]

Cajetan läßt keinen Zweifel daran aufkommen, daß für ihn allein die zweite *opinio*, die Subsistenztheorie, die Lehre der Kirche richtig wiedergibt, während ihm die erste und die dritte *opinio* eigentlich schon durch die Texte des fünften ökumenischen Konzils, die Thomas in der *„Summa theologiae"* zitiert[11], widerlegt erscheinen.[12] Die beiden letztgenannten Lehrmeinungen werden von Cajetan gleichwohl großzügig für die Zeit des 12. Jahrhunderts entschuldigt, da ihren damaligen Vertretern offenbar die häretischen Implikationen verborgen blieben.[13] Thomas sah in beiden *opiniones* einen Rückgriff auf nestorianische Gedanken gegeben, insofern die erste Meinung letztlich zwei hypostasierte Naturen in Christus behaupten muß, die dritte jedoch lediglich eine akzidentielle „Vereinigung" (*unio*) der beiden

---

aliquid, quia est verus homo, contra eos loquitur qui dicebant quod Christus, secundum quod homo, non est aliquid, sed ad aliquid seu aliqualis": *In* III 2,6 V (XI,38b).

[10] „sed [alii] dicunt hominem illum non ex anima rationali et carne tantum, sed ex humana et divina natura, id est ex tribus substantiis: divinitate, carne et anima, constare; hunc Christum fatentur, et unam personam tantum esse, ante incarnationem vero solummodo simplicem, sed in incarnatione factam compositam ex divinitate et humanitate. Nec est ideo alia persona quam prius, sed cum prius esset Dei tantum persona, in incarnatione facta est etiam hominis persona: non ut duae essent personae, sed ut una et eadem esset persona Dei et hominis. Persona ergo quae prius erat simplex et in una tantum natura existens, in duabus et ex duabus subsistit naturis. Et persona quae tantum Deus erat, facta est etiam verus homo, subsistens non tantum ex anima et carne, sed etiam ex divinitate": III *Sent.*, d.6, c.3, n.1 (II,52,21-53,7).

[11] Vgl. *S.th* III 2,6 co. (XI, 36a-37a), wo Thomas aus dem vierten (ACO 4,1 (216,8-14)) und fünften (ebd. (216,20f.)) Kanon zitiert. Siehe dazu Cajetan, *In* III 2,6 IV (XI,38a).

[12] „modum loquendi [Auctor] docet circa recitatas sententias tres a Magistro Sententiarum in VI distinctione Tertii: quod scilicet nulla earum vocanda est opinio, sed secuda dicenda est sententia doctrinaque fidei, tam prima autem quam tertia haeresis a Concilio damnata appellanda est": ebd. Nach Cajetan ist also die Redeweise von den *„tres opiniones"* eigentlich theologisch nicht richtig, da schon aufgrund der altkirchlichen Lehrentscheidungen keiner der vom Lombarden skizzierten Unionstheorien der Status einer theologischen Lehr*meinung* mehr zukommt.

[13] „Ubi scito quod, licet tempore Magistri Sententiarum et illorum magistrorum quorum hic Auctor meminit, iam essent damnatae ambae istae haereses; quia tamen occultum erat comprehendi positiones istas sub illis damnatis, et putabatur istas ab illis tantum distare ut separatae essent ab illis; ideo excusati fuerunt et auctores et sequaces earum, et qui tanquam opiniones illas habuerunt": ebd.

Naturen vertritt.¹⁴ Cajetan schließt sich dieser Beurteilung an, verweist jedoch zur Begründung darauf, daß nicht nur nach der ersten, sondern auch nach der dritten Lehrmeinung mehrere Hypostasen in Christus angenommen werden müßten und daß man deshalb mit beiden über die Vorstellung einer akzidentiellen Union nicht hinauskäme.¹⁵ Durch diese beiden Kritikpunkte wird zugleich der doppelte positive Ausgangspunkt der Unionslehre Cajetans sichtbar: Zwischen Gott und Mensch in Jesus Christus besteht eine substantielle Vereinigung, weil beide in der einen Person des Logos miteinander verbunden sind.¹⁶ Die Ablehnung der akzidentiellen Vereinigung liegt in der Lehre von der „substantiellen Vereinigung" (*unio substantialis*), die der Hypostasenverdoppelung in der Lehre von der „personalen Vereinigung" (*unio personalis*) oder „Vereinigung in der Person" (*unio in persona*) begründet. Mit beiden Lehrsätzen, die durchaus zu unterscheidende, aber gleichwohl nicht zu trennende Aspekte der Gott-menschlichen Vereinigung beschreiben, sind die entscheidenden Basissätze genannt, auf denen Cajetan seine Unionslehre aufbaut. Um festzustellen, welchen Inhalt Cajetan mit ihnen verbindet, wenden wir uns seiner Rezeption der Subsistenztheorie zu, durch die die beiden vorerst noch mehrdeutigen Sätze gleichsam ‚determiniert' werden.

1.2 Die Rezeption der Subsistenztheorie

Der Begriff der *unio substantialis*, wie ihn Cajetan im christologischen Zusammenhang verwendet, impliziert, daß die beiden zu vereinenden ontologischen ‚Größen' in sich vollständige Substanzen sind. Im Unterschied zur Habitustheorie lehrt Cajetan klar die Substantialität der assumierten menschlichen Natur Christi. Menschsein ist per se substantielles Sein, und der Logos wäre nicht Mensch geworden, hätte er sich mit der Annahme der menschlichen Natur nicht zugleich auch mit substantiellem Sein verbun-

---

¹⁴ „Utraque autem harum opinionum incidit in haeresim Nestorii. Prima quidem, quia idem est ponere duas hypostases vel duo supposita in Christo, quod est ponere duas personas ... Alia vero opinio ... posuit unionem accidentalem": *S.th* III 2,6 co. (XI, 36b).

¹⁵ „opiniones duas introduxerunt extremas apud Magistrum Sententiarum, scilicet primam et tertiam, cum tamen ambae ex parte unius extremi, hoc est Nestoriani erroris, se teneant. Nam utrique conveniunt in hoc quod ponunt in Christo diversas hypostases, ita quod alia est hypostasis Filii Dei et alia hypostasis filii hominis: ac per hoc, utrique separant in Christo et naturas hypostases seu supposita; et accidentalem proinde unionem ponunt humanae naturae ad personam Filii Dei": *In* III 2,6 III (XI,38a).

¹⁶ „... humana natura coniungitur personae divinae secundum esse substantiale": ebd. V (XI,38b); „Inter Verbum siquidem Dei et naturam humanam unio est hypostatica, non secundum aliquod genus vel modum causae, sed secundum aliquod genus seu modum entis per se, quod est substantia: quia est secundum subsistentiam, quae non dicit causam seu causalitatem, sed substantiam": ebd. X (XI,40a); vgl. auch ebd. VIII (XI,39a).

den.¹⁷ Die Menschheit Christi ist in sich ein *aliquid*, und das heißt für Cajetan wiederum: Sie ist in sich Substanz. Der Gottessohn hat eine aus Leib und Seele konstituierte menschliche Natur angenommen, nicht aber zwei separate Teilsubstanzen. Um keinen Zweifel an der Substantialität der Menschheit Christi aufkommen zu lassen, verzichtet Cajetan im Anschluß an den späten Thomas auf die Verwendung der leicht mißverständlichen Ausdrucksweise von den „drei Substanzen", die die Vertreter der Subsistenztheorie nach den Angaben des Lombarden offenbar gebrauchten.¹⁸ Denn Leib und Seele sind nicht je für sich in gleicher Weise vollständige Substanz wie der Logos, sondern erst die menschliche Natur ist Substanz und wird als solche mit Gott verbunden.

Der Begriff der *unio substantialis* umschließt aber außerdem als zweite wichtige Bestimmung, daß beide Substanzen genau zu einer Substanz zusammenkommen und in ihrem Vereint-Sein wiederum genau eine Substanz und nicht etwa ein *mixtum compositum* bilden. In den Überlegungen zum terminativen Einssein der beiden Natursubstanzen in der einen Person des Logos wird der enge Anschluß Cajetans an die Subsistenztheorie deutlich sichtbar vollzogen. Durch das genannte zweite Begriffsmoment wäre an sich ein monophysitisches Verständnis der Gott-menschlichen Vereinigung noch nicht ausgeschlossen. Aber die These der „Vereinigung in der Natur" (*unio in natura*) ist für Cajetan philosophisch und theologisch unhaltbar.¹⁹ Sie wird von ihm nirgends einer eingehenderen Widerlegung für würdig befunden, zumal nach der Lehre der Kirche unzweifelhaft feststeht, daß Gott und Mensch in einer Person, der zweiten göttlichen Hypostase, und nicht in einer Natur vereint sind.²⁰ Die *unio substantialis* ist also von der *unio personalis* her zu verstehen: Gottheit und Menschheit sind in Christus so geeint, daß die menschliche Natur „der Sache nach" (*secundum rem*) in der Person des Lo-

---

[17] „constat autem quod esse hominem est in genere substantiae, et non in genere accidentis. Filius siquidem Dei sic homo factus est ut verissime sit homo": ebd. V (XI,38b).

[18] Zur wechselvollen Geschichte der Formel von den „*tres substantiae*" vgl. A. GRILLMEIER, Art. Jesus Christus, II. Nachbiblische Christologie, 946.

[19] „Uniri in natura dicuntur, quaecumque e diverso venientia ad unius naturae integritatem perficiendam concurrunt. sive informatione quadam ut anima et corpus hominem integrant. sive continuatione qualibet a natura instituta: qualem animalis membra prae se ferunt. sive quavis alia enascentium conversatione rerum id evenire contingat. Cum autem ex philosophia nedum a sacris litteris, didicerimus divinitatem et in seipsa omnis compositionis expertem, et in cuiusvis alterius concretionem venire non posse (utpote cuiuslibet imperfectionis ratione illi repugnante) assumptio hominis a dei verbo unionem in natura repellit": *De unione Verbi* (98vb; Ausgabe 1587: 184a,21-31); „... divina natura est incommunicabilis secundum esse naturae cuicumque naturae": *In* III 9,2 VII (XI,140b).

[20] „... unio est in persona Verbi et non in illius natura": *In* III 2,2 VIII (XI,27b).

gos zu stehen kommt (*inesse*).²¹ Die zweite göttliche Hypostase ist der substantielle Terminus, in dem Gott und Mensch in Jesus Christus vereint sind.

Das In-Sein wird von Cajetan im Anschluß an die thomanische Rezeption der neuchalkedonischen Enhypostasielehre so verstanden, daß die in sich anhypostatische Menschheit im göttlichen Logos den Selbstand gewinnt.²² Die Menschheit Jesu besteht, in sich betrachtet, ohne das der individuellen Menschennatur (*haec humanitas*) entsprechende subsistentielle Einzeln-Sein (*hic homo*), somit ohne eigene Subsistenz bzw. Personalität.²³ Von seinem Personverständnis her vermag Cajetan die Apersonalität der Menschennatur Christi leicht einsichtig zu machen: Ihr fehlt im Zustand der Vereinigung mit dem Logos die wesenseigene substantielle Letztbestimmung (*terminus ultimus*).

Wir haben bereits in der Darstellung der christo-ontologischen Grundbegriffe darauf aufmerksam gemacht, daß Cajetan die Existenz der Natur als vom Vorhandensein eines Selbstandes abhängig denkt. Erst wenn eine Natur durch die letztmögliche Bestimmung als Substanz in sich abgeschlossen ist und somit in dem ihr eigenen *modus subsistendi* vorliegt, gelangt sie zu der ihr eigenen Existenz.²⁴ Da die menschliche Natur Christi an sich der ihr eigenen personalen Seinsweise ermangelt, fehlt ihr konsequenterweise auch die eigene Existenz. Beides, Subsistenz und Existenz, wird der Menschheit Christi in außerordentlicher und einzigartiger Weise durch die Union in der Person des Logos zuteil.²⁵

Jedoch wollen wir den Aspekt der Existenzmitteilung in unserer Untersuchung vorläufig noch im Hintergrund belassen und uns zunächst der Frage zuwenden, wie nach Cajetan die Personation der anhypostatischen Menschennatur durch den Logos zu denken ist. Die Analyse des trinitarischen Personbegriffs hat gezeigt, daß trotz der fundamentalen Differenz zwischen den Formalkonstitutiva göttliche und kreatürliche Personen in einer gewis-

---

²¹ „Et quia, secundum fidei doctrinam, Verbum Dei factus est homo secundum rem, ideo non oportet probare, sed supponere veritatem subsumpti, scilicet quod natura humana inest Verbo Dei secundum rem": ebd. VII (XI,27b).
²² Die Apersonalität der menschlichen Natur Christi ist Lehre der Kirche: „... ex fidei Catholicae sententia dicentis in Christo non esse personam nisi divinam": *In* III 17,2 XVIII (XI,228a); „... in persona Christi non est, secundum fidem Catholicam, nisi una subsistentia, quae scilicet est ex natura divina": *In* III 2,4 III (XI,32a).
²³ „Probaturque sic esse in re ex ipso incarnationis mysterio, in quo fatemur inveniri hanc humanitatem sine hoc homine proprio illi humanitati: quoniam non est ibi hic homo, nisi Filius Dei": *In* III 3,2 VI (XI,57a); „Non est ergo in Christo personalitas humana: quam tamen constat in reliquis hominibus inveniri": *In* III 17,2 XVIII (XI, 228a); Vgl. auch *In* III 4,2 XXII (XI, 79ab).
²⁴ Vgl. o. Kap. II.2.1.
²⁵ „et sic natura humana, loco propriae subsistentiae, sortitur subsistentiam propriam Filii Dei, et per illam subsistit, non per seipsam": *In* III 2,6 IX (XI,39b); „Existit siquidem humanitas Christi, non per seipsam, sed in Verbo Dei": *In* III 2,2 VII (XI,27b). Vgl. auch *In* III 16,12 I (XI,218b).

sen Hinsicht miteinander vergleichbar sind: Auch die trinitarische Personalität umfaßt das Vermögen, den Akt des Terminierens, des abschließenden Bestimmens, zu setzen[26], wenngleich dieses Vermögen von Cajetan nirgends als ein entscheidendes Moment für die Konstituierung der göttlichen Person als subsistenter Relation hervorgehoben wird. Aufgrund dieser funktionalen Analogie hat Cajetan wenig Schwierigkeiten, die Personation der menschlichen Natur in Kohärenz mit der von ihm entwickelten Theorie der kreatürlichen Personalität zu denken: Der Logos ‚füllt' die menschliche Natur zur Person ‚an'.[27] Der assumierten Menschennatur fehlt im Status der Vereinigung die ihr eigene substantielle Abgeschlossenheit. Denn der Logos übernimmt die Funktion des *reale positivum*[28], worin die Subsistenz der Menschennatur begründet ist und verhindert dadurch die aufgrund eines wesensimmanenten Dranges der menschlichen Einzelsubstanz unausweichlich einsetzende Ausbildung einer eigenen Person. Die Menschheit wird von ihrer eigenen Personalität ferngehalten, indem der Logos an die Stelle der menschlichen Person tritt, diese Person durch seine eigene gleichsam substituiert. Aber weit entfernt von einem Zustand des Zwanges, in dem die quasi-natürliche Bewegung der menschlichen Natur auf die eigene Person hin durch einen gewaltsamen Eingriff nicht zum Ziel käme, bedeutet die Subsistenzsubstitution durch den Logos vielmehr die höchste Vollendung und ‚Sättigung' dieser Bewegung.[29] Denn die göttliche Person umfaßt gerade auch das, was die kreatürliche, menschliche Personalität ausmacht, aufgrund ihrer unendlichen Terminationsfähigkeit und ihres unendlichen Seinsaktes in vollkommener Weise.[30]

In Christus fehlt also die menschliche Hypostase, wie sie aus der substantiellen Vereinigung von Leib und Seele ‚üblicherweise' resultiert.[31] In

---

[26] Vgl. o. Kap. II.2.2.

[27] „dicentes personam Verbi in Christo supplere personam humanam, constat quod non dicunt quod supplet nihil (negatio autem est nihil formaliter): sed intendunt quod supplet substantiam quam significat persona humana, seu hic homo": *In* III 4,2 IX (XI,76b).

[28] Siehe o. S. 20.

[29] Genaugenommen ist die präsentische Formulierung „die göttliche Person hindert die Menschheit an der eigenen Personalität" nicht korrekt, da sie den Eindruck zu erwecken vermag, als sei dem Drang zur Ausbildung einer *menschlichen* Person noch nicht vollständig substitutive Genüge getan: „ideo, caute loquendo, dicendum est quod persona divina impedivit naturam humanam a propria personalitate; et non est dicendum quod persona divina impedit humanitatem a propria personalitate. Per impedimentum enim in praeterito denotatur naturalis inclinatio humanitatis secundum se: per negationem autem impedimenti in praesenti denotatur consummatio omnis appetitus personalitatis in illa natura": *In* III 4,2 XXVI (XI,80a).

[30] „Quoniam persona divina continet excellenter in se, etiam interminando, quidquid habet personalitas creata: cum sit infinita et in essendo et in terminando. Et propterea humanitas Christi, assumpta ad personalitatem divinam, totum appetitum personalitatis plus quam satiatum ac consummatum habet: et consequenter quiescit, absque appetitu quocumque alterius personalitatis": ebd.

[31] „... in Christo non est propria hypostasis, quae consurgere deberet ex unione animae et corporis": *In* III 2,5 I (XI,35a).

ihm gibt es nur eine einzige Hypostase, und das ist die zweite göttliche Hypostase.³² Weder koinzidieren menschliche und göttliche Subsistenz in Christus, noch verbleibt in der menschlichen Natur ein von der Logosperson unterschiedener Selbstand zurück, wie dies in der Konsequenz der *homoassumptus*-Theorie gelegen hätte. Cajetan drückt das Gemeinte deutlich genug aus: Die Hypostase des Fleisches stieg vielmehr vom Himmel.³³

Die Person des Logos ist nach der Vereinigung mit der menschlichen Natur noch dieselbe Hypostase, die durch das Inkarnationsgeschehen nur zusätzlich noch in einer zweiten Natur subsistiert. Ganz im Sinne der Subsistenztheorie unterscheidet Cajetan ein „Früher-Später" im Blick auf das Personsein: Der Logos war von Ewigkeit her die göttliche Hypostase und wurde in der Fülle der Zeit auch noch die „Hypostase des Fleisches".³⁴ Er terminiert seit der Menschwerdung zwei Naturen. Aber durch diese Ausdehnung des Subsistenzbereiches haben—wie Cajetan betont—weder die göttliche Natur noch die Person des Logos eine Veränderung erfahren.³⁵

Cajetan versteht also die hypostatische Vereinigung von Gott und Mensch von dem Gedanken der Subsistenzsubstitution her. Er ist sich bewußt, daß der terminus technicus „*unio in persona*" diesen Gedanken nicht notwendig zum Ausdruck bringen muß. Denn auch ein Akzidens ist mit der menschlichen Substanz ‚in der Person vereint': Sokrates und seine „Hellhäutigkeit" (*albedo*) sind nicht dem Suppositum nach voneinander getrennt, ist es doch ein und dieselbe erste Substanz, die Sokrates ist und die weiß ist.³⁶

Er unterscheidet deshalb noch einmal zwischen dem „Geeint-Werden-in-der-Hypostase" (*uniri in hypostasim*) und dem „Geeint-Werden-nach-der-Hypostase" (*uniri secundum hypostasim*) und bringt zugleich in der Entfaltung dieser Distinktion die wechselseitige Einflußnahme von Logosperson

---

³² „... hypostasim Verbi Dei, quae sola in Christo hypostasis est": *In* III 7,13 I (XI,125a); „in Christo non est aliud suppositum nisi aeternum": *In* III 16,9 IV (XI,213b).

³³ „Ut intelligamus non esse aliam carnis sue hypostasim et aliam hypostasim filii dei, sed unam et eandem, dicit de pane carnis sue quod descendit de coelo. Et vere hypostasis carnis iesu descendit de coelo, quando verbum caro factum est": *In Joh* 6,58 (165r).

³⁴ „Respondemus quod verbum factum est hypostasis carnis. verbum siquidem ab aeterno suapte natura erat hypostasis divina: et ubi venit plenitudo temporis, factum est hypostasis carnis, ita quod illamet hypostasis quae erat hypostasis deitatis, est modo etiam hypostasis carnis": *In Joh* 1,14 (140v); „Et ideo Filius Dei prius non erat homo, quia non personabat naturam humanam; et in tempore factus est homo, quia incoepit quandoque personare naturam unam humanam, et per hoc acquisivit primo esse substantiale humanae naturae": *In* III 16,6 II (XI,207ab); *In* III 2,4 VI (XI,33a).

³⁵ „adverte quod tam mirabilis est haec incarnationis coniunctio ut, cum hoc quod fatemur Deum vere acquisivisse esse hominem, quia vere factus est homo; quia tamen huiusmodi substantiale esse acquisivit sine quaecumque ipsius Dei mutatione, ac per hoc sine quacumque sui perfectione, ideo hic vere quoque dicitur quod nihil est per incarnationem additum Deo, et quod non Deus, sed homo per incarnationem perficitur": *In* III 3,1 II (XI,54a); „Personare autem naturam humanam non est mutari: sed subsistere nunc primo in illa": *In* III 16,6 II (XI,207a); *In Joh* 1,14 (140v).

³⁶ Vgl. *In* III 2,2 VI (XI,27a).

und menschlicher Natur auf den Punkt. Das „Geeint-Werden-in-der-Hypostase", der extensional größere Begriff von beiden, bezeichnet lediglich die Inhärenz des Geeinten in einem Suppositum und wird zu Recht von den Akzidenzien, aber auch von den integralen Teilen der Substanz ausgesagt. Dagegen bezeichnet das „Geeint-Werden-nach-der-Hypostase" genau den Fall, daß eine der Eigensubsistenz fähige Substanz, also weder ein Akzidens noch ein substantieller Teil, mit einem Suppositum verbunden wird.[37] Erläutern wir diesen Unionsmodus mit Cajetan direkt an dem ‚Beispiel' Christi: Der Logos gibt der menschlichen Natur die Subsistenz, so daß diese „durch" (*per*) bzw. „nach" (*secundum*) dessen Selbstand subsistiert. Sie selbst jedoch vermag, die sie in sich anhypostatisch ist, auf den Logos nur *per modum naturae*, d.h. nach der Weise ihrer eigenen Menschennatur, Einfluß zu nehmen, indem sie ihm den Modus des Subsistierens in der menschlichen Natur mitteilt, so daß der Logos—zusätzlich zu seiner göttlichen Subsistenz—„in" (*in*) ihr bzw. „aus" (*ex*) ihr heraus subsistiert.[38]

Die asymmetrische Struktur dieses Vereinigungsmodus wird darin sichtbar, daß der Gottessohn der angenommenen Menschennatur seine Subsistenz gewährt, während umgekehrt die angenommene Menschennatur die Subsistenz des Logos lediglich modifiziert. In Christus gibt es somit nur einen Selbstand, ein *subsistens*, aber zwei *rationes subsistendi*, zwei Weisen in den beiden Naturen zu subsistieren.[39] Da aber personales Sein per se substantielles Sein ist[40], wird die menschliche Natur durch die Subsistenzsubstitution auch der Subsistenz nach dem Logos verbunden. Die *unio in persona* kann nicht so gedacht werden, daß sich die personale Vereinigung mit dem Logos lediglich dahingehend auswirkt, daß die Logosperson nur die letzte Bedingung für das ‚In-Erscheinung-Treten' einer ansonsten ontisch von ihr unabhängigen menschlichen Natur abgibt. Die *unio in persona* ist nach Cajetan eine Vereinigung der apersonalen Menschennatur mit der Person des Logos durch die göttliche Substanz.[41] Somit wird also auch umgekehrt der Begriff der *unio in persona* durch den der *unio substantialis* näher

---

[37] „caute et perspicaciter considera quod, proprie seu propriissime loquendo, uniri alicui in hypostasi communius est quam uniri illi secundum hypostasim. Nam quidquid pertinet ad hypostasim, sive substantiale sive accidentale sit, unitur Socrati in hypostasi seu persona, ut in articulo secundo huius quaestionis Auctor dixit: sed non omne tale unitur Socrati secundum hypostasim. Et hoc dico sumendo ly in ut denotat solum inesse personae: et ly secundum ut addit modum coniunctionis inter personam et illud quod unitum est illi secundum personam, scilicet per modum subsistentis": *In* III 2,6 IX (XI,39b).

[38] Vgl. ebd.

[39] „Sunt ergo in persona Christi duae rationes subsistendi in duabus naturis, divina scilicet et humana: licet sit ibi unum subsistens simpliciter, et una ratio subsistendi simpliciter": *In* III 2,4 VI (XI,33a).

[40] „... esse personale est esse substantiale": *In* III 50,2 III (XI,481b).

[41] „... unio personalis non est participativa, sed per substantiam Dei": *In* III 4,1 IX (XI,73b).

bestimmt. Beide Begriffe erläutern sich gegenseitig, um genau den Terminus, den Bezugspunkt, zum Ausdruck zu bringen, in dem die zwei Naturen in Christus geeint sind: die Substanz des Logos. Cajetan verwendet zur Bezeichnung dieses einigenden Grundes bevorzugt den Begriff „personale Verbindung" (*coniunctio personalis*).

Es sind somit nach Cajetan zwei Aspekte der hypostatischen Union zu unterscheiden: Zum einen die Vereinigung als „Unionsbeziehung" (*relatio unionis*), die dem Genus der Relation angehört und etwas Geschaffenes ist; zum anderen die Vereinigung als „Verbindung in der Person" (*coniunctio in persona*), d.h. als der Terminus, in dem göttliche und menschliche Natur miteinander verbunden sind. Wird die hypostatische Union als *coniunctio* genommen, dann muß sie der Gattung der Substanz zugerechnet werden, steht sie doch dann für nichts geringeres als die zweite göttliche Hypostase, den Schöpfer, selbst. Die Differenz zwischen beiden Aspekten ist also größer als die zwischen Himmel und Erde.[42] Wir können die beiden unterschiedlichen Betrachtungsweisen als den Formalaspekt und den Fundamentalaspekt bezeichnen, da Cajetan die hypostatische Union einmal ihrer ‚Form' nach als Relation, zum anderen aber dem *fundamentum* der Beziehung nach als die Substanz der Logoshypostase selbst begreift.[43] Die Asymmetrie der christologischen Binnenstruktur wird nun gerade durch den entscheidenden Fundamentalaspekt sehr deutlich von Cajetan herausgestellt: Der beide Naturen einigende personale Grund ist weder ein *mixtum compositum* noch ein Nebeneinanderbestehen zweier Supposita, sondern einzig und allein die zweite göttliche Hypostase. Beide Naturen kommen ausschließlich in der einen Person des Logos zusammen.

Freilich dürfen solche starken Sätze, in denen die *coniunctio in persona* mit Gott selbst gleichgesetzt wird, nicht darüber hinwegsehen lassen, daß Cajetan an ihr noch einmal ein zweites Moment des Geschaffenseins unterscheidet. Denn der Logos ist nicht immer einigender Grund beider Naturen gewesen, sondern wurde in der Fülle der Zeit Mensch, indem er der assumierten Menschennatur die eigene Subsistenz mitteilte.[44] Sofern nun die

---

[42] „In hoc articulo cautissime adverte distinctionem praedictam de unione: vel quantum ad relationem, quam significat; vel quantum ad coniunctionem in persona, ad quam consequitur. Quoniam plus differunt haec duo quam caelum et terra. Unio enim pro relatione est in genere relationis, et est ens reale creatum, ut in littera dicitur. Unio autem pro coniunctione naturae humanae in persona divina, cum consistat in unitate quae est inter naturam humanam et personam Filii Dei, est in genere seu ordine substantiae: et non est aliquid creatum, sed Creator": *In* III 2,7 III (XI,41a).

[43] „... unionem constat ex supra dictis [*In* III 2,7 III] fundamentaliter esse substantialem, formaliter relativam": *In* III 16,1 IX (XI,201b); vgl. auch *In* III 2,8 VII (XI,44a): „... nomen unionis formaliter significat relationem".

[44] Cajetan hat maßgeblichen Anteil daran, daß dieses Moment, auf das die Franziskanertheologen seit je her besonderen Wert legten, auch in der thomistischen christologischen

coniunctio in persona dieses zeitliche Mitteilungsgeschehen bedeutet, ist sie—wie die Unionsbeziehung—eine geschaffene Wirklichkeit.[45] Cajetan kann den Aspekt der zeitlichen Entstehung der *coniunctio personalis* einfach kurz „*mutatio*" (Veränderung) nennen.[46] Wir werden allerdings sehen, daß nach Cajetan die Subsistenzmitteilung nicht auf Seiten des Logos, sondern nur auf Seiten der menschlichen Natur eine Veränderung mit sich führt. Wenn Cajetan dagegen die *coniunctio in persona* als etwas „Ungeschaffenes" (*increatum*) der Relation gegenüberstellt, dann bleibt der Gesichtspunkt der zeitlichen Entstehung außer Betracht.

Die Vereinigung im personalen Sein des Logos ist wiederum Fundamentalursache für die Vereinigung als Relation. Bereits Thomas hatte die Relation als Folge des Vereintseins von Gott und Mensch in der Person des Logos unterschieden und das kreatürliche Sein der Union als Beziehung betont.[47] Der Gedanke, mit dem Thomas das Geschaffensein der Relation begründet, begegnet auch bei Cajetan, wenn auch nicht in demselben Begründungszusammenhang: Jede Beziehung zwischen Gott und Geschöpf ist nur auf Seiten des Geschöpfes eine *relatio realis*; Gott bezieht sich dagegen nur gedanklich auf außergöttliche Wirklichkeit. Wie wir in der Untersuchung der Relationslehre gesehen haben, hat Cajetan mit den meisten anderen scholastischen Theologen das Gott-Welt-Verhältnis nach dem Modell der *relatio non mutua* verstanden.[48] Das Verhältnis des Gottessohnes zu seiner assumierten menschlichen Natur muß nun gleichfalls nach diesem Modell verstanden werden: „Du sollst wissen, daß das Wort Gottes selbst allein kraft der Einsicht auf die angenommene Natur bezogen wird."[49] Die unumstrittene Gültigkeit des Immutabilitätsaxioms gestattet es Cajetan nicht, die Beziehung zwischen Gott und Kreatur auf Seiten Gottes als wirkliche zu denken. Die von Cajetan mehr unausgesprochen vorausgesetzte, als eigens formu-

---

Spekulation mehr und mehr aufgegriffen wurde, vgl. P. KAISER, Die Gott-menschliche Einigung in Christus als Problem der spekulativen Theologie seit der Scholastik, 61-63.

[45] „Et si contra hanc doctrinam obiiciatur quod huiusmodi coniunctio incoepit esse ex tempore, et consequenter est aliquid creatum: respondendum est quod haec coniunctio, quantum ad illud quod ponit in ipso esse secundum se, non incoepit esse ex tempore, sed est ab aeterno; sed quantum ad hoc quod natura humana sortita sit illud subsistere, incoepit esse ex tempore": *In* III 2,7 III (XI,41a).

[46] „... coniunctio humanae naturae cum persona Filii Dei, quae nihil aliud est quam utriusque indivisio in esse personali ipsius Filii Dei, potest dupliciter accipi: scilicet vel secundum illam entitatem positivam quae est illud esse personale illius naturae creatae; vel secundum mutationem et relationem qua unitur et unita relative dicitur humana natura personae illi": *In* III 2,10 V (XI,49b).

[47] Vgl. *In* III *Sent.*, d.2, q.2, a.2, qla.1, sol. (III,80f.) und qla.3, sol. (III,82f.) sowie die Fragen, die Thomas in *S.th.* III 2,9 und 2,7 behandelt und die von ihm jeweils auf die *coniunctio* bzw. *relatio* bezogen werden. Siehe dazu P. KAISER, a.a.O. (Anm. 44), 47-50.

[48] Vgl. o. S. 38f.

[49] „... scito, quod ipsum dei verbum sola vi intelligentiae ad assumptam naturam refert": *De unione Verbi* (99ra; Ausgabe 1587: 184b,43f.).

lierte Konsequenz lautet dann: Wenn die Union ihrem Formalaspekt nach in Gott nicht Wirklichkeit ist, dann kann sie—als *relatio non mutua*—nur im kreatürlichen Seinsbereich Wirklichkeit sein: Sie muß dann notwendig etwas „Geschaffenes" (*creatum*) sein.

Die Vereinigung als Relation fällt zweistufig an: Innerhalb des in beiden Naturen subsistierenden Wortes verhält sich die menschliche Natur sowohl zur Logos-Hypostase wie zur göttlichen Natur, beide Beziehungen sind zu unterscheiden.[50] Die substantielle, personale Einheit stellt zum einen den Beziehungsgrund dar, durch den in Christus die beiden Natur-Extreme aufeinander bezogen sind, zum anderen ist sie selber Terminus, Bezugspunkt, für die menschliche Natur.[51] Die zweite der genannten Beziehungen ist im Blick auf Cajetans Lehre von der Idiomenkommunikation die wichtigere, da die menschliche Natur sowohl auf der Subjekt- wie der Terminusseite der Relation zu stehen kommt und so Eigenschaften des Logos von ihr ausgesagt werden können: Denn sofern die Menschennatur innerhalb der *relatio unionis* auf den in zwei Naturen subsistierenden Logos hin terminiert ist, kann der Mensch „Gott" genannt werden und ist es, nicht aber um der Relation zwischen menschlicher und göttlicher Natur willen.[52]

Die Subsistenztheorie wird also von Cajetan mit deutlicher Akzentuierung auf der Einheit im Logos aufgenommen. Das Gott und Mensch verbindende Moment, der einigende Grund, kommt ausschließlich in Gott selbst zu liegen. Der Verlauf unserer Analyse dürfte gezeigt haben, daß der unmittelbare theologiegeschichtliche Bezugspunkt der Unionslehre Cajetans stets die mittelalterliche christologische Lehrbildung ist. Cajetan knüpft nirgends direkt an die altkirchlichen Lehrdokumente an, sondern stützt sich nahezu ausschließlich auf das von Thomas zusammengetragene Material. Ein vergleichbar detailliertes Studium der Konzilsakten von Chalkedon, wie es Cajetans Schrift „*De comparatione auctoritatis Papae et concilii*" so offensichtlich vorausgegangen ist, läßt sich im christologischen Zusammenhang an keiner Stelle erkennen. Die sorgfältig quellenorientierte christologische Arbeit des Thomas hat mithin an diesem Punkt selbst bei einem so dezidierten ‚Thomasschüler' wie Cajetan keine Fortsetzung gefunden.

---

[50] „… relatio unionis est non solum inter naturas duas, divinam scilicet et humanam, sed etiam est inter naturam humanam et hypostasim divinam; nam et una natura unita est alteri, et humana natura unita personae divinae, et e contra divina persona unita est humanae naturae": *In* III 2,7 V (XI,41b).

[51] „Quia quando de unione inter naturas est sermo, exprimimus naturas pro terminis unionis, et unitatem personalem utriusque naturae ponimus non pro termino, sed causa seu fundamento relationis unionis … Quando vero loquimur de eadem relatione unionis inter naturam humanam et personam Filii Dei, ponimus ex parte termini unitatem personalem Filii Dei in utraque natura: quoniam relatio ista unionis non est quaecumque unionis relatio, nec ad hypostasim divinam quomodolibet, sed ad hypostasim Filii unam personaliter in utraque natura": ebd.

[52] Vgl. *In* III 16,2 I(XI,202a).

2. ANALOGIEN ZUR HYPOSTATISCHEN UNION

Neben der Erörterung mit den Mitteln rein philosophisch-theologischer Begrifflichkeit hat in der christologischen Diskussion die ‚gleichnishafte Rede' von Anfang an einen unbestreitbaren Rang eingenommen. Konnten in der Frühscholastik noch Versuche unternommen werden, die gesamte Theorie der Gott-menschlichen Vereinigung in Christus vorrangig von dem im *Symbolum Quicumque* herangezogenen Vergleich mit der Leib-Seele-Einheit her zu entwerfen[53], so trat die Analogie in den hochscholastischen christologischen Traktaten durchgängig als konzeptionsbestimmendes Moment in den Hintergrund. Sie wurde vielmehr im Blick auf die jeweilige streng begrifflich dargestellte Unionslehre ausgewählt und interpretiert, z.T. auch erst konstruiert. Gegenüber der Fülle an Bildern, mit denen altkirchlichen Theologen das Geheimnis der Gott-menschlichen Vereinigung zu fassen suchten, wurden im Hoch- und Spätmittelalter insgesamt freilich nur wenige, für die einzelnen Schulrichtungen spezifische Analogien im Rahmen der Unionslehre herangezogen.[54] Dieser Sachverhalt wird durch die Ausführungen Cajetans bestätigt.

Soll das Genus der Vereinigung das der Substanz sein, dann sind nach Cajetan zwei Analogien, auf die vor allem in der franziskanischen Schultheologie zurückgegriffen wurde, unzulässig hinsichtlich des Verhältnisses von Gottheit und Menschheit in Christus.

1.) Zum einen handelt es sich um das von Alexander von Hales (†1245) und Bonaventura (†1274) herangezogene Bild der „Aufpfropfung" (*insitio*): Der auf einen Baum aufgepfropfte Ast ist nicht von derselben Natur wie sein Träger und wird ihm doch in der Einheit des Suppositums verbunden.[55] In diesem Falle wäre nach Cajetan jedoch nur dann eine Einzelsubstanz gegeben, wenn Baum und Propfreis derselben *species* angehörten.[56] Da aber zwischen beiden eine Differenz der Art nach besteht, können sie beide kein gemeinsames Suppositum haben und infolgedessen auch nicht die hypostatische Union gleichnishaft zum Ausdruck bringen. Den Vergleich dadurch auf

---

[53] Hier ist insbesondere Robert von Melun (†1167) zu nennen, vgl. A. M. LANDGRAF, Die spekulativ-theologische Erörterung der hypostatischen Vereinigung, 77.
[54] Vgl. M. J. SCHEEBEN, Handbuch der katholischen Dogmatik, V/1, 192.
[55] Vgl. Alexander von Hales, *Summa theologiae* III, inquisitio unica, q.4, titulus 2, c.1, sol. (IVb: 83b-84a) und ebd., c.7, a.2, sol. (IVb: 94b-95a); Bonaventura, *In III Sent.*, d.6, a.2, q.1 (III,158a).
[56] „Nam falsum est quod ramus naturalis et ramus insitus sint uniti in uno supposito secundum veritatem. Quod ex V Metaphys. [*Met.* V,6 1016b36] patet, cum dicitur quod quaecumque sunt unum numero, sunt unum specie, quamvis non e contra: constat autem ad sensum quod ramus insitus et ramus naturalis distinguuntur specie, ut patet ex fructibus. Sunt igitur distincti numero in genere substantiae: quod est distingui suppositaliter secundum veritatem, quamvis secundum apparentiam unum appareat suppositum arboris": *In* III 2,6 VII (XI,38b-39a).

die Einheit des Suppositums hin determinieren zu wollen, daß nun ein Baum und ein Implantat derselben *species* zugrundegelegt werden[57]—eine im Blick auf die christologische Anwendbarkeit schon nicht unproblematische Einschränkung—, läuft für Cajetan auf die schlicht ‚lächerliche' Behauptung einer bloßen „Einheit des Aneinanderseins" (*unitas continuitatis*) im Sinne einer Teil-Ganzes-Beziehung hinaus.[58] Die *insitio*-Analogie ist also nach Cajetan zur Erläuterung der *unio in persona* wenig geeignet.[59]

2.) Zum anderen nennt Cajetan den Vergleich mit der Vereinigung von Substanz und Akzidens, den Duns Scotus im Rahmen seiner Unionslehre entfaltet hatte[60] und der dann auch von nominalistischen Theologen immer wieder aufgegriffen wurde.[61] Duns Scotus sah das entscheidende Vergleichsmoment mit der hypostatischen Union in der natürlichen Priorität der Substanz vor dem von ihr abhängigen Akzidens sowie in der Tätigkeit des *sustentare*, des „Emporhaltens", die die Substanz gegenüber dem Akzidens ausübt, wobei freilich jede Potentialität, die auf Seiten der Substanz wegen der Informierung durch das Akzidens vorausgesetzt werden müßte, ausgeschlossen sein soll[62]. Aber dieser Vergleich geht nach Cajetan schon deshalb an der christologischen Wirklichkeit vorbei, weil er die Substantialität der angenommenen Menschennatur nicht berücksichtigt. Außerdem vermögen die Spezifikationen des Duns Scotus nicht die mit der *unio substantialis* von Gott und Mensch grundsätzlich unvergleichbare Struktur des Zusammenseins zu ändern: Denn zwischen Substanz und Akzidens ist de facto nur eine akzidentielle Verbindung möglich.[63]

Cajetan selber bevorzugt in seinen christologischen Überlegungen zum Unionsmodus die traditionelle Leib-Seele-Analogie, sofern in ihr wirklich— wie bereits im *Symbolum Quicumque*[64]—das eine Suppositum, das ‚in zwei-

---

[57] So Durandus de Sancto Porciano, *In III Sent.*, d.1, q.5, n.5 (II,214rb).

[58] „advertat haec dicens quod iam exit ab unione insitiones quatenus insitio est, quoniam insitio ad ramos alterius speciei extenditur; et declinat ad insitionem talem, scilicet per unitatem continuitatis. Quod, formaliter loquendo, nihil aliud est dicere quam dicere unitatem advenientis partis alicui toti continuo maxime esse similem unioni incarnationis. Quod est ridiculum": *In III* 2,6 VII (XI,39a).

[59] Dagegen wird die *insitio*-Vorstellung von Cajetan zur Auslegung des *„complantatus"* in Röm 6,5 (Vulg.) und damit als Analogie für das spirituelle Verbundensein der Gläubigen mit Christus herangezogen, vgl. den Kommentar Cajetans zur Stelle (14r).

[60] Vgl. Duns Scotus, *Op.Ox.* III, d.1, q.1, n.3 (VII/1,5f.).

[61] Vgl. die Zitate von Stefan Brulefer (†1483) und Gabriel Biel (†1495) bei R. SCHWARZ, Gott ist Mensch, 297 Anm. 32.

[62] Vgl. Anm. 60.

[63] „Quoniam, sublata informatione, non remanet inter substantiam et accidens nisi unio accidentalis: ut patet ex hoc quod de facto sunt ibi duo, primum quod substantia iungitur accidenti sustentando illud, secundum quod informatur per illud; constat autem quod de facto nunc ratione neutrius inter accidens et substantiam est coniunctio substantialis, sed solum accidentalis": *In III* 2,6 VI (XI,38b).

[64] „Nam sicut anima rationabilis et caro unus est homo, ita Deus et homo unus est Christus": DS 76.

en' subsistiert, das *tertium comparationis* darstellt.[65] Der Logos geht nicht als *forma substantialis* mit der menschlichen Natur als Materie zu einer gemeinsamen theandrischen Mischsubstanz zusammen, noch wird er durch die göttliche wie die menschliche Natur in seinem Personsein konstituiert, wie etwa im Bereich der körperlichen Dinge Materie und Form zu einem substantiellen ‚Dritten' zusammenlaufen. Die Leib-Seele-Analogie darf also nicht im Sinne einer informativen Union, einer *unio in natura*, verstanden werden, zumal die daraus resultierende Natur—wie jede aus Materie und Form komponierte Natur—mehreren Einzelwesen gemeinsam sein müßte und zur Annahme mehrerer Individuen der *species specialissima* „Christus" nötigen würde[66]. Der Vergleich läßt sich jedoch durchführen, wenn von der Konstituierung eines gemeinsamen Suppositums und einer Mischnatur abgesehen und der Blick auf das eine, im Falle Christi schon vorgegebene Suppositum gelenkt wird, das in zwei Teilsubstanzen bzw. Substanzen subsistiert[67].

Zur Erläuterung seiner Theorie der hypostatischen Union gibt Cajetan der Leib-Seele-Analogie eine ganz spezielle Wendung: Die separate Seele reinformiert nach dem Zwischenzustand den Körper und teilt ihm dadurch das Menschsein mit. Zugleich erhält der Körper durch die Wiedervereinigung mit der Seele wiederum Anteil an deren Subsistenz.[68] Unter der Voraussetzung, daß von dem erstgenannten Aspekt, der Konstituierung einer gemeinsamen Natur, abgesehen wird, hält Cajetan das Leib-Seele-Verhältnis für die

---

[65] „circa similitudinem ab Athanasio datam, perspice quod similitudo dicitur tenere quantum ad hoc, idest quantum ad unitatem suppositi utrobique. Nec aliud sonant verba Athanasii nisi similitudinem quod unitatem suppositi, dicendo, sicut anima rationalis et caro unus est homo: nam unus homo unum suppositum manifeste significat. Et non ponit similitudinem quoad unitatem naturae, nec quoad modum constituendi unum suppositum": *In* III 2,1 IV (XI,24b).

[66] „Est igitur omnis natura ex materia et forma composita secundum se communis pluribus: et de facto potest inveniri in pluribus nisi constet ex tota sua materia. Et quia natura illa resultans in Christo ex divina natura ut forma et humana ut materia, non constaret ex tota sua materia, ut patet, quia multae aliae naturae humanae singulares inveniuntur ultra illam quae est in Christo: sequitur quod de facto posset natura illa resultans plurificari. Ac per hoc, possent esse plures, immo infiniti Christi eiusdem speciei specialissimae": ebd. III (XI,24b).

[67] „Intellige igitur similitudinem quantum ad ipsam unitatem suppositi utrobique subsistentis in duobus, ibi in natura animae rationalis et carnis, hic in natura Dei et hominis: diversimode tamen, iuxta diversas conditiones eorundem": ebd. IV (XI,24b).

[68] „Ad cuius aliqualem perceptionem, fingamus animam rationalem per se subsistere ante corpus: sicut de facto ita est in animabus defunctorum ante resurrectionem; subsistunt enim interim per seipsas, absque corpore aliquo. Hoc stante, considera quod anima per se subsistens advenienti sibi duo communicat corpori: scilicet esse, et subsistere. Vel, dupliciter communicat suum esse corpori. Primo, per modum naturae: et hoc facit informando corpus; ex hoc enim quod informat ipsum, dat ei esse specificum, quod natura significat. Secundo, per modum personae: et hoc facit communicando suum subsistere corpori, ita quod non solum ipsa anima per suum subsistere subsistat, sed corpus subsistat per illudmet subsistere; subsistit enim corpus adveniens non per novum subsistere, sed per antiquam animae subsistentiam": *In* III 2,6 VIII (XI,39a).

der Gott-menschlichen Vereinigung noch am nächsten kommende Analogie in der Ordnung der geschaffenen Dinge. Denn wie die Seele den toten Leib bei der allgemeinen Totenauferstehung wieder in ihr Personsein ‚zieht', so ‚zieht' auch der Logos die menschliche Natur in sein Personsein, in seine Subsistenz.[69] Entsprechend seiner Unionslehre wird also die Leib-Seele-Analogie von Cajetan deutlich sichtbar auf das Moment der Subsistenzkommunikation hin akzentuiert. Gerade deshalb betrachtet Cajetan die Leib-Seele-Vereinigung „im Vollzogen-Werden" (*in fieri*), wie sie nach der „Lehre des Glaubens" (*doctrina fidei*) am Ende der Tage gegeben sein wird, als eine geeignete Analogie für das Zusammenkommen von Gott und Mensch in Jesus Christus.

Doch auch „im Vollzogen-Sein" (*in facto esse*) kann die Vereinigung der beiden menschlichen Teilsubstanzen gut zum Vergleich herangezogen werden. Thomas hatte mit der Leib-Seele-Analogie den Werkzeug-Gedanken verbunden, um von der im Blick auf die Vergleichbarkeit mit der Gottmenschlichen Vereinigung falschen Vorstellung wegzuführen, die Seele werde hier nach ihrer körperinformierenden Tätigkeit betrachtet. Die Analogie des *Symbolum Quicumque* gilt

> freilich nicht in der Hinsicht, daß die Seele die Form des Körpers ist, weil das Wort nicht Form der Materie sein kann; sondern in der Hinsicht, daß der Körper das Werkzeug der Seele ist, freilich nicht ein äußerliches und hinzugetretenes, sondern ein eigenes und verbundenes[70].

Mit der Einführung des Begriffs vom „verbundenen Werkzeug" (*instrumentum coniunctum*) will Thomas das eigentliche Vergleichsmoment von der wesenskonstituierenden Informierung weg auf die wirkungskonstituierende Informierung des Werkzeugs durch die Prinzipalursache und das Verbundensein der Menschheit Christi mit der Person des Logos hin verlegt wissen.

Diesem Gedanken begegnet man auch bei Cajetan: Auch er greift den *instrumentum-coniunctum*-Begriff auf, um das Vereintsein von Leib und Seele auf die Subsistenzkommunikation hin abzustellen und es so mit der hypostatischen Union vergleichen zu können. Ausdrücklich stellt er die Beschreibung des Körpers als *instrumentum coniunctum* der Seele mit der speziell auf die Subsistenzmitteilung ausgerichteten Leib-Seele-Analogie, wie er sie oben anhand der allgemeinen Totenauferstehung entwickelte, in der Bedeu-

---

[69] „Nam sicut anima rationalis corpus sibi unitum in resurrectione trahit, seclusa informatione, ad esse suum prout est personae, hoc est, prout est subsistere, et non trahit ad esse suum prout est naturae, hoc est, prout est conferens esse specificum; ita Verbum Dei naturam humanam sibi unitam trahit ad esse suum ut est personae, hoc est, ut est subsistere ... et non trahit ad esse suum ut est naturae, hoc est, ut confert naturam deitatis": ebd. (XI,39ab).

[70] „Non quidem secundum quod anima est forma corporis, quia Verbum non potest esse forma in materia; sed secundum quod corpus est animae instrumentum, non quidem extrinsecum et adventitium, sed proprium et coniunctum": *Qd. De unione Verbi incarnati*, a.1, co. (II,424a).

tung gleich.[71] Wie der Körper ein verbundenes Werkzeug der Seele ist, so ist die Menschheit Christi ein verbundenes Werkzeug des Logos. Entscheidenden Wert legt Cajetan auf das Adjektiv „verbunden" (*coniunctum*), da dieses erst das Werkzeug auf das Subsistieren im Personsein der Seele bzw. des Logos hin festlegt.[72] Würde die Menschheit Christi lediglich als „Werkzeug" (*instrumentum*) bezeichnet, so läge die Vorstellung nahe, daß die Vereinigung mit dem Gottessohn einzig und allein in der werkzeuglichen Ingebrauchnahme besteht. Aber eine solche ‚Vereinigung' aufgrund der Instrumentalursächlichkeit (*unio in causando*) würde nichts über eine akzidentielle Verbindung hinaus besagen und stünde somit notwendig mit dem substantiellen Charakter der *unio in persona* im Widerspruch.[73] Außerdem könnte durch den Verzicht auf diese ergänzende Bestimmung die Möglichkeit der Verwechselung der Menschheit Christi mit einem „unverbundenen Werkzeug" (*instrumentum separatum* bzw. *abiunctum*) entstehen, dessen Spezifikum doch gerade darin besteht, durch sich selbst zu existieren.[74] Das Adjektiv „*coniunctum*" dagegen zeigt an: Gott und Mensch sind in Christus so verbunden, daß die menschliche Natur als *instrumentum* in der göttlichen Hypostase selbst zu stehen kommt.

In den Beispielen, die Cajetan zur Erläuterung seiner Unionslehre heranzieht, bleibt die ontologische Asymmetrie, wie wir sie in ihrer radikalen, durch die Modustheorie abgestützten Ausprägung bei Cajetan kennengelernt haben, präsent, wenn sich auch—schon allein durch die eingrenzende Näherbestimmung der Vergleichsmomente—in der Vereinigung von Leib und Seele nie Einzelheiten der terminierenden ‚Auffüllung' der menschlichen Natur durch den Logos widerspiegeln und exemplifizieren lassen. Trotzdem bietet die quasi-kanonische Analogie des *Symbolum Quicumque* nach Cajetan unzweifelhaft noch die besten Ansatzpunkte zum Vergleich der ‚unaussprechlichen Einigung'.

---

[71] „Sed tenet [similitudo unionis animae ad corpus] quantum ad hoc, quod anima unitur corpori ut instrumento coniuncto ... vel, et in idem redit, quantum ad hoc, quod corpus assumitur ad esse proprium animae prout est personae seu subsistentis": *In* III 2,6 VIII (XI,39a).

[72] „Si tamen non firmetur sententia super ratione instrumenti ut sic, sed super ratione instrumenti talis, hoc est, coniuncti, hoc est spectantis ad hypostasim: iam ab ordine causandi ad ordinem essendi, et ab unione in causando ad unionem in essendo venitur": ebd. X (XI,40a).

[73] „Si enim prima, seu summa unio humanae naturae ad Verbum esset unio instrumenti, iam non esset unio in persona nec secundum personam, nec in essendo sed in causando: quod maximi erroris est. Inter Verbum siquidem Dei et naturam humanam unio est hypostatica, non secundum aliquod genus vel modum causae, sed secundum aliquod genus seu modum entis per se, quod est substantia: quia est secundum subsistentiam, quae non dicit causam seu causalitatem, sed substantiam": ebd. (XI,39b-40a).

[74] „Organa autem dixerim non quaecumque, sed connexa. Habent siquidem artifices et alia instrumenta a seipsis abiuncta: quae a prioribus tantum distant, ut nequaquam valeat alter alteri manus aut oculos quemadmodum ensem aut calamum commodare. propterea quod natura isthaec membra nobiscum subsistunt, illa vero remota a nobis sunt, et existunt per seipsa": *De unione Verbi* (98vb; Ausgabe 1587: 184b,53-59).

3. Die Einheit des Seins in Christus

3.1 *Die Frage nach der Natur der ‚einigenden Einheit'*

Orientierte sich unsere Betrachtungsweise der Unionslehre Cajetans bislang vor allem an seiner Theorie des Unionsmodus, an der ‚Wesensbeschreibung' der Vereinigung von Gott und Mensch in Jesus Christus, so gilt es nun den Blick auf diejenigen Überlegungen Cajetans zu richten, in denen er das Vereint-*Sein* von Gottheit und Menschheit und damit das Sein Christi reflektiert. Von ihnen her kann sich erst die Unionslehre Cajetans letztlich erschließen. Da die Frage nach dem Sein Christi unmittelbar mit der jeweiligen Theorie der christologischen Binnenstruktur zusammenhängt, ist es sinnvoll, sie im Duktus unserer Darstellung an dieser Stelle—also nach der Unionslehre—aufzunehmen, auch wenn Thomas den Artikel „Ob es in Christus nur ein Sein gibt" in der *„Summa theologiae"* zu den sog. Konsequenzen der hypostatischen Union, die erst nach den Quästionen zu den Vollkommenheiten der menschlichen Natur Christi zu behandeln waren, gezählt hatte[75] und Cajetan dieser Einordnung zustimmt.[76]

Das Problem, dem sich Thomas in *S.th.* III 17,2 stellt, folgt unmittelbar aus der dogmatischen Lehrvorgabe von Chalkedon: In Christus gibt es nur eine Hypostase, aber zwei Naturen. Versucht man in der theologischen Reflexion diese Formel mit dem Seinsbegriff zu vermitteln, dann stellt sich unweigerlich das schwierige Problem, ob das Sein in Christus von der göttlichen Person oder von den beiden Naturen determiniert zu denken ist. Ist in Christus aufgrund seiner Monopersonalität nur ein Sein oder kommt ihm aufgrund seiner Binaturalität ein doppeltes Sein zu? Nach der verbreiteten scholastischen Lehre, daß die Wesensform das Sein der Materie mitteilt— bündig formuliert in dem Axiom „Die Form bewirkt das Sein einer Sache" *(forma dat esse rei)*—, müßte für Christus eigentlich ein doppeltes Sein gefolgert werden. Da aber in abstrakter Betrachtung das Seiende über das Eine entscheidet, wäre Christus demnach nicht einer, sondern zwei. Mit dieser Folgerung wäre aber die enhypostatisch gesicherte Einheit Christi wieder in Frage gestellt. Noch deutlicher als der Problemkreis der Enhypostasie belegt die Frage nach dem Sein Christi die Schwierigkeiten, die sich einem konsequenten Durchdenken der Formel von Chalkedon bieten. Wird ein zweifaches Dasein von Christus behauptet, so läßt sich kaum noch plau-

---

[75] Vgl. *S.th.* III 16,1 Introductio (XI,198a).
[76] Vgl. *In* III 17,2 I (XI,223a). Daß die Frage des genannten Artikels durchaus nicht nur „prima facie" (ebd.) zu den zentralen Problemen der hypostatischen Union gehört, wie Cajetan glauben machen will, beweisen seine eigenen Kommentierungen zu diesem Artikel. Der Hinweis auf das Axiom „unum sequitur ens" (ebd.) trägt zur Begründung der thomanischen Einordnung in der *„Summa theologiae"* nichts aus, da hier gerade das Problem des *ens* zur Debatte steht.

sibel machen, wie der Gottmensch als real einer gedacht werden kann. Andererseits könnte das „uns wesensgleich" kaum noch sinnvoll aufrecht erhalten werden, wenn man der menschlichen Natur um der Einheit des Daseins willen nicht nur die wesenseigene Personalität, sondern auch die menschliche Existenz schlechthin abspräche. Eine Lösung dieses Dilemmas wird entscheidend davon abhängen, wie das Verhältnis der Begriffe „Natur", „Person" und „Sein" zueinander bestimmt wird.

Versuchen wir uns nun nach der einleitenden Skizze der Fragestellung Cajetans Theorie vom Sein Christi zu nähern, indem wir sie von ihren Voraussetzungen her entfalten. Cajetan schreibt:

> Beachte sorgfältig und vorsichtig, Novize, daß diese Entscheidung an zwei allgemeinen Fragen hängt. Die eine ist die, ob Existenz und Essenz real unterschieden werden. Die andere, ob die substantielle Existenz der Person als dem eigentlichen Empfänger zukommt, oder ob sie der Person wie der Natur gemeinsam ist. Diese Lehre setzt nämlich voraus, daß sowohl das Sein ein anderes Ding ist als das Wesen, wie auch, daß das Sein der Person als dem eigentlichen Subjekt zugeteilt werden muß.[77]

Der Text nennt zwei philosophische, nur für den kreatürlichen bzw. humanen Seinsbereich gültige Grundentscheidungen, auf denen Cajetans Lösung des christologischen Seinsproblems basiert und denen wir uns zunächst zuzuwenden haben, wenn wir die Grundstruktur dieses Lösungsvorschlags verstehen wollen.

Zunächst einmal wird hier die Realdistinktion zwischen Sein und Wesenheit genannt, die wir als eine charakteristische Bestimmung der geschaffenen Natur bereits kennengelernt haben.[78] Im Blick auf das anstehende Problem des Seins in Christus erleichtert sie Cajetan die gedankliche Ablösbarkeit des Seinsaktes von der individuellen Natur und bedingt damit in entscheidender Weise die Möglichkeit, die Korrespondenz von je einer Individualnatur und je einem Seinsakt zu durchbrechen.

Als zweite Voraussetzung seines Lösungsvorschlags nennt Cajetan die These, daß allein die Person—und nicht die Natur—„Aufnehmendes" (*susceptivum*) und Subjekt des „substantiellen Daseins" (*existentia substantialis*) ist.[79] Die Person ist Träger des Seinsaktes und somit letztlich das, *was* als

---

[77] „Attende diligenter et caute, Novitie, quod ista decisio pendet ex duabus quaestionibus communibus. Altera est: An existentia et essentia distinguantur realiter. Altera: An existentia substantialis sit personae ut proprii susceptivi, an communiter sit personae vel naturae. Praesupponit enim doctrina ista et esse aliam rem esse ab essentia: et esse deberi personae ut proprio subiecto": ebd. XXII (XI,229a).

[78] Vgl. o. Kap. II.1. „... esse actualis existentiae realiter distinguitur ab esse essentiae, seu quidditativo": *In* III 17,2 XIX (XI,228a).

[79] „Primum enim substantialis existentiae subiectum est persona": ebd. XIV (XI,226a).

Substanz da *ist* (*quod est*).⁸⁰ Cajetan nimmt mit dieser These in grundsätzlicher Weise Stellung zu dem Problem, wie sich die drei real verschiedenen ontologischen Determinanten Natur, Person und Existenz zueinander verhalten. Er unterscheidet jetzt im Blick auf das Sein Natur und Person lediglich als „Seinsprinzip" (*principium quo*) und „Suppositionsprinzip" (*principium quod*).⁸¹ Die Natur ist das, *wodurch* die Substanz *ist* (*quo est*). Aus dem Spektrum der prinzipiellen Wirksamkeiten der Natur interessiert ihn freilich nur der Aspekt der Seinsvermittlung, genauerhin der Aspekt der Vermittlung des Daseins.

In der Untersuchung der christo-ontologischen Grundbegriffe begegneten uns bereits die Termini *„quo est"* und *„quod est"*⁸², die Cajetan hier zur Lösung der Frage nach dem Sein Christi heranzieht. Cajetan hält mit Thomas daran fest, daß die Natur das Seinsprinzip der Substanz ist.⁸³ Entscheidend ist nun, daß nach Cajetan die Natur an sich noch nicht die Funktion des *principium quo* wahrnehmen kann, da sie selber als reines Seinsprinzip das Sein, das sie vermittelt, nicht empfangen kann.⁸⁴ Sie ist nicht das, was ist, sondern das, wodurch etwas ist. Die Natur muß sich also, um sich selber gleichsam in das Dasein zu setzen, so modifizieren, daß sie ihr eigenes Sein empfangen und dadurch nach dem ihr eigenen spezifischen Seinsmodus als *principium quo* existieren kann. Sie muß also einen ‚Empfänger' ihres Seins, d. h. eine Person, konstituieren⁸⁵, um selbst zu sein.⁸⁶ Denn das eigene Sein kann von der Natur nur an die eigene Person mitgeteilt werden.⁸⁷ Die Person ist dem Sein im Blick auf die Natur sachlich—nicht zeitlich—vorgeordnet: „Weil die Natur früher personiert wird, als sie die eigene Existenz konstitu-

---

⁸⁰ „persona enim est cui primo convenit esse ut subiecto, seu quod habet esse, seu quod est": ebd. XIII (XI,226a); „... personae soli debetur esse ut subiecto quod est": ebd. XX (XI,228b).

⁸¹ „... esse est actus naturae ut principii quo, personae autem ut subiecti, seu quod habet ipsum esse": ebd. XIII (XI,226a); „... existentia non debetur naturae ut quod est, sed ut quo est, personae autem ut quod": ebd.

⁸² Siehe o. S. 14.20f.

⁸³ „... natura nunquam est quod est, sed semper est quo est: invenitur siquidem natura existens non ut quae existit, sed ut qua aliquis existit ... Sunt enim multi essendi modi. Et naturis quidem ac formis consonus essendi modus est, non ut sint tanquam quod est, sed ut sint tanquam quo est: nec plus eis debetur.": *In* III 17,2 XIII (XI,226a).

⁸⁴ „... natura ... existentiae est solum principium, et non est susceptivum proprium": ebd. XXI (XI,228b).

⁸⁵ „persona ... sit constituta per ... naturam": ebd. XIII (XI,226a).

⁸⁶ „Ita quod natura est principium quo immediatum ipsius esse: sed non est receptivum immediatum ipsius esse, sed mediante persona. Ita quod oportet naturam personari ad hoc ut ab ea principietur actualiter ipsum esse: non ex defectu naturae principiantis quo; sed quia deficeret susceptivum primum ipsius esse, si non esset personata": ebd.

⁸⁷ „... existentia propria non provenit ab ipsa [natura] actualiter nisi in propria persona": ebd.

iert, ist die Person der Natur innerlicher als die Existenz."[88] Cajetan versteht die Natur in diesem Zusammenhang als ein unselbständiges Seinsprinzip, das an sich noch nicht wirksam werden kann, ja im eigentlichen Sinne an sich noch gar nicht existiert, sondern eines Trägers bedarf, dem es zugehört und durch den es so selber als seiend repräsentiert wird. Dieser Träger ist die Person, d.h. die substantiell letztlich abgeschlossene und so wirklich subsistierende Einzelnatur. Die Natur kann also ihre Funktion als Seinsprinzip nur als personierte wahrnehmen.

Von diesen grundsätzlichen ontologischen Überlegungen zum Verhältnis von Natur, Person und Existenz her wird nun Cajetans Theorie des Seins in Christus verständlich. Das entscheidende Argument lautet: Weil die menschliche Natur Christi aufgrund der enhypostatischen Vereinigung mit dem Logos nicht in der ihr wesenseigenen menschlichen Personalität vorliegt, fehlt ihr auch der der menschlichen Person entsprechende Seinsakt.[89] Denn wenn die menschliche Natur daran gehindert werden kann, die eigene Person auszubilden, dann kann sie erst recht vom eigenen Sein ferngehalten werden.[90] Indem der Logos seiner Personalität nach an die Stelle der menschlichen Person tritt, tritt er zugleich auch seinem Sein nach an die Stelle der menschlichen Existenz.[91] Es besitzt also in Christus allein die Person des Logos das ihr eigene (Da-)Sein, das eigene *esse existentiae*.[92] Der Logos kommt der menschlichen Natur bei der Konstituierung der eigenen Person und Existenz zuvor.[93] Das hat zur Folge, daß der ontologische Einflußbereich der menschlichen Natur als Seinsprinzip auf das essentielle „wodurch" (*quo*) reduziert wird, wenn es darum geht, die Subsistenz des Logos allein um den Modus des Subsistierens in menschlicher Natur zu bereichern. Die Menschennatur Christi besitzt kein eigenes Dasein, sondern

---

[88] „quia prius natura personatur quam existentiam propriam constituat, intimior est persona naturae quam existentia": ebd.; „ordine siquidem quodam personalitas prius, et existentia deinde a natura constituitur": ebd.

[89] „quia humanitas Christi praeventa est in mysterio incarnationis ut propriam non sortiretur personalitatem, sed ad personalitatem Verbi assumpta est; ideo quasi impedita est a proprio esse, et est sortita esse personae divinae": ebd. XIV (XI,226ab).

[90] „Ac per hoc, si [natura humana] potest praeveniri ne constituat propriam personam, multo magis potest praeveniri ne constituat existentiam": ebd. XIII (XI,226a).

[91] „Ex hoc enim quod Verbum supplet humanitatis personam, supplet etiam illius esse: quia fit ipsum quod est humanitatis, ac per hoc humanitas existit ut quo est personae, quae est humanitatis quod est": ebd. XV (XI,226b).

[92] „Est igitur indubie tenendum, secundum Auctoris doctrinam, in Christo nullum esse actualis existentiae substantialis inveniri nisi esse actualis existentiae Filii Dei, quod est aeternum, et ipse Deus": ebd. VII (XI,225a).

[93] „Et divina praeventione factum est ut humanitas Christi extra causam suam actu sit per existentiam Verbi, et non per propriam": ebd. XIX (XI,228a). Cajetan drückt dieses Zuvorkommen freilich meist in schwer deutsch zu übersetzenden passivischen Wendungen des Verbums „*praevenire*" aus, die sich dann auf die Menschheit oder die menschliche Seele als Subjekt beziehen, etwa wenn er sagt: „... in Christo anima praevenitur a proprio esse": ebd. XVII (XI,227b).

nur ihr „Sosein" (*esse essentiae*). Analog zur Personsubstitution führt auch die Seinssubstitution zu einer vollständigen, ja im Vergleich zu anderen Menschen noch exzellenteren und vollkommeneren Aktuierung aller Potenzen, in denen das menschliche Sosein begründet liegt. Das bedeutet nichts geringeres, als daß die menschliche Natur in Jesus Christus allein durch göttliches Sein Wirklichkeit wird. Ob Cajetan damit die Intention des Thomas getroffen hat, werden wir im nächsten Abschnitt zu untersuchen haben. Jedenfalls bleibt nach der Theorie Cajetans neben und außer dem göttlichen *esse existentiae* kein Platz mehr für ein weiteres substantielles Dasein in Christus.

Zur Erläuterung dieser These greift Cajetan auf ein Beispiel zurück, das bereits Thomas in der „*Summa theologiae*" herangezogen hatte[94]: Logosperson und Menschennatur verhalten sich hinsichtlich des Seins wie eine menschliche Person, die nachträglich integrale Teile (wie z.B. Augen, Hände, Füße etc.) ohne Seinsvervielfältigung in sich aufnimmt. Würde Sokrates mit nur einem Auge geboren sein und zu einem späteren Zeitpunkt mit einem zweiten Auge ausgestattet, so würde dieses zweite Auge in Sokrates dann nicht mehr durch den eigenen substantiellen Seinsakt existieren, sondern würde durch die personale Existenz des Sokrates *da sein*.[95] Freilich ist dieser Vergleich nicht unproblematisch, da er die Annahme eines bereits für sich bestehenden Teils zum Ganzen suggeriert, die in Übertragung auf die christologische Problemlage auf die unzulässige Vorstellung einer für sich subsistierenden Menschennatur, d.h. einer eigenen menschlichen Personalität, hinausliefe. An diesem Punkt wird die Kritik des Duns Scotus einsetzen, der wir uns zunächst zuwenden wollen, um dann—in der Konfrontation mit der Position des Duns Scotus—die Auslegung dieses Beispiels durch Cajetan und damit dessen eigenen Lösungsvorschlag kennenzulernen.

Die Kritik des Duns Scotus an dem Teil-Ganzes-Vergleich beruht auf folgender Disjunktion: Entweder bringt der neu hinzugenommene Teil ein „Eigen-Sein" (*esse proprium*) zum Sein des Ganzen hinzu oder er empfängt sein Sein vom Ganzen, indem er durch das Ganze informiert wird und damit seine Unterscheidbarkeit aufgibt. Die letztgenannte Möglichkeit darf aber im Falle Christi nicht angenommen werden, da die Menschennatur nach der *doctrina fidei* als von der Gottheit unterschieden zu denken ist. Somit ergibt

---

[94] Vgl. *S.th.* III 17,2 co.
[95] „Nam, si oculus adveniret de novo Socrati, neque existentiam propriam partialem adiungeret existentiae Socratis: cum existentia Socratis sit indivisibilis, non extensa per se aut per accidens, quia de genere est immateriali, utpote propria animae intellectivae, quae inextensa est omnino in corpore ... Quomodo namque existentia indivisibilis propria alicui intelligetur actuare quantum aliquod, seu etiam non-quantum, adiunctum, nisi mediante illo cui est propria": *In* III 17,2 XIX (XI,228b).

sich, daß die andere Möglichkeit richtig sein muß, wenn nicht überhaupt der Menschennatur *jegliches* Sein abgestritten werden soll.[96]

In diesem Argument geht es Duns Scotus zunächst einmal nur darum, der Menschheit Christi ein Eigen-Sein zu sichern, ohne daß dieses Sein schon näher spezifiziert würde. Tatsächlich aber denkt Duns Scotus bei diesem Sein keineswegs nur an das *esse essentiae*, sondern durchaus an das *esse existentiae* der Menschennatur. Denn nach Duns Scotus besitzt jede Natur, die wirklich von den Ursachen abgelöst ist, mit dem eigenen Natur-Sein auch die eigene Existenz. Die eigene Subsistenz besitzt sie aber nur dann, wenn sie von einer anderen Person unabhängig ist.[97] Weil aber die Personalität über die einzelne Natur hinaus nur eine Negation, also kein positives Sein hinzufügt, bleibt das *esse essentiae* und mit diesem der der menschlichen Natur entsprechende Seinsakt in seinem positiven Seinsbestand auch im Falle der Union mit dem Logos und der daraus resultierenden Abhängigkeit von einer anderen Person unangetastet.

Orientiert man sich an der oben genannten Beschreibungsreihe Cajetans, in der das *esse existentiae* der Einzelnatur nur durch die Vermittlung der Person zukommt, so vertauschen in der Konzeption des Duns Scotus Person und Existenz gleichsam die Plätze in der Reihenfolge: Die Existenz kommt der Individualnatur unmittelbar zu; dann erst vermag die Substanz die Personalität zu erlangen, wenn sie nicht in realer Abhängigkeit von einer anderen Person und nicht in ‚passender' Abhängigkeit von einem substantiellen Prinzip existiert, dem sie vereint werden könnte. Duns Scotus denkt der Individualnatur die Existenz unmittelbar zu, weil er die Realdistinktion zwischen Wesenheit und Existenz ablehnt.[98] Dagegen wird über die Personalität ‚von außen' und unabhängig von dem Sein der Natur entschieden. Daher kann aufgrund der Naturenzweiheit in Christus eine Existenzpluralität behauptet werden, ohne dem Dogma der Apersonalität der Menschennatur Christi Abbruch zu tun. Nach Duns Scotus sind in Christus zwei „Sein"

---

[96] „pars adveniens toti, non dat esse toti, sed recipit, quia perficitur a forma totius; quia si remaneret distincta sicut prius non reciperet esse totius, sed vel haberet proprium esse, vel nullum; sed natura humana unita Verbo non informatur a Verbo, sed manet simpliciter distincta: vel igitur nullum esse habet, vel aliquod esse proprium": *Op.Ox.* III, d.6, q.1, n.4 (VII/1,174).

[97] „... natura ista ex quo non est tantum in intellectu. neque in causa, sed extra causam suam necessario habet suam propriam existentiam actualem, sicut suum proprium esse quidditativum: sed non habet propriam subsistentiam, quia subsistentia ultra existentiam nihil addit nisi negationem duplicis dependentiae, sicut dictum est de personalitate dist. I. quaest. I.": ebd. n.5 (VII/1,174f.); vgl. o. Kap. II.2.1.

[98] Zu wichtigen Textstellen siehe P. MINGES, Ioannis Duns Scoti doctrina philosophica et theologica, Bd. 1, 16f.; vgl. auch E. BETTONI, Duns Scotus, 65f.

(*esse*), aber nur ein „Seiendes" (*ens*).⁹⁹ Um das Bild des genannten Vergleichs wieder aufzunehmen: Der Teil, der nachträglich zum Ganzen hinzutritt, behält sein Sein, auch wenn er dem Ganzen als integraler Teil eingegliedert wird. Solange noch eine (essentielle) Differenz zwischen Teil und Ganzem aufrecht erhalten wird, solange sieht Duns Scotus auch keinen Grund, dem Teil das Eigen-Sein abzusprechen.

Es läßt sich nicht leugnen, daß Duns Scotus mit seiner Konzeption der in Chalkedon formulierten Homousie der Menschheit Christi am Punkt der eigenen menschlichen Existenz in beeindruckender Weise gerecht zu werden vermag. Cajetans Interesse geht demgegenüber eher dahin, die angenommene Menschennatur in der Person des Logos und damit zugleich auch in der ungeschaffenen Existenz des Logos ihre metaphysische Vollständigkeit und Vollendung als Person finden zu lassen. Das zeigt die Auseinandersetzung mit der Kritik des Duns Scotus an der thomanischen Teil-Ganzes-Analogie. Die Distinktion, die Duns Scotus seinem Gegenargument zugrundegelegt hatte, läßt sich nach Cajetan nicht aufrechterhalten. Denn wenn das Verhältnis von Gott und Mensch in Jesus Christus in dem Verhältnis von Ganzem und integralem Teil abgebildet werden soll, dann entspricht der angenommenen Menschennatur ein nachträglich hinzugenommener integraler Teil eines Ganzen, der im Zustand der Vereinigung einerseits nicht mehr dem Sein nach separat bleibt wie vor seiner Hinzunahme, andererseits aber auch nicht durch die Form des Ganzen durchdrungen und so ins Sein gesetzt wird. Das Argument des Duns Scotus, das die Integration des Teils in das Sein des Ganzen von der Informierung abhängig macht, trifft nicht den eigentlich beabsichtigten Vergleichspunkt. Der Vergleich, den Thomas in der „*Summa theologiae*" entfaltet hatte, bezog sich nicht auf Teile, die, wie z. B. die Nahrung der Lebewesen, zusätzlich in das Sein eines in sich bereits vollständigen Ganzen durch dessen *forma substantialis* eingebunden werden, sondern auf Teile, die zur Vollständigkeit des Ganzen wesentlich dazugehören und die gerade aufgrund ihres Charakters als Wesensteile am Sein des Ganzen teilhaben. Wird das Teil-Ganzes-Verhältnis auf die hypostatische Union „maßstäblich" (*proportionaliter*) übertragen, dann läßt sich die Menschennatur Christi als ein Quasi-Teil der göttlichen Person auffassen, der nachträglich zu dieser Person hinzugenommen wird und durch deren Existenz ins Dasein tritt.¹⁰⁰ Das Vergleichsmoment liegt also gerade darin, daß die ange-

---

⁹⁹ „Christus non est nisi Deus, et homo: et haec non sunt duo: quia Deus est homo, et omnis praedicatio est respectu alicuius unitatis, sive per se sit, sive per accidens, non ratione dualitatis: ergo Christus non est aliqua duo": *Op.Ox.* III, d.6, q.2, n.2 (VII/1,177).

¹⁰⁰ „Non enim ideo pars est contenta ipso esse totius quia perficitur per formam totius: sed quia spectat ad integritatem totius. Ex hoc enim fit ut sit contenta modo essenti congruo ac debito integrantibus personam: scilicet, ut existant per existere totius, ex hoc ipso quod totius integrativa sunt: Et proportionaliter in proposito dicitur quod, quia humanitas Christi pertinet ad personalitatem Christi quia est assumpta quasi ad integritatem personae Christi; non quasi

nommene Menschennatur so wenig ein eigenes Sein dem Logos hinzufügt, wie etwa ein nachträglich hinzugenommenes Auge der Person des Sokrates, würde doch das Auge als integraler Teil der Person nicht aus eigener, sondern gerade aus der personalen Existenz des Ganzen heraus ‚da' sein. Nicht in der Vervollständigung—der Logos ist ohne die menschliche Natur keineswegs ‚unvollständig'—, sondern in der Hereinnahme in das Eigen-Sein des Angenommenen (durch das Sein des Ganzen) sieht Cajetan den entscheidenden Vergleichspunkt.[101] Gerade weil der Logos an die Stelle der eigenen Person und damit der eigenen Subsistenz der menschlichen Natur tritt, deshalb vermag auch diese Natur dem Logos kein eigenes ‚neues' Sein mitzuteilen. Diese Überlegung stützt sich wiederum auf die These Cajetans, daß der geschaffenen Natur das Sein nur in der eigenen Person zuteil werden kann.

Aus demselben Grund darf nach Cajetan der thomanische Vergleich auch nicht so verstanden werden, als ob die Existenz des Ganzen wie eine Form auf den neu hinzugekommenen Teil ausgedehnt und ihm gleichsam unmittelbar inhärieren würde. Denn der Teil wird nur insofern mit dem Sein des Ganzen verbunden, als er mit der Person verbunden ist[102] oder—auf Christus übertragen—die menschliche Natur Christi erhält nur durch die Vermittlung der Logosperson Anteil am Sein der göttlichen Hypostase. Auch diese Überlegung zeigt, wie Cajetan die Vermittlung des Seinsaktes stets als von der Person abhängig denkt. Die geschaffene Menschennatur wird in Christus nicht direkt durch das göttliche Sein ins Dasein gesetzt, sondern sie wird Wesensteil des Logos, der durch sie die menschliche Subsistenzweise in der Zeit hinzugewinnt und der sie, indem er ihr die terminative Abgeschlossenheit verleiht und sie in seiner Person zum Suppositum erhebt, gerade so in ihrem Dasein konstituiert. Die Menschheit Christi behält also keinerlei Eigen-Sein innerhalb der hypostatischen Union, sondern sie wird im Logos Person—freilich indem der Logos die menschliche Person wird—und gelangt in ihm zum Dasein. Wie es aber in Christus nur eine Person gibt, so gibt es in ihm auch nur einen substantiellen Seinsakt, das göttliche *esse existentiae*. Durch die Koppelung des Seinsaktes an die Personalität verhindert

---

suppleat defectum aliquem in persona Christi, sed ut sit persona Christi persona illius humanitatis: ideo humanitas Christi non dat novum esse Christo, sed contenta est consono sibi essendi modo, ut scilicet existat ex hoc ipso quod est natura Christi": *In* III 17,2 XV (XI,226b).

[101] „Quo fit ut, quia humanitas Christi non remanet distincta, sed indistincta secundum esse substantiale a Verbo, consequens sit ut non det Verbo novum esse, sed ipsa sit per esse infinitum ipsius Verbi": ebd.

[102] „nec adveniens oculus subindueret existentiam Socratis tanquam formam ad se extensam per inhaesionem sibi, ita quod existentia Socratis inciperet inhaerere oculo novo: quoniam huiusmodi inhaesio non debetur parti, sed sufficienter provisum est parti de existentia in hoc ipso quod est pars personae existentis. Nec videtur etiam intelligibile quod secus possit esse": ebd. XIX (XI,228b).

Cajetan von vornherein die Annahme eines menschlichen Eigen-Seins in Christus, wie Duns Scotus sie aufgrund seiner Vorordnung der Person vor dem Seinsakt zugestehen kann.

Die Frage nach dem Sein in Christus hat damit eine klare und bestimmte Antwort gefunden: In Christus gibt es nur ein einziges Sein, und das ist das ungeschaffene Sein des Logos. Indem Cajetan das Sein der Natur von der Konstituierung der eigenen Person abhängig macht, ergibt sich dann diese Antwort konsequent aus seiner Unionslehre. Die menschliche Natur bedarf, um Seinsprinzip zu sein, eines von ihr konstituierten Subjekts, da sie das von ihr vermittelte Sein nur in diesem Subjekt, d.h. in der eigenen Person empfangen und somit *sein* kann. Wird die eigene Person durch die des Logos substituiert, dann kann die menschliche Natur also auch nicht mehr das eigene Sein empfangen und somit auch nicht mehr als Prinzip menschlichen Seins fungieren. Sie wird dann vielmehr durch dessen Sein aktuiert, indem sie in der zweiten göttlichen Hypostase göttliches Sein empfängt und durch dieses Sein *da* ist. Wenn sie also das eigene Sein nur in der eigenen Person empfangen kann, dann ist sie nach Cajetan in Christus freilich nicht mehr als Prinzip menschlichen Seins, sondern nur noch als Prinzip menschlichen Wesens und menschlicher Lebensvollzüge wirksam.

Voraussetzung dieser Konzeption ist die Realdistinktion zwischen Sein und Natur, die auf dem Hintergrund des Akt-Potenz-Gedankens Cajetan eine Beschreibung der Natur als Potenz, d.h. als unabhängig und sachlich ‚vor' dem Seinsakt, erlaubt, in der Natur ein ursächliches Hervorbringen der entscheidenden Konditionen des eigenen Seinsaktes zugedacht werden kann.

Noch weniger als die Konzeption Cajetans vom Formalkonstitutivum der Person lassen sich diese Überlegungen zum Verhältnis von Natur und Person zum Sein aus dem christologischen Reflexionskontext herauslösen. Die philosophische Entscheidung ist stets schon von dem theologischen Interesse getragen, die Einheit von Gott und Mensch in Jesus Christus in maximaler Weise zu fundieren, und das heißt: in dem einen ungeschaffenen Sein des Logos. Die ‚einigende Einheit' beider Naturen ist also nicht nur die gemeinsame Person, sondern auch gerade das gemeinsame Sein des Logos. Da das Sein aber keine Proprietät ist, die ausschließlich *einer* der trinitarischen Personen zugesprochen werden könnte, ist es letztlich das allen trinitarischen Personen eignende Wesen, das „Sein-Selbst", durch das die menschliche Natur existiert. Cajetan steht damit in direktem Gegensatz zu dem Bemühen nominalistischer Theologen, geschaffenes und ungeschaffenes Sein strikt auseinanderzuhalten.[103]

---

[103] Vgl. R. SCHWARZ, Gott ist Mensch, 300.

3.2 Cajetan und Thomas

Die Tatsache, daß Cajetan keinen Geringeren als Johannes von Neapel († nach 1336), den führenden Theologen der älteren Thomistenschule in Italien, unter seine Gegner zählt[104], läßt aufmerksam werden und nach dem Verhältnis der hier vorgetragenen These zur Lehrmeinung des Thomas fragen. Johannes von Neapel führte—nach dem Zeugnis des Johannes Capreolus—gegen die Behauptung, die Menschheit Christi besitze kein eigenes Sein, zwei Autoritätsbeweise an: Zum einen ist es das uns schon aus der Personlehre bekannte Axiom des Gregor von Nazianz „Was nicht angenommen werden kann, ist nicht heilbar"[105]; das andere Zitat stammt aus einem Brief des Papstes Damasus I.: „Wenn jemand gesagt hat, daß dieser [= Christus] in Gottheit wie in Menschheit irgendetwas weniger gehabt hat, wird er, voll vom Geist des Teufels, beweisen, daß er selbst ein Sohn des Teufels der Hölle ist."[106] Beide Autoritätsbeweise wurden von Johannes von Neapel zur Begründung seiner These gebraucht, daß das eigene menschliche Sein zur vollständigen Wirklichkeit des Menschen dazugehört und somit auch in Christus angenommen werden muß; und beide werden von Cajetan mit der Bemerkung zurückgewiesen, daß die Existenz nicht der Natur, sondern ihrem Träger, der Person, als Subjekt zugehört und somit um des Dogmas der Enhypostasie willen in Christus nicht ‚vermehrt' werden darf.[107]

Cajetan ist davon überzeugt, daß seine Interpretation die Lehrmeinung des Thomas richtig wiedergibt, wenn ihm offenbar auch bewußt ist, daß die Aussagen des *doctor communis* zur Frage nach der Einheit des Seins kei-

---

[104] Vgl. *In* III 17,2 XI (XI,225b).

[105] „Arguit Joannes de Neapoli ... Quia, secundum Damascenum [*Expositio fidei*], lib.3 [c.18], quod non est assumptibile, non est curabile. Sed quidquid est in homine, est curabile; cum totus homo fuerit curatus quantum ad totam suam realitatem. Ergo tota hominis realitas fuit assumpta; et sic assumpsit esse humanum creatum": Johannes Capreolus, *Defensiones*, *In* III *Sent.*, d.6, q.1, a.2, arg.5 (V,114b). Vgl. o. Kap. II.2.1. Anm. 52.

[106] „Quia inconveniens est subtrahere Christo, qui est perfectus homo, ut dicitur in symbolo Athanasii [vgl. DS 76], maximam hominis perfectionem. Sed hoc est esse ... Confirmatur ratio per quoddam dictum Damasii Papae [Mansi 3,427 C (RPR(J) 234 (I,38))], in quadam epistola ... ubi dicitur sic: Hunc, scilicet Christum, si quis in divinitate sive in humanitate minus aliquid dixerit habuisse, plenus diaboli spiritu, diaboli Gehennae semetipsum filium demonstrabit": Johannes Capreolus, *Defensiones*, *In* III *Sent.*, d.6, q.1, a.2, arg.5 (V,114b).

[107] „Ad Ioannem de Neapoli dicitur quod utraque auctoritas, cum sibi similibus, loquitur de naturalibus ut distinguuntur contra personalia: ita quod Christus habuit omnia homini naturalia non personalia. Et quod de naturalibus est inassumptibile, est incurabile: secus est de personalibus. Probatur haec glossa ex fidei Catholicae sententia dicentis in Christo non esse personam nisi divinam. ... non de personalibus hominis, sed de naturalibus est sermo, cum Christus perfectus homo dicitur, et assumpsisse omnia humana, et similia; attestante hoc Symbolo Athanasii, explicante naturalia sufficere ad hoc quod Christus sit perfectus homo, dum dicit de Christo: Perfectus homo, ex anima rationali et humana carne subsistens": *In* III 17,2 XVIII (XI,228a).

neswegs so eindeutig vorlagen, daß sie nicht noch innerhalb der Thomistenschule selbst Anlaß zu exegetischen Kontroversen gegeben hätten.[108] Insbesondere der vierte Artikel der „*Quaestio disputata De unione Verbi incarnati*", in dem Thomas dem göttlichen Suppositum neben dem ewigen Sein noch ein durch die Menschwerdung in der Zeit hinzugekommenes „Sein zweiter Ordnung" (*esse secundarium*) beilegte[109], stand Cajetans Ansicht entgegen. Obwohl er noch in seinem Persontraktat einen Passus aus diesem Werk zur Rekonstruktion der Lehrmeinung des Thomas heranzog[110], verwirft jetzt Cajetan den Wert des Werkes insgesamt. Er geht sogar soweit, die Authentizität anzuzweifeln, jedenfalls hält er diese *Quaestio disputata* für eine Quelle minderen Ranges, die—gleichsam als theologischer Vorentwurf—ihre Materie nahezu notwendig unvollkommen behandelt und lange vor der profunden Äußerung des Thomas in der „*Summa theologiae*" zu diesem Thema entstanden sei. Die in diesem Text entfaltete Lehre ist seiner Meinung nach auf dem Hintergrund zweifellos authentischer Thomastexte als retraktiert zu beurteilen.[111]

Nicht zuletzt wegen dieser historischen Fehleinschätzung[112] mehrten sich in der neueren Thomasforschung die Stimmen, die die Richtigkeit der Cajetanschen Auslegung von *S.th*. III 17,2 bestritten. Thomas zieht aus seinen Ausführungen gegen Ende des *corpus articuli* folgende Konklusion:

---

[108] Cajetan bezeichnet die Frage, „an scilicet Auctor intendat docere quod in Christo nullum est esse actualis existentiae de genere substantiae creatum, sed sola existentia increata" (ebd. IV (XI,223b)) als „domestica" (ebd.).

[109] „Et ideo sicut Christus est unum simpliciter propter unitatem suppositi, et duo secundum quid propter duas naturas, ita habet unum esse simpliciter propter unum esse aeternum aeterni suppositi. Est autem et aliud esse huius suppositi, non in quantum est aeternum, sed in quantum est temporaliter homo factum. Quod esse, etsi non sit esse accidentale—quia homo non praedicatur accidentaliter de Filio Dei, ut supra habitum est [a. 1]—non tamen est esse principale sui suppositi, sed secundarium": *Qd. De unione Verbi incarnati*, a.4, co. (II,432b).

[110] Vgl. *In* III 4,2 XVI (XI,78a).

[111] „... opinio illa, posita in Quaestione illa de Unione Verbi, ut retracta censenda est: nisi quis adeo desipiat ut putet doctrinam in hoc ultimo libro traditam et authenticis libris etiam prius probatam, scilicet in III *Sent*., dist. VI, qu.II, et in Quolib. IX, qu.II, reducendam esse ad quaestiunculam vix cognitam inter opera Auctoris, et longe ante factam. Quae rationabilius creditur colligendo condita inter schedulas disputationum inventa, quam unquam edita a divo Thoma. Constat enim quaestionem illam de tanta re, hoc est de unione Verbi incarnati, imperfectissime materiam unionis tractare, et per hoc dissonare ab aliis Quaestionibus Disputatis eiusdem; et rationibus multum debilibus uti, ut patet conferenti illos articulos similibus in hoc opere; et quinque tantum articulis rem tantam absolvere": *In* III 17,2 VI (XI,224a).

[112] Die „*Qd. De unione Verbi incarnati*", deren Echtheit außer Frage steht, wurde von Thomas höchstwahrscheinlich Anfang April 1272 in Paris disputiert, mithin also nur wenige Monate vor der Abfassung von *S.th*. III 17,2, vgl. J. WEISHEIPL, Thomas von Aquin, 281.286f.

daraus folgt, daß ihm [dem Logos] im Blick auf die menschliche Natur kein neues Personsein [*esse personale*] hinzukam, sondern nur eine neue Beziehung des bereits bestehenden Personseins zur menschlichen Natur.[113]

Was heißt das? Thomas formuliert diese Konklusion als Antwort auf die Frage, welche ‚Änderungen' sich für den Logos durch die Inkarnation ergeben. Das darf freilich nicht den Blick dafür verstellen, was hier eigentlich von der ontologischen Konstitution der Menschennatur gesagt wird. Genaugenommen schließt Thomas an dieser Stelle lediglich ein zweites personales Sein in Christus aus. Die Möglichkeit eines eigenen substantiellen Seins der angenommenen Menschennatur Christi ist von ihm zumindest nicht explizit verneint worden. Cajetan versteht den Text der „*Summa theologiae*" seinen eigenen Angaben zufolge[114] von den Überlegungen des Sentenzenkommentars (*In* III *Sent.*, d.6, q.2, a.2) und des *Quodlibet* IX (q.2, a.2) her, in denen Thomas das substantielle Sein strikt von dem einen Suppositum abhängig denkt und so in Christus auch nur ein einziges substantielles Sein annimmt.[115] Einige neuere Thomasforscher sehen dagegen im Text der „*Summa theologiae*" die Möglichkeit eines eigenen substantiellen Seins der angenommen Menschennatur durchaus offengehalten und stellen somit die Argumentation der *Summa* mit der der „*Quaestio disputata De unione Verbi incarnati*" zusammen.[116]

Wir können nun im Zusammenhang unserer Untersuchung nicht der Frage der Thomasforschung nachgehen, ob und gegebenenfalls wie das offensichtlich mehrschichtige Zeugnis des Thomas zur christologischen Seinsfra-

---

[113] „consequens est quod secundum humanam naturam non adveniat sibi novum esse personale, sed solum nova habitudo esse personalis praeexistentis ad naturam humanam": *S.th.* III 17,2 co. (XI,222b).

[114] Vgl. o. Anm. 111.

[115] „Prima ergo opinio quae ponit duo subsistentia, ponit duo esse substantialia. Similiter opinio tertia, quia ponit quod partes humanae naturae adveniunt divinae personae accidentaliter, ponit duo esse, unum substantiale et aliud accidentale. Secunda vero opinio, quia ponit unum subsistens, et humanitatem non accidentaliter divinae personae advenire, oportet quod ponat unum esse. Impossibile est enim quod unum aliquid habeat duo esse substantialia; quia unum fundatur super ens. Unde si sint plura esse, secundum quae aliquid dicitur ens simpliciter, impossibile est quod dicatur unum": *In* III *Sent.*, d.6, q.2, a.2, co. (III,239); „Quia ergo in Christo ponimus unam rem tantum subsistentem, ad cuius integritatem concurrit etiam ipsa humanitas, quia unum suppositum est utriusque naturae, ideo oportet dicere quod esse substanciale, quod proprie attribuitur supposito, in Christo est unum tantum, habet autem unitatem ex ipso supposito et non ex naturis. Si tamen ponatur humanitas a divinitate separari, tunc humanitas suum esse habebit aliud ab esse divino: non enim impediebat quin proprium esse haberet nisi hoc quod non erat per se subsistens; sicut si archa esset quoddam individuum naturale, ipsa tota non habet nisi unum esse, quelibet tamen partium eius ab archa separata proprium esse habebit. Et sic patet quod, secundum opinionem secundam, oportet dicere quod in Christo est unum esse substanciale, secundum quod esse proprie est suppositi, quamvis sit multiplex esse accidentale": *Quodl.* IX, q.2, a.2 co. (XXV/1,95,67-86); zu den drei *opiniones* vgl. o. Abschnitt 1.1.

[116] Zu nennen sind vor allem F. PELSTER, H.-M. DIEPEN und M. D. KOSTER, vgl. die Übersicht bei A. PATFOORT, L'unité d'être dans le Christ d'après S. Thomas, 15f.

ge interpretiert und die Frage nach der ‚maßgeblichen' Lehrmeinung des Thomas entschieden werden kann. Wir müssen uns hier darauf beschränken, lediglich die Fakten zu konstatieren:

1.) Thomas lehrt in der *„Quaestio disputata De unione Verbi incarnati"* mit klaren Worten ein *esse secundarium* der angenommenen Menschennatur Christi. Davon ist in den übrigen Werken des Thomas nicht mehr die Rede. Wenigstens der Sentenzenkommentar steht dem ausdrücklich entgegen.

2.) Cajetan sieht seine Interpretation des *corpus articuli* von *S.th.* III 17,2 durch die genannten Texte aus dem Sentenzenkommentar und dem *Quodlibet* bestätigt: Wie einer Person nur ein substantielles Sein entsprechen kann, so kann in Christus der einen göttlichen Hypostase nur das eine, göttliche, substantielle Sein entsprechen. Das Sein ist von dem Suppositum, nicht von der Natur unmittelbar abhängig.

Das Bemühen Cajetans um eine einheitliche Interpretation der Texte des von ihm so hoch geschätzten Thomas von Aquin ist durchaus verständlich und legitim. Zu kritisieren bleibt aber der problematisch unsachliche Umgang mit der *„Quaestio disputata De unione Verbi incarnati"*, durch den Cajetan diese einheitliche Interpretation gewinnt. Für ihn scheint tatsächlich nur dieser Text aus der Gedankenlinie der übrigen thomanischen Äußerungen zum Sein Christi herauszufallen. Das relativ späte Entstehungsdatum und vor allem—was auch Cajetan offenliegen mußte—die theologische Qualität des Textes verbieten jedoch den von ihm gewählten Weg der Vereinheitlichung durch Herabstufung dieser Quelle als ‚Notizzettel' im Vergleich zu dem Text der *„Summa theologiae"*. Die deutlichen Spannungen in den Texten des Thomas zur Frage nach der Einheit des Seins in Christus verlangen jedenfalls eine andere Erklärung.

Daß von Cajetans Zuordnung von Natur, Person und Sein her keine Möglichkeit mehr für die Annahme eines eigenen menschlichen Seins in Christus und damit an diesem Punkt ein unüberbrückbarer Gegensatz zu den Überlegungen des Thomas in der *„Quaestio disputata De unione Verbi incarnati"* besteht, dürfte einleuchtend sein. Vielleicht gibt die radikale, nahezu eliminierende Lösung Cajetans auch Zeugnis davon, daß der Gedanke, menschliches Wesen werde in Christus durch göttliches Sein aktuiert, für ihn von großer theologischer, ja existentiell-religiöser Bedeutung ist. Dem müßte der Hinweis auf die absichernde Bemerkung Cajetans, daß es zur Frage der „Existenz" (*existentia*) der Menschheit Christi mehrere Lehrmeinungen gebe, die Frage selber aber nicht zu den Glaubensartikeln zu rechnen sei, nicht notwendig widersprechen. Cajetan ist davon überzeugt, mit seiner Interpretation die wahre Ansicht des Thomas verstanden und zum Ausdruck gebracht zu haben. Tatsächlich etablierte sich seine Thomasexegese für lange Zeit innerhalb der Thomistenschule.

Wir haben bereits darauf hingewiesen, daß Johannes von Neapel in die Zahl der Gegner des Thomas eingereiht wird. Wie M. D. Koster wahrscheinlich gemacht hat, subsumiert Cajetan zudem in seinem Kommentar zu *S.th.* III 17,2 die Ansichten von ihm nun nicht mehr namentlich genannter Frühthomisten undifferenziert unter die des Duns Scotus und des ‚abtrünnigen' Durandus und läßt sie gleichsam in ihnen ‚aufgehen'.[117] Dadurch geriet eine sich eng an die „*Quaestio disputata De unione Verbi incarnati*" anschließende Linie frühthomistischer Thomasexegese, deren sachliche Nähe zur Lehrmeinung des Thomas heute wieder ins Blickfeld tritt, über lange Zeit innerhalb der Thomistenschule in Vergessenheit. Daß Thomas mit der Frage nach dem Dasein der Menschheit Christi rang und seine Gedanken in implikativ offenen Formulierungen niederlegte, darf bei diesem Problem, für das sich die Scholastik kaum auf patristische Autoritäten stützen konnte, sondern das vielmehr von ihr erst als Problem erkannt und thematisiert wurde, nicht verwundern. Doch nicht die konnotative Unschärfe thomanischer Ausdrucksweise, sondern die Evidenz eigenständig gewählter Basisentscheidungen führt Cajetan dazu, daß er nicht mehr das gesamte Textzeugnis des Thomas zur christologischen Seinsfrage einzuholen vermag.

4. IDIOMENKOMMUNIKATION UND IDIOMENPRÄDIKATION

Überlagerte in der Formel von Chalkedon die Unterscheidung der beiden Naturen ihre Einheit, so mußte um der biblisch bezeugten Redeweise von dem einen Christus willen die Trennungschristologie zumindest sprachlich überwunden werden, sollten nicht andernfalls in der gedanklichen Vorstellung die evangelischen Jesuserzählungen in eine Ansammlung lose zusammengefügter und komplementär beschriebener, d.h. jeweils der einen oder anderen Natur zugeteilter Handlungsszenen auseinanderfallen. Zur Wiedererlangung des schon homiletisch und katechetisch geforderten biblischen Sprachhabitus, der unterschiedslos Göttliches und Menschliches von dem einen Subjekt Jesus Christus auszusagen wußte, wurden im Anschluß an Chalkedon Überlegungen notwendig, wie unter Berücksichtigung der Naturendifferenz eine weitestgehende wechselseitige Prädikation göttlicher und menschlicher Denominationen von der einen Person Jesu Christi möglich werden konnte. Diese Notwendigkeit ergab sich insbesondere für die abendländische theologische Theoriebildung, die sich den Gedanken einer wirklichen Durchdringung (Perichorese), nicht Durchmengung, beider Naturen in Christus nicht wirklich aneignen konnte. Auch das christologische Motiv der Vergottung (Theosis) der menschlichen Natur im göttlichen Logos blieb im

---

[117] Vgl. M. D. KOSTER, Die Menschennatur in Christus hat ihr eigenes Dasein?, 609-617.

westlich-theologischen Denken im Vergleich mit der Theologie des Ostens bis in die Neuzeit hinein eher unterrepräsentiert. Die Lehre von der „Idiomenkommunikation" (*communicatio idiomatum*) gelangte vielmehr in der scholastischen Theologie des Westens als Sprachproblem zu ihrer eigentlich dialektischen Ausgestaltung. Dies lehrt schon ein nur oberflächlicher Blick in die *quaestio* 16 der *Tertia Pars*.

Je nach Interpretation der Zweinaturenlehre und der Individualität Christi fiel auch die christologische Sprachregelung unterschiedlich aus. Vertretern der Habitustheorie war es im 12. Jahrhundert unmöglich, die Prädizierung von ausschließlich der Gottheit zukommenden Wesens- und Eigenschaftsaussagen hinsichtlich der Menschennatur (und umgekehrt) freizugeben, während etwa für Thomas und die anderen Anhänger der Subsistenztheorie die theologische Legitimität von Aussageweisen, in denen Bestimmungen der Menschennatur dem Logos zugesprochen wurden, außer Frage stand. Die Komplexität, die die Diskussion um den Unionsmodus im 12. Jahrhundert erreicht hatte, bildete sich analog in der Diskussion um die Idiomenprädikation ab. Denn zwischen der ontologischen Beschreibung des Christusmysteriums und der christologischen Aussagbarkeit besteht ein Abhängigkeitsverhältnis, das schon Thomas zum Anlaß nahm, seine Konzeption der Lehre von der Idiomenprädikation unter die sog. Konsequenzen der hypostatischen Union einzureihen.

Cajetan, der sich lediglich im Summenkommentar eingehender mit einigen ausgewählten Problemen der Idiomenprädikation näher beschäftigt hat, bleibt in seinen Überlegungen zu diesem Thema in engem Bezug zu den von Thomas aufgegriffenen Fragen und den von ihm entwickelten Antworten. Thomas hatte in *S.th.* III 16,5 zwei wichtige Grundregeln der Idiomenprädikation formuliert:

> [R1] Das, was einer Natur eignet, kann nicht von der anderen ausgesagt werden, wenn es abstrakt bezeichnet wird ...
> [R2] Ohne Unterschied kann das, was jeder der beiden Naturen zukommt, nach konkreten Namen ausgesagt werden.[118]

In seinem Kommentar zu diesem Artikel gibt Cajetan eine hilfreiche Erläuterung der Unterscheidung zwischen abstrakten und konkreten Begriffen, die diesen beiden Regeln des Thomas zugrundeliegt:

> Denn ein abstraktes Wort bezeichnet die Natur und steht für die Natur: ‚Gottheit' nämlich steht für die Gottheit. Das konkrete [Wort] aber bezeichnet freilich [auch] die Natur, steht aber für den, der die Natur hat, und dadurch für die Hypostase der Natur, denn die Hypostase ist das, was Natur hat: ‚Gott'

---

[118] „... ea, quae sunt unius naturae, non possunt de alia praedicari, secundum quod in abstracto significantur. ... indifferenter praedicari possunt ea quae ad utramque naturam pertinent, de nominibus concretis": *S.th.* III 16,5 co. (XI,205a).

nämlich steht für das, was Gottheit hat, für die Hypostase der göttlichen Natur.[119]

Auch wenn Thomas die beiden genannten Regeln auf die Proprietäten der zwei Naturen hin formuliert hat, gelten sie doch auch für die Prädikation der Naturen selbst. Wir können uns also zunächst auf diesen letztgenannten Fall beziehen.

Die Gültigkeit der beiden Regeln leuchtet nach Cajetan unmittelbar ein, wenn man sich die entscheidende Prämisse vergegenwärtigt. Ausgangspunkt des Thomas ist die Gleichsetzungsaussage in der Form Subjektsterm-Kopula-Prädikatsterm. Damit zwei Begriffe in dieser Form wechselseitig voneinander wahr ausgesagt werden können, ist es notwendig, daß ihr Begriffsinhalt in einer bestimmten Hinsicht identisch ist. Die beiden Naturen sind aber in Christus genau in dem einen gemeinsamen Suppositum miteinander verbunden. Der Träger der göttlichen und der Träger der menschlichen Natur sind in Christus identisch, die Naturen an sich haben nichts miteinander gemeinsam. Sie sind nach der Formel von Chalkedon vielmehr „unvermischt" (*inconfuse*) zu denken. Eine Natur darf also deshalb nicht abstrakt von der anderen ausgesagt werden (*R1*), weil sie so gerade in nichts mit der anderen Natur gleichgesetzt werden könnte. Um aber von dem einen gemeinsamen Suppositum und somit in Identität mit der anderen Natur prädiziert werden zu können, müssen beide (!) Naturen so ausgesagt werden, daß sie den Träger mitbedeuten, d.h. also: Sie müssen konkret ausgesagt werden (*R2*).

Soll die menschliche Natur von Gott ausgesagt werden, so darf also nach *R1* nicht formuliert werden: „Gott ist die Menschheit" (*Deus est humanitas*), „Die Gottheit ist die Menschheit" (*deitas est humanitas*) o. ä. Dagegen ist der Satz „Gott ist ein Mensch" (*Deus est homo*) nach *R2* zulässig. Cajetan interessiert sich besonders für die Frage, ob in dem Satz „Gott ist ein Mensch" das Prädikat „Mensch" von Gott nur „akzidentiell" (*per accidens*) oder „an sich" (*per se*) ausgesagt wird. Die Unterscheidung zwischen der *praedicatio per accidens* und der *praedicatio per se* betrifft das inhaltlich-sachliche Verhältnis des Prädikats zum Subjekt in einem bejahenden Aussagesatz: Die nichtwesentliche Prädikation sagt Dinge aus, die dem Subjekt nur akzidentiell zukommen; die wesentliche Prädikation sagt Dinge aus, die dem Subjekt durch sich selbst—aufgrund seiner Wesenheit—und somit notwendig zukommen. Diese Unterscheidung läßt sich mit Cajetan im Blick auf die unter-

---

[119] „Nam abstractum nomen et significat naturam, et supponit pro natura: deitas enim pro deitate supponit. Concretum vero significat quidem naturam, sed supponit pro habente naturam, ac per hoc pro hypostasi naturae, hypostasis enim est habens naturam: Deus enim supponit pro habente deitatem, pro hypostasi divinae naturae": *In* III 16,5 III (XI,206ab). Unter der „*hypostasis divinae naturae*" ist nach der trinitarischen Selbstanddifferenz primär die als Suppositum betrachtete Natur Gottes (*hic Deus*) zu verstehen, vgl. o. Kap. II.2.2.

schiedlichen Begriffsumfänge von Subjekt und Prädikat auch so erklären, daß ein Prädikat, das extensional kleiner ist als das Subjekt, nur akzidentiell, ein Prädikat, das gleich groß oder größer ist aber per se oder essentiell vom Subjekt ausgesagt wird.[120]

Nach diesen Vorklärungen können wir uns der von Cajetan aufgeworfenen Frage zuwenden. Bezugspunkt Cajetans ist wiederum eine These des Duns Scotus. Dieser sieht in dem Satz „Der Logos ist ein Mensch" (*Verbum est homo*), den er als präzisere Fassung des Satzes „Gott ist ein Mensch" seinen Überlegungen zugrundelegt, keine essentielle Prädikation gegeben, weil seiner Meinung nach das Menschsein in keiner Weise im Begriff des Logos mitenthalten ist.[121] Mögen auch Gott und Mensch dem Sein nach substantiell untereinander verbunden sein, dem Begriff nach kommt deswegen Gott das Menschsein noch nicht zu. Die Aussageweise des Satzes „Der Logos ist ein Mensch" ist nach Duns Scotus deshalb auch nicht leicht zu bestimmen. Das Prädikat „Mensch" sagt zwar seinem Inhalt nach ein Wesen, eine *species*, vom Logos aus, wird aber von ihm eigentlich nur als Akzidens ausgesagt, denn in der dem sprachlichen Abbild zugrundeliegenden Wirklichkeit gehört das Menschsein nicht zum „vollständigen Seinsakt" (*actus completus*) des Gottessohnes, sondern ist ihm vielmehr in der Zeit hinzugekommen. Demnach muß also das Prädikat „Mensch" nach dem Ausgesagten als *species*, nach der Aussageweise als Akzidens in seinem Verhältnis zum Subjekt bestimmt werden.[122] Um Mißverständnisse zu vermeiden, betont Duns Scotus, daß sich diese Überlegungen allein auf die logische Ebene beziehen, d.h. auf das Verhältnis der Begriffe in einem Aussagesatz. Die substantielle Vereinigung des Gottessohnes mit der menschlichen Natur wird damit nicht in Frage gestellt.[123]

Cajetan kommt von seinem Verständnis der Supposition des Wortes „Logos" zu einem anderen Ergebnis. Das Wort „Logos" bzw. „Gott" steht genau für den Logos als Träger der menschlichen Natur, gleichsam für den Logos

---

[120] „Nam praedicatio per se exigit praedicari aequa de aequis, aut maiora de minoribus. Minus autem de maiori non nisi per accidens praedicatur: ut patet dicendo, Animal est homo": *In* III 16,2 II (XI,202b).

[121] „unde nec ipsa unio conceditur esse accidentalis, quia neutrum extremum est accidens: sed hoc non concludit propositionem esse per se loquendo, de per se logice. Sicut nec ista: rationale est animal, est per se, logice loquendo. Posset ergo concedi logice loquendo, quod quia praedicatum est extra per se intellectum subiecti, propositio non est per se vera, sed per accidens; licet neutrum extremum realiter per accidens insit alteri. Unde ista unio extremorum, nec conceditur esse essentialis, nec accidentalis, sed substantialis": *Op.Ox.* III, d.7, q.1, n.7 (VII/1,192).

[122] „Quantum enim est ex parte eius, quod praedicatur, est species tantum, quia non est natum esse Genus, nec Differentia, nec Proprium, nec Accidens; sed quantum est ex parte modi se habendi respectu subiecti, quia non est de ratione subiecti, et advenit subiecto existenti in actu completo: ita, ut possit ab eo abesse, videtur similem habitudinem habere respectu subiecti, qualem habet illud praedicatum, quod dicitur accidens": ebd. n.5 (VII/1,191).

[123] Siehe o. Anm. 121.

als menschliche Person. Denn der Logos ist nicht ‚an sich' ein Mensch, sondern er ist als menschliches Suppositum, d.h. als unmittelbar individuierter Einzelmensch ein Mensch. Dann wird aber in dem Satz „Gott ist ein Mensch" von einem menschlichen Suppositum die zugehörige Natur „konkret" (*in concreto*) ausgesagt, wie etwa in dem Satz „Sokrates ist ein Mensch".[124] Wir können den entscheidenden Unterschied in der sprachlogischen Analyse des Satzes zwischen Duns Scotus und Cajetan so zusammenfassen: Nach Duns Scotus supponiert „Gott" (bzw. „Logos") den Logos als göttliche Person, nach Cajetan supponiert „Gott" den Logos als menschliche Person. Cajetan muß von seinem Suppositionsverständnis her folgern, daß der Satz „Gott ist ein Mensch" als *praedicatio per se* zu begreifen ist. Steht das Wort „Gott" genau für die „menschliche" Logosperson, dann ist von Gott das Menschsein per se auszusagen, weil das Prädikat dann dem Logos wesentlich zukommt.[125] Das Menschsein kann deshalb nach Cajetan auch allein als *species* vom Logos als Mensch ausgesagt werden.[126] Voraussetzung, daß es sich bei dem Satz „Gott ist ein Mensch" um eine wirkliche Wesensaussage von Gott handelt, ist die auf den Logos als Menschenhypostase hin verstandene personale Supposition des Wortes „Gott". Cajetan nimmt also gegenüber Duns Scotus den ganzen Aussagesatz vor seinen einzelnen Bestandteilen in den Blick, wenn er darauf hinweist, daß die Suppositionsweise des Subjekts generell von dem Prädikatbegriff her zu bestimmen ist.

Aber damit ist die unterschiedliche Suppositionsbestimmung beider Autoren noch nicht hinreichend erklärt, das Problem gleichsam nur verschoben. Denn es läßt sich dann immer noch fragen, warum Duns Scotus in diesem Falle Subjekt und Prädikat zur Bestimmung der Suppositionalität je für sich allein in den Blick nimmt, während Cajetan die Supposition des Subjekts von dem Prädikat her determiniert sieht. Die sprachlogischen Analysen der beiden Autoren sind offenbar an der jeweiligen Konzeption der hypostati-

---

[124] „... nota diligentissime quod in ista propositione, Deus est homo, Deus supponit pro persona humana: quia supponit pro persona Filii Dei quatenus est persona humana. Hinc enim littera infert quod homo vere et proprie praedicatur de Deo, quia nomen naturae humanae in concreto vere et proprie praedicatur de quolibet suo supposito": *In* III 16,1 II (XI,199a).

[125] „dicitur quod ista propositio est per se respectu suppositi. Et quod praedicatum est de intellectu subiecti quoad suppositum per illud, quamvis non sit de intellectu eius quoad formam significatam per idem. Est enim homo de intellectu hypostasis humanae, ita quod oppositum nequit intelligi": ebd. VII (XI,200a); „Et hinc patet quod ista propositio, Deus est homo, dum ly Deus supponit pro illa persona humana quae est Verbum incarnatum, est per se in primo modo dicendi per se [Aristoteles, *Analytica Posteriora* I,4 73a34-37], respectu suppositi (ut toties dictum est), et non respectu formae significatae per ly Deus; et est praedicatio essentialis; et univoca": ebd. VIII (XI,200b).

[126] „Sed Auctor [= Thomas], intuens talia esse subiecta quoad suppositionem qualis exigunt praedicata, supponendo incarnationis mysterium, supponit, cum fide Catholica, Deum esse quandam hypostasim humanam, et pro illa in hac propositione supponere ly Deus. Et propterea statim invenit, non solum quod praedicatum est species sed etiam quod praedicatur ut species de propria hypostasi": ebd.

schen Union orientiert, wie die Reflexionen um die Idiomenprädikation insgesamt vom Bemühen geprägt sind, die Wirklichkeit dieser Vereinigung auf der sprachlichen Ebene korrekt abzubilden. Dürfen wir von daher annehmen, daß Duns Scotus gerade auch deswegen Vorbehalte hat, das Wort „Logos" speziell für den Logos als Menschen zu nehmen, weil seine Unionslehre v. a. auf die Unterscheidung der beiden Naturen hin akzentuiert ist und somit das Wort „Logos", das die wesenhaft durch die göttliche Natur bestimmte Logosperson bezeichnet, nicht eigentlich die durch den Logos personierte menschliche Natur bezeichnen kann? Muß nicht in den Augen des Duns Scotus die Wertung des Satzes „Der Logos ist ein Mensch" als *praedicatio per se* die Gefahr in sich bergen, dem Gottessohn seinem Wesen nach kreatürliches Sein zuzusprechen?

Cajetan jedenfalls hat aufgrund seiner Unionskonzeption wenig Schwierigkeiten, das Wort „Logos" für den Logos als menschliche Hypostase supponieren zu lassen, schließt doch der Logos wirklich die assumierte Menschennatur zur menschlichen Person ab und teilt ihr so das Sein als unmittelbares Für-Sich-Sein mit. Ist der Logos aber wirklich eine menschliche Person, dann muß von ihm auch das Menschsein per se ausgesagt werden. Der durch die Modustheorie abgestützte christologische Seinsmonismus bleibt also auch in diesen Überlegungen Cajetans das entscheidende Kriterium. Die sprachlogische Analyse dieses Satzes offenbart wiederum die verschiedenen christologischen Reflexionstendenzen von Duns Scotus und Cajetan. Duns Scotus, der das Subjekt nur „nach der Weise der bezeichneten Form" (*ratione formae significatae*) begreift—„Logos" steht für den Logos an sich—, betont also auf der sprachlogischen stärker noch als auf der ontologischen Ebene die Unvermischtheit und Integrität der Gottheit und Menschheit in Jesus Christus. Cajetan sieht um des von ihm so betonten Gedankens der Einheit Christi willen primär die eine Hypostase und damit das eine Sein Christi, von dem nach seiner Unionslehre zu Recht die Menschennatur unmittelbar ausgesagt werden kann. Das belegt seine Bestimmung des Prädikates „Mensch" als „natürliche Materie" (*materia naturalis*) des Logos-Subjekts, durch die der genannte Satz keineswegs eine zufällige, akzidentielle Aussage von Gott trifft, sondern Wesentliches, ja Notwendiges von der göttlichen Hypostase prädiziert (*propositio necessaria*).[127]

Doch ist die Bestimmung, daß die Eigentümlichkeiten der menschlichen Natur von der Person des Logos *in concreto* prädikabel sind, in sich noch zu allgemein gefaßt, wie die Diskussion um den Satz „Christus ist ein Geschöpf" (*Christus est creatura*) zeigt. Dieser Satz ist eigentlich nach *R2* zulässig, wenn „Christus" für die zweite göttliche Hypostase als menschliche Person steht und von ‚diesem Menschen' das Kreatur-Sein ausgesagt wird.

---

[127] Vgl. ebd. VI (XI,200a).

Aber Cajetan stimmt darin mit Thomas[128] völlig überein, daß der Satz um seiner häretischen Mißdeutbarkeit willen nicht ohne ergänzende Näherbestimmung ausgesagt werden darf. Im Unterschied zu dem Satz „Gott ist ein Mensch" ist der Satz „Christus ist ein Geschöpf" nicht an der biblischen Redeweise orientiert, sondern vielmehr arianischer Provenienz.[129] Cajetan arbeitet aus dem Text des Thomas zwei Genera von Eigenschaften heraus, die Christus seiner menschlichen Natur nach zukommen: Bei einigen Proprietäten ist es unklar, ob sie nicht auch die göttliche Person betreffen können; sie sind von Christus nur mit einer Näherbestimmung auszusagen. Andere Proprietäten beziehen sich eindeutig nur auf die assumierte menschliche Natur als solche und können von daher direkt von Christus ausgesagt werden.[130] Vor dem dogmengeschichtlichen Hintergrund des Arianismus sind Sätze, in denen die Zeitlichkeit und das Kreatur-Sein von Christus ausgesagt werden, nach Cajetan nur dann wahr, wenn durch eine Beifügung zum Subjekt die Möglichkeit verstellt ist, die Prädikate als Aussagen von der Logoshypostase aufzufassen. Sie wären dann etwa so theologisch aussagbar: „Christus als Mensch ist ein Geschöpf" (*Christus, secundum quod homo, est creatura*) bzw. „Christus als Mensch begann zu sein" (*Christus, inquantum homo, incoepit esse*).[131]

Das Subjektswort wird also dadurch näherbestimmt, daß es durch ein weiteres Wort ‚wiederholt' wird. Dem scholastischen Sprachgebrauch zufolge ist diese Art der Determination als „Wiederverdoppelung" (*reduplicatio*) zu bezeichnen. Das Subjektswort kann so wiederholt werden, daß es durch das zugefügte Wort auf einen bestimmten Aspekt seines Bedeutungsspektrums festgelegt und somit die Prädikatreferenz auf diesen Aspekt hin

---

[128] „Unde cum haereticis nec nomina debemus habere communia: ne eorum errori favere videamur. Ariani autem haeretici Christum dixerunt esse creaturam, et minorem Patre, non solum ratione humanae naturae, sed etiam ratione divinae personae. Et ideo non est absolute dicendum quod Christus sit creatura, vel minor Patre: sed cum determinatione, scilicet, humanam naturam": *S.th.* III 16,8 co. (XI,211a).

[129] „Non est ergo Evangelica, sed Ariana vox ... Christus est creatura": *In* III 16,8 III (XI,212b).

[130] „Ubi nota, Novitie, Auctorem in hac littera distinguere ea quae conveniunt Christo ratione humanae naturae, in duo genera. Nam quaedam sunt quae in dubitationem venire possunt an conveniant personae secundum se: quaedam vero quae clare convenire intelliguntur solum ratione naturae. Et de secundo genere habetur regula quod simpliciter et absolute affirmantur de Christo: ut esse crucifixum, mortuum, etc. De primo autem genere traditam esse regulam contrariam, scilicet quod non simpliciter, sed cum determinatione affirmanda sunt de Christo": ebd. IV (XI,212b).

[131] Vgl. *In* III 16,10 II (XI,215ab). Der Satz „*Christus incoepit esse*" ist sprachlogisch zulässig: Ist der Satz „Gott ist ein Mensch geworden" wahr, dann ist auch der Satz „Es ist ein Gottmensch geworden" bzw. „Ein Gottmensch hat begonnen zu sein" wahr (vgl. die Argumentation des Duns Scotus, *Op.Ox.* III, d.11, q.3, n.1, arg.4 (VII/1,249)). Da aber das Wort „Christus", obwohl es für sich genommen den Logos und die menschliche Natur bedeutet, in der Verwendung als Subjekt primär das göttliche Suppositum bezeichnet, will Cajetan diesen Satz ohne Reduplikation nicht gelten lassen, vgl. *In* III 16,9 VI (XI,214ab).

eingeschränkt wird (spezifikative Reduplikation), oder so, daß durch das zugefügte Wort der Grund angegeben wird, warum das Prädikat dem Subjekt zukommt (reduplikative Reduplikation). Cajetan ist der Meinung, daß der Satz „Christus als Mensch begann zu sein" sowohl dann wahr ist, wenn die Reduplikation spezifikativ, als auch dann, wenn sie reduplikativ genommen wird. Der erste Teil der Behauptung leuchtet unmittelbar ein. Wird das Subjekt „Christus" auf seine menschliche Natur hin spezifiziert, dann kann von dieser mit Recht das Prädikat „Geschöpf" ausgesagt werden. Der zweite Teil der Behauptung dagegen scheint *prima facie* falsch zu sein. Doch sieht Cajetan in der Determination „Mensch" nicht Person und menschliche Natur Christi wiederholt, sondern allein die menschliche Natur.[132] Diese Natur ist aber dann tatsächlich als der Grund zu betrachten, weshalb Christus das Kreatursein zukommt. Somit ist der Satz „Christus als Mensch ist ein Geschöpf" auch im reduplikativen Sinne wahr.[133]

Der Satz „Gott ist ein Mensch geworden" (*Deus factus est homo*), eine Grundaussage des christlichen Glaubens und eine biblisch approbierte Wendung, scheint dem Axiom von der Immutabilität Gottes direkt zuwiderzulaufen. Cajetan versucht deshalb in diesem Zusammenhang grundsätzlich zu erklären, wie die Mensch*werdung* Gottes verstanden werden kann, ohne in Gott selbst eine Veränderung einzutragen. Es ist zu unterscheiden zwischen einem Subjekt, das die menschliche Natur als seine erste und eigene erwirbt und das in dieser Natur gleichsam selber erst konstituiert wird, und einer Person, die schon eine konkret vorliegende Einzelnatur ist und deren Subsistenz lediglich auf die menschliche Natur erweitert wird. Wenn eine Person in der Zeit einer weiteren Natur unterstellt wird, dann bedeutet dies nach Cajetan keine Veränderung an der Person selber.[134] Cajetan unterscheidet an der Menschwerdung den Aspekt der „Hervorbringung" (*factio*) und den Aspekt der „Veränderung" (*mutatio*).[135] Diese Unterscheidung ist aus dem

---

[132] „Sed cum aliquid tantum Christi reduplicatur, scilicet natura humana, ut contingit in ista, Christus, inquantum homo, incoepit esse, repugnantia tollitur: hoc est incipere esse non significatur convenire supposito absolute, sed ratione naturae humanae; ratione cuius in veritate convenit illi supposito incipere esse. Et propterea ista reduplicativa dicitur vera": *In* III 16,10 IV (XI,216ab).

[133] „Unde et in proposito, licet possit teneri reduplicative, quia esse hominem est per se ratio quod sit creatura, a Sanctis tamen assumptum videtur principaliter ut tenetur specificative: ut denotetur quod esse creaturam non convenit Christo secundum suppositum, sed secundum naturam assumptam; et similiter incipere esse": ebd. II (XI,215b).

[134] „dicito quod, licet fieri hominem absolute importet mutationem in subiecto acquirente humanam naturam, puta in materia, attamen personam aliquam fieri hominem non importat mutationem in persona acquirente naturam humanam. Et ratio diversitatis est quia subiectum quod fit homo, per transmutationem sui acquirit esse humanum: sed persona quae fit homo, sola nova personatione humanae naturae fit homo. Personare autem naturam humanam non est mutari: sed subsistere nunc primo in illa": *In* III 16,6 II (XI,207a).

[135] „Ita quod, cum de hoc mysterio loquendum est, dicito quod interveniunt hic duo: scilicet factio, et mutatio": *In* III 16,7 VIII (XI,210b).

doppelten Bemühen heraus motiviert, die Apathie Gottes zu wahren und ihn gleichzeitig mit dem Menschsein wirklich zu affizieren. Die *mutatio* besteht darin, daß die menschliche Natur zu Gott in eine reale Beziehung gesetzt wird. Sie betrifft allein die Menschheit Christi, der Logos unterliegt im Geschehen der Menschwerdung keiner Veränderung. Andererseits wird Gott in der Menschwerdung keine bloß akzidentielle, sondern eine eminent substantielle Bestimmung, das Menschsein, neu zuteil. Sofern die Inkarnation unter diesem Aspekt betrachtet wird, ist sie eine substantielle *factio*. Jede Hervorbringung erfordert ein Subjekt und einen Zielpunkt, zu dem das Subjekt ‚wird'. Entsprechend bestimmt Cajetan in dem Geschehen der Menschwerdung als substantieller *factio* den Logos als Subjekt, das zu dem Terminus der menschlichen Natur ‚hinzugebracht' und dieser Natur unterstellt wird, das in ihr subsistiert und sie zur Substanz erhebt.[136] Da der Satz „Gott ist ein Mensch geworden" nach Cajetan so formuliert ist, daß er gerade den *factio*-Aspekt zum Ausdruck bringt, wertet ihn Cajetan als wahren Satz.[137]

Gleiches läßt sich von der Konverse nicht ohne weiteres behaupten. Die Gültigkeit des Satzes „Ein Mensch ist Gott geworden" (*homo factus est Deus*) hängt von der Supposition des Wortes „Mensch" ab. Cajetan unterscheidet zwischen der personalen und der einfachen Supposition, je nachdem ob das Wort „Mensch" einen konkreten Menschen oder—abstrakt—den Menschen schlechthin unterstellt.[138] Der Satz ist falsch, wenn das Wort „Mensch" in irgendeiner Weise den göttlichen Selbstand Christi (personale Supposition) oder gar—nestorianisierend—einen eigenen menschlichen Selbstand supponiert. Dagegen hatte schon Thomas zugegeben, daß der Satz „im uneigentlichen Sinn" (*in sensu improprio*) gehalten werden kann, wenn das Wort „Mensch" als kollektiver Singular für den Menschen schlechthin steht.

---

[136] „Et quod factio quidem est substantialis, qua Verbum caro factum est. Et locum subiecti tenet in hac factione substantiali Verbum: quia, secundum rei veritatem et proprietatem, concurrit in hoc fieri Verbum ut hypostasis, quae naturae subiicitur, naturam substantificans, in natura subsistens. Et natura ipsa humana de qua est sermo, tenet locum termini ... Mutatio autem est relativa. Et respectu huius natura humana tenet locum subiecti, Verbum autem locum termini: quia Verbum non refertur nisi quia natura refertur ad Verbum": ebd.

[137] Vgl. *In* III 16,6 I (XI,207a); 16,7 VIII (XI,210b).

[138] „scito quod inter personalem et simplicem suppositionem haec est differentia, quod, si ly homo supponit personaliter, oportet praedicatum convenire alicui personae humanae: quod enim de nulla persona humana, nec de omnibus simul verificatur, de homine personaliter sumpto non verificatur; ut patet discurrenti tam in propositionibus per se, quam per accidens. Si vero supponit simpliciter, praedicatum convenit homini abstrahenti a suis suppositis: ita quod verificatur de homine communiter, et de nullo homine, nec de omnibus simul verificatur": ebd. IV (XI,209a).

Denn wenn auch dieser Mensch nicht Gott geworden ist, weil dieses Suppositum, die Person des Gottessohnes, von Ewigkeit her Gott gewesen ist; so ist doch der Mensch, allgemein gesprochen, nicht immer Gott gewesen.[139]

Der Satz „Ein Mensch ist Gott geworden" ließe sich also aufrechterhalten, wenn er im Sinne des Vergottungsgedankens verstanden würde, d. h. wenn er den Gedanken zum Ausdruck brächte, daß in Christus auch die menschliche Natur *an sich* zum Sein Gottes erhoben und in ihrer Gottebenbildlichkeit wiederhergestellt ist. So verstanden würde auch Cajetan diesen Satz denjenigen Theologen zugeben, die an ihm—wie der *doctor subtilis*[140]—als theologisch legitimer Ausdrucksweise festhalten.[141]

---

[139] „Licet enim hic homo non sit factus Deus, quia hoc suppositum, persona Filii Dei, ab aeterno fuit Deus: tamen homo, communiter loquendo, non semper fuit Deus": *S.th.* III 16,7 co. (XI,208a).

[140] „... ista propositio est simpliciter vera: Homo factus est Deus, quia homo per actionem facientis est Deus, et non fuit prius Deus": *Op.Ox.* III, d.7, q.2, n.7 (VII/1,197). Vgl. so schon Petrus Lombardus, III *Sent.*, d.7, c.1, n.16 (II,64).

[141] „Sed si ly homo supponat simpliciter, veritas eius non exigit quod aliquis homo sit factus Deus: sed sufficit quod per actionem alicuius agentis factum sit ut de homine absolute verificetur de novo esse Deum. Et quia potest dici quod iste sensus est proprius sensus istius propositionis a doctoribus positae, ita quod de homine absolute dixerunt quod factus est Deus; nec haec proprietas est usquequaque clara: ideo Auctor dixit, Nisi forte, etc.": *In* III 16,7 IV (XI,209b); „si Scotus utitur suppositione simplici, verum dicit: et affirmat proprietatem sensus, quam Auctor in littera sub dubio relinquit": ebd. V (XI,209b).

KAPITEL V

DER AKT DER MENSCHWERDUNG GOTTES

1. UNIO UND ASSUMPTIO

In Jesus Christus sind Gott und Mensch in unauflöslicher, wirklich personaler Einheit beieinander. Von diesem heilsgeschichtlichen Grunddatum gehen alle christologischen Überlegungen Cajetans aus und zu diesem Datum wollen sie letztlich den Leser zurückführen, indem sie das Dogma unter immer wieder neuem Blickwinkel beschreiben und in immer neue Richtungen ‚ausdenken'. Cajetan ist sich dabei stets der intellektiven Uneinholbarkeit des Mysteriums bewußt, deren Anerkennung eine wichtige Voraussetzung dafür ist, daß es die theologische Reflexion wirklich noch mit Gott als Gott zu tun hat. Die in die christologischen Ausführungen immer wieder eingestreuten staunenden und den Leser die Größe des zu verhandelnden Gegenstandes in Erinnerung rufenden Bemerkungen[1] belegen deutlich genug, daß nicht Ausdifferenzierung und Systematisierung überkommener Denkschemata einer bestimmten Schultradition, sondern die Hinführung und das spirituelle Verhaftetsein des denkenden Geistes auf das Inkarnationsmysterium das eigentliche Ziel des christologischen Nachdenkens Cajetans darstellen. Zu den wesentlichen Aufgaben dieses Nachdenkens gehört für Cajetan die Reflexion über die metaphysischen Entstehungsbedingungen der hypostatischen Vereinigung, die auch Mögliches abwägt, um Wirkliches zu erschließen.

Dem Vereint-Sein von Gott und Mensch in Jesus Christus muß der Inkarnationsakt in der „sachlichen Ordnung" (*ordo naturae*) vorausgehen. Die scholastischen Theologen übernahmen zur Bezeichnung dieses Aktes—trotz der Anfälligkeit für nestorianische Mißdeutungen—den Begriff „Annahme" (*assumptio*) von den Vätern.[2] Der Logos hat ‚Fleisch' bzw. die menschliche Natur „zu sich hin genommen" (*ad se sumere*)[3] und ist so Mensch geworden.

---

[1] Zu der *compositio cum his*, d.h. zu der Verbindung des Logos mit „dieser Menschennatur" (*haec humanitas*), schreibt Cajetan: „Sed quomodo hoc sit, excedit humanam mentem: sat sit nobis nosse quia est, dum revelatum est quod Verbum est ille homo qui vocatur Christus": *In* III 2,4 VIII (XI,33b); vgl. auch weiter: *In* III 2,8 XV (XI,46b); 4,6 II (XI,86ab); 6,1 VIII (XI,95b); 13,2 X (XI,176b).

[2] Der Begriff galt schon aufgrund seiner Aufnahme in die frühen Lehrdokumente, wie z.B. das *Symbolum Quicumque* (vgl. DS 76), als kirchlich approbiert.

[3] „... assumere dicitur quasi ad se sumere": *In* III 3,1 I (XI,54a); siehe dazu auch die vergleichbaren Wendungen des Thomas u. Anm. 10.

Zwischen der „Vereinigung" (*unio*) als dem Zustand des Vereint-Seins von Logos und Menschheit und der „Annahme" besteht ein Folgeverhältnis: „jene Tätigkeit, die das Annehmen ist, ist die Herstellung der Vereinigung"[4]. Die hiermit zum Ausdruck gebrachte Reihenfolge von *assumptio* und *unio* wird von Cajetan als ein sachlicher, nicht als ein zeitlicher *ordo* verstanden, da ihm die Konstituierung der menschlichen Natur, ihre Annahme durch den Logos sowie ihr Vereintsein mit dem Logos zeitlich in dem Augenblick der Zeugung Christi durch den Hl. Geist zusammenfallen.[5]

Zugleich belegt dieser Satz aber auch, daß die Annahme nicht nur aufgrund ihrer Priorität im *ordo naturae*, sondern auch prädikamental von der Union zu unterscheiden ist. Denn das Wort „*assumptio*" bezeichnet eine Tätigkeit und muß von daher der Kategorie des „Tuns und Erleidens" (*actio et passio*) zugerechnet werden, während das Wort „*unio*" formal genommen eine „Beziehung" (*relatio*) zum Ausdruck bringt.[6] Wenn Cajetan so die *assumptio* gegenüber der *unio* abgrenzt, dann bezieht er sich also eigentlich nur auf den einen Aspekt der Union, die Relation zwischen Logos und Menschennatur, und läßt den anderen, die „personale Verbindung" (*coniunctio personalis*) in der einen göttlichen Hypostase, unberücksichtigt.

Nachdem wir uns schon eingehender mit dem Unionsverständnis Cajetans beschäftigt und dessen charakteristische Züge kennengelernt haben, müssen wir uns nun vorrangig der Frage zuwenden, was Cajetan unter der *assumptio* versteht. Dem Begriff liegt unmittelbar die Vorstellung zugrunde, daß der Gottessohn Fleisch bzw. eine menschliche Natur *angenommen* hat. Im Hintergrund der abstrahierenden Einordnung des Begriffs „*assumptio*" in die Kategorie des Tuns und Erleidens steht der Gedanke, daß die Menschwerdung wirklich „Tat" (*actio*) des lebendigen Gottes ist und sich ausschließlich dem Handeln Gottes verdankt, dem wiederum—nach dem zugrundeliegenden Akt-Potenz-Schema—auf Seiten der angenommenen Menschennatur lediglich ein „Erleiden" (*passio*) entsprechen kann.[7] Als ein Handeln Gottes, das sich auf die außertrinitarische Wirklichkeit bezieht, ist die Annahme der Menschennatur—gemäß dem von Cajetan bejahten und in unterschiedlichsten theologischen Zusammenhängen herangezogenen augustinischen Axiom „Die Werke nach außen sind ungeteilt" (*opera ad extra sunt indivisa*)[8]—ein Akt der ganzen Trinität. Aber daraus folgt nicht, daß

---

[4] „... illa actio quae est assumere factio est unionis": *In* III 2,8 VII (XI,44a).
[5] Vgl. u. S. 113f.
[6] „Nam unio significat relationem: assumptio actionem vel passionem. Et sic sunt in diverso genere: sicut relatio diversum est genus ab actione et passione": *In* III 2,8 I (XI,43a); „quod unio significat formaliter relationem, assumptio actionem vel passionem": ebd. VII (XI,44a).
[7] „... assumptione aliquis dicitur assumens, tanquam agens; et aliquid dicitur assumptum, tanquam patiens": ebd. I (XI,43a).
[8] Vgl. Augustinus, *Enchiridion* XII,38 (CChr.SL 46: 71,21).

alle trinitarischen Personen Mensch geworden sind; vielmehr ist das Menschsein ausschließliches Proprium der zweiten göttlichen Hypostase.[9] Thomas hatte deswegen innerhalb des Assumptionsaktes noch einmal zwischen dem Ziel, zu dem hin die menschliche Natur hinzugenommen wird, und dem ursächlich Wirkenden sowie zwischen dem *terminus ad quem*, dem Logos, und dem *terminus a quo*, der Menschennatur, unterschieden.[10] Diese Distinktionen werden von Cajetan übernommen.[11] Der Akt der Annahme ist ausschließlich auf die zweite göttliche Hypostase hin terminiert, wird jedoch letztlich als trinitarische Tätigkeit nach außen von allen göttlichen Hypostasen hervorgebracht. Sie sind demzufolge auch die eigentliche Wirkursache der Menschwerdung. Es sind also zwei Tätigkeiten innerhalb des einen Assumptionsaktes zu unterscheiden: Das terminative Bestimmen der menschlichen Natur, das allein dem Logos zukommt, und das wirkursächliche Agieren, das von der gesamten Trinität ausgeht.

Die weitere und über diese allgemeinen, noch ganz an Thomas und der Tradition orientierten Überlegungen hinausgehende Entfaltung des Assumptionsbegriffs durch Cajetan ist von der Auseinandersetzung um das rechte Verständnis des „Zielpunktes" (*terminus*) dieses Aktes geprägt. Cajetan sieht sich aufgrund des thomanischen Sprachgebrauchs vor das Problem gestellt, daß die oben angezeigte kategoriale Unterscheidung von *unio* und *assumptio* im Blick auf die Verbalformen eigentlich nicht durchgehalten werden kann. Denn die abgeleiteten Verben „annehmen" (*assumere*) und „vereinigen" (*unire*) belegen beide die Bedeutung „Vereinigung bewirken" (*facere unionem*)[12] und müssen von daher beide in die Kategorie des Tuns und Erleidens eingeordnet werden. Wenn Thomas davon spricht, daß die Person des Vaters die menschliche Natur nicht mit sich, sondern mit dem

---

[9] „... unio Filii Dei cum natura humana propria est Filio, ita quod nec Patri nec Spiritui Sancto convenit: omnis autem causalitas Filii Dei respectu naturae assumptae communis est toti Trinitati, quoniam indivisa sunt Trinitatis opera ad extra": *In* III 2,6 X (XI,40a).

[10] „in verbo assumptionis duo importantur, videlicet principium actus, et terminus: dicitur enim assumere quasi ad se aliquid sumere": *S.th.* III 3,1 co. (XI,53a); „... assumptio determinat terminum et a quo et ad quem, dicitur enim assumptio quasi ab alio ad se sumptio": *S.th.* III 2,8 co. (XI,42b); vgl. auch *In* III *Sent.*, d.3, q.5, a.1, ad 3 (III,143).

[11] „... in verbo assumptionis importantur tria, principium, actus et terminus": *In* III 3,1 I (XI,54a); „Nam loquendo de termino assumptionis ut importatur in vocabulo assumendi, remitto te ad litteram, quod natura humana est ut terminus a quo, et persona divina est ut terminus ad quem": *In* III 2,8 XV (XI,46a).

[12] „... illa actio quae est assumere factio est unionis ... significat enim unire ‚unionem facere', sicut assimilare ‚similitudinem facere' ... ly facere illam supponat actionem quam assumptio significat ... Conceditur ergo quod in communi unio [= 1. Pers. Sg.] verbum significat actionem, hoc est unionem facere ... ly facere non dicit actionem propriam ipsius relationis distinctam contra actionem significatam per ly assumere": ebd. VII (XI,44a); „unum et idem sit facere quod per assumere et unire importatur": ebd. X (XI,44b).

Sohn vereinige[13], dann wird offenbar mit dem Verbum „*unire*" dieselbe Tätigkeit umschrieben, die auch mit dem Verbum „*assumere*" bzw. der Nominalform „*assumptio*" sprachlich ausgedrückt werden kann.

Mit dieser Überlegung läßt sich nach Cajetan die kategoriale Differenz der Nominalformen jedoch nicht wirklich bestreiten. Mögen auch beide Verben dieselbe Tätigkeit Gottes supponieren, so unterscheiden sie sich doch dadurch, daß sie jeweils einen verschiedenen Zielpunkt dieser Tätigkeit mitbezeichnen. Unter dem Zielpunkt versteht Cajetan jetzt nicht mehr den *terminus ad quem*, die zweite göttliche Hypostase, sondern das „Seiende" (*ens*), das durch den Assumptionsakt als Neues hervorgebracht wird.[14] Das Verbum „*assumere*" bezeichnet demnach den göttlichen Akt der *assumptio*, wie er speziell auf die Konstitution des Gottmenschen abzielt; das Verbum „*unire*" bezeichnet dagegen denselben Akt, wie er speziell auf die Konstitution der „Unionsbeziehung" (*relatio unionis*), d.h. der Relation zwischen dem Logos und der angenommenen Menschennatur, abzielt, die aus dem Sein des Gottmenschen als ihrer Fundamentalursache resultiert.[15] Im Blick auf die Zielpunkte, von denen her die Annahme der Menschennatur beschrieben wird, unterscheiden sich also *assumere* und *unire* wie Fundament und Beziehung.

Wir begegnen hier wieder der Unterscheidung zwischen der Vereinigung als *relatio* und der Vereinigung als *coniunctio personalis*, die wir bereits in der Untersuchung der Unionslehre Cajetans kennengelernt haben.[16] Wenn Cajetan dem Verbum „*assumere*" das Gottmenschsein als Terminus zuordnet, dann denkt er freilich nicht an die Person des Logos als dem Letztgrund der *coniunctio personalis*, den er auch direkt mit diesem Ausdruck—im strengsten und engsten Sinne des Wortes—wiedergeben kann, sondern eben an die *coniunctio personalis*, sofern sie etwas Neues und durch den Assumptionsakt von Gott Geschaffenes ist. Das Seiende, das durch die *assumptio* hervorgebracht wird, ist weder die menschliche Natur allein, noch erst recht allein die göttliche Person des Logos, sondern das Menschsein des

---

[13] „Nam persona Patris univit naturam humanam Filio, non autem sibi": *S.th.* III 2,8 ad 2 (XI,43ab).
[14] „Constat autem quod terminus actionis proprius est illud ens quod fit per actionem illam": *In* III 2,8 VI (XI,43b).
[15] „… assumptio habet pro termino suo, propriissime loquendo, ens absolutum super quod fundatur relatio unionis": ebd. XI (XI,44b); „… assumptio actionem et passionem formaliter explicat quae in incarnatione invenitur, unio vero, et unire inde derivatum, formaliter relationem explicat, quamvis unire per modum actionis significet illam relationem": ebd. VII (XI,44a); „Quoniam proprius terminus eius actionis quae est assumere, realiter differt a proprio termino actionis quae est facere relationem unionis ut sic … quamvis unum et idem sit facere quod per assumere et unire importatur … quod per se primo terminatur ad proprium terminum assumptionis, et ex consequenti ad unionis relationem": ebd. X (XI,44b).
[16] Siehe o. Kap. IV.1.2.

Gottessohnes.[17] Daß dieses Seiende wirklich eine unabhängige, nichtrelationale Entität (*absolutum*) ist, wird von Cajetan eindringlich gegenüber Duns Scotus betont. Nach dessen Verständnis terminiert die Beziehung zwischen Gott und Mensch, die das Wesen der hypostatischen Union ausmacht[18], den Akt der Annahme, da sie das eigentlich Neue darstellt, das durch diesen Akt von Gott ‚bewirkt' wird. Duns Scotus begreift die hypostatische Union als eine Relation, die auch dann neu entstehen kann, wenn auf seiten der beiden Extreme kein neues *absolutum* als Fundamentalursache gegeben ist.[19]

Cajetan sieht aber in dieser Konzeption nestorianische Implikationen angelegt: Wenn, wie auch Duns Scotus festhält, der Logos durch den Assumptionsakt Mensch geworden ist, aber durch diesen Akt lediglich ein neues relationales Sein entsteht, indem der Logos in eine neue Beziehung zu der angenommenen Menschennatur tritt—und umgekehrt—, dann beruhte das Menschsein Christi nur auf einem akzidentiellen Sein und Christus wäre seiner Menschheit nach lediglich eine Beziehung, nicht aber eine Substanz (*aliquid*)—eine von Papst Alexander III. ausdrücklich verurteilte Lehrmeinung.[20] Durch die Inkarnation wird der Logos vielmehr Mensch, indem er die Subsistenzweise in menschlicher Natur hinzugewinnt und damit zugleich die angenommene Natur in sich Substanz werden läßt. Der Assumptionsakt, speziell wie ihn das Verbum „*assumere*" supponiert, führt also wirklich zur Hervorbringung eines neuen ‚absoluten', weil substantialen Seins, auf dem dann wiederum die *relatio unionis* fundamentalursächlich basiert.

---

[17] „Est autem illud ens absolutum non persona Filii Dei sola, non haec natura humana sola, sed Filium Dei esse hominem. Quoniam nec persona divina, nec haec natura humana fit per assumptionem (quamvis fuerit simul facta cum assumptione): sed Filium Dei esse hominem fit per assumptionem": *In* III 2,8 XI (XI,44b).

[18] „… ista unio non dicit per se aliquid absolutum… Est igitur ista unio relatio disquiparantiae realis in uno extremo: cui in altero nulla relatio correspondet, vel saltem nulla realis": *Op.Ox.* III, d.1, q.1, n.3 (VII/1,5); vgl. P. KAISER, Die Gott-menschliche Einigung in Christus als Problem der spekulativen Theologie seit der Scholastik, 19f.

[19] „Tertio modo relatio potest non necessario consequi fundamentum, quia non necessario coexigit terminum, nec habitudinem illam ad terminum; neque etiam fundamento, et termino positis necessario consequitur relatio ambo extrema, vel unum: sed contingenter dicitur advenire extremo etiam postquam ipsum et quodlibet absolutum in ipso, et in termino fuerit positum in esse; et in isto modo non oportet ponere aliquod absolutum novum in altero extremorum, etiam dato quod relatio sit nova": *Op.Ox.* III, d.1, q.1, n.14 (VII/1,23).

[20] „Unde negare relationem unionis habere fundamentum absolutum, ita quod per incarnationem nullum ens absolutum factum est; et cum hoc dicere quod Filius Dei est factus homo et est vere homo secundum rem; est ignorare propriam vocem, et confiteri cum sententia fidei verbis solis quod Deus est homo substantialiter; cum Nestorio autem consentire secundum rem quod Deus est homo accidentaliter et secundum esse relativum.—Est et amplecti secundum verba Decretalem [vgl. DS 750] damnantem dicentes Christum, secundum quod homo, non esse aliquid: et refutare eam secundum rem. Quia, si solum esse relativum fit de novo in mysterio incarnationis, Filius Dei, secundum quod homo, non aliquid, sed ad aliquid est": *In* III 2,8 XI (XI,45a); vgl. o. S. 59.

Durch diese Überlegungen wird sichtbar, daß nach Cajetan zwischen Vereinigung und Annahme—durchaus in Entsprechung zu der Differenz zwischen der *coniunctio personalis* und der *relatio unionis*—ein kategorialer und somit realer Unterschied besteht, der auch von den abgeleiteten Verbalformen her nicht in Frage gestellt werden kann. Obwohl die beiden Verben „*assumere*" und „*unire*" denselben Akt der Annahme bezeichnen können, bringen sie doch jeweils eine unterschiedliche Termination dieses Aktes zum Ausdruck, durch die wiederum eine reale Verschiedenheit zwischen ihnen begründet wird. Im Verbum „*unire*" bleibt der Bezug auf die Vereinigung präsent, aber er wird von Cajetan auf den Relationsaspekt beschränkt, währenddessen der Aspekt der personalen Verbindung dem Verbum „*assumere*" vorbehalten bleibt. Damit liegt also dieser Termdifferenz die wichtige Aspektunterscheidung zwischen der *coniunctio* und der *relatio* zugrunde, die Cajetan in seiner Unionslehre so deutlich betont und ausdrücklich mit der *relatio-fundamentum*-Differenz parallelisiert.

2. Der Terminus des Inkarnationsaktes

Wir haben uns nun in diesem und dem folgenden Unterabschnitt mit einigen von Cajetan diskutierten Problemen zu beschäftigen, die die beiden in Jesus Christus zu vereinigenden Extreme, den Logos und die menschliche Natur, je für sich im Blick auf die *assumptio* betreffen. Auch wenn es sich dabei um ausgesprochene Spezial- bzw. Detailfragen zu handeln scheint, so sind doch die Antworten, die Cajetan auf sie zu geben sucht, für ein eingehenderes Verständnis seiner Lehre von hypostatischer Union und Inkarnation durchaus von Relevanz. Wenden wir uns somit zunächst dem *terminus ad quem*, dem Gottessohn, zu und untersuchen wir die Auseinandersetzung Cajetans mit den Überlegungen des Durandus de Sancto Porciano und des Johannes Duns Scotus, die von ihm als Einwände und Kritikpunkte an der Argumentation des Thomas referiert werden.

Wie wir bereits sagten, liegt dem *assumptio*-Gedanken die Vorstellung zugrunde, daß der Logos die menschliche Natur zu sich hin angenommen hat und so Mensch geworden ist. Die zweite göttliche Hypostase ist der unmittelbare Terminus des Inkarnationsaktes. Das bedeutet für Cajetan konkret auf die Frage nach der unterschiedlichen Funktion von göttlicher Person und göttlicher Natur innerhalb des Assumptionsaktes hin formuliert: Allein der Logos, wie er sowohl von der abstrakt oder konkret verstandenen göttlichen Natur als auch von den beiden übrigen trinitarischen Personen zu unterscheiden ist, stellt den primären Zielpunkt dar, zu dem hin die menschliche Natur angenommen wird. Die göttliche Natur dagegen ist das Wirkprinzip dieses Aktes und hat nicht an sich und unmittelbar, sondern lediglich in Vermittlung der zweiten göttlichen Hypostase die menschliche Natur angenommen.[21] Die Widerlegung der entgegenstehenden Sondermeinung des Durandus bereitet Cajetan wenig Mühe. Zwar geht auch Durandus davon aus, daß die Menschennatur mit dem Logos verbunden wird; aber diese Verbindung wird primär auf der Ebene einer allen drei göttlichen Personen gemeinsam zukommenden ‚Eigenschaft', der trinitarischen Subsistenz (*hic Deus*), vollzogen und erst sekundär mit der zweiten göttlichen Hypostase. Der Logos terminiert den Assumptionsakt also zuerst aufgrund seiner göttlichen Natur und dann mit sich als Sohneshypostase.[22]

Im Hintergrund dieser Lehrmeinung steht die speziell von Durandus konzipierte Unterscheidung zwischen dem Suppositum und dem „Subsistierenden" (*subsistens*) in Gott: Die göttlichen Personen haben seiner Meinung nach allein durch die göttliche Natur, dem einzigen *subsistens* in Gott, ihre Subsistenz, durch ihre relativen Proprietäten sind sie für sich genommen lediglich Supposita.[23] Soll die anhypostatische Menschennatur im Logos mit dem eigentlich subsistierenden Element verbunden und so zur Person werden, dann muß sie demnach mit der Subsistenz der konkreten göttlichen Natur verbunden werden.

Es dürfte unbestritten sein, daß die von Durandus vorgetragene Theorie der Inkarnation kaum mehr mit der Lehre der Kirche vereinbar ist. Sie läuft de facto auf eine Menschwerdung aller drei Personen in Gott hinaus, indem sie die gesamttrinitarische Subsistenz der göttlichen Natur als den ersten Terminus ausgibt, zu dem hin die menschliche Natur hinzugenommen wird. Ihr liegt nach Cajetan letztlich ein falscher Begriff von der göttlichen Subsistenz zugrunde. Die Gegenüberstellung von Suppositum und *subsistens* in Gott läßt sich nicht aufrechterhalten, da den trinitarischen Personen gerade auch und vor allem als Supposita Subsistenz zukommt. Cajetans Kritik an Durandus basiert auf der Unterscheidung von Radikal- und Formalaspekt

---

[21] „Habes quoque hinc sensum dictorum in corpore articuli de termino assumptionis, cum dicitur quod naturae divinae non convenit esse assumptionis terminum secundum se, sed ratione personae [vgl. *S.th.* III 3,2 co.]. Nam hinc patet, et ex responsione ad secundum, quod appellatione personae hic intelligitur sola persona simpliciter et perfecte habens rationem personae, ut est Verbum Dei: et appellatione naturae intelligitur tam natura in abstracto quam in concreto, tam deitas quam Deus, tam haec deitas quam hic Deus. Habes enim hinc quod ipse, seu hic Deus, concurrit ad assumere ut principium quod, et non ut terminus. Habes ex responsione ad secundum quod ideo soli personae Verbi convenit assumere ut termino, quia esse terminum assumptionis convenit deitati ratione personae Verbi. Quid clarius?": *In* III 3,2 IV (XI,56b).

[22] „Ad secundum cum dicitur quod persona divina non est terminus vel extremum assumptionis ratione essentiae, sed ratione proprietatis personalis quae non importat formaliter aliquam perfectionem. Dicendum quod non est verum, nam sicut patuit in praecedenti quaestione, prima ratio unionis naturae humanae cum persona divina est per se subsistentia personae divinae per quam potest terminare dependentiam naturae assumptae, illam autem per se subsistentiam habet ratione naturae, vel essentiae, et non ratione proprietatis personalis (ut probatum fuit)": *In* III *Sent.*, d.1, q.5, n.10 (II,214va).

[23] Vgl. o. Kap. II.2.2. Anm. 63.

der göttlichen Subsistenz. Daß der göttlichen Natur als dem Quellgrund der Gottheit das Prädikat der Subsistenz in primärer und ursprünglicher Weise (*radicaliter*) zukommt, steht für Cajetan außer Frage.[24] Wir wissen jedoch aus der trinitarischen Personlehre Cajetans, daß das seinem Wesen nach (*formaliter*) Subsistierende nicht der göttliche Selbstand (*hic Deus*), sondern die trinitarische Person ist. Denn dieser Selbstand ist der Subsistenz nach noch nicht letztlich bestimmt; erst in den Relationen erreicht die göttliche Subsistenz das Moment der *incommunicabilitas*.[25] Deshalb muß die anhypostatische Menschennatur zuerst mit dem Logos verbunden werden, um in vollständiger Weise Person werden zu können. Für Cajetan bleibt somit das Verhältnis der menschlichen Natur zur göttlichen Natur in *unio* wie *assumptio* grundsätzlich über die Person des Logos vermittelt.

Die Fähigkeit, eine zweite Natur anzunehmen und in der eigenen Person zur Person zu bestimmen, sieht Cajetan mit Thomas überhaupt nur bei den trinitarischen Personen gegeben. Thomas hatte die Begründung in der „*Summa theologiae*" mit der kurzen Anwort angezeigt: „wegen ihrer Unendlichkeit" (*propter eius infinitatem*)[26]—allein die göttliche Person vermag aufgrund ihrer wesenhaften Unendlichkeit neben der göttlichen noch in einer weiteren Natur zu subsistieren. Der in sich recht unbestimmte Ausdruck „Unendlichkeit" wird von Cajetan auf die Subsistenz bezogen. Den göttlichen Personen ist eine unendliche Subsistenz eigen, d. h. sie können nicht nur zwei, sondern beliebig viele Naturen annehmen und in ihnen als Personen existieren.[27]

Auch hier läßt sich zwischen einem Radikal- und einem Formalaspekt unterscheiden: Die trinitarischen Personen sind aufgrund ihrer göttlichen Natur in ursprunghafter Weise unendlich, wie eben diese Natur Quellgrund aller Unendlichkeit in Gott ist; zugleich kommt ihnen aber die Unendlichkeit auch ihrem Wesen nach als Personen und somit als subsistierenden Relationen zu.[28] Ihre Subsistenz ist durch keine Natur, auch nicht die göttliche,

---

[24] „Quia radicaliter constat divinam essentiam habere primo rationem subsistentis": *In* III 3,2 VIII (XI,57b-58a).

[25] Vgl. o. Kap. II.2.2.

[26] *S.th.* III 3,1 ad 2 (XI,53b).

[27] „Et confirmatur. Quia per illud idem quo Verbum subsistit in duabus naturis, divina scilicet et humana, potest subsistere, quantum est ex parte sua, in infinitis naturis. Quoniam ubi pluralitas non facit differentiam, nec infinitas faceret differentiam, si infinitas possibilis esset. Sed Verbum per suam personalitatem, quatenus est constitutiva personae (quod est dicere, quatenus est constitutiva subsistentis in divina natura), habet quod possit in duabus naturis subsistere. Ergo per suam personalitatem, ut subsistentem in divina natura, potest subsistere in infinitis naturis. Sed posse subsistere in infinitis naturis est subsistentiae infinitae. Igitur subsistentia qua Verbum de facto substantificat humanam naturam, exigit infinitatem. Eadem est enim conditio eius qua nunc subsistit in duabus, et qua subsisteret in infinitis": *In* III 3,1 V (XI,55a).

[28] „dicendo quod Verbum esse infinitum secundum rationem personalitatis suae, potest dupliciter intelligi: scilicet radicaliter, vel formaliter. Et quod Verbum est infinitum secundum

letztlich erschöpfbar. Die Eigenschaft der Unendlichkeit ist nach Cajetan der personalen göttlichen Subsistenz schon deswegen beizulegen, weil das Subsistieren eine Vollkommenheit darstellt, die in Gott—dem „vollkommensten Seienden" (*ens perfectissimum*)—stets als unendliche angenommen werden muß.[29] Die unendliche Subsistenz kann deshalb nach Cajetan zu Recht als Interpretament des thomanischen Ausdrucks „*propter eius infinitatem*" gelten. Cajetan erachtet die unendliche Subsistenzfähigkeit als eine hinreichende, wenn auch nicht notwendige Bedingung dafür, daß der Logos eine zweite Natur annehmen und terminieren konnte.

Nachdem wir gesehen haben, daß der Logos den Assumptionsakt zuerst und unmittelbar durch seine eigene Personalität terminiert und daß Cajetan gerade in der unbegrenzten Subsistenzfähigkeit dieser Personalität die entscheidende Bedingung für die Möglichkeit der Annahme einer weiteren Natur gegeben sieht, wollen wir uns nun noch der Antwort Cajetans auf die Schulfrage zuwenden, „ob zwei göttliche Personen ein und dieselbe menschliche Natur in derselben Hinsicht terminierend annehmen können". Cajetan wird durch diese scheinbar rein possibilientheologische und somit nicht unproblematisch ‚spekulative' Frage gleichwohl veranlaßt, die Art und Weise der Logostermination in einer weiteren Richtung hin auszudenken und somit genauer zu klären. Er entwickelt auch hier wiederum seine eigene Ansicht in Auseinandersetzung mit Duns Scotus, der diese Frage verneint hatte. Es ist ein unaufgebbares Wesensmerkmal der menschlichen Natur Christi, von der zweiten göttlichen Hypostase abhängig und damit durch den göttlichen Selbstand personifiziert zu sein. Duns Scotus bezeichnet diese Abhängigkeit deshalb als eine „wesenhafte Abhängigkeit" (*dependentia essentialis*) und begreift sie nach dem Modell einer Kausalbeziehung: Wie eine Wirkung nicht durch zwei Ursachen gleichermaßen hervorgebracht werden kann, so wenig kann auch die menschliche Natur ihrer Subsistenz nach von zwei göttlichen Personen gleichermaßen abhängig sein.[30] Denn die

---

rationem deitatis radicaliter, quia ex deitate quidquid est in Deo infinitatem habet: sed secundum suam personalitatem est formaliter infinitum, quoniam personalitas divina non est constitutiva personae nisi infinitae": ebd. (XI,54b).

[29] „Verbi personalitas in sua formali ratione claudit subsistentiam. Ergo perfectionem simpliciter. Ergo est infinita formaliter. ... Primo, quia subsistentia non solum est perfectio, sed maxima perfectio: nullum namque divinum esset perfectum nisi subsistens. Secundo, ex definitione perfectionis simpliciter, scilicet quod in quolibet melior est ipsa quam non-ipsa [vgl. Anselm von Canterbury, *Monologion*, c.15 (1: 28,30)], arguitur sic. In quolibet ente, ut sic, melior est subsistentia quam quodlibet sibi incompossibile. Ergo est perfectio simpliciter.—Tertia [lies: Secunda] consequentia est evidens etiam apud Scotum: quoniam omnis perfectio simpliciter est in Deo infinita formaliter": ebd. (XI,55a).

[30] „non videtur quod una natura possit simul assumi a tribus personis; quia in omni dependentia essentiali unum dependens non dependet praecise nisi ad unum, quod totaliter terminat eius dependentiam: in ista unione est dependentia essentialis unius naturae; et una persona terminat totaliter eam: igitur non potest idem dependere hoc modo ad plures tales personas. Maior probatur in omni dependentia causati ad causam; quia impossibile est idem

Personalität einer göttlichen Person würde dieses Abhängigkeitsverhältnis nicht weniger bestimmen, wie wenn die menschliche Natur für sich selbst terminiert würde, d.h. sie würde wie jene ausschließlich bestimmend wirken.

Aber Cajetan bestreitet, daß das natürlich-notwendige Abhängigkeitsverhältnis zwischen menschlicher Natur und Person nur nach dem Modell des Kausalverhältnisses gedacht werden kann. Zwischen einem doppelten und einem halben Gegenstand sieht Cajetan gleichfalls eine Beziehung wesentlicher, nichtkausaler Abhängigkeit, ohne daß sich das Doppelte ausschließlich auf *ein* Halbes zu beziehen hätte.[31] Der Logos könnte also die menschliche Natur so terminieren, daß zugleich die Terminierung durch eine weitere göttliche Person nicht notwendig ausgeschlossen ist.[32] Cajetan droht freilich mit dem Insistieren auf dem Logisch-Möglichen die theologische Bedeutung des heilsgeschichtlichen Faktums, daß von den trinitarischen Personen gerade der Logos und nur der Logos Mensch geworden ist, aus dem Blick zu geraten. Damit stimmt zusammen, daß er die Frage nach der Konvenienz der Inkarnation für die zweite göttliche Hypostase, wie wir bereits sahen, nicht wirklich in Angriff genommen hat.

3. Die menschliche Natur als Gegenstand des Inkarnationsaktes

Die Überlegungen Cajetans zu der Frage, warum es angemessen war, daß Gott gerade die Natur eines Menschen und nicht etwa die eines Engels angenommen hat, haben wir bereits im Rahmen unserer Untersuchung der grundsätzlichen konvenienztheologischen Erörterung des Inkarnationsmy-

---

causatum habere plures causas totales in eodem genere causandi, a quibus dependeat. Sequeretur enim quod essentialiter dependeret ab illo ut a causa, quo non existente nihilominus esset": *Op.Ox.* III, d.1, q.2, n.5 (VII/1,36f.).

[31] „Quoniam ex naturalis rationis lumine nulla apparet maior dependentia essentialis non causalis quam ea quae est unius relativi ad proprium correlativum: quia definitur et essentialiter constituitur per esse ad aliud. Constat autem quod unum relativum sic essentialiter dependet ab uno totaliter intensive terminante illud, quod non totaliter extensive terminat illud: ut patet de duplo et dimidio, et aequali, et simili, et aliis huiusmodi; idem enim duplum eadem numero duplicitate duplum est non solum ad A dimidium, sed ad B et C; et unum aequale eadem numero aequalitate aequale est omnibus sibi aequalibus": *In* III 3,6 V (XI,65b-66a).

[32] „licet Filius totaliter intensive terminet naturam humanam et eius dependentiam ad personari, non tamen totaliter extensive, nec secundum omnem obedientialem potentiam alterius rationis": ebd. VII (XI,66b). Auf eine Lehrdifferenz zwischen Thomas und Cajetan wollen wir noch aufmerksam machen: In dem hypothetischen Fall, daß Vater, Sohn und Hl. Geist dieselbe menschliche Natur angenommen hätten, wären nach Thomas drei Personen, aber aufgrund der *einen* göttlichen Natur auch nur *ein* Mensch vorhanden, vgl. *S.th.* III 3,6 ad 1 (XI,64b). Cajetan dagegen sieht in diesem Falle einen dem *hic Deus* vergleichbaren übergreifenden Selbstand nicht gegeben und nimmt daher *drei* Menschen mit einer gemeinsamen menschlichen Natur an: „... non esset homo unus secundum naturam et personam, quam unitatem importat unus homo simpliciter. Sed essent tres homines numero in una natura humana: quia essent plures personae humanae secundum unam naturam humanam": *In* III 3,6 X (XI,67b); vgl. auch J. BRINKTRINE, Die Lehre von der Menschwerdung und Erlösung, 45 Anm. 1.

steriums durch Cajetan kennengelernt.³³ Wir haben gesehen, wie Cajetan besonders den Gedanken hervorhebt, daß die menschliche Natur aufgrund ihrer Mittelstellung innerhalb der kreatürlichen Welt tatsächlich am besten dazu geeignet war, in der Vereinigung mit dem Logos den universalen Heilswillen Gottes zum Ausdruck zu bringen. Die konvenienztheologische Perspektive ist jetzt noch einmal aufzunehmen und im Blick auf den von Gott gewählten Inkarnationsmodus zu vertiefen.

Cajetan wendet sich einer Denkmöglichkeit zu, die Thomas in diesem Zusammenhang erwogen hatte.³⁴ Von einem extrem realistischen Standpunkt aus wäre es durchaus vorstellbar, daß sich der Gottessohn auch mit der als außerhalb der Individuen wie außerhalb Gottes existenten menschlichen Allgemeinnatur hätte verbinden können. Der Logos wäre dann gleichsam mit der ‚Menschheit an sich' vereint, wie umgekehrt alle Menschen durch ihre Wesenheit mit dem Logos verbunden wären. Diese Vorstellung wäre keineswegs abwegig, würde sie doch den Lehrsatz des Glaubens, daß das Heil in Jesus Christus alle Menschen betrifft, seinem Allgemeinheitsanspruch nach metaphysisch plausibel begründen können.³⁵

Aber hierbei handelt es sich, wie bereits gesagt, doch nur um eine Denkmöglichkeit. Im Unterschied zu anderen konvenienztheologischen Überlegungen wird eine nur im Denken, nicht in der Wirklichkeit begründbare Möglichkeit als Alternative zu der von Gott gewählten Wirklichkeit der Inkarnation herangezogen. Sowohl Thomas wie Cajetan sind der Meinung, daß die Universalientheorie, die besagter Vorstellung zugrundeliegt, in keiner Weise haltbar ist.³⁶ Und selbst wenn man diese Universalientheorie gelten lassen würde, wären nach beiden Theologen immer noch schwerwiegende Inkonvenienzen gegeben.

Cajetan stimmt dem Satz des Thomas zu, daß es gegen die Weise einer allgemeinen Form ist, in einer Person zu sein.³⁷ Wird die Individuation wirklich als Sein in einer Person verstanden, dann läßt sich dieser Begriff tatsächlich nicht im univoken Sinne von einer „Allgemeinnatur" (*natura communis*) aussagen. Denn die *natura communis* ist zwar notwendigerweise in einer Einzelnatur vorhanden, sie kann aber nicht selber als eine Einzelnatur bzw. als eine erste Substanz existieren. Eine solche Natur wäre zur An-

---

³³ Siehe o. Kap. III.1.
³⁴ Thomas stellt in *S.th.* III 4,4 die Frage: „Utrum Filius Dei debuerit assumere naturam humanam abstractam ab omnibus individuis".
³⁵ Vgl. *S.th.* III 4,4 ob. 1 (XI,82a).
³⁶ „Per se quidem [natura] subsistere non potest, ut Philosophus probat, in VII Metaphys. [c. 14]: quia ad naturam speciei rerum sensibilium pertinet materia sensibilis, quae ponitur in eius definitione; sicut carnes et ossa in definitione hominis. Unde non potest esse quod natura humana sit praeter materiam sensibilem": ebd. co. (XI,82ab).
³⁷ „Hoc autem est contra rationem formae communis, ut sic in persona individuetur": ebd. (XI,82b).

nahme durch den Logos also denkbar ungeeignet.[38] Einen strengeren Anspruch, also die Unmöglichkeit der Annahme einer Allgemeinnatur, sieht Cajetan in dem Satz des Thomas nicht formuliert.[39]

Als weiteres Argument aus den thomanischen Inkonvenienzbeweisen hebt Cajetan den Gedanken hervor, daß eine Allgemeinnatur auch nur zu allgemeinen und typischen Handlungen fähig wäre, die per se weder verdienstlich noch nichtverdienstlich wären. Dies widerspräche freilich dem eigentlichen Ziel des Annahmeaktes, ist doch der Logos dazu Mensch geworden, daß er in dieser Natur den Menschen Verdienste erwerbe.[40] In der positiven Umformulierung dieses Arguments durch Cajetan wird der Akzent deutlich sichtbar auf die uneingeschränkte Verdienstfähigkeit Christi gesetzt: Zwar könnte der Logos auch durch die an sich verdienstindifferenten Tätigkeiten der menschlichen Allgemeinnatur Verdienste erwerben, indem er sie auf Gott als das ‚übernatürliche Objekt' bezieht; soll der Logos aber in der angenommenen Natur für uns Verdienste erwerben, dann ist diesem Ziel doch eigentlich nur die Annahme einer Natur konvenient, deren Wirken prinzipiell—unabhängig von dem speziellen Wirken des Logos—verdienstliche Qualität erreichen kann.[41] Die Konvenienz des von Gott gewählten Modus der Menschwerdung ist für Cajetan somit auch gegenüber dieser ultrarealistischen Denkmöglichkeit, der Vereinigung des Logos mit der Allgemeinnatur ‚Mensch', durchaus nachweisbar.

---

[38] „Est igitur sensus illius propositionis: Contra rationem naturae communis est quod sit in persona, scilicet humana, ut sunt personae humanae quas scimus. Et hoc manifestat quia in persona individuatur: relinquens pro per se noto quod contra rationem talis humanitatis est individuari; quod est verum, univoce loquendo de individuatione ut natura apud nos individuatur. Ex hac namque propositione et ratione optime infertur quod humanitas per se incongrua est assumptioni": *In* III 4,4 IV (XI,83a).

[39] „natura enim repugnans personis et individuis suae speciei, non congrua est ad hoc quod trahatur ad alienam personam": ebd. Von dieser Interpretation des thomanischen Diktums (vgl. Anm. 37) her müßte gefolgert werden, daß Thomas eigentlich die *impossibilitas* der Annahme einer allgemeinen menschlichen Wesensform beweisen wollte. Daß Cajetan hier aber nur die *incongruentia* von Thomas intendiert sieht, beruht auf der Voraussetzung eines univoken Personbegriffs, der in der Tat dem Begriff einer allgemeinen separaten Form widerspricht, vgl. *In* III 4,4 IV (XI,83a): „quod est verum, univoce loquendo de individuatione ut natura apud nos individuatur".

[40] „Secunda ratio est quia naturae communi non possunt attribui nisi operationes communes et universales, secundum quas homo non meretur nec demeretur: assumptio autem facta est ad hoc ut ille homo mereretur nobis": ebd. V (XI,83b); vgl. *S.th.* III 4,4 co. (XI,82ab).

[41] „Operationes enim naturales ex suo genere non sunt meritoriae: et ideo dicitur quod naturalibus non meremur nec demeremur. Possunt tamen esse meritoriae ex parte operantis in Deum obiectum supernaturalis beatitudinis illas referentis. Operationes autem liberae ac moraliter bonae ex suo genere sunt meritoriae: quoniam ex suo genere habiles sunt ut caritate informentur. In littera ergo est sermo de meritoriis ex suo genere. Ita quod ratio litterae consistit in hoc: Natura humana illo modo essendi est incongrua assumptioni quo non est nata ut conveniant sibi operationes meritoriae ex suo genere: quia assumptio ad hoc tendit ut, mediante natura assumpta, Filius Dei mereatur nobis. Sed naturae communi non attribuuntur nisi operationes communes, etc. Ergo": *In* III 4,4 VI (XI,83b).

Im übrigen beschränkt sich Cajetan in seinen konvenienztheologischen Überlegungen im Blick auf die angenommene Menschennatur darauf, einige wenige Gedanken des Thomas durch Verteidigung gegen mögliche Einwände bzw. durch gesonderte Hinweise auf ihre theologische Tragweite hervorzuheben. Die Frage, ob es angemessen war, daß der Gottessohn eine menschliche Natur aus dem Geschlecht Adams annahm[42], hatte Thomas unter anderem mit dem Hinweis darauf nachdrücklich bejaht, daß es dem Menschen zu größerer Ehre gereicht, wenn der Sieger über den Teufel aus jenem Geschlecht geboren wird, das auch vom Teufel besiegt worden war.[43] Es ist gerade dieser Gedanke, den Cajetan aus den drei von Thomas zur Begründung angeführten Argumenten herausgreift und vor den Augen des Novizen in seiner existentiell-religiösen Bedeutung entfaltet:

> Verweile jedoch ein wenig bei dem zweiten Grund und begreife wenigstens, was über unsere Würde dadurch erklärt wird, daß es uns, den besiegten Sündern, zuteil wurde, durch das Haupt zu siegen, das aus uns genommen worden ist. Ich bin nämlich bei weitem würdiger, weil ich, obwohl ich die Gotteskindschaft durch Adoption mit meiner Sünde verachtet habe, zum Sohn Gottes in Person, [ja] zu Gott in Person geworden bin. Denn ich bekenne, daß mir eine große Würde zuteil geworden ist, weil ich aus einem Feind zu einem Freund Gottes geworden bin; weil ich, der ich [Gott] beleidigt habe, Genugtuung geleistet habe; ich, der ich Strafe verdient habe, Verdienste erworben habe; ich, der ich besiegt worden bin, sogar den Teufel besiegt und über ihn selbst triumphiert habe; ich, der ich ‚in einem fernen Land' [Lk 15,13] und ‚verwundet von Räubern' [Lk 10,30] etc. war, zum Herrn der Engel geworden bin. Aber alle Würdetitel überragt, daß ich der Person nach Gott geworden bin: daß einer aus meinem so geringen wie verderbten und gottfeindlichen Geschlecht—ich sage aus meinem Geschlecht—seinem ‚Ich' nach wahrer Gott ist, nicht durch Teilhabe, sondern der Substanz nach. Es bezieht sich also auf die höchste Würde des Menschen als Sünder, daß Gott aus dem sündigen Geschlecht [Adams] Fleisch angenommen hat.[44]

Cajetan erschließt die theologische Bedeutung des zweiten Konvenienzargumentes, indem er es, in diesem Passus „in Genauigkeit und Frömmigkeit

---

[42] Vgl. S.th. III 4,6.

[43] „Secundo, hoc etiam pertinet ad maiorem hominis dignitatem: dum ex illo genere victor diaboli nascitur quod per diabolum fuerat victum": ebd. co. (XI,86a).

[44] „Siste tamen paululum in secunda ratione: et intellige minimum quid de nostra dignitate explicari per hoc quod nobis, peccatoribus victis, collatum est vincere per caput ex nobis sumptum. Longe enim dignior sum quod, Dei filiationem per adoptionem cum sprevissem peccando, factus sum Dei Filius in persona, factus sum Deus in persona. Multum enim mihi dignitatis collatum fateor quod ex inimico factum sum amicus Dei; quod qui offendi, satisfeci; qui demerui, merui; qui victus sum, vici etiam diabolum et triumphavi de ipso; qui eram in regione longinqua, et vulneratus a latronibus, etc., factus sum Dominus angelorum. Sed omnes superat dignitates quod factus sum Deus personaliter: quod mei generis, tam infimi tamque corrupti, ac Deo inimici; mei, inquam, generis unus ego verus est Deus, non participative, sed substantialiter. Ad maximum ergo peccatoris hominis dignitatem spectat quod de stirpe peccatrice carnem assumpsit Deus": In III 4,6 II (XI,86ab).

gleichermaßen optimal"[45] erklärend—wie Johannes ab Annuntiatione (†1701) lobend bemerkt—, mit einem wichtigen soteriologischen Gedanken verknüpft: dem Gedanken der Verbindung des Menschen mit Christus in der Person des Logos. Die größte Würde besteht nicht nur darin, daß ein Mensch für wert erachtet wurde, wahrer Gott zu sein; sie besteht vielmehr darin, daß in diesem einen Menschen Jesus alle Menschen mit dem Gottessohn verbunden sind und ihn zum Selbstand haben, wie Cajetan dies durch die Verwendung des kollektiven Singulars „Ich bin" in den beiden starken Aussagen „Ich bin zu Gott in Person geworden" (*factus sum Deus in persona*) und „Ich bin der Person nach Gott geworden" (*factus sum Deus personaliter*) deutlich zum Ausdruck bringt. Alle Menschen sind in dem ‚aus uns genommenen Haupt' präsent und dürfen sich von daher zu recht das Schicksal des Menschen Jesus vindizieren. Die Hereinnahme des Fleisches aus dem sündigen Geschlecht Adams bedeutet zugleich die Hereinnahme der Menschen in das göttliche ‚Ich' Christi. Daher wird die Menschwerdung Gottes von Cajetan in diesem Passus als Gottwerdung des Menschen beschrieben.

Wie wir uns die Verbindung des Menschen mit Christus, insbesondere die Vergegenwärtigung des Menschen in der zweiten göttlichen Hypostase nach Cajetan vorzustellen haben und ob sie sich ihm zufolge auf alle Menschen erstreckt, kann hier noch offen bleiben. Jedenfalls soll soviel vorweggenommen werden, daß Cajetan sicher nicht an einen Prozeß naturhaft-physischer ‚Vergottung' denkt, der mit der Inkarnation initiiert worden wäre und alle Individuen menschlicher Natur unabhängig von ihrem Streben und Wollen beträfe. Vielmehr kommt es hier darauf an zu sehen, daß Cajetan auch bei seinen Überlegungen zu rein possibilien- und konvenienztheologischen Fragen die soteriologische Perspektive nicht aus dem Blickfeld verliert. Denn für Cajetan gehören die Reflexion auf Sein und Konstitution Christi und die Reflexion auf die Heilsbedeutung dieses Seins und dieser speziellen Konstitution stets zusammen.

Wir haben uns nun noch kurz einem Problem aus der Philosophie[46] zuzuwenden, das Cajetan in diesem Zusammenhang diskutiert und das für seine Sicht der Homousie der angenommenen menschlichen Natur durchaus von Belang ist. Es handelt sich um die Frage, ob das Blut konstitutiv zur Materie Christi gehört oder nicht, und infolgedessen darum, ob der Logos das Blut mit sich hypostatisch vereinigte oder nicht. Vom Standpunkt der aristotelischen Naturphilosophie her wäre das Blut nicht als durch die Seele informiert, sondern lediglich als ‚Nährflüssigkeit' des Körpers zu betrachten. Es bildete somit auch im Unterschied etwa zu Fleisch und Knochen keinen

---

[45] „... subtilitate, et pietate aequalibus optime ...": *Salmanticensis Collegii Cursus Theologicus*, tract. 21, d.9, dubium 4, n.59 (XIV,199b).
[46] „Et est ratio dubii ex philosophia": *In* III 5,2 II (XI,89b).

aktuellen, sondern lediglich einen potentiellen Bestandteil der Körpermaterie.[47] Nicht zuletzt aufgrund dieser durch die Autorität des Aristoteles abgesicherten Anschauung ist die „Annahme des Blutes" (*assumptio sanguinis*) von nominalistischen Theologen wie Gabriel Biel abgelehnt worden.[48]

Demgegenüber gehört für Cajetan das Blut wesentlich zur Vollständigkeit des „irdischen Körpers" (*corpus terrestre*) und damit zur Integrität der menschlichen Natur dazu. Er weigert sich, im Blut ausschließlich eine Nährflüssigkeit und einen nur potentiellen Teil des menschlichen Körpers zu sehen.[49] Die vier Grundflüssigkeiten sind zwar bestimmte Körperteile ‚der Möglichkeit nach', im Blick auf das Körperganze sind sie jedoch wesentlich aktuelle Bestandteile.[50] Hat der Sohn Gottes also einen irdischen Leib und nicht einen himmlischen Leib—wie Valentinus meinte[51]—angenommen, dann ist auch zu glauben und zu lehren, daß er Fleisch und Blut angenommen und mit sich hypostatisch vereint hat.[52]

Die Integrität der assumierten Menschennatur ist damit für Cajetan grundsätzlich festgestellt, eine weitergehende Auseinandersetzung mit den historischen häretischen Substitutionstheorien des Apollinaris von Laodicea und des Arius, wie sie Thomas in der „*Summa theologiae*" führte, findet nicht statt.[53]

---

[47] Vgl. Aristoteles, *De partibus animalium* II,10 656b23; III,5 668a4; *De generatione animalium* I,19 726b5; Thomas von Aquin, *S.th.* III 31,5 ad 1 (XI,327b-328a); *In III Sent.*, d.3, q.5, a.1, ad 4 (III,143).

[48] Gabriel Biel, *Canonis Misse Expositio*, lectio 53, K (II,321).

[49] „... sanguis est corporis alimentum, sed non tantum. Quia est ita alimentum ut etiam sit secundum se pars corporis": *In III* 5,2 IV (XI,89b).

[50] „... partes humani corporis sunt duplices. Quaedam sic sunt actu partes quod sunt intransmutabiles in alias partes: ut carnes, ossa, nervi; et membra, ut manus, pedes, etc. Quaedam vero sic sunt actu partes quod sunt in potentia etiam ad alias partes: et tales videntur esse quatuor humores ex quibus sumus, inter quos est sanguis. Unde, quia huiusmodi habent aliquo modo rationem partis in actu, et aliquo modo partis in potentia, ideo diversa de eis dicuntur": ebd.

[51] „Hunc verissimum sensum si valentinus hereticus voluisset intellegere, non finxisset descendisse de coelo filium hominis eo quod attulit coeleste corpus. quod ridiculum est": *In Joh* 1,13 (148v).

[52] „Absque dubio igitur credendum est Filium Dei assumpsisse corpus terrestre, hoc est, carnem et sanguinem": *In III* 5,2 IV (XI,89b). Selbst an Kirchenvätern wie Augustin und Hilarius orientierte Auslegungen, die aufgrund von 1 Kor 15,47 Christus wegen seiner Formierung durch die *virtus caelestis* einen himmlischen Leib beilegen zu können meinen, werden von Cajetan unter bezeichnenden Hinweisen auf das *Prae* des Literalsinns vor den tropologischen Deutungen scharf zurückgewiesen, vgl. ebd. II (XI,89ab).

[53] Vgl. die Kommentare zu *S.th.* III 5,1.3f.

4. Der Ordo Assumptionis

Ein gesondert zu behandelndes Thema im Rahmen des Problemkreises der *assumptio* ergab sich aus einigen mehr oder minder authentischen Kirchenväterzitaten, in denen eine Vermittlung innerhalb des Aktes der Annahme der menschlichen Natur durch den Logos ausgesprochen wurde und die bereits in der frühscholastischen Diskussion axiomatischen Rang erreichten.[54] Hier ist insbesondere an den aus Augustin formulierten Satz zu denken: „Der Logos hat das Fleisch durch die vermittelnde Seele angenommen" (*Verbum assumpsit carnem mediante anima*)[55]. Dahinter steht die letztlich dem Neuplatonismus entstammende Vorstellung, zwei durch einen Abstand im Seinsordo getrennte Extreme könnten nur durch ein „Dazwischenliegendes" (*medium*) miteinander verbunden werden. Ein Denken, das alles Seiende nach seiner Beziehung zum ursprunghaften Sein zu bestimmen und nach der dadurch begründeten ‚Seinswertigkeit' in eine Abfolge zu bringen sucht, muß in dem Zusammensein von göttlicher und menschlicher Natur in Jesus Christus ein besonderes Vermittlungsproblem gegeben sehen, sind doch Gott und Mensch durch eine nahezu unendliche ontische Differenz geschieden. Es wird allerdings zu fragen sein, inwiefern der speziell neuplatonische Hintergrund des *ordo*-Gedankens, die Evaluierung des Seienden nach seiner Nähe bzw. Ferne zum Seinsursprung, in der Behandlung der Frage nach der „Reihenfolge (innerhalb) des Assumptionsaktes" (*ordo assumptionis*) durch Cajetan noch präsent bleibt.

Für Cajetan fällt das Problem mehrstufig an: Zum einen muß nach der Priorität im Verhältnis der Teilsubstanzen der menschlichen Natur untereinander, zum anderen nach der Priorität im Verhältnis von Leib und Seele zur menschlichen Natur im Ganzen gefragt werden.[56]

Mit der Beantwortung der Frage, wie nach Cajetan die Art des „Früher-Später" und damit die Art des *ordo* zu denken ist, müssen wir uns nicht lange aufhalten, verdichtet sich ihm doch zeitlich der gesamte Inkarnationsakt zum Augenblick der Empfängnis Christi. In diesem Augenblick fallen so-

---

[54] Vgl. Johannes von Damaskus, *Expositio fidei* III,6 (PTS 12: 50,38f.).
[55] Vgl. A. M. Landgraf, Das Axiom »Verbum assumpsit carnem mediante anima«. Zur Provenienz dieses Axioms siehe v.a. Augustin, *Epistula* 140, c.4, n.12 (CSEL 44: 163,18-21) und die von Thomas, *S.th.* III 6,2 s.c. (XI,96a) zitierte Stelle aus „*De Agone Christiano*", c.18, n.20 (CSEL 41: 120,24-121,2).
[56] „Scito igitur quod sunt hic duae principales difficultates. Prima est circa ordinem partium inter se, non absolute, sed relatas ad assumptionem. Et haec tractatur hic quoad partes essentiales, scilicet animam et corpus; et in sequenti articulo quoad partes potentiales, scilicet mentem et sensum. Altera est circa ordinem inter partes et totum, scilicet animam et corpus, et naturam humanam. Et haec tractatur in articulo quinto huius quaestionis. Et in utraque quaestione sunt variae opiniones": *In* III 6,1 III (XI,94ab).

wohl die Konstituierung der menschlichen Natur durch die Erschaffung der Seele Christi und ihre Vereinigung mit der von seiten der Mutter bereitgestellten Körpermaterie als auch die Annahme und hypostatische Vereinigung dieser (vollständigen) menschlichen Natur mit dem Logos zusammen.[57] Mit der Übernahme der traditionellen, bereits bei Johannes von Damaskus[58] belegbaren Ansicht der Simultaneität von Erschaffung und Vereinigung ist für Cajetan keine „zeitliche Abfolge" (*ordo temporis*), sondern allein eine „sachliche Ordnung" (*ordo naturae*) in der Annahme der menschlichen Natur sowie ihrer einzelnen konstitutiven Bestandteile denkbar.

Um uns dem konkreten Verständnis dieses Sachordos bei Cajetan nähern zu können, müssen wir zunächst noch sehen, wie sich Cajetan mit Durandus de Sancto Porciano auseinandersetzt, der jede in der Wirklichkeit begründete sachliche Ordnung unter den einzelnen zu assumierenden Größen der menschlichen Natur strikt ablehnt. Durandus' Interesse geht dahin, nicht durch reale, d.h. im Sein begründete Differenzierungen innerhalb des Assumptionsaktes die Einheit der angenommenen Menschennatur zu gefährden. Die beiden Teilsubstanzen, Leib und Seele, sind gerade deshalb angenommen worden, um eins zu werden, d.h. um die eine menschliche Natur und mit dem Logos zusammen den einen Menschen Jesus zu konstituieren. Die *assumptio* wird gleichsam dazu vollzogen, die Unterschiede zwischen den Teilen bzw. zwischen den Teilen und dem Ganzen aufzuheben. Diese finale Ausrichtung des Assumptionsaktes sieht Durandus in striktem Widerspruch zum Vermittlungsgedanken, der gerade eine Unterscheidung der assumierten Größen voraussetzen würde.[59] Da der Assumptionsakt somit auf ein einziges Ziel hin terminiert ist und von einem einzigen Wirkprinzip vollzogen wird, das die getrennten Teilsubstanzen zu dem einen Menschen Jesus zusammenfügt, kann nach Durandus eine in der Wirklichkeit begründete sachliche Reihenfolge der einzelnen anzunehmenden Größen nicht behauptet werden.

Aber diese Argumentation kann Cajetan nicht überzeugen. Der Logos nimmt zwar Leib und Seele an, damit diese vereint und wirklich zu einer einzigen menschlichen Natur—getragen von seiner Person—werden, aber es bleiben dabei doch Leib, Seele und Natur nach wie vor real unterschieden. Die Seele verliert durch die Vereinigung mit dem Leib nicht ihre Wesenheit (und umgekehrt) und ‚wird' die menschliche Natur.[60] Außerdem sind beide

---

[57] Vgl. *In* III 6,4 IV (XI,100b); siehe auch u. Kap. VII.1.1.
[58] Vgl. *Expositio fidei* III,2.
[59] „Item una assumptio est unius ad unum, sed assumptio humanae naturae fuit una et ad unum, quia ad personalitatem filii, ergo fuit unius assumpti, sed constat quod natura humana integra ex partibus suis fuit assumpta, ergo tam ipsa quam partes eius fuerunt assumptae ut unum, et ita non fuit ibi aliquis ordo realis": *In* III *Sent.*, d.2, q.2, n.12 (II,216rb).
[60] „Quoniam Filius Dei assumpsit animam et corpus ut sunt plura: quia assumpsit illa ut sunt duae partes essentiales realiter distinctae inter se": *In* III 6,1 VII (XI,95b).

Teilsubstanzen nicht nur insofern mit dem Logos geeint, als sie in der einen menschlichen Natur, die unmittelbar vom Logos angenommen wurde, zusammen sind, sondern sie sind auch jeweils für sich genommen Gegenstände der *assumptio*. Das entsprechende Argument für diese Lehre ist die Inkonvenienz der gegenteiligen Behauptung: Wären Leib und Seele nicht getrennt für sich, sondern nur ‚als Natur' angenommen worden, dann hätte der Logos mit dem Tod Christi am Kreuz, d. h. mit der Auflösung der menschlichen Natur durch die Trennung der Seele vom Leib, in einem neuerlichen Assumptionsakt beide Teilsubstanzen nun je einzeln annehmen müssen, blieb er doch stets mit beiden Teilsubstanzen vereint.[61]

Damit hat nun Cajetan die reale Verschiedenheit der ontologischen Parameter innerhalb des Assumptionsaktes—eine wichtige Voraussetzung für die These des realen *ordo naturae*—und deren unmittelbaren Bezug auf das annehmende Logossubjekt deutlich herausgestellt. Aber das eigentliche Kriterium, nach dem deren sachlich-reale Abfolge zu bestimmen wäre, wurde damit noch nicht genannt. Dieses Kriterium ist für Cajetan die kausale Vermittlungstätigkeit, nach der sich Leib, Seele und menschliche Natur unterscheiden und in ein *ordo*-Verhältnis setzen lassen.

Cajetan greift zur Erläuterung das Verhältnis von Seele und Leib innerhalb des Assumptionsaktes heraus. Die Seele informiert die erste Materie zum menschlichen Leib, sie ist gleichsam der Grund dafür, daß der Logos die erste, in sich noch völlig unbestimmte Materie als menschlichen Leib annehmen kann.[62] Weil es somit zwischen Leib und Seele eine wirklich kausale Beziehung gibt, deshalb gibt es auch einen wirklichen *ordo naturae* zwischen ihnen. Nicht in den unterschiedlichen ontologischen Wertigkeiten der einzelnen Teilsubstanzen bzw. der menschlichen Natur insgesamt, sondern in deren unterschiedlicher kausaler Wechselbeziehung liegt für Cajetan die sachliche Abfolge der einzelnen zu assumierenden Größen begründet.[63]

---

[61] „Constat autem ex doctrina sacra Filium Dei assumpsisse ita partes in toto quod tamen ad ipsas partes in seipsis terminata est assumptio: alioquin oportuisset in morte Christi fieri novas assumptiones animae in se et corporis in se, quoniam in toto non erant": ebd.

[62] „Nam, praesupposita actione creativa carnis, non est caro assumptibilis secundum congruitatem (sic enim de assumptibili est sermo) nisi sit animata, seu humana. Animata autem aut humana non est materia illa nisi per actionem animativam illius. Actio autem animativa constat quod animam ponit in carne, quae, realiter faciendo illam in esse animato et humano, vere ut causa media causat carnis assumptibilitatem": ebd. VI (XI,95a); vgl. *In* III 17,2 XXIV (XI,229b).

[63] „Est igitur inter carnem et animam inter se, relatas ad assumptionem, ordo naturae secundum causalitatem in re": *In* III 6,1 VI (XI,95a). Darin dürfte auch der Grund zu suchen sein, warum Cajetan an der Behandlung der Frage, ob die Seele vermittels des Geistes angenommen worden ist (vgl. *S.th*. III 6,2), kein näheres Interesse zeigt. Denn zwischen oberen und niederen Seelenteilen besteht nur *proportionaliter* ein Kausalverhältnis, vgl. *In* III 6,2 II (XI,97b).

Cajetan verwendet zur genaueren Bestimmung der dieser Ordnung zugrundeliegenden Vermittlungstätigkeiten die Distinktion „Formmittel-Gegenstandsmittel" (*medium ut quo-medium ut quod*), die zwar in der „*Summa theologiae*" schon inhaltlich angelegt ist, sich aber dort noch nicht explizit findet.[64] Da Cajetan die Distinktion nirgends ausführlicher erläutert, sie vielmehr als seinem Leserkreis offenbar bekannt voraussetzt, müssen wir zu ihrer Erklärung einen anderen Autor heranziehen, mit dem Cajetan an diesem Punkt die Auseinandersetzung führt und dessen Lehrmeinung er mit Hilfe dieser Distinktion wiedergibt. Duns Scotus schreibt in seinem Oxforder Sentenzenkommentar:

> Was diesen Artikel betrifft, kann deshalb hinsichtlich des Mittels unterschieden werden: Wie nämlich zwischen Wirkendem und Wirken oder Wirkung etwas als Mittel gestellt werden kann, entweder als Was-Mittel, wie das nächste Wirkende zwischen dem entfernt Wirkenden und der Wirkung, oder als Wodurch-Mittel, wie die Form des Wirkenden, so kann auch zwischen dem Empfänger und dem Empfangenen ein zweifaches Mittel gesetzt werden, nämlich ‚was' und ‚wodurch'. Wie nämlich etwas für ein anderes Grund des Wirkens sein kann, so kann auch etwas für ein anderes Grund des Empfangens sein.[65]

Versuchen wir, die von Duns Scotus in nahezu enigmatischer Kürze referierte Unterscheidung im Blick auf die Annahme etwas weiter zu entfalten.

1.) Unter einem *medium ut quod* wäre demnach das zu verstehen, was per se erster und unmittelbarer Gegenstand der Annahme bzw. des Empfangens ist und durch dessen Annahme zugleich etwas anderes mitangenommen wird.

2.) Dagegen ist das *medium ut quo* als eine Ursache bzw. wenigstens als eine *conditio sine qua non* dafür aufzufassen, daß ein Gegenstand von einem Empfänger oder Annehmenden aufgenommen werden kann. Es vermittelt also einen Gegenstand so, daß es nicht selber in die Verbindung zwischen Gegenstand und Empfänger mit hineingenommen wird und somit auch nicht unablässige Voraussetzung für das Bestehen dieser Verbindung ist.

Wenden wir uns also wieder dem Verhältnis der beiden anzunehmenden Teilsubstanzen untereinander zu. Wir sagten bereits, daß die Seele den Leib insofern an den Logos vermittelt, als sie der Grund dafür ist, daß der Körper als menschlicher Körper durch den Logos angenommen werden kann. Die

---

[64] Vgl. vor allem *S.th.* III 6,1 co. und ad 3 (XI,93ab.94b).

[65] „Ideo quantum ad istum articulum potest distingui de medio. Sicut enim inter agens, et actum, vel effectum aliquid potest poni medium, vel ut quod, sicut agens proximum inter agens remotum, et effectum; vel ut quo, sicut forma agentis. Ita inter recipiens, et receptum potest poni duplex medium, scilicet quod, et quo. Sicut enim aliquid potest esse alicui ratio agendi, ita aliquid potest esse alicui ratio recipiendi": *Op.Ox.* III, d.2, q.2, n.5 (VII/1,74). Zur Vorgeschichte dieser Distinktion siehe A. M. LANDGRAF, a.a.O. (Anm. 55), 169-171.

Seele vermittelt also den Körper als *medium ut quo* an den Logos.⁶⁶ Sie ist in diesem Falle sogar mehr als nur eine *conditio sine qua non*, sie ist wirklich ‚Ursache' der Assumptibilität des Fleisches. Aber das will nicht besagen, daß Gott den unbeseelten Körper nicht auf wunderbare Weise als menschlichen Körper hätte annehmen können.⁶⁷ Insofern kommen die Überlegungen zum *ordo assumptionis* nicht über den Anspruch eines Konvenienzargumentes hinaus. Cajetan ist der Meinung, daß die Seele deswegen nicht auch schon erster und unmittelbarer Gegenstand der Annahme des Fleisches ist. Der Leib muß vielmehr selber wie die Seele jeweils unmittelbar vom Logos angenommen sein, soll er nicht während der Zeit der Leib-Seele-Trennung aus der hypostatischen Union mit dem Logos ‚herausfallen'.⁶⁸

Bezeichnenderweise nimmt Cajetan die hiermit zum Ausdruck gebrachte Prävalenz der Seele gegenüber dem Leib wieder zurück, indem er die Annahme der Seele von ihrer informierenden Tätigkeit abhängig macht: Der Körper kann nur als beseelter angenommen werden, aber umgekehrt wird auch die Seele nicht angenommen, bevor sie nicht den Körper zum menschlichen Leib informiert hat.⁶⁹ Außerdem ist die Seele nicht eine bleibend notwendige Bedingung für die Verbindung des Körpers mit dem Gottessohn, sie vermittelt den Körper vielmehr nur „im Vollzug" (*in fieri*).⁷⁰ In der Betonung der Leib-Seele-Bezogenheit macht Cajetan gegenüber allen Seinsprävalenzen der Seele, denen sich das augustinisch-neuplatonische Axiom „*Verbum assumpsit carnem mediante anima*" verdankt, einen genuin aristotelischen Gedanken geltend.

Die ‚aristotelische' Behandlung des *ordo*-Themas läßt sich auch in den Überlegungen Cajetans zum zweiten der genannten Problemkreise, dem Verhältnis von Leib und Seele zur menschlichen Natur innerhalb des Assumptionsaktes, nachweisen. Daß diesem Verhältnis ebenfalls ein durch reale Unterschiede bedingter *ordo naturae* zugrundeliegt, wurde von Cajetan bereits gegen Durandus festgestellt. Leib und Seele verhalten sich zur menschlichen Natur wie die Teile zum Ganzen. Da sich diese Beziehung von der der beiden Teilsubstanzen untereinander gerade darin unterscheidet, daß eines der Relate die ‚Wirkung' des Assumptionsaktes als Aktes der Konstituierung der menschlichen Natur darstellt, ist die Bestimmung der Ordnung zwischen den Teilen und dem Ganzen nach Thomas am besten von

---

⁶⁶ „... anima est medium ut quo tantum, respectu carnis": *In* III 6,1 IV (XI,94b); vgl. auch ebd. VI (XI,95ab).
⁶⁷ „... Deus posset sine illa [aptitudine] assumere carnem, et caro sic apta non necessitat ad assumptionem: sed ex hoc ipso quod caro est humana, est habilis de congruo ut assumatur; hoc est, assumptibilis est de congruo": ebd. IX (XI,95b).
⁶⁸ „... caro ipsa in se terminat assumptivam actionem, et non solum ut animata et ut humana": ebd. IX (XI,96a). Zu der Zeit der Leib-Seele-Trennung siehe genauer u. Kap. VII.2.2.1.
⁶⁹ Vgl. ebd. VII (XI,95b).
⁷⁰ „[anima] non mediat in facto esse, sed in fieri tantum": ebd. IX (XI,95b-96a).

seiten des Wirkenden her vorzunehmen.[71] Denn von den beiden Ursachen her, die der Wirkung sachlich vorausliegen—der Material- und der Wirkursache—, empfiehlt sich gerade die maßgebliche göttliche Wirkursache als Kriterium zur Bestimmung der Priorität. Im Blick auf das Wirkprinzip ist dann wiederum zwischen der Absicht und der Ausführung zu unterscheiden: Zu beiden Aspekten verhalten sich Teile und Ganzes in ihrer Abfolge wechselseitig konvers. Thomas brachte diesen Sachverhalt auf die griffige Formel: „Das Erste in der Vorstellung ist das Letzte in der Verwirklichung"[72].

Daß die menschliche Natur in der „Ordnung der Absicht" (*ordo intentionis*) ‚der Natur nach' früher als die beiden Teilsubstanzen ist, dürfte aufgrund der zugegebenermaßen gedrängten Bemerkungen zum thomanischen Theoriehintergrund Cajetans gleichwohl nachvollziehbar sein: Gott will zuerst die menschliche Natur für seinen Sohn; dann will er die Mittel—die *assumptio* der beiden Teilsubstanzen—zum Erreichen dieses Zieles. Der Intention nach sind also die beiden Teilsubstanzen durch die menschliche Natur angenommen worden. Das Ganze ist früher als die Teile.

Entsprechend zu dem oben zitierten Satz des Thomas folgt dann umgekehrt für die „Ordnung der Ausführung" (*ordo executionis*): Die menschliche Natur ist durch die beiden Teilsubstanzen angenommen worden. Die Teile sind früher als das Ganze.[73] Gleichsam beiläufig wird dieser Vermittlungsmodus von Cajetan—an diesem Punkt über Thomas hinausgehend— noch weiter bestimmt. Cajetan führt zur Erläuterung der These, daß die Simultaneität, mit der Gottes Wirken viele Akte zugleich ausführen kann, eine sachlich begründete Ordnung dieser Akte keineswegs ausschließt, folgendes Beispiel an: Wenn Gott aufgrund seiner Allmacht ein Haus mit einem einzigen Akt entstehen ließe, so könnte dieser Akt nach wie vor in viele einzelne, aufeinander bezogene und einander voraussetzende Arbeitsschritte aufgegliedert werden, die den von Menschen üblicherweise zum Bau eines Hauses vollzogenen Akten entsprächen, von Gott aber ‚in einem' ausgeführt würden. In diesem Zusammenhang behauptet Cajetan, daß das genannte Bauwerk als Ganzes durch die Teile des Baukörpers, auf die sich die einzelnen Arbeitsschritte jeweils beziehen—wie Fundament, Wände, Dach—,

---

[71] „In incarnatione autem oportet maxime attendere ordinem qui est ex parte agentis: quia, ut Augustinus dicit, in Epistola ad Volusianum [107,2 (CSEL 44: 107,12f.)], in talibus rebus tota ratio facti est potentia facientis": *S.th.* III 6,5 co. (XI,101b).

[72] „... id quod est primum in intentione est ultimum in executione": *Quodl.* VIII, q.1, a.2 ad 1 (XXV/1,54,75f.).

[73] „Sed bene invenitur talis ordo inter partes simul et totum: quod scilicet, secundum executionis ordinem, prius natura terminata est assumptio ad partes simul, hoc est, animam et corpus, ut terminos partiales, quam ad totum, ad quod primo, ut primo intentum, ultimo terminata est": *In* III 6,5 VII (XI,102b).

‚vermittelt' ist.[74] Die Gebäudeteile fungieren seiner Meinung nach als Gegenstandsmittel. Da Cajetan das Inkarnationsgeschehen als ein „Ähnliches" (*simile quid*) zu dem genannten Beispiel ausgibt[75], liegt es nahe, die Priorität von Leib und Seele gegenüber der Gesamtnatur im *ordo executionis* nach dem Modell des Gegenstandsmittels zu verstehen. Das heißt dann aber doch, daß sich nach Cajetan der göttliche Akt der Annahme der Menschennatur zunächst und unmittelbar auf die einzelnen separaten Teilsubstanzen bezieht, durch die die menschliche Natur an den Logos vermittelt wird. Die Richtigkeit dieser Deutung wird von Cajetan mit klaren Worten bestätigt.[76]

Gegenüber der thomanischen, noch ohne Rückgriff auf die Distinktion *„medium ut quo-medium ut quod"* formulierten These, daß die menschliche Natur vermittels ihrer Teile angenommen worden sei[77], hatte bereits Duns Scotus schwerwiegende Einwände erhoben. Duns Scotus scheint Thomas ähnlich zu verstehen wie Cajetan, wenn er gegen ihn einwendet, daß der menschlichen Natur, die doch im Falle einer Entlassung aus der hypostatischen Union das für das Personsein zuerst prädisponierte Moment wäre, auch ohne eigene Personalität aufgrund der Abhängigkeit vom Logos die Subsistenz unmittelbar und den Teilsubstanzen durch sie mittelbar zukäme.[78] Duns Scotus sieht das Menschsein Christi gefährdet, wenn die menschliche Natur über die Teilsubstanzen an den Logos vermittelt würde: Christus wäre dann der sachlich-metaphysischen Ordnung nach zuerst nicht Mensch, sondern Leib und Seele gewesen.[79]

Cajetan ist sich der Problematik dieses Satzes, den Duns Scotus als Konsequenz aus der oben genannten thomanischen These anführt, durchaus bewußt. Er versucht deshalb nach Möglichkeit, die Bedenken des Duns Scotus aufzufangen, die doch seiner eigenen Theorie der Personation zuwider-

---

[74] „Verbi gratia, domus, sive fiat per multas operationes, ut ab arte successive fit; sive fiat tota simul a Deo; eadem media pertransit, puta fundamentum, parietes, tectum; et similiter eodem modo, hoc est, quod quodlibet eorum est ut medium quod. Nam sicut, successive operando, prius tempore fit fundamentum ut quod partiale; et mediante fundamento fit paries, etiam ut quod partiale; et postea tectum, ut quod partiale; et omnibus mediantibus ut quod partialibus, fit domus ut quod totale: ita, simul omnia operando, operatio illa prius natura, secundum executionis ordinem, attingere intelligitur fundamentum, et postea parietem, etc., ut dictum est": ebd.

[75] „Simile enim quid accidit in mysterio incarnationis": ebd.

[76] „... anima et corpus sunt medium ut quod respectu totius": *In* III 6,1 IV (XI,94b).

[77] „Verbum, assumendo partes humanae naturae, assumpsit totam humanam naturam": *S.th.* III 6,5 ad 1 (XI,101b).

[78] „Quod est in se primo personabile, si sibi dimitteretur, hoc in alio primo personatur quando assumitur, quia personalitas divina supplet personalitatem propriam: tota natura est primo, et immediate hoc modo personabilis in se, si sibi dimittatur, et non pars, vel partes: igitur, etc.": *Op.Ox.* III, d.2, q.2, n.5 (VII/1,74).

[79] „... assumptum est natura humana: igitur si primo assumptum non est natura humana, sed pars naturae humanae; assumens non erit primo homo. Et sicut in instanti assumptionis se habuit ad totum, et partes, ita et modo: igitur et modo non est primo homo": ebd. n.2 (VII/1,72).

laufen. Werden im *ordo executionis* Teile und Ganzes nicht als Mittel und Vermitteltes, sondern als Partial- und Totalspekt der einen angenommenen Menschennatur unterschieden, dann läßt sich sagen, daß auch die menschliche Natur als das Ganze das zuerst durch den Logos Angenommene ist.[80] Allerdings bedeutet diese Aspektunterscheidung kaum mehr als eine sprachliche Konzession. Cajetan gibt zwar Duns Scotus zu, daß die Natur, ginge es um das Erlangen der eigenen Personalität, zuerst das ist, was Person werden und somit auch die Subsistenz den Teilen mitteilen kann. Aber im Falle der Inkarnation des Gottessohnes lehnt er es strikt ab, den *ordo executionis* der Annahme parallel zu der Ordnung der natürlichen Personation zu denken.[81] Cajetan sieht die Ordnung der Annahme von der Ordnung der Personwerdung dadurch unterschieden, daß durch die *assumptio* die menschliche Natur sowie deren Teile mit einer bereits gegebenen Person verbunden werden.[82] Hier vermittelt dann nicht mehr die Natur die Subsistenz an die Teilsubstanzen, sondern diese sind unmittelbar, d.h. also gerade auch der Ausführung des Inkarnationsaktes nach *vor* der ganzen Natur mit der Logoshypostase verbunden. Andernfalls wäre kaum mehr plausibel zu machen, wie Leib und Seele mit dem Logos während der Kartage vereint bleiben können, wenn die subsistenzvermittelnde menschliche Natur als Ganze nicht mehr gegeben ist. Das heilsgeschichtliche Faktum des Todes Jesu läßt sich nach Cajetan für die Frage nach dem *ordo naturae* von Teil und Ganzem der menschlichen Natur aufgrund der in göttlich-weisheitlicher Fügung angeordneten und von Thomas bleibend gültig formulierten Korrespondenz von „Zusammenfügung" (*compositio*) und „Auflösung" (*resolutio*) auswerten: „Das erste in der Auflösung ist das letzte in der Zusammenfügung gewesen"[83]. „Das erste in der Auflösung" ist aber die menschliche Natur, die mit

---

[80] „... distingui potest quod primo assumptum dupliciter: ut quod totale; et quod non totale, seu partiale. Et similiter primum assumptum: terminata totaliter assumptione; vel, non terminata totaliter. Et dici quod natura humana est primo assumpta ut quod totale, vel, terminata totaliter assumptione: partes autem sunt, secundum operationis ordinem, prius assumptae non terminata totaliter assumptione, non ut quod totale. Cum ergo dicitur, Primo assumptum non est natura humana, negatur, loquendo de primo assumpto terminata totaliter assumptione": *In* III 6,5 VIII (XI,103a).

[81] „Ubi scito quod, licet respectu personae propriae prius secundum executionem intelligatur personari tota natura quam partes, quia partes, puta anima et corpus, ad personandum concurrunt mediante tota natura constituta per illas: ad assumptibilitatem tamen a divina persona prius secundum executionem concurrunt partes, scilicet anima et corpus, quam natura integra": ebd. IX (XI,103b).

[82] „... non est similis ordo assumptorum ad personam assumentem qui esset eorundem ad propriam personalitatem ... Et ne involvatur intellectus, distinguatur quod, quia quaestio est de ordine assumptionis, et non de ordine personationis; ideo, ne aequivocetur, dicatur quod per esse personale, et similiter per personari, potest intelligi posse fieri vel fieri personam, vel quasi constitutivum personae; vel potest intelligi posse fieri vel fieri aliquid personae": ebd. (XI,103a).

[83] „... ordo resolutionis verax testis est ordinis compositionis, quia primum in resolutione fuit ultimum in compositione [vgl. *S.th.* II-II 107,2 co.]; et constare nos meminerimus quod in

der Trennung der Seele vom Leib aufhört zu sein, während der Leib wie die Seele je für sich mit dem Logos verbunden bleiben. Daraus folgt, daß die menschliche Natur durch die Teilsubstanzen von dem Gottessohn angenommen wurde und nur in der Ordnung der Absicht Leib und Seele vorgeordnet sein kann.

In der Ausarbeitung des *ordo*-Themas liegt Cajetan also wenig daran, durch bloße Bestimmung von Seinsvalenzen die menschliche Natur und ihre Teilsubstanzen in eine sachlich-metaphysische Ordnung zu bringen. Die Rangfolge von Leib und Seele innerhalb des Assumptionsaktes ergibt sich ihm aufgrund der formursächlichen Vorordnung der Wesensform vor der Körpermaterie. Dagegen wird die Ordnung der menschlichen Teilsubstanzen und der ganzen Natur von ihm letztlich nach einem theologischen Kriterium bestimmt, der bleibenden Verbundenheit von Leib und Seele auch nach dem Tod Jesu.

Zugleich wird hinter dieser Argumentation der zutiefst antinestorianische Grundzug der Christologie Cajetans sichtbar: Der Logos ist gerade nach der sachlichen Reihenfolge des annehmenden Vollzugs zunächst nicht mit der menschlichen Natur, sondern mit dem Leib und mit der Seele unmittelbar hypostatisch vereint. Der Einwand des Duns Scotus, daß Christus nach dieser Ansicht eigentlich zuerst und *per se* noch nicht Mensch sei, kann von Cajetan nicht wirklich entkräftet werden. Zu groß scheint ihm offensichtlich die Versuchung zu sein, die Menschennatur als Selbständig-Ganzes, als in einer vom Logos unabhängigen Eigenständigkeit zu denken, würde man ihr die Aufgabe der Subsistenzvermittlung an die beiden Teilsubstanzen beilegen. Die Personwerdung der Menschen und die Personwerdung des Menschen Jesus durch die Inkarnation des Logos verhalten sich nach Cajetan vielmehr invers-analog.

---

morte Christi assumptio quasi resolvi incoepit, dum natura ipsa ab assumptione desiit, partes autem naturae assumptae remanserunt; percipiemus quod ex hoc ipso facto revelavit Deus quod assumendo inchoavit, executionis ordine, a partibus, et quod velut primum in compositione assumptionis fuit assumptio partium; ut sic divina sapientia disposuerit etiam suaviter [vgl. Weish 8,1] assumptionem, secundum executionem et resolutionem": ebd. VII (XI,103a).

KAPITEL VI

DIE VOLLKOMMENHEITEN DER MENSCHLICHEN NATUR CHRISTI

1. GNADE UND HYPOSTATISCHE UNION

1.1 gratia unionis

Ist von Gnade immer dann zu sprechen, wenn sich Gott dem Menschen selbst mitteilt, ihn zum ewigen Leben beruft und letztlich zur Teilhabe an seiner eigenen göttlichen Natur, an seinem innertrinitarischen Leben bestimmt, so muß diese Rede erst recht bei dem Geschehen zur Anwendung kommen, in dem Gott selbst ganz in den Menschen eingeht und sich mit ihm in einmaliger, nicht mehr überbietbarer Weise und d.h. eben in der Person verbindet. Die personale Vereinigung Gottes mit dem Menschen in Christus bedeutet für die angenommene Menschennatur nichts anderes als *Gnade*, ist doch in dieser Vereinigung geradezu uneinholbar-exemplarisch das Wesen der Gnade von Gott verwirklicht worden, gleichsam als das Ziel, auf das hin Gnade in ihrer mannigfachen Ausgestaltung immer schon angelegt ist. Aus dem Heilsgeschehen der hypostatischen Union folgert Cajetan keineswegs, daß die Menschheit Christi für sich betrachtet der geschaffenen Gnaden entbehrte; vielmehr werden für Cajetan gerade dann, wenn *Gnade* in Christus ihre wesenseigene Vollendung findet, die Gnadengaben in ihrer Fülle in dem Menschen Jesus anwesend, hat doch sein Selbstand unmittelbar am innergöttlichen Leben und damit am Ursprung und Quellgrund aller Gnade teil. Cajetan lehrt im Anschluß an das von Thomas in der *„Summa theologiae"* zugrundegelegte Schema eine dreifache Gnade in Christus: die Gnade der Union mit dem Logos (*gratia unionis*), die Gnade, wie sie dem Menschen Jesus inhäriert und zuständlich ist (*gratia habitualis*), und die Gnade, wie sie Christus als dem Haupt des mystischen Leibes zukommt (*gratia capitalis*)—wobei die *gratia capitalis* mit der *gratia habitualis* sachlich identisch ist.[1]

Er entwirft seine Lehre von der Unionsgnade in strenger Korrespondenz zu der realen Aspektunterscheidung zwischen der Union als der *relatio* bzw. *mutatio* und der Union als der *coniunctio personalis*, die uns bereits aus

---

[1] „... triplex gratia in Christo ponitur: scilicet gratia unionis, gratia singularis, et gratia capitalis": *In* III 7,1 divisio quaestionis (XI,107a).

seiner Unionslehre bekannt ist.² Die Vereinigung von menschlicher Natur und Logosperson kann folglich zweifach betrachtet werden: zum einen nach der „Beziehung" (*relatio*) zwischen Gottessohn und assumierter Natur sowie der „Veränderung" (*mutatio*) bzw. der „passiven Annahme" (*assumptio passiva*), durch die die menschliche Natur zum Logos hinzugenommen und mit ihm verbunden wird; zum anderen nach dem personalen Seinsgrund, der „personalen Verbindung" (*coniunctio personalis*) mit dem Gottessohn selbst. Entsprechend diesen beiden zentralen Aspekten wird nun auch die Unionsgnade von Cajetan unterschieden:
1.) Sofern sie in der Mitteilung der *relatio* und *mutatio* an die menschliche Natur besteht, ist sie geschaffene Gabe;
2.) Sofern sie in der Mitteilung der *coniunctio personalis* an die menschliche Natur besteht, ist sie ungeschaffene Gabe.

Letzteres gilt freilich nur, wenn die personale Verbindung mit dem Gottessohn ausschließlich nach dem göttlichen Seinsgrund in den Blick gerät und die Tatsache, daß der Logos eine zweite menschliche Subsistenzweise in der Zeit hinzugenommen hat, außer Betracht bleibt. Die *coniunctio personalis* ist dem Aspekt der zeitlichen Zusammenfügung und Verbindung des Logos mit der menschlichen Natur nach betrachtet geschaffene Gabe.³ Indem Cajetan den Aspekt der zeitlichen Entstehung der hypostatischen Union gegenüber der bisherigen thomistischen Lehrtradition mit dem Hinweis auf die „passive Veränderung" (*mutatio passiva*) und die „Verbindung" (*coniunctio*) als Akt der „Zusammenfügung" (*compositio*) deutlich hervorhebt, vermag er auch den Begriff der geschaffenen Unionsgnade nicht nur mit dem Moment der Beziehung, sondern auch mit dem der passiven Veränderung und der Zusammenfügung inhaltlich zu füllen.⁴ Die Bemerkung Cajetans, daß „die Unionsgnade das alles einschließt"⁵, macht noch einmal

---

² Vgl. o. Kap. IV.1.2.
³ „... coniunctio humanae naturae cum persona Filii Dei, quae nihil aliud est quam utriusque indivisio in esse personali ipsius Filii Dei, potest dupliciter accipi: scilicet vel secundum illam entitatem positivam quae est illud esse personale illius naturae creatae; vel secundum mutationem et relationem qua unitur et unita relative dicitur humana natura personae illi. ... Et si quidem unionis gratia, pro gratuito dono, summatur secundo modo, sic est donum creatum: quoniam tam mutatio passiva qua humana natura elevata est ad esse personale Dei, quam relatio unionis, inter creatas res est. Si vero unionis gratia, similiter pro dono gratuito, summatur primo modo, sic, quoad rem datam, increatum donum est, quia data est personalitas divina naturae creatae: quoad substantialem vero compositionem, seu coniunctionem personalitatis cum natura, donum creatum est, ut patet": *In* III 2,10 V (XI, 49b); vgl. auch *In* III 7,13 III (XI,125b).
⁴ Vgl. P. KAISER, Die Gott-menschliche Vereinigung in Christus als Problem der spekulativen Theologie seit der Scholastik, 61f. Das gilt gerade auch gegenüber Thomas, der in seinen späten Werken unter der *gratia unionis* vor allem die ungeschaffene Unionsgnade versteht, vgl. J. ROHOF, La Sainteté substantielle du Christ dans la théologie scolastique, 42.58f.
⁵ „... unionis gratia haec omnia concludit": *In* III 2,10 V (XI,49b).

deutlich, daß er die genannten Unterscheidungen als Aspektunterscheidungen der einen Unionsgnade versteht.

Auf dem Hintergrund dieses differenzierten Verständnisses der Unionsgnade vermag Cajetan auch scheinbar widersprüchliche Aussagen des Thomas in der *„Summa theologia"* miteinander zum Ausgleich zu bringen.[6] Wenn Thomas davon spricht, die *gratia unionis* sei unendlich[7] oder sei das personale Sein des Logos[8], so beziehen sich diese Aussagen auf den einen göttlichen Seinsgrund, in dem beide Naturen zusammenkommen. Spricht er dagegen davon, daß die *gratia unionis* von der ganzen Trinität verursacht sei[9], so muß man diese Aussage nach Cajetan auf das beziehen, was die Vereinigung als *mutatio* bzw. *relatio* über den einigenden Grund hinaus zufügt.[10]

Wie gerade auch die Gegenüberstellung von Unionsgnade und Adoptionsgnade zeigt, bleibt freilich das personale Sein des Logos die entscheidende Bezugsgröße für Cajetans Rede von der *gratia unionis*.[11] Denn der Logos allein ist die „Sache" (*res*), die die menschliche Natur in der Vereinigung gnadenhaft empfängt.[12] Damit bestätigen Cajetans Worte zugleich, daß unsere Interpretation der *unio personalis* als einer wirklichen Seinsmitteilung richtig war. Die eigentliche Gnadengabe Gottes an die Menschheit ist Gott selbst.

In der hypostatischen Vereinigung wird die menschliche Natur durch den Logos substantifiziert und gewinnt in diesem ihre Subsistenz. Da die Menschheit erst in der Vereinigung mit dem Logos personiert vorliegt—gemäß dem auch im christologischen Zusammenhang uneingeschränkt gültigen Axiom „Die Tätigkeiten sind Sache der Supposita" (*actiones sunt suppositorum*)—, konnte sie die Annahme durch den Gottessohn und damit die

---

[6] Siehe dazu *In* III 7,13 III (XI,125b).

[7] „Et hanc gratiam [= gratiam unionis] constat esse infinitam: secundum quod ipsa persona Verbi est infinita": *S.th.* III 7,11 co. (XI,120a).

[8] „Gratia enim unionis est ipsum esse personale quod gratis divinitus datur humanae naturae in persona Verbi": *S.th.* III 6,6 co. (XI,104a).

[9] „Secundum vero divinam naturam est ei naturalis, inquantum divina natura est principium activum huius gratiae [= gratia unionis]. Et hoc convenit toti Trinitati: scilicet huius gratiae esse activum principium": *S.th.* III 2,12 ad 3 (XI,52b).

[10] Cajetan schreibt zur Erklärung des in Anm. 8 zitierten Textes: „Ac per hoc unio, pro suo principali sumpta, scilicet pro ipsa re in qua uniuntur et sunt unum ens, una persona, ambae naturae:—infinita est, supra omne genus est, esse Verbi est, esse personale est. Pro eo vero quod addit ipsa unio super rem in qua est unio:—temporale quid est; causatum a tota Trinitate secundum rem, et per appropriationem a Filio": *In* III 7,13 III (XI,125b).

[11] „Gratia unionis constituit unitum esse personaliter Deum, gratia autem adoptionis constituit esse sanctum": *In* III 50,2 III (XI,481a).

[12] „Et hoc modo, quia res data humanae naturae in mysterio assumptionis est esse personale Filii Dei, ideo ipsum esse personale, ut induit rationem doni gratiose concessi, vocatur gratia: unionis autem, quia per unionem habetur a natura cui datum est": *In* III 6,6 II (XI,104b-105a); „... divina hypostasis data homini iesu per gratiam unionis": *In Joh* 3,34 (151v).

Zuteilung der Unionsgnade sich selbst in keiner Weise verdienen. Die hypostatische Union ist kein Verdienstobjekt der menschlichen Natur Christi. Zwar wäre es denkbar, der anzunehmenden Natur als einem Gegenstand, der in der sachlichen Ordnung der Annahme vorausgeht, auch entsprechende sachlich—nicht zeitlich—vorausgehende Tätigkeiten zuzuschreiben, um ihr damit einen Zugang zum Verdienst der Unionsgnade zu eröffnen. Aber Cajetan lehnt derartige Überlegungen, die allein im Bezugsrahmen der „absoluten (All-)Macht Gottes" (*potentia Dei absoluta*) aufrechterhalten werden können, schlichtweg ab. Die menschliche Natur Christi steht seiner Ansicht nach vielmehr in derselben natürlichen Hinordnung zur göttlichen Person wie die menschliche Natur des Sokrates zu dessen Person. Und diese von Gott bestimmte Hinordnung der Natur auf die Person ist gerade dadurch charakterisiert, daß „das Handeln dem Sein folgt" (*agere sequitur esse*), daß also die Natur zuerst in der Person zum Sein und dann zu ihrer ureigensten Tätigkeit kommt.[13] Der Abschluß der Personation, durch die die menschliche Natur vom göttlichen Selbstand hypostasiert wird, ist somit nach Cajetan immer schon vorausgesetzt, wenn von einem Tun der Menschheit Christi die Rede ist.[14]

Mit dem Insistieren auf der sachlichen Priorität der Person vor der Aktion ist freilich noch nicht die These ausgeschlossen, daß zur Vermittlung der Unionsgnade eine gnadenhafte Disposition seitens der Menschennatur wenn auch nicht zum verdienstlichen Erwerb der hypostatischen Union, so doch aber zum Empfang der Unionsgnade angenommen werden müsse. Dieser These, von Thomas noch im Sentenzenkommentar in abgeschwächter Form vertreten[15], könnte die theologisch durchaus nachvollziehbare Vorstellung zugrundeliegen, die menschliche Natur habe—in analoger Weise zum Gnadenempfang der übrigen Menschen—zur leichteren Vermittlung einer derart exzellenten Gabe disponiert werden müssen. Dadurch würde dann freilich der unmittelbare Einfluß der Unionsgnade auf die Menschheit Christi zurückgedrängt werden.

Cajetan behauptet wohl auch nicht zuletzt deshalb, daß die habituelle Gnade Christus nicht zur Disponierung auf die Unionsgnade verliehen wur-

---

[13] „ita tamen ut non sit sermo de potentia divina absolute, cum dicitur quod non potuit aliqua operatio praecedere unionem; sed de potentia quam ordo rerum habet, simpliciter et in mysterio incarnationis. Cum enim natura humana in Christo assumatur ad esse personale Dei, idem est ordo naturae humanae Christi ad personam Filii Dei qui est naturae humanae Socratis ad personam Socratis. Et ideo, sicut natura Socratis prius natura personatur per Socratem quam operetur; tum quia esse personale, utpote substantiale, est prius quam operari; tum quia primus terminus ut quod generationis est ipse Socrates: et deinde, naturae ordine, consequuntur operationes, etiam naturalissimae": *In* III 2,11 II (XI,51ab).

[14] „ita prius natura humanitas Christi personatur per Verbum Dei quam operetur": ebd. (XI,51b).

[15] Siehe *In* III *Sent.*, d.2, q.2, a.2, qla.1, sol. (III,80f.); vgl. dazu I. BACKES, Die Christologie des hl. Thomas von Aquin, 252; J. TERNUS, Das Seelen- und Bewußtseinsleben Jesu, 121f.

de, sondern ihm aufgrund seines Vereintseins mit dem Logos wesentlich zu eigen ist.[16] Zwischen beiden Gnaden besteht ein Verhältnis des Hervorgangs und der Kausalität, da die Unionsgnade Wirk- und Zielursache der habituellen Gnade und darüber hinaus auch aller anderen Gnaden ist[17], die Christus nach Cajetan in „Fülle" (*plenitudo*) besitzt. Cajetan folgt damit dem späten Thomas, der in der „*Summa theologiae*" gelehrt hatte, daß die habituelle Gnade in keiner Hinsicht Voraussetzung bzw. vorgängige Disposition, sondern ausschließlich Folge der *gratia unionis* ist.[18] Er scheint ihr in diesem Zusammenhang—wiederum im Anschluß an Thomas—allenfalls die Funktion zuzugestehen, die Seele Christi *nachträglich* für das Tragen der Würde, die ihr durch die Unionsgnade zuteil wurde, ‚geeignet' zu machen.[19]

Welche Bedeutung Cajetan der absoluten Priorität der *gratia unionis* vor der „habituellen Gnade" (*gratia habitualis*) beimißt, läßt sich aus seiner heftigen Reaktion auf einen Gedanken des Duns Scotus entnehmen, den dieser in seinem Oxforder Sentenzenkommentar erwogen hatte. Wenn die Unionsgnade in der Ordnung der Ausführung der habituellen Gnade vorangeht, dann muß eigentlich umgekehrt—so Duns Scotus—in der Ordnung der Absicht die habituelle Gnade der Unionsgnade vorangehen.[20] Das würde aber dann bedeuten, daß die Menschwerdung nicht unmittelbar von Gott gewolltes Ziel ist, sondern sich ihm lediglich als Folge aus dem Wunsch ergeben könnte, den Menschen Jesus habituell zu begnaden. Diese Überlegung, die man Duns Scotus jedoch wegen des geäußerten Vorbehalts nicht als definitive Lehransicht unterstellen darf, ist für Cajetan theologisch inakzeptabel. Die hypostatische Union, das „größte aller machbaren Dinge" (*maximum omnium factibilium*), kann sich nicht einer bloß sekundären Absicht Gottes verdanken.[21] Hier ist vielmehr auf die *mysterium*-Dimension der Mensch-

---

[16] „... gratia in Christo non habet rationem dispositionis respectu unionis: sed habet rationem naturalis proprietatis, sicut calor consequens formam ignis": *In* III 7,13 II (XI,125ab).

[17] „... ut perspicias esse non solum originis, sed causalitatis ordinem inter gratiam unionis et gratiam habitualem in Christo: haec enim Auctor hic docet ex doctrina Evangelica: Vidimus eum plenum gratia quasi Unigenitum a Patre. ... homo enim prius generatur quam suum accidens proprium, quod ipsum concomitatur, perfectius tamen ens homo est, quia non solum origine, sed causalitate praecedit suum accidens; est enim illius causa effective et finalis. Et simile accidit in mysterio Christi": *In* III 34,1 II (XI,346a).

[18] „Gratia autem habitualis ... consequens unionem": *S.th.* III 6,6 co. (XI,104ab); vgl. I. BACKES, a.a.O. (Anm. 15), 252 Anm. 6.

[19] „... ipsa habitualis gratia in Christo facit congruitatem quandam ad unionem. Et intelligit Auctor de congruitate, non antecedente unionem, velut disponente ad illam: sed de congruitate consequente ad unionem. Reddit enim habitualis gratia animam Christi congruam dignitati unionis, ad quam praeelevata intelligitur: sicut gravitas congruit terrae; et sicut desponsata iam mulier principi, congrua redditur prinicipi ex ornatu iocalium quae ex dono sponsi accepit": *In* III 8,5 VI (XI,133b).

[20] Vgl. *Op.Ox.* III, d.7, q.3, n.5 (VII/1,204).

[21] „Est siquidem [gratia unionis] non solum prior executione, sed causalitate omni possibili: est enim finis et efficiens reliquorum donorum in Christo. Et ideo ex ipsa unione concludimus et gratiam et gloriam summam: adeo ut Ioannes Evangelista, describens plenitudinem

werdung Gottes hinzuweisen, in der es letztlich begründet liegt, daß die Unionsgnade auch in der intentionalen Ordnung der habituellen Gnade vorgeordnet ist.

1.2 gratia habitualis

Da Cajetan die habituelle Gnade Christi in einem doppelten Bezugsrahmen denkt, je nachdem, ob die Gnade einmal so erfaßt wird, wie sie dem Individuum Christus angehört, oder so wie sie in Beziehung auf die Glieder des Leibes Christi steht, legt sich eine getrennte Untersuchung beider Aspekte nahe, so daß wir hier zunächst den Überlegungen zur „Gnade, sofern sie einem einzelnen angehört" (gratia singularis) nachgehen wollen. Cajetans Lehre von der „Hauptesgnade" (gratia capitis) soll dann in einem eigenen Abschnitt zur Sprache kommen.[22] Wie sich die habituelle Gnadenbegabung im einzelnen darstellt, werden wir im folgenden anhand der von Thomas in der theologischen Summe herangezogenen Klassifikationen der Gnade, den theologischen und moralischen Tugenden sowie den „besonderen Gnadengaben" (gratiae gratis datae), untersuchen, wobei wir die Frage nach den intellektuellen Tugenden des Menschen Jesus noch zurückstellen wollen. Sie soll im Rahmen unserer späteren Untersuchung der Gedanken Cajetans über das Wissen Christi angegangen werden.[23]

Wenden wir uns zunächst dem Themenkreis der theologischen Tugenden Christi zu. So sehr es für Cajetan außer Frage steht, daß Christus die Liebe in höchster Weise besaß[24], so wenig können doch seiner Seele die Tugenden des Glaubens und der Hoffnung im strengen Sinne des Wortes zugesprochen werden.[25] Der „Glaube" (fides) ist schon deswegen in Christus nicht anzunehmen, weil das spezifische Objekt dieses Habitus, die „nicht sichtbare göttliche ‚Sache'" (res divina non visa)[26], durch die permanente Gottesschau der Seele Christi bleibend ausgeschlossen ist. Daß die Seele Christi Gott bereits vom Augenblick der Empfängnis an in einer Unmittelbarkeit geschaut hat, wie sie sonst nur den Engeln und Seligen gewährt wird, ergibt

---

gloriae in Christo [vgl. Joh 1,14], nesciens quomodo melius describeret, ut ad radicem altissimam se conferret, cum dixisset, Vidimus gloriam eius, subdidit: gloriam quasi Unigeniti a Patre, plenum, etc. Non solum universa humana natura, sed daemones et angeli stupent de mysterio unionis personalis: et ad ipsam omnia a principio mundi ordinata conspicimus, tanquam maximum omnium factibilium. Sicut et vere est eorum maximum: non potest siquidem maius fieri quam quod homo sit vere personaliter Deus. Et iste homo [= Duns Scotus] non erubuit dicere eam esse posteriorem ordine intentionis!": In III 34,1 II (XI,346b).

[22] Siehe u. Abschnitt 1.3.
[23] Siehe u. Abschnitt 2.
[24] „Quia caritas ponitur in summo simpliciter in Christo": In III 10,4 V (XI,155b).
[25] „cum hoc quod Christus habuit omnes virtutes, stat quod non habuerit virtutem fidei neque spei": In III 7,2 I (XI,108ab).
[26] Nach Hebr 11,1.

sich für Cajetan schon aus der dezidierten Übernahme des allgemein-scholastischen Theologumenons von Christus als *simul viator et comprehensor*: Der Gottmensch ist in seinem irdischen Leben „Pilger und Gottschauender zugleich" gewesen.[27] Durch die letztgenannte Bestimmung sieht Cajetan für die Annahme eines Glaubenshabitus in Christus keinen Raum mehr. Cajetan unterscheidet genau zwischen dem Material- und dem Formalaspekt des Objektes, auf das sich der tugendhafte Habitus—und infolgedessen auch der aus diesem heraus gesetzte Akt—bezieht.[28] Dabei kommt dem Formalaspekt die entscheidende Termfunktion zu, da der Habitus genau daraufhin ausgerichtet und dadurch bestimmt ist, wie sich ihm das Objekt darbietet. So sind die Glaubensinhalte—die Geheimnisse der Trinität und der Inkarnation etc.—durchaus in der Seele Christi präsent, jedoch nicht nach dem „Formalgrund" (*ratio formalis*) des Unsichtbarseins.[29] Da der Glaube aufhört, wenn das ‚Schauen' beginnt, kann also in Christus die „beseligende Gottesschau" (*visio beatifica*) nicht mit der theologischen Tugend der *fides* zusammenbestehen.

Aus einem ganz ähnlichen Grund ist Christus auch die theologische Tugend der „Hoffnung" (*spes*) abzusprechen. Cajetan begnügt sich mit einer Aufgliederung des thomanischen Gedankengangs in der *„Summa theologiae"*. Das entscheidende Argument des Thomas läßt sich so wiedergeben: Der „Gottesgenuß" (*fruitio Dei*) als das spezielle Objekt dieser theologischen Tugend war in der Seele Christi bereits von Anfang an aktuell gegeben, lag also nicht in der *ratio formalis* von etwas zu Erwartendem vor.[30] Aber damit ist die Frage, ob Christus die theologische Tugend der Hoffnung besaß, noch nicht beantwortet. Cajetan lehrt vielmehr mit Thomas, daß es spezielle, übernatürliche Gegenstände gab, die Christus noch für sich erhoffen konnte[31], auf die er sich aber allein in einem durch Gnade ermöglichten Akt der Hoffnung zu beziehen vermochte. Die Begründung, die Cajetan für diese Lehre gibt, stellt ganz auf das für seine Christologie grundsätzlich gültige und wichtige Axiom von der absoluten Vollkommenheit der Seele

---

[27] Cajetan verweist mehrfach auf dieses Axiom, vgl. z.B.: *In* III 7,2 I (XI,108b); 7,8 II (XI,116a); *In* Joh 17,11 (203r); siehe auch *In* Ps 110,7 (184r).

[28] „alia tamen est ratio formalis objecti, et alia ratio propria materiae. Et ideo, si deficiat aliquid sub ratione materiae, non propterea oportet deficere habitum: sed si deficit sub ratione formali objecti, oportet habitus illius rationem formalem deficere": *In* III 7,3 II (XI,109b).

[29] „Quia respectu fidei, res quae sunt materia quae creduntur, inveniuntur apud intellectum Christi, ut Trinitas, etc., sed non sub illa ratione formali qua creduntur, quia non ut non visae: quia huiusmodi ratio formalis ponit imperfectionem in Christi anima. Et ideo nec fuit, nec esse potuit in Christo habitus fidei": ebd. (XI,110a).

[30] Vgl. *S.th.* III 7,4 co. (XI,110ab) mit dem Kommentar Cajetans *In* III 7,4 I (XI,111a). Vgl. auch *In* III 7,6 IV (XI,113b): „... ut virtus spei in Christo non fuerit: utpote ponens Deum non haberi ab anima Christi".

[31] „spes autem, quantum ad secundario sperata, in Christo fuit": *In* III 7,4 I (XI,110b). Vgl. *S.th.* III 7,4 co. (XI,110ab).

Christi[32] ab: Kommt die Annahme eines Glaubens in Christus de facto einem Aufgeben des Gedankens der vollkommenen Schau aller Dinge in Gott gleich, so bedeutet die Hoffnung gegenüber den Gegenständen zweiter Ordnung keinen Verlust an Vollkommenheit. Denn Christus hatte gerade aus Gründen solidarischer Barmherzigkeit einen sterblichen, mit Mängeln behafteten menschlichen Körper angenommen, für den er z. B. noch die Verklärung und Unsterblichkeit erhoffen konnte.[33] Gegenüber diesen Gegenständen war Christus also ein bedingt theologischer Akt der Hoffnung möglich. Diese Konsequenz ist eine entscheidende Voraussetzung für Cajetans Lehre vom Verdienst Christi für sich selbst.

Es ergibt sich hier allerdings die Frage, ob die Hoffnung, die sich auf Gegenstände dieser Art bezieht, als „eingegossener Habitus" (*habitus infusus*) verstanden werden darf. Blickt man auf die übrigen begnadeten Menschen „im Pilgerstand" (*in statu viae*), so läßt sich kein zweiter, von der theologischen Tugend der Hoffnung verschiedener und zugleich durch Eingießung der Gnade ermöglichter Habitus der Hoffnung ausmachen. Da die Gnadendisposition der Seele Christi denen der Heiligen grundsätzlich ähnlich ist, darf ein solcher Habitus auch in Christus nicht angenommen werden.[34] Nach Cajetan ist die Hoffnung, mit der sich Christus zur Auferstehung seines Leibes und ähnlichen Verdienstobjekten verhält, deshalb auch ihrem Wesen nach eher eine „Sehnsucht" (*desiderium*) als eine wirkliche *spes*.[35] Obwohl der Akt dieser Sehnsucht nicht in einem infundierten Habitus begründet ist, qualifiziert ihn doch sein Formalobjekt, der nicht mehr erhoffte, sondern bereits gegenwärtig geschaute Gott, als einen eminent theologischen Akt.[36] Cajetan gesteht also die Hoffnung als Sehnsucht in der Seele Christi,

---

[32] Cajetan hat dieses perfektionistische Axiom klar formuliert: „Omnia enim quae excellentia sunt, et non dedecent Christi animam sed consonant conditioni eius, credenda sunt inesse illi": *In* III 47,1 VI (XI,455b).

[33] „... fides nec quantum ad principale creditum nec quantum ad secundario credita locum habet in Christo, quia hoc poneret imperfectionem cognitionis intus in anima Christi; spes autem, quantum ad secundario tantum sperata, in Christo locum habuit, quia non omnia sperata habebat actu a principio, ut patet de immortalitate corporis et eiusdem gloria; quibus tamen carere nullam imperfectionem posuit in anima Christi, sed spectat ad assumptionem defectuum corporalium, quos dispensative, ob immensam suam misericordiam, pro nobis assumpsit": *In* III 7,4 I (XI,111a).

[34] „Ad primum horum dicitur quod in Christo nullus fuit habitus spei respectu secundario speratorum. Quia nullus habitus infusus fuit in ipso quin similis fuerit in hominibus sanctis vel viatoribus: cum constet quod etiam habitus gratiae capitalis sit secundum essentiam idem quod habitus gratiae, ut infra patebit. Certum est autem in hominibus non esse talem habitum spei diversum a spe virtute theologica. Igitur nec in Christo fuit huiusmodi habitus": ebd. III (XI,111ab).

[35] „et magis habet rationem desiderii quam spei": ebd. (XI,111b).

[36] „Ex parte vero obiecti formalis, est [actus secundarium spei] magis theologicus actus quam si esset a virtute theologica. Quoniam si esset a virtute theologica, scilicet spe, obiectum formale esset Deus habendus: quia in ordine ad Deum habendum speramus gloriam corporis. In Christo autem, sicut et in beatis, ratio formalis obiecti est Deus habitus. Haec enim ratio

wenn auch nicht als theologischen Habitus, so doch als theologischen und das heißt wiederum als verdienstlichen Akt durchaus zu.

Das Bemühen Cajetans, den Verdienstgedanken mit dem Perfektionsprinzip auszutarieren, wird an anderer Stelle noch deutlicher sichtbar. Dort spricht er davon, daß alle Tugenden dem „Verdienst" (*meritum*) nach in Christus waren, d. h. Christus erwarb das den beiden Tugenden *fides* und *spes* entsprechende Verdienst, wenn auch nicht durch die den beiden Tugenden entsprechenden Akte des Glaubens und Hoffens, sondern durch andere Akte höherer Ordnung.[37] Die theologischen Tugenden der *fides* und der *spes* müssen zwar Christus im strengen Sinne abgesprochen werden, aber daraus resultiert keine Einschränkung seiner Verdienstmöglichkeiten. Die Berücksichtigung des *meritum*-Gedankens gibt doch deutlich zu erkennen, daß in den so scheinbar ausschließlich christologischen bzw. christo-psychologischen Reflexionen Cajetans die soteriologische Dimension durchaus präsent bleibt.

Ganz generell gesprochen sind mit der habituellen Gnade nach Cajetan alle Tugenden—theologische, moralische, intellektuelle—in der Seele Christi als anwesend zu denken, die nicht—wie Glaube und Hoffnung—einen Mangel bzw. eine Unvollkommenheit voraussetzen.[38] Wie sehr aber Cajetan bemüht ist, auch diese Einschränkung zugunsten einer umfassenden Tugendzuschreibung an Christus ‚aufzuheben', wollen wir am Beispiel der leidenschaftsmindernden Tugenden zeigen.

Die Tugend der „Großzügigkeit" (*magnificentia*) setzt materiellen Reichtum voraus und kann somit eigentlich nicht von Christus ausgesagt werden. Andererseits stellt sie aber in sich einen Wert dar, da sie in ihrem Träger die Begierde nach Reichtum korrigiert und somit das „natürliche Strebevermögen" (*appetitus naturalis*) dazu disponiert, nicht vom Weg der Tugend abzukommen. Cajetan möchte sie um dieser Disposition willen, die er notwendig im Begriff der Tugend impliziert sieht, auch der Seele Christi beilegen und unterscheidet deshalb im Fall der leidenschaftsmindernden Tugenden noch einmal deren Anwesenheit in der Seele von dem äußeren Akt, den sie informieren und den Christus nicht notwendigerweise setzen mußte.[39] Im

---

succedit sperato principali, quod obiectum formale est spei: ac per hoc, respectu sperantis Christi et beatorum, loco obiecti formalis suae spei succedere videtur. Et consequenter actum secundarium spei remanentem magis theologicum reddit": ebd. IV (XI,111b).

[37] „... omnes virtutes, includendo etiam fidem et spem, fuerunt in Christo: scilicet, quantum ad meritum. Implevit siquidem excellentius quidquid meritorii actus est tam credendo quam sperando, quamvis non eodem modo, quia non credendo aut sperando: sicut quidquid cognoscit sensus, cognoscit intellectus, sed non eodem modo": *In* III 7,3 III (XI,110b).

[38] „cum hoc quod Christus habuit omnes virtutes, stat quod non habuerit virtutem fidei neque spei. Et stat resolutio in hoc, quod Christus habuit omnes virtutes non ponentes ex sui ratione defectum aliquem in anima Christi": *In* III 7,2 I (XI,108ab).

[39] „adverte quod in virtutibus quae sunt passionum moderativae, ut sunt istae de quibus est sermo hic, duo inveniri possunt. Primum est intus in anima. Et hoc est interior dispositio

Unterschied zur theologischen Tugend des Glaubens liegt also hier der umgekehrte Fall vor: Die Tugend der Großzügigkeit kann sich zwar in Christus nicht auf materiellen Reichtum als Objektbereich (*materia circa quam*) beziehen, gleichwohl aber auf dessen Formalgrund, d.h. auf die Umstände, wo, wie, wann, etc. Eigentum erworben werden kann. Die fehlende materielle Rahmenbedingung des Reichtums wird von Cajetan durch das Wissen um Vermögensbildung ersetzt.[40] Da die *ratio formalis* des Objektes den Akt und die ihm zugrundeliegende Tugend wesenhaft bestimmt, können also trotz fehlender *materia circa quam* nicht nur die Tugend der Großzügigkeit und „Freimütigkeit" (*liberalitas*), sondern auch in einem weiteren Sinne die der „Enthaltsamkeit" (*continentia*)[41], die Thomas nicht als Tugend betrachtete[42], der Seele Christi zugesprochen werden, während umgekehrt der Glaube wegen der fehlenden *ratio formalis* des Objektes, auf das er sich bezieht, keine Tugend der angenommenen menschlichen Seele sein kann.

Unter den moralischen Tugenden Christi hebt Cajetan allerdings weder die Großzügigkeit noch eine andere der genannten Tugenden, sondern speziell die „Demut" (*humilitas*) hervor. Diese Tugend ist der signifikante Habitus Christi im „Stand der Erniedrigung" (*status humilitatis*).[43] In seinen Schriftkommentaren nennt Cajetan den irdischen Jesus schlichtweg den „demütigen Menschen" (*homo humilis*)[44] oder „demütigen Mann" (*humilis vir*)[45]. Christus, der von sich demütig als dem Menschensohn sprach[46], gab gerade durch sein Leben und Wirken und vor allem durch die Niedrigkeit

---

appetitus humani, ut sic sit dispositus ne abduci possit a recto propter passiones. Et hoc est simpliciter necessarium haberi per virtutem. Et quod hoc omnes morales virtutes moderativae passionum optime salvantur in Christo: dum animum sic habituatum intus habuit, tam circa divitias quam circa venerea, ut penitus abiecerit illa a se secundum rectam rationem. Et ideo summe in eo commendatur et liberalitas et magnificentia et temperantia. Secundum est quod actus exercitium. Et sic non oportet Christum omnis virtutis proprio actu exteriori uti": ebd. III (XI,108b-109a).

[40] „Respectu autem magnificentiae, res quae sunt materia magnificentiae, ut divitiae, defuerunt, sed ratio formalis earum, quomodo, scilicet, quando, ubi, sicut, pro quo, etc., oportet, exponendae essent, non deerat animo Christi: quia haec nullam imperfectionem ponit intus in anima eius; sicut nec etiam defectus materiae magnificentiae redundabat in aliquam imperfectionem animae. Et ideo optime ex defectu objecti formalis defectus fidei conclusus est: ex defectu autem materiae magnificentiae non sequitur defectus magnificentiae interioris": *In* III 7,3 II (XI,110ab).

[41] „In eadem responsione ad tertium, attende quod caute Auctor loquitur negando in Christo continentiam, dum limitat continentiae rationem ad Aristotelis usum. Nam, sumendo continentiae nomen et rationem communiori usu, nihil prohibet Christum continentem appellare": *In* III 7,2 III (XI,109b).

[42] „... Christus ... non habuit continentiam, quae non est virtus, sed aliquid minus virtute": *S.th.* III 7,2 ad 3 (XI,108b).

[43] Vgl. *In* Ps 21,2 (34v).

[44] *In* Ps 97,1 (160v).

[45] *In* Mt 18,4 (42r).

[46] „Appellat seipsum iesus filium hominis. tum humilitate: quia alii vocabant ipsum filium dei": *In* Mt 8,20 (23r).

seines Leidens und Sterbens[47] das „Beispiel höchster Demut" (*exemplum summae humilitatis*)[48], an dem sich die Christen in der Nachfolge orientieren sollen.

Schließlich rechnet Cajetan—im engen Anschluß an Thomas—Christus im Rahmen seiner akzidentiellen Gnadenausstattung noch die sieben Gaben des Hl. Geistes, die man Christus aufgrund einer messianischen Auslegung von Jes 11,2 beilegte, sowie die „besonderen Gnadengaben" (*gratiae gratis datae*) zu, wobei er in seinem Summenkommentar auch im Falle dieser speziellen Gnadenbegabungen wiederum deutlich deren Fülle und Exzellenz in der Seele Christi im Vergleich zu anderen begnadeten Menschen akzentuiert.[49]

Wir wollen diese Kontrastierung methodisch aufgreifen, indem wir nun abschließend die wichtigsten Unterschiede hervorheben, die Cajetan zwischen der singulären Gnadenbegabung Christi und der anderer Menschen gegeben sieht.

1.) Die Menschheit Christi besitzt die absolute Fülle der Gnade, die übrigen Menschen dagegen können allenfalls eine relative Fülle der Gnade besitzen. Während also den Menschen die Gnade nur insofern in Fülle zu eigen sein kann, als sie das von Gott für den jeweiligen Lebensvollzug festgesetzte Maß erreicht hat, koinzidieren in der Seele Christi die einem Menschen maximal zudenkbare Gnadenausstattung und die Gnadenfülle, wie sie sich sowohl nach der Intensität der Einwohnung (*plenitudo intensiva*) als auch nach dem äußerlichen Wesensreichtum der Gnade (*plenitudo extensiva*) ergibt.[50]

Die Gnade erreicht also in Christus die Vollendung, auf die sie von ihrem Wesen her angelegt ist, sie ist in Christus wie in ihrem ‚Totalsubjekt', in den

---

[47] „... ad humilitatem passionem mortemque mesiae spectant": *In Joh* 12,34 (186v).

[48] *In Phil* 2,7 (120r).

[49] „Super hoc autem quod Christus est primus ac principalis Doctor, fundatur consequentia non solum gratiarum, sed etiam excellentissimo modo gratiarum, in Christo. Decet enim primum ac praecipuum Doctorem excellentius aliis se habere in doctrina et requisitis ad illam": *In* III 7,7 I (XI,115a); „Quia uni sancto una gratia, et alteri alia, iuxta doctrinam Apostoli [vgl. 1 Kor 12,4]; et rursus uni sancto talis gratia, puta prophetiae aut miraculorum, secundum talem mensuram [vgl. Eph 4,7]; in Christo autem tota plenitudo, etc.": ebd. II (XI,115b).

[50] „Unde in Christo est plenitudo gratiae simpliciter intensive et extensive, iuxta praecedentem articulum [*S.th.* III 7,9]. Et in eodem solo est plenitudo gratiae ex parte gratiae, tam intensive quam extensive; et in eodem et aliis per ipsum est plenitudo gratiae ex parte subiecti, iuxta hunc articulum. Sed in Christo plenitudo ex parte subiecti coincidit cum plenitudine gratiae secundum se: quoniam Unigenitum a Patre decet plenitudo gratiae secundum se. In aliis autem est plenitudo ex parte subiecti limitata, ita quod non est plenitudo ex parte gratiae secundum se: quoniam haec est propria Unigeniti a Patre, ut prima huius articuli conclusio dicit": *In* III 7,10 II (XI,119ab). Zur Distinktion „*plenitudo intensiva-plenitudo extensiva*", die sich der Sache, wenn auch noch nicht der Bezeichnung nach schon bei Thomas findet, vgl. *S.th.* III 7,9 co. (XI,117ab).

übrigen Menschen aber wie in ‚Teilsubjekten'.⁵¹ Cajetan setzt die Gnadenfülle ausdrücklich mit der Hauptesfunktion Christi in Verbindung: Durch einen Akt göttlichen Wohlgefallens wurde der Seele Christi die habituelle Gnade, die ihr eigentlich aufgrund der hypostatischen Union mit dem Logos schon ‚natürlicherweise' zu eigen ist, in Fülle gegeben mit der Bestimmung, als Hauptesgnade auf andere Menschen überzuströmen.⁵² Damit ist bereits ein weiterer Unterschied angesprochen:

2.) In der Seele Christi ist die habituelle Gnade wie in ihrem Prinzip vorhanden, während die übrigen Seelen sie nur qua Teilhabe an diesem Prinzip besitzen. Trotz identischer *species specialissima* sind für Cajetan Abstufungen im Seinsmodus der habituellen Gnade denkbar, je nachdem, ob sich die Gnade zu ihrem Träger adäquat oder inadäquat verhält, d.h. je nachdem ob sie einem Träger angehört, in dem sie in intensiver Vollkommenheit vorliegt und von dem sie auf andere Kreaturen überströmt, oder ob sie einem Träger angehört, der die Gnade empfängt und in dem sie deshalb nur eine relative Vollkommenheit erlangen kann.⁵³ Cajetan zieht zur Erläuterung des unterschiedlichen Seinsmodus die Relation zwischen *universale* und *particulare* heran: Die *gratia habitualis* Christi verhält sich zur *gratia habitualis* eines Geschöpfes wie das „Allgemeine" (*universale*) zum „Besonderen" (*particulare*).⁵⁴ Daher läßt sich dann auch der Hinweis plausibilisieren, daß der Kreatur nie eine solche Gnadenfülle würde zuteil werden können, die die Vollkommenheit der Gnade Christi überträfe.⁵⁵

3.) Schließlich besitzt Christus die Fülle der Gnade ‚von Anfang an', während sie den übrigen Kreaturen mit der Zeit verliehen wird. Dieser Unterschied liegt darin begründet, daß Christus die habituelle Gnade aufgrund seiner ontologischen Binnenstruktur, der hypostatischen Union mit dem

---

⁵¹ „gratiam habitualem esse in Christo secundum totam perfectionem quam nata est habere gratia secundum seipsam: et in nullo alio esse gratiam secundum totam perfectionem quam nata est habere gratia secundum seipsam. Et propterea in Christo fuisse gratiam ut in subiecto totali: in aliis vero ut in subiectis partialibus": *In* III 7,11 V (XI,121b).

⁵² „Et vere est opulentia gloriae: quoniam non solum in seipso habet omnem plenitudinem gloriae, sed etiam est ratio ditandi omnes alios gloria": *In* Kol 1,27 (126v).

⁵³ „Ad hoc dicitur quod gratia habitualis Christi (de qua est sermo) et aliorum, licet sit eiusdem speciei specialissimae quoad essentiam, est tamen diversarum rationum quantum ad modum essendi. Est siquidem gratia in Christo ut in toto adaequante ipsam secundum se: est autem in omnibus aliis ut in partibus inadaequatis ipsi secundum se gratiae. Et propterea est in Christo ut in subiecto et principio universali gratiae: in aliis vero ut in particulariter participantibus. Et ideo, quantumcumque crescat aliorum gratia, nunquam pervenire potest ad quantitatem intensivam vel extensivam gratiae Christi": *In* III 7,11 V (XI,121b).

⁵⁴ „quia scilicet habent quantitates diversarum rationum, penes hoc quod Christi gratia est virtutis et quantitatis universalis, aliorum vero gratiae est perfectionis et virtutis particularis; quia in illo est gratia cum perfectione debita sibi secundum seipsam gratiam, in aliis vero est gratia cum perfectione modificata et mensurata secundum tale subiectum particulare": ebd. (XI,122b).

⁵⁵ Vgl. Anm. 53.

Gottessohn, zukommt.[56] Ist die Gnade ‚natürlich' und permanent in der Seele Christi anwesend, dann ist es nur konsequent zu lehren, daß Christus völlig frei von Sünde war.[57] Denn mit der ursprunghaften Fülle der habituellen Gnade, insbesondere mit der Fülle der moralischen Tugend, kann unmöglich eine Neigung zur Sünde, geschweige denn ein sündhafter Akt, zusammenbestehen.

1.3 gratia capitis

Daß Cajetan die habituelle Gnadenbegabung der Menschheit Christi unter dem Stichwort der „Hauptesgnade" (*gratia capitis* bzw. *gratia capitalis*) in ihrer Außenreferenz reflektiert, wurde bereits erwähnt. Wir müssen uns jetzt mit dem Modell beschäftigen, nach dem Cajetan diese Referenz denkt, und untersuchen, welche Rolle der Gnade Christi darin zufällt.

In der theologischen Systematik Cajetans bezeichnet die *gratia capitis* die christologische Schnittstelle zur Ekklesiologie. Wie schon das Nomen „Hauptesgnade" zu erkennen gibt, liegt dem Begriff der *gratia capitis* die Vorstellung von Christus als dem Haupt des „mystischen Leibes" (*corpus mysticum*) aller Gläubigen zugrunde, die sich unmittelbar an die biblischen Haupt-Leib-Metaphern (Eph 1,22f.; Kol 1,18) anlehnt und das Christus-Kirche-Verhältnis mit dem von Kopf und Körper des Menschen parallelisiert. Das Adjektiv „mystisch", durch das Cajetan zunächst ganz allgemein das Wort „Körper" (*corpus*) auf die Bedeutung von „Körperschaft" im Sinne einer juristischen Person festlegen kann[58], gewinnt im christologisch-ekklesiologischen Zusammenhang stets noch die Konnotation des Gnoseologisch-Geheimnisvollen hinzu, indem es das Verhältnis zwischen Christushaupt und ekklesialem Leib als einzigartiges, letztlich analogieloses aussagt.[59]

Die Einzigartigkeit dieses Verhältnisses läßt sich schon daran erkennen, daß Cajetan Christus nach dem Modell der Hauptesmetapher nicht zuerst

---

[56] „Est siquidem inter Christum et alios habentes gratiam haec differentia, quod alii habent gratiam per adoptionem: Christus autem non per adoptionem, sed per naturam. Nam ceteri filii sunt adoptivi: Christus autem non, sed de eo, Luc. 1[,35], ad Beatam Virginem dictum est: Quod ex te nascetur Sanctum. Cum ergo legis genus, habentium gratiam, intellige perinde ac si legeres, genus filiorum adoptivorum Dei: quoniam genus habentium gratiam per adoptionem est. Et quia Christus est universale principium generis habentium gratiam, sicut si sol poneretur universale principium generabilium secundum naturam, ideo oportet quod gratia Christi extendat se ad omnes gratiae effectus, sicut virtus solis ad omnia generabilia in natura se extenderet": *In* III 7,9 III (XI,118ab).

[57] „quoniam ipse [= Christus] immunis fuit ab omni peccato": *In* Hebr 4,14 (161r).

[58] „... caput tam in corpore naturali quam in corpore mystico (puta collegio, civitate, aut regno) nunquam est super omnia, sed aliqua sunt in corpore naturali sive mystico ad quae vis capitis non sufficit": *In* Eph 1,22 (108r).

[59] Vgl. A. BODEM, Das Wesen der Kirche nach Kardinal Cajetan, 114f.

und vor allem als ein ‚Körperteil' versteht, das zwar der räumlichen Ordnung, der Vollkommenheit und der Wirksamkeit nach deutlich über die anderen Organe herausgehoben ist[60], das jedoch nach wie vor zusammen mit ihnen wie ein Teil unter Teilen den gesamten ‚Organismus' konstituiert. Vielmehr denkt Cajetan das Haupt im ganzen mystischen Körper als anwesend. Christus ist gleichsam der Selbstand[61] und die belebende Seele[62] der ganzen ekklesialen Körperschaft. Wenn Cajetan das Verhältnis Christi zu seinem mystischen Leib mit dem Verhältnis der Seele zum Körper vergleicht, dann bringt er damit zum Ausdruck, daß Christus—analog zu der räumlich-definitiven Präsenz der Seele im Körper—ganz im *corpus mysticum* sowie ganz in jedem seiner Teile anwesend ist. Zudem vermag Cajetan durch den Vergleich Christi mit der Seele die wichtige Funktion der „Belebung" (*vivificatio*), die das Christus-Haupt gegenüber seinem Leib wahrnimmt[63], besonders gut zu veranschaulichen. Die Hauptesmetapher ist also nach Cajetan von den Analogien des Selbstandes und der Seele her zu interpretieren, um die Dimension des ‚In-Seins' adäquat zu berücksichtigen.

Die belebende Wirkung des Hauptes besteht nach Cajetan vorrangig in der Übermittlung der Gnade an die Glieder. Durch die Gnade aber werden die Glieder mit dem Haupt selbst verbunden, weil durch sie das Haupt—freilich erst anfanghaft—in den Gliedern anwesend wird.[64] Es ist gerade

---

[60] Thomas sieht das *tertium comparationis* des menschlichen Hauptes zu Christus (1.) in der räumlich-körperlichen Vorrangstellung, (2.) in der Vollkommenheit aufgrund der dort angesiedelten inneren und äußeren Sinne und (3.) in der Kraft—das Haupt als Ursprung der *vis sensitiva et motiva*—, vgl. *S.th.* III 8,1 co. (XI,126ab) und den Kommentar Cajetans dazu, *In* III 8,1 II (XI,127ab).

[61] „quia christus est velut hypostasis sui coporis mystici, quod est ecclesia": *In* 1 Kor 12,12 (61v); „... christus est sicut persona, et ecclesia est corpus eius: ac per hoc nos membra eius": *In* 1 Kor 6,15 (48v).

[62] „Christus enim est velut anima vivificans spiritu sancto totum corpus mysticum": *In* Röm 12,5 (33v).

[63] „Capitis siquidem est vivificare membra quorum est caput": *In* Eph 2,5 (108v).

[64] „Et dicit [Johannes] habitavit, non dicit contulit nobis gratiam fidei, spei, charitatis etc. ad significandam differentiam inter dona divinae gratiae et virtutes animi. nam virtutes tam intellectuales quam morales sunt ad perfectionem congeniti animi: dona autem gratiae sunt ad hoc ut ab extra veniens verbum deus, non hospes sed habitator in animis nostris sit, utens continue et iis quae sunt animi et iis quae sunt corporis nostri: sicut habitator utitur domo in qua non hospitatur sed habitat. Unde et paulus dicebat [Eph 3,17], habitare christum per fidem in cordibus vestris. et de seipso [2 Kor 13,3], an experimentum quaeritis eius qui in me loquitur christi. Dicendo itaque et habitavit in nobis, explicat quod fuit intus in animis nostris, continue utens intellectu, voluntate, affectibus, viribus, studio, operibusque nostris ad seipsum. hoc est siquidem verbum habitare in nobis. habitator enim ad proprium usum domo utitur": *In* Joh 1,14 (141r); „Mysterium unitatis ecclesiastice secundum unionem spiritus interni inter caput et membra, immo rectius inter personam et membra, alterum cognoscendum ab apostolis praedicit. Iesus enim esse in nobis et nos in iesu, nihil est aliud quam nos esse membra iesu, ipsum vero esse velut personam horum membrorum. Hic siquidem modo ipse est in nobis ut persona in membris suis, et nos sumus in illo ut membra in persona: iuxta declarationem apostoli ad ro. 12[,5]. multi unum corpus sumus in christo singuli autem alter alterius membra": *In* Joh 14,20 (193v-194r).

diese spezielle Art der Wirksamkeit Christi, die die Einzigartigkeit und analogielose Wirklichkeit des Haupt-Glieder-Verhältnisses zu belegen vermag. Wie B. Hallensleben in ihrer gründlichen und umfangreichen Studie zur Anthropologie und Gnadenlehre Cajetans zeigt, versteht Cajetan Gnade nicht als eine von Gott ablösbare Wirkung, sondern als ein Anwesendwerden Gottes im Intellekt des Menschen und als eine beginnende Überformung des menschlichen Personzentrums durch das göttliche Sein.[65] Gott selber kommt durch die Gnade in die Seelen der Gläubigen. Das Wesen der Gnade wird von Cajetan gerade inhaltlich bestimmt, wenn er lehrt, daß mit der Gnade Gott selbst zur Bestimmung des Menschen wird.

Die mystische Präsenz des Christus-Hauptes im ganzen Körper wie in den einzelnen Gliedern ist durch die Gottheit Christi ermöglicht. Aber daraus kann nicht gefolgert werden, daß Cajetan Christus ausschließlich *als Gott* das Hauptesprädikat zudenkt. Vielmehr lehrt er deutlich genug, daß der Einfluß Christi auf die Gläubigen auch und vor allem dem „Christus-Mensch" (*Christus homo*) zu appropriieren ist. Er ist es gerade, der den Gläubigen alle göttlichen Gaben vermittelt.[66] Cajetan bringt damit die theologische Einsicht zum Ausdruck, daß die göttliche Gnade den Menschen nicht absolut und unmittelbar, sondern stets in menschlich-personaler Vermittlung erreicht. Christus belebt also durch die Gnade seine Glieder, die Gläubigen, zum übernatürlichen Leben.

Cajetan stellt eine deutliche Verbindung zwischen dem Hauptsein Christi und der Fülle seiner akzidentiellen Gnadenbegabung her, die darauf schließen läßt, daß ein wichtiger Grund für den vollkommenen Gnadenbesitz der Seele Christi gerade in deren Funktion als Mittlerin der Gnade zu suchen ist: Christus muß als Universalprinzip aller Begnadeten die Gnade in Fülle besitzen, um sie anderen mitteilen zu können.[67] Die Gnade ist also nicht nur für den Menschen Jesus selbst von Bedeutung, indem sie seine Seele heiligt und mit allen Vollkommenheiten ausstattet, sondern sie wurde seiner Seele von

---

[65] Vgl. B. HALLENSLEBEN, Communicatio, 221-230.267f.336f.423f.428.

[66] „ad significandum christum hominem largitorem esse omnium divinorum donorum": *In 1 Thess* 1,1 (131v); „IN CHRISTO. hoc est non in nobisipsis sed in christo cuius sumus membra. Loquitur siquidem paulus de benedictione qua iam benedicti sumus, suscepta in christo homine omni benedictione spirituali in supercoelestibus. nobis enim christianis collata sunt beneficia omnia quae sunt iam in christo. Et haec sunt beneficia nobis collata quae proponit": *In Eph* 1,3 (105v).

[67] „Rationem reddit quare filius homo primatum tenet in ordine gratiae, quia in ipso secundum humanam naturam complacuit deo omnem plenitudinem gratiae habitare. Nota singula verba: quoniam hic gratia christi describitur ex qua habet quod sit caput ecclesiae. Dicit complacuit ut excludat meritum. non enim meruit christi anima plenitudinem gratiae, sed ex divino beneplacito ab initio habuit. Dicit non solum plenitudinem, sed omnem plenitudinem: ut nihil gratiae intelligamus deesse, sed omnes gratias et omnes plenissime intensive et extensive intelligamus. Dicit habitare, ut intelligamus fixam in eo omnem gratiae plenitudinem et non ad tempus, ut aliis sanctis quaedam gratiae concedantur." *In Kol* 1,19 (125v-126r).

Gott verliehen, um von ihr auf andere ‚überzufließen'. Die universale Wirkmächtigkeit ‚nach außen' kommt der habituellen Gnade freilich nicht als „geschaffene Gabe" (*donum creatum*) zu, sondern aufgrund ihrer Verwurzelung in der Unionsgnade, d. h. in der göttlichen Hypostase.

Hier stellt sich allerdings ein schwerwiegendes Problem. Alle Gnade kommt von Gott und wird von ihm allein bewirkt. Andererseits gilt, daß Christus gerade als Mensch das Haupt des *corpus mysticum* und das Universalprinzip der Gnade ist. Wie läßt sich beides zusammendenken? Cajetan greift zur Lösung dieses Problems auf einen Gedanken zurück, der uns schon als Analogie in seiner Unionslehre begegnete und dessen soteriologische Bedeutung jetzt erstmals sichtbar werden kann: Es handelt sich um die Lehre von der Menschheit Christi als dem „verbundenen Werkzeug" (*instrumentum coniunctum*) der Gottheit.[68] Thomas hatte diese Lehre, wohl inspiriert durch die „*Expositio fidei*" des Johannes von Damaskus, erstmalig wieder in der Hochscholastik vorgetragen und zugleich in Übernahme aristotelischer Gedanken durchstrukturiert und entfaltet.[69] Diese Lehre wird nun von Cajetan dezidiert aufgegriffen. Von ihr her läßt sich der Gnadeneinfluß Christi so erklären, daß der Logos die angenommene und mit ihm hypostatisch geeinte Menschennatur instrumental gebraucht, um die Gnade in den Gliedern hervorzubringen. Das heißt zunächst für Cajetan, daß der Akt der Hervorbringung der Gnade, wenn er auch kein Schöpfungsakt im eigentlichen Sinne des Wortes ist—wie Cajetan mit Thomas lehrt[70]—, gleichwohl Gott allein zur letzten Ursache hat. Nun läuft der Instrumentbegriff nach Cajetan, wie wir noch genauer sehen werden, keineswegs auf die Vorstellung eines willenlosen Werkzeugs hinaus, das lediglich mittelnden, nicht eigentlich wirkenden Einfluß auf die Gnade zu nehmen vermag. Vielmehr besitzt das Werkzeug eine eigenständige, sogar frei gesetzte Tätigkeit, um derentwillen es gerade von dem handelnden Prinzip in Anspruch genommen wird und der eine eigene Kausalqualität beigelegt werden kann. Entsprechend zu den beiden Tätigkeiten des Logos und der menschlichen Natur unterscheidet Cajetan eine zweifache Bedeutung des Begriffs „Hervorbringung der Gnade": Zum einen bezeichnet dieser Begriff den Quasi-Schöpfungsakt, durch den die Gnade ins Dasein gesetzt wird. Dieser Akt bleibt dem Logos allein vorbehalten; zum anderen kann dieser Begriff aber auch so sinnvoll verwendet werden, daß er nicht für die ‚schlechthinnige' Erschaffung der

---

[68] Siehe o. S. 73f.
[69] Vgl. F. MITZKA, Das Wirken der Menschheit Christi zu unserem Heil nach dem hl. Thomas von Aquin, 195.
[70] „Quia igitur gratiae infusio, non simpliciter creatio est, sed mutatio quaedam animae in ordine gratuitorum ad caelestem patriam": *In* III 8,1 III (XI,127b); vgl. *S.th.* 13,2 co. (XI,173a), wo Thomas die Gnadenmitteilung unter den Fähigkeiten Christi behandelt, die Geschöpfe zu verändern (*transmutatio creaturarum*).

Gnade steht, sondern für die disponierende Hinordnung der Seele auf das himmlische Ziel, die die freie, ungeschuldete Erschaffung und Eingießung der Gnade durch Gott unweigerlich nach sich zieht.[71] Diese Veränderung der obödientialen Potenz der menschlichen Seele im Blick auf die Gnade, die somit in keiner Hinsicht einen Schöpfungsakt darstellt, wird nach Cajetan selbständig von dem *instrumentum coniunctum*, der Menschheit Christi, hervorgerufen.

Neben dem wichtigen rein moralischen Einfluß des Menschen Jesus auf die Glieder seines Leibes durch das Verdienst, mit dem er ihnen einen Rechtsanspruch auf die Gnade verdient, tritt also der physische Einfluß durch die „verändernde Wirkmächtigkeit des Werkzeugs" (*potentia instrumentalis immutandi*), mit der Christus die Seelen der Gläubigen auf die Gnade prädisponiert.

2. Das menschliche Wissen Christi

2.1 scientia beata

Wer das Menschsein von dem neuzeitlichen Gedanken des vernünftigen, autonomen und seiner selbst bewußten Subjekts zu verstehen gewohnt ist, der wird all denjenigen Texten mit erhöhter Aufmerksamkeit begegnen, in denen Cajetan das Seelen- und Bewußtseinsleben Jesu entfaltet. Eine Christo-Psychologie im strengen Sinne des Wortes, wie sie etwa im Anschluß an die Theorie des Déodat-Marie Basly (†1937) innerhalb der katholisch-christologischen Diskussion zur Debatte stand, wird man bei einem Autor des frühen 16. Jahrhunderts nicht erwarten. Gleichwohl darf es dem modernen Leser nicht verwehrt sein, aus seiner anthropologischen Perspektive heraus Cajetan nach der Konnaturalität der Menschennatur Christi zu befragen, zumal wenn dieser Aussagen über die speziell menschliche Erkenntnissituation Jesu und den daraus resultierenden Bewußtseinszustand trifft. Ob und wie sich Cajetan der unaufhebbaren Dialektik von Geschichtlichkeit und Vollendung des menschlichen Wissens Jesu stellt, wird im wesentlichen davon abhängen, wie Cajetan dem Umstand Rechnung trägt, daß sich menschliches Erkennen in der Zeit vollzieht und in ihr eingeübt wird.

Die Annahme, daß die menschliche Seele Jesu Gott selbst in seinem Wesen schaut, muß sich Cajetan eigentlich schon von seiner Unionslehre her nahelegen. Da die menschliche Natur von der göttlichen Hypostase des Logos getragen, von ihm zur Person ‚aufgefüllt' wird und mithin in einzigartiger, höchstmöglicher Weise mit Gott vereinigt ist, wäre die Vorstellung

---

[71] Vgl. *In* III 8,1 III (XI,127b-128b).

kaum haltbar, die Seele Jesu habe Gott nicht intellektiv wahrgenommen und sei nicht zu einem dem Wissen der Seligen wenigstens vergleichbaren Erkenntnisstand über Gott gelangt. Doch beläßt Cajetan diesen Gedanken im Hintergrund und stellt vielmehr die Begründung der Lehre von dem „seligen Wissen" (*scientia beata*) Christi mit Thomas völlig auf die Gratifikationsfunktion Christi gegenüber den Gläubigen ab.

Thomas hatte in der „*Summa theologiae*" die Annahme der *scientia beata* in Christus damit begründet, „daß das, was in Potenz ist, in den Akt überführt wird durch etwas, was bereits in [diesem] Akt ist."[72] Da alle Menschen in obödientialer Potenz für die Seligkeit sind und dieses Ziel wiederum nur durch Christus erreichen können, muß die Seele Christi selber bereits selig, d.h. Gott schauend, gewesen sein.[73] In seinem Kommentar zu diesem Argument macht Cajetan auf eine wichtige Bestimmung seines Verständnisses von der Menschheit Christi als dem *instrumentum coniunctum* aufmerksam. Dem genannten Basissatz des Thomas ist nicht Genüge getan, wenn man ihn lediglich auf die göttliche Erstursache, den Logos, bezieht: Gott wäre als Urheber der Seligkeit dann allein das „aktuell Seiende" (*ens in actu*), das die Potenz in den Akt überführt, die menschliche Natur dagegen müßte sich als Instrument nicht im Zustand der Seligkeit befinden, den sie in den Gläubigen instrumentalursächlich mitverursacht.

Cajetan betont, daß die Menschheit Christi ‚freies' Werkzeug, nicht willenloses Instrument des Logos ist. Sie ist ein „Instrument mit eigener Ursächlichkeit" (*instrumentum cum causa sui*), kann sie sich doch grundsätzlich selbst zur Zustimmung oder Ablehnung des Wirkeinflusses der göttlichen Erstursache bewegen. Da durch das freie Willensvermögen der Menschheit die Bewegung des Logos gleichsam zur Disposition gestellt wird, muß sich auch die Seele Christi in dem Zustand der Gottesschau befinden, wenn sie diesen „als Werkzeug" (*instrumentaliter*) in den Seelen der Menschen hervorrufen will.[74]

Nach Cajetan ist der Mensch Jesus wirklich in vollkommenster Weise selig. Denn er ist das Haupt der Seligen, das in instrumentaler Wirkursächlichkeit die Seligkeit bewirkt und dem von daher—als Haupt-Ursache—die

---

[72] „quod illud quod est in potentia, reducitur in actum per id quod est actu": *S.th.* III 9,2 co. (XI,141a).

[73] Vgl. ebd. (XI,141a).

[74] „… instrumentum est duplex: quoddam pure instrumentum, ut organa artium, et semina, et huiusmodi; quoddam ita instrumentum quod est etiam causa sui, sicut servus est organum domini, ita tamen quod libero arbitrio suorum motuum causa est. Quamvis autem primum instrumentorum genus non habeat actu quod instrumentaliter efficit, secundum tamen instrumentorum genus, quatenus sui dominium habet admixtum, actu habet quod in aliis efficit. Et quia Christus homo sic est instrumentum Dei ut liber sit, libere cooperetur et efficiat nos beatos": *In* III 9,2 II (XI,141b).

beseligende Gottesschau im Vergleich zu den Seligen a fortiori zukommt.[75] Die Vollkommenheit dieser Seligkeit schließt für Cajetan mit ein, daß der Zustand der Gottesschau bereits mit dem Augenblick der Empfängnis in der Seele Christi gegeben ist.[76] Das liegt wiederum in der Konsequenz aller Bestimmungen, die der Menschheit Christi ontologisch aufgrund der hypostatischen Union bzw. der Unionsgnade zukommen und die deshalb—ist die Ursache gegeben, so ist auch die Wirkung gegeben—schon von Anbeginn in der Menschennatur anzusetzen sind. Christus ist also mit seiner Empfängnis durch den Hl. Geist *simul viator et comprehensor.*[77]

Versuchen wir nun die *scientia beata,* die aus der beseligenden Schau Gottes in der Seele Christi folgt, nach ihrem Gegenstandsbereich und Umfang näher zu bestimmen. Dieses Wissen ist grundsätzlich gleicher Natur mit dem anderer seliger Menschen, wenn auch die Seele Christi aufgrund ihrer beispiellosen Gnadenfülle den Logos am vollkommensten schaut und sich im Blick auf die Gegenstandsmengen, die ihren einzelnen Erkenntnismodi in der Gottesschau zugänglich sind, von den übrigen seligen Seelen unterscheidet. Die menschliche Seele Christi erkennt Gott so, wie ihn auch die anderen Seelen der Seligen in der Gottesschau erkennen, nicht aber so wie Gott sich selbst erkennt. Die tendenziell monophysitische Lehrmeinung des Johannes von Ripa († nach 1350), der Erkenntnisakt Gottes selbst sei der Seele Christi in der hypostatischen Vereinigung mit dem Logos mitgeteilt worden[78], lehnt Cajetan entschieden ab. Das Erkennen ist eine „lebendige Tätigkeit" (*operatio vitalis*) des Erkennenden und nach dem Axiom „*agere sequitur esse"* von dessen essentiellem Sein abhängig. Ohne eine Verbindung mit Gott in seinem Wesen könnte die Seele Christi keinen göttlichen Erkenntnisakt setzen.[79] Das würde jedoch die Annahme der anathematisierten „Vereinigung in der Natur" (*unio in natura*) nahezu unausweichlich machen. Die göttliche Substanz kann jedoch nie Seinsakt einer Kreatur nach dem „natürlichen Sein" (*esse naturale*) sein. Sie kann aber nach dem „geisti-

---

[75] „Et tamen concluditur quod [Christus] est beatus excellentissime. Licuit autem hoc gratia materiae. Quoniam iam [*S.th.* III 8,3f.] declaratum est Christum esse caput omnium beatorum, tam hominum quam angelorum: ac per hoc, subintelligendo nunc quod Christus est causa efficiens beatitudinem nostram ut caput beatorum, optime infertur quod est excellentissime beatus, utpote causa ut caput": ebd. III (XI,141b).

[76] „sed quando verbum caro factum est, tunc incoepit regnum coelorum aperiri, tunc homo assumptus in deum primo beatus fuit secundum partem superiorem animae": *In Mt* 3,2 (6r); „Nec est dubitandum quod sciat illum, et sciverit illum ab instanti quo conceptus est in materno utero: quoniam fuit perfecte beatus secundum partem superiorem animae, et vidit in divina essentia omnia et singula quae sunt, erunt et fuerunt": *In Mt* 24,36 (56v).

[77] Vgl. o. S. 127f.

[78] Vgl. den Text bei Johannes Capreolus, *Defensiones, In III Sent.,* d.14, q.1 (V,182f.).

[79] „Quia enim operatio est actus operantis in esse naturae, impossibile est quod operatio quae est substantia unius, conveniat alienae naturae, nisi substantia illa in esse naturae iungatur alienae naturae": *In III* 9,1 V (XI,140a).

gen Sein" (*esse intellectuale*) in der Kreatur anwesend werden, wie eben eine Substanz als „Erkenntnisbild" (*species intelligibilis*) Akt einer anderen Substanz werden kann.[80]

Die Gottesschau der Seele Christi ist also grundsätzlich der Gottesschau konnatural, die auch die Seelen der anderen Menschen „im Zustand der himmlischen Heimat" (*in statu patriae*) erlangen können. Auch die Seele Christi hat den dreieinigen Gott als primäres Objekt ihres Schauens, aber auch sie vermag ihn nicht dem Intellekt nach zu umfassen. Um die Begründung dieses Satzes zu verstehen, müssen wir zunächst auf eine Distinktion des Thomas aufmerksam machen, die Cajetan ohne nähere Erläuterung seinen Überlegungen zur *scientia beata* Christi zugrundelegt. Thomas unterscheidet nach Differenzen zwischen den jeweiligen Erkenntnisgegenständen zwei Modi des göttlichen Erkennens: Alle Dinge, die wirklich sind oder zu einer bestimmten Zeit wirklich waren oder sein werden, erkennt Gott durch die „Schau" (*visio*); alle nur möglichen Dinge, die zu keiner Zeit Wirklichkeit werden, erkennt Gott dagegen durch einen „einfachen (d.h. unmittelbaren) Erkenntnisakt" (*intelligentia simplex*). Denn diese Gegenstände gelangen nicht zu einem vom erkennenden göttlichen Subjekt verschiedenen Sein und werden deshalb auch nicht—analog gesprochen—von Gott ‚geschaut'.[81]

Es ist nun die Frage zu stellen, inwieweit die Seele Christi aufgrund ihrer exzellenten Gottesschau auch zu dem Wissen, das Gott durch die *intelligentia simplex* besitzt, Zugang haben kann. Cajetan besteht darauf, daß die Seele Christi im Logos nicht alle nur bei und in Gott „möglichen Dinge" (*possibilia*) erkennt. Denn das liefe auf ein komprehensives Erfassen der göttlichen Wesenheit hinaus. Würde die Seele Christi alle *possibilia* erkennen können, hätte sie seine Allmacht und, da diese mit der göttlichen Natur identisch ist, auch das göttliche Wesen erschöpfend erfaßt.[82] Kein kreatürlicher Intellekt ist aber nach dem Axiom „Das Endliche faßt nicht das Unendliche" (*finitum non est capax infiniti*) der mentalen Repräsentation des ganzen göttlichen Wesens und dessen vollständiger Erkenntnis fähig.[83] Darauf weist Cajetan gerade auch gegenüber der These des Durandus hin, daß jede

---

[80] „... divina substantia non potest esse actus secundum esse naturale alicuius creaturae: ut patet. ... Dico autem naturale esse, ad differentiam actus secundum esse intelligibile, ut obiectum intellectus est perfectio et actus intellectus secundum esse intelligibile. Nihil enim prohibet substantiam aliquam ... esse perfectionem, ac per hoc actum, alterius secundum esse intelligibile": ebd.

[81] Vgl. *S.th.* I 14,9 co. (IV,172ab).

[82] „Sed ex comprehensione omnium possibilium in sua causa infertur comprehensio illius virtutis causativae, quae in proposito est omnipotenia divina, et consequenter comprehensio essentiae divinae. Nam in tali modo cognoscendi cognitio possibilium sequitur naturaliter cognitionem causae: ac per hoc, maior maiorem, et tandem maxima maximam": *In* III 10,2 V (XI,151a).

[83] „ex parte cognoscentis, qui non est capax totius repraesentationis naturalis divinae essentiae, sicut nec comprehensionis illius": ebd. IX (XI,151b).

menschliche Seele, also auch die Seele Christi, in der beseligenden Gottesschau alle Gegenstände des göttlichen Intellekts dem Wesen nach schaut, aber über deren tatsächliche Existenz im Unklaren bleibt.[84] Denn diese These reklamiert die allein dem göttlichen Intellekt vorzubehaltende Repräsentationsmöglichkeit unendlich vieler möglicher Dinge für den kreatürlichen Intellekt. Wenn also Cajetan der Seele Christi auch die Erkenntnis aller von Gott nur kausierbaren möglichen Entitäten abstreitet, so hält er es doch für möglich, daß sie einige rein potentielle Gegenstände in dem Modus der *intelligentia simplex* erkennt.[85] Denn der menschliche Intellekt vermag in der „Logosschau" (*visio Verbi*) alle Kreaturen ihrem Wesen und ihren Potenzen nach zu umgreifen[86], so daß er zumindest nach der potentiellen Dimension des kreatürlichen Seins viele *possibilia* unmittelbar erkennt.

Im Bereich des wirklichen Seins schaut die Seele Jesu im Logos nach Cajetan alle je nur zu einer bestimmten Zeit existenten Entitäten. Diese Bestimmung ist nicht neu, sondern wird aus der *„Summa theologiae"* entnommen.[87] Cajetan interessiert sich in diesem Zusammenhang besonders für das Problem, ob sich das aus der Gottesschau erworbene Wissen Christi auf eine unendliche Gegenstandsmenge beziehen kann. Daß die Menge der „aktuell seienden Dinge" (*entia in actu*) zahlenmäßig begrenzt ist, ergibt sich aus den Lehrsätzen des Glaubens über die Schöpfung und Vollendung der Welt. Nach dem substantiellen Sein ist daher kein unendlicher Prozeß von Werden und Vergehen vorstellbar. Aber Cajetan behauptet, daß die Seele Christi im Bereich des akzidentiellen Seins eine unendliche Menge von *entia* erkennen konnte[88], da sie in dem Erkenntnismodus der Gottesschau auch die Gedanken und die Empfindungen des Herzens erkennt, die die rationalen Kreatu-

---

[84] „Dicendum ergo quod anima Christi videndo deum cognoscit in ipso omnia entia, et possibilia, quantum ad id quod sunt, de nullo tamen cognoscit ex natura talis visionis, an sit, an non. ... omnis intellectus creatus tam Christi quam cuiuscunque alterius, videndo deum, cognoscit in ipso de omni re ente vel possibili quid sit, non autem an sit": *In III Sent.*, d.14, q.2, n.4 (II,237rb).

[85] „... aliud est dicere animam Christi scire omnia nota Deo scientia visionis, et non scire omnia nota Deo simplici intelligentia: et aliud est dicere animam Christi scire tantum ea quae sunt nota Deo scientia visionis. Quoniam hoc secundo dictum aufert ab anima Christi quidquid notum est Deo simplici intelligentia. Quod constat esse falsum ex littera dicente quod anima Christi novit multa in potentia nunquam in actu": *In III* 10,2 VII (XI,151b).

[86] „Dico enim quod anima Christi videt in Verbo omnem creaturam, et quiquid est in potentia eius": *In I* 12,8 XVI (IV,131b).

[87] Vgl. *S.th.* III 10,2 co. (XI,149ab).

[88] „... omnia cognita scientia visionis possunt dici et infinita et finita: finita quidem, si ly omnia distribuit pro entibus simpliciter; infinita vero, si ly omnia distribuit tam pro entibus quam accidentibus entium. Et propterea utrumque est verum: scilicet quod scientia visionis animae Christi est infinitorum; et quod non est infinitorum": *In III* 10,3 II (XI,153b).

ren—ob ihrer unsterblichen Seele oder geistigen Substanz—gegen unendlich hin vermehren.[89]

Diese perfektionistische Einschätzung der seelischen Erkenntnismöglichkeiten Christi fordert freilich nicht erst an diesem Punkt eine Verhältnisbestimmung zum kreatürlich-menschlichen Erkennen im Rahmen einer erkenntnistheoretischen Grundlagendiskussion. Cajetan stellt sich dem Einwand von Adam Wodeham (†1358), unendlich viele Dinge könnten nicht simultan für sich getrennte Gegenstände der mentalen Repräsentation eines geschaffenen Intellekts sein.[90] Da Adam von der unendlichen Menge der Erkenntnisgegenstände auf die unendliche Vollkommenheit des Erkenntnisaktes schließt[91], ist der Einwand durchaus nachvollziehbar, käme doch die entgegengesetzte Ansicht einer Aufhebung des Unterschieds zwischen göttlichem und kreatürlichem Erkennen gleich. Dieser Schluß ist für Cajetan aus mehreren Gründen unzulässig, deren wichtigster wohl der ist, daß ein höherer Gegenstand in der Seinsordnung, wie etwa die Logosschau der Seele Jesu, unendlich viele niedrigere Gegenstände umgreifen kann, ohne deswegen schon selber seiner Natur nach unendlich zu sein.[92] Denn das Unendliche ist keine Substanz, sondern ein Akzidens, das auf seinen Träger ‚begrenzt' ist[93] und von ihm als „Unendlichkeit in bestimmter Hinsicht" (*infinitas secundum quid*) qualifiziert wird. Die Proportionalität zwischen Erkenntnisgegenstand und Erkennen ist an der essentiellen, nicht an der numerischen Unendlichkeit ausgerichtet, so daß die Gottesschau Christi allein deswegen unendlich zu nennen wäre, wenn sie sich auf ein wesentlich Unendliches, d.h. auf Gott, bezöge.[94] Die Erkennnis der Gottesschau hat aber nicht Gott, sondern das geschaffene Sein in Gott zum Objekt. Ihr kann ein unendlicher Gegenstandsbereich zugeordnet werden, ohne daß das, was sich auf ihn bezieht, dem Wesen nach unendlich wäre.

---

[89] „quae [= scientia visionis] etiam patet esse infinita, quia in infinitum actus intellectus multiplicabantur, etsi non in tempore hoc continuo, in tempore tamen discreto": ebd.; vgl. Thomas, *S.th.* I 14,12 co. (IV,185ab).

[90] Cajetan entnimmt den Einwand den „*Defensiones*" des Johannes Capreolus: „... arguit Adam, in 3. Sententiarum [q.10], probando quod nec anima Christi, nec aliqua creatura intellectualis, potest distincte cognoscere simul infinita, ita quod distincte quodlibet eorum": *Defensiones, In* III *Sent.*, d.14, q.2 (V,217a).

[91] Vgl. ebd.

[92] „Unum siquidem individuum superioris ordinis excedit infinita inferioris ordinis, et una species altioris ordinis excedit perfectionem infinitarum specierum inferioris ordinis: sol enim est perfectior omnibus generabilibus et corruptibilibus, etiam si mundus aeternus esset. Unde visio animae Christi qua videt Verbum et in illo infinita, non solum aequipollet, sed excedit infinitas cognitiones terminabiles ad infinita: et tamen non est infinita simpliciter": *In* III 10,3 VII (XI,154a).

[93] „Quia scilicet infinitum non est substantia, sed accidens: constat autem accidens non excedere suum subiectum, sed arctari ad illud": ebd. VIII (XI,154b).

[94] „... visio non est infinita nisi essentia comprehensa sit infinita essentialiter": ebd. VII (XI,154a).

Cajetan selbst hat damit seinen Bestrebungen, die menschliche Seele in ihrem intellektiven Vermögen möglichst vollkommen zu denken, eine letzte Grenze gezogen, die zu überschreiten das unweigerliche Aufgeben des kreatürlichen Menschseins Christi zur Folge hätte. Wie stringent und konsequent Cajetan diese Grenze ansteuert, zeigt deutlich genug die allen Überlegungen zur *scientia beata* Christi zugrundeliegende Tendenz, der Seele Jesu im Vergleich zu den Seelen der übrigen begnadeten Kreaturen die weitestgehenden Vorzüge zu sichern.

2.2 scientia infusa

Wenn auch körperliche Mängel und Schwächeerscheinungen aufgrund der biblischen Zeugnisse von Cajetan dem Menschen Jesus weitgehend zugestanden werden, so bleibt doch die Annahme irgendeiner seelischen Unvollkommenheit Christi für ihn undenkbar.[95] Im psychischen Lebensbereich bestehen die meisten Möglichkeiten, dem Logos in seiner gnadenhaften, wirkmächtigen Anwesenheit in Jesus Christus weitgehenden Einfluß zu sichern, ohne doch—zumindest ‚nach außen'—die wirkliche Menschennatur Christi in Frage zu stellen. Im Unterschied zur beseligenden Gottesschau, die primär vom göttlichen Erkenntnisobjekt her bestimmt wurde, beziehen sich die im folgenden zu untersuchenden seelischen Vollkommenheiten auf die natürlichen Erkenntnisvermögen Jesu, die je für sich auf eine ihnen wesenseigene natürliche Vollendung hin angelegt sind, die mit der übernatürlichen Gottesschau nicht ohne weiteres gegeben ist. Damit ist zugleich angedeutet, daß die Konzeption dieser Vollkommenheiten des Seelenlebens Jesu maßgeblich von der allgemein-anthropologischen, an Thomas orientierten Erkenntnispsychologie bestimmt ist, die Cajetan in Auseinandersetzung mit anderen scholastischen Entwürfen diskutiert.

Cajetan referiert in der Argumentationsgliederung zu *S.th.* III 9,3 den Gedankengang, mit dem Thomas die These eines eingegossenen Wissens in Christus begründet[96]: Sollen die Erkenntnisfähigkeiten der Menschennatur aufgrund der höchstmöglichen Gnade der Union gleichfalls das Maß alles kreatürlich Möglichen erreichen, dann muß jede Potentialität des menschlichen Erkenntnisvermögens (*intellectus possibilis*) durch die Überführung in den entsprechenden Akt überwunden sein. Dazu muß der *intellectus possibilis* durch alle nur möglichen „Erkenntnisbilder" (*species intelligibiles*) aktuiert werden—ein Zustand, der auf rein natürlichem Wege nicht hergestellt

---

[95] „Adverte hic quod natura humana assumpta a Verbo debet absque imperfectione poni ex parte animae. Nam ex parte corporis nihil prohibet imperfectionem affirmare in illa in sui principio: quia minoratus est paulo minus ab angelis propter corpus passibile [vgl. Hebr 2,7.9]": *In* III 9,3 II (XI,143a).

[96] Vgl. ebd.

werden kann, da die menschliche Sinneserfahrung, aus der die Erkenntnisbilder durch den „wirkenden Intellekt" (*intellectus agens*) abstrahiert werden, stets begrenzt ist. Die Seele Christi erhielt deshalb bereits mit ihrer Erschaffung durch Gott sämtliche *species intelligibiles* in einem gnadenhaft göttlichen Akt infundiert. Durch sie erkannte Christus alle natürlichen und nahezu alle übernatürlichen Objekte. Was auch immer Menschen aus der Sinneswahrnehmung an Erkenntnisbildern gewinnen können, das ist in der Seele Christi durch entsprechende infundierte Bilder vorhanden.

Cajetan weist zu Recht darauf hin, daß nach Thomas nicht nur die natürlichen, sondern auch die obödientialen Potenzen des *intellectus possibilis* Christi aktuiert werden, sofern diese freilich nicht der Seelennatur des Menschen widersprechen.[97] Denn der Intellekt des Menschen befindet sich nicht nur im natürlichen Sein (*esse naturae*), sondern kann auch den Zustand der Gnade (*esse gratiae*) erreichen, indem dann die übernatürlichen, geoffenbarten Glaubensinhalte nicht mehr durch die aus der Sinneserfahrung abstrahierten Erkenntnisbilder erkannt werden können, sondern infundierte *species intelligibiles* die obödientialen Potenzen aktuieren.[98] Cajetan nennt diesen Zustand das „ekklesiale Sein" des Intellekts.[99] Für beide Status besitzt der *intellectus possibilis* Christi entsprechende Potenzen und diese sind um der maximalen Vollkommenheit Christi willen durch die eingegossenen Erkenntnisbilder als aktual gegeben zu denken.

Das Wissen, das Christus durch die infundierten Erkenntnisbilder erwirbt, beruht also wie das natürlicherweise „erworbene Wissen" (*scientia acquisita*) darauf, daß die Gegenstände in der ihnen eigenen *species* im menschlichen *intellectus possibilis* repräsentiert und nicht nur in der Gottesschau im Logos erkannt werden. Und doch verweist Cajetan auf eine Reihe von Unterschieden zwischen dem erworbenen und dem eingegossenen Wissen bzw. deren Habitus hin, die sich keineswegs nur in der Verschiedenheit des Objektbereichs und der Verursachung erschöpfen.

---

[97] „recolendum est ex supra dictis in art. 3 qu. IX, quod non intendit littera dicere quod omnis potentia obedientiae in Christi anima sit reducta ad actum: cum potentia obedientiae in qualibet creatura inexplebilis sit; quia secundum ordinem ad id quod potest in creatura facere Deus, attenditur. Sed intendit quod omnis potentia obedientiae ad actum naturae animae proportionatum, est reducta ad actum": *In* III 11,1 II (XI,158a). Vgl. *In* III 9,3 III (XI,143ab).

[98] „... intendit littera quod, quia in intellectu humano, secundum esse naturae, est potentia naturalis ad sciendum omnia naturalia per actus commensuratos sibi; et similiter, secundum esse gratiae, ad sciendum omnia ecclesiastica per actus commensuratos sibi; et omne quod est in potentia est imperfectum nisi reducatur in actum: ideo esset imperfectus nisi ponatur reductus in actum omnium intelligibilium, tam spectantium ad ordinem naturae quam spectantium ad ordinem Ecclesiae, sive militantis sive triumphantis, per actus proportionatos ipsi humano intellectui": ebd. (XI,143b).

[99] „... in esse ecclesiastico esset imperfectus nisi nosset omnia per actus commensuratos sibi": ebd.

1.) Die Seele Christi vermag in der *scientia infusa* die Gegenstände ohne die Vermittlung von „Sinnesbildern" (*phantasmata*) zu erkennen.[100] Die gegenteilige Meinung des Durandus, der zur Begründung auf den Pilgerstand hingewiesen hatte, in dem niemand ohne Sinneswahrnehmungen etwas erkennen könne[101], wird von Cajetan scharf zurückgewiesen. Der Gebrauch der *scientia infusa* folgt vielmehr allen Bedingungen des Gottschauenden, denn die Prädikate „Pilger" (*viator*) und „Gottschauender" (*comprehensor*) beziehen sich nach Cajetan jeweils nur auf den Körper bzw. die Seele Christi, d.h. den Bedingungen des Menschen *in statu viae* ist vor allem der Körper Christi unterworfen, nicht aber die Seele.[102] Durch die Überführung aller Potenzen des *intellectus possibilis* in den Akt vermittels der „eingegossenen Erkenntnisbilder" (*species infusae*), wird der *intellectus agens* nicht überflüssig, da ihm das Bewirken von Gewißheit, das gleichsam als zweite Tätigkeit neben dem Eruieren der Erkenntnisbilder rangiert, auch in diesem Falle unbenommen bleibt.

2.) Das Erkenntnisobjekt, das in dem eingegossenen Erkenntnisbild repräsentiert wird, ist nicht die von den Individuen abstrahierte Wesensform (im *esse intentionale*), sondern das unauflösliche Ineinander von Allgemeinnatur und allen Einzelnaturen. Cajetan kann geradezu sagen, daß mit einem eingegossenen Erkenntnisbild alle Individuen dieser Natur mitsamt ihren individuellen Bestimmungen erkannt werden.[103]

Diese perfektionistische Auffassung der *species infusa* wird verständlich vor dem Hintergrund der Auseinandersetzung Cajetans mit den diffizilen Überlegungen, die Duns Scotus zu diesem Thema angestellt hat. Cajetan nimmt aus dem Themenkreis der *scientia infusa* Christi ein ganz bestimmtes Problem heraus und versucht dazu seine eigene These in Gegenüberstellung

---

[100] „... potuit, secundum infusam scientiam, Christi anima intelligere absque conversione ad phantasmata": *In* III 11,2 II (XI,160b).

[101] „De conversione autem ad phantasmata videtur esse tenendum quod fuerit necessaria ad usum talis scientiae. Cuius ratio est, quia perfectio recipitur secundum modum, et capacitatem receptibilis. Haec autem scientia de qua loquimur, fuit perfectio animae Christi secundum quod erat viator. Conditio autem animae intellectivae pro statu viae est nihil cognoscere, nisi per conversionem ad phantasmata, non solum quod ad res naturales, sed etiam quo ad divina mysteria dicente Dionysio, quod impossibile est nobis aliter superlucere radium divinum, nisi sacrorum velaminum varietate circumvelatum": *In* III *Sent.*, d.14, q.3, n.7 (II,237vb).

[102] „Et quoniam erat [Christus] simul viator et comprehensor, ex littera hac habes rationem quare magis usus huius scientiae sequitur conditiones comprehensoris quam viatoris: quia scilicet in Christo haec invenitur differentia, quod conditiones viatoris habuit ex parte corporis, conditiones vero comprehensoris habuit maxime ex parte animae intellectivae, ad quam constat spectare scientiam infusam": *In* III 11,2 III (XI,160b).

[103] „... asserendum est Christum notitia intuitiva infusa vidisse omnia individua ... falsum est speciem infusam ex suo genere abstrahere necessario ab actuali existentia. Nam talis species potest repraesentare naturam, puta, leoninam secundum omnia praedicata quidditativa, et secundum individuales conditiones et existentias quas habet, ac coniuncta in ea accidentia": *In* III 11,1 VII (XI,159a).

zur Lehrmeinung des Duns Scotus zu entwickeln. Es handelt sich um die Frage, ob die Seele Christi durch die eingegossenen Erkenntnisbilder auch von konkreten „Einzeldingen" (*singularia*) Kenntnisse besaß.

In den Texten des Thomas selbst ist zu dieser Frage, wie Cajetan anmerkt[104], eine Lehrentwicklung festzustellen: Hatte Thomas im Sentenzenkommentar und in der „*Quaestio disputata De Veritate*" noch die Einzeldinge von der *scientia infusa* Christi ausgenommen[105], so rechnet er sie in der „*Summa theologiae*" doch um der Vollkommenheit des praktischen Verstandes Christi willen notwendig dazu.[106] Dieses Argument wird von Cajetan zustimmend aufgenommen und durch den Hinweis auf die Weltprovidenz des erhöhten Christus vertieft, zu deren Wahrnehmung die Vollkommenheit des praktischen Intellekts erforderlich ist. Cajetan sieht es als gerechtfertigt an, dem Menschen Jesus um der Ausübung dieses Amtes— gleichsam des ‚Königsamtes'—willen eine vollständige Kenntnis aller vergangenen, gegenwärtigen und zukünftigen Dinge aufgrund der entsprechenden Erkenntnisbilder zuzusprechen.[107] Obwohl dieses Wissen nach Cajetan selbst schon mit der Gottesschau in der Seele Christi gegeben ist, sollen doch offenbar auch die natürlichen Seelenvermögen des Menschen Jesus, der gerade als Mensch zur Leitung der Welt erhöht wird, im Blick auf die Einzeldinge vollständig aktuiert sein. Diese Aktuierung ist dann freilich nicht anders als aufgrund einer gnadenhaften Eingießung der Erkenntnisbilder denkbar.

Doch wenden wir uns nun den Überlegungen zu, die Duns Scotus zum Problem der Erkenntnisbilder von den Einzeldingen anstellt. Seine Lehre von der *scientia infusa* Christi ist maßgeblich von der erkenntnistheoretischen Grundunterscheidung zwischen intuitivem und abstraktivem Erkennen her bestimmt. Im intuitiven Erkenntnismodus bezieht sich der menschliche Intellekt unmittelbar auf ein aktuell existierendes konkretes Einzelding und ‚erkennt' dieses seiner „Washeit" (*quiditas*) nach so, wie es hier und jetzt gegeben ist. Im abstraktiven Erkenntnismodus dagegen, der dem wissenschaftlichen ‚Erkennen' zugrundeliegt, erkennt der Intellekt die Washeit

---

[104] Vgl. *In* III 11,1 VIII (XI,159b).

[105] *In Sent.* III, d.14, a.3,sol.1 (III,456f.); *Qd. De Veritate*, q.20, a.6.

[106] „Quia igitur Christus habuit plenitudinem prudentiae, secundum donum consilii, consequens est quod cognovit omnia singularia praeterita, praesentia et futura": *S.th.* III 11,1 ad 3 (XI,158b).

[107] „quia omnia subiecta sunt providentiae Christi inquantum homo, ut patet ex auctoritate Apostoli, ad Hebr. II[,8], et ipius Domini, Matth. ult.[,18]: Data est mihi omnis potestas in caelo et in terra. Ex plenitudine igitur prudentiae, non solum monastice, sed politicae, immo regalis, immo monarchicae totius universi, cuius prudentiae constat partem esse providentiam, recte concluditur ad perfectionem intellectus practici humani in Christo, etsi non in aliis hominibus, spectare cognitionem omnium singularium quae sunt subiecta providentiae suae": *In* III 11,1 VIII (XI,159b).

eines Dinges selbst unabhängig von dessen Existenz oder Nichtexistenz.¹⁰⁸ Mit Hilfe dieser Unterscheidung vermag Duns Scotus folgende differenzierte Antwort auf die Frage nach der *scientia infusa* der Einzeldinge zu geben:

1.) Die Seele Christi hat durch eingegossene Erkenntnisbilder im Modus des abstraktiven Erkennens ein habituelles Wissen von Einzeldingen. Besteht man darauf, daß sie alle nur kreatürlich erkennbaren *singularia* in diesem Modus getrennt je für sich erkennt, dann sind unendlich viele *species* von Dingen in der Seele Christi anzunehmen.¹⁰⁹ Duns Scotus scheint aber wegen dieser nicht unproblematischen Konsequenz eher der Ansicht zuzuneigen, daß die Seele Christi einige Einzeldinge durch eingegossene Erkenntnisbilder erkennt, von anderen dagegen dann ein abstraktives Wissen gewinnt, wenn diese Dinge existent werden. Stets aber handelt es sich bei diesem Wissen um ein habituelles, nicht aktuelles Wissen; denn ein endlicher Intellekt kann sich aus seinen natürlichen Kräften heraus nicht beliebig vielen, getrennt wahrgenommenen Gegenständen zugleich zuwenden.¹¹⁰

2.) Die Seele Christi hat durch eingegossene Erkenntnisbilder im Modus des intuitiven Erkennens kein Wissen von den Einzeldingen. Denn die eingegossenen Erkenntnisbilder repräsentieren den Gegenstand unabhängig von seiner Existenz und können damit dem entscheidenden Kriterium des intuitiven Erkenntnismodus nicht genügen.¹¹¹

Der Intellekt Jesu kann deshalb in diesem Modus Einzeldinge der Vergangenheit nur über das auszubildende Gedächtnis erkennen bzw. über

---

¹⁰⁸ „... voco ‚abstractivam' [cognitionem],—quae est ipsius quiditatis, secundum quod abstrahit ab actuali exsistentia et non-exsistentia. Secundam, scilicet quae est quiditatis rei secundum eius exsistentiam actualem (vel quae est rei praesentis secundum talem exsistentiam), voco ‚intellectionem intuitivam'": *Ord.* II, d.3, pars 2, q.2, n.321 (VII,553); vgl. dazu E. BETTONI, Duns Scotus, 121-125; P. MINGES, Ioannis Duns Scoti doctrina philosophica et theologica, Bd. 1, 265-267.

¹⁰⁹ „Vel si ponitur cognoscere habitualiter, et abstractive singularia, quantum sunt cognoscibilia ab intellectu creato, concedendum est cuiuslibet singularis propriam esse speciem in intellectu illo, et ita plures species eiusdem speciei, et etiam infinitas species infinitorum singularium possibilium": *Op.Ox.* III, d.14, q.3, n.5 (VII/1,304).

¹¹⁰ „Quia si alicui non videtur attribuenda huic animae confusa cognitio singularium possibilium, nec distincta infinitorum, sive per species infinitas, sive finitas. Potest dici quod haec anima novit habitualiter, et abstractive aliqua singularia per proprias species infusas, et aliqua non novit habitualiter: potest tamen noscere illa habitualiter, si illa fiant in existentia reali eo modo, quo dictum fuit secundo libro, quod Angelus potest acquirere notitiam aliquorum obiectorum per actionem illorum in intellectu suo, nec tamen oportet ponere animam illam noscere actualiter quiditates, nec singularia: quia notitia actualis in genere proprio est secundum virtutem naturalem ipsius intellectus in se: non autem potest intellectus finitus ad quaecunque obiecta simul distincte percipienda converti virtute naturali": ebd.

¹¹¹ „Et si dicatur quod potuit habere hanc habere per species infusas; hoc falsum est; tum, quia species infusa repraesentat obiectum, ut abstrahit ab actuali existentia; quia eodem modo repraesentat, sive obiectum existat, sive non existat, et per consequens non est ratio cognoscendi, existens ut existens": ebd. n.6 (VII/1,305).

künftige Dinge nur Vermutungen äußern. Diese These erlaubt Duns Scotus, die Wendung „und Jesus nahm zu an Weisheit, Alter und Gnade"[112] (Lk 2,52) wörtlich zu nehmen[113] und nicht auf die übliche Hilfsunterscheidung „nach der Wesenheit-nach der Wirkung" (*secundum essentiam-secundum effectum*) zurückzugreifen, mit der der Wissensfortschritt Jesu als ein allmähliches Wirksamwerden und Sichdurchsetzen eines stets vorhandenen vollkommenen Wissens interpretiert werden konnte.[114]

Aber Cajetan ist nicht bereit, auf die so von Duns Scotus eröffnete Möglichkeit, unter Beibehaltung der Lehre von der *scientia infusa* weitgehend die Konnaturalität des menschlichen Intellekts und Lernvollzugs Jesu zu denken, näher einzugehen. Er verweist auf den übernatürlichen Charakter des eingegossenen Erkenntnisbildes, auf dessen höhere Ordnung, worin er dessen Fähigkeit begründet sieht, im Modus des abstraktiven Erkennens sowohl die „Washeit" (*quiditas*), mithin das Allgemeine, als auch das individuelle Ding—das kann wohl nur heißen: das konkrete, unterschieden wahrgenommene Individuum—zu repräsentieren.[115] Denn das eingegossene Erkenntnisbild ahmt die göttliche Wesenheit nach, indem es, obwohl es in sich nur eines ist, alles, was unter den Allgemeinbegriff fällt, je getrennt für sich abzubilden vermag.[116] Darüber hinaus rechnet Cajetan nicht nur das Einzelding, sondern auch dessen gegebenenfalls vorhandene Existenz sowie dessen jeweilige akzidentielle Beschaffenheit zum repräsentierten Inhalt des Erkenntnisbildes.[117] Wiederum verweist Cajetan auf die übernatürliche Qualität dieser *species*, um zu begründen, daß sie in ihrer Repräsentation des Einzeldings stets auch dessen zeitliches Gegebensein in Vergangenheit, Gegenwart oder Zukunft berücksichtigt.[118] Daraus folgert Cajetan für Christus eine vollkommene, gedächtnisunabhängige, intuitive Erkenntnis der Einzeldinge aller Zeiten. Die Tendenz, das Seelenleben Jesu seinen natürlichen Potenzen nach übernatürlich vollendet sehen zu wollen, ist unübersehbar.

Durch die unüberbietbare Teilhabe am ‚Gnadenlicht', aus dem die Erkenntisbilder in die Seele Christi ‚fließen', überragt die *scientia infusa* Chri-

---

[112] „et Iesus proficiebat sapientia aetate et gratia ...": Lk 2,52 (Vulg.).
[113] Vgl. ebd. n.8 (VII/1,306).
[114] Vgl. dazu Cajetan, *In* III 7,12 VII (XI,124b).
[115] „... dicendo quod una species superioris ordinis, seu infusa ex suo genere, potest sufficere ad notitiam abstractivam, hoc est quidditativam, tam speciei quam singularis ut singulare est": *In* III 11,1 VI (XI,159a).
[116] „Nos autem dicimus quod species istae quae in anima Christi sunt, sunt adeo altioris ordinis ut imitentur divinam essentiam ut repraesentantem veritatem contingentium: et non solum ut repraesentantem naturam quamlibet secundum se": ebd. VII (XI,159b).
[117] Siehe o. Anm. 103.
[118] Vgl. *In* III 11,1 VII (XI,159ab).

sti nach Cajetan selbst das eingegossene Wissen der Engel.[119] Im Gegensatz zu Duns Scotus, der einer natürlichen Entwicklung des menschlichen Wissensstandes in Christus Rechnung tragen will, ist Cajetans Beschreibungssystem des Seelen- und Bewußtseinslebens Jesu also stärker an der durch die ontische Dominanz des Logos verursachten Perfektionierung der menschlichen Seele orientiert—mit dem latenten Bestreben, jede Bewußtseinsdualität um des einen göttlichen Seins in Christus willen aufzuheben.

2.3 scientia acquisita

Wie wir im vorhergehenden Abschnitt zu zeigen versuchten, unterscheidet Cajetan also das Erkennen aufgrund eingegossener Erkenntnisbilder in mehrfacher Hinsicht von dem ‚natürlichen' Erkennen, das auf die Sinneswahrnehmungen und die daraus abstrahierten *species intelligibiles* angewiesen bleibt. Diese Unterscheidung ist wiederum eine wichtige Voraussetzung für die Lehre Cajetans, daß Christus neben der *scientia beata* und der *scientia infusa* noch ein Wissen besaß, das er eben durch das ‚natürliche' abstrahierende Erkennen erwarb. Mit der Behauptung eines „erworbenen Wissens" (*scientia acquisita*) Christi folgt Cajetan den Überlegungen des späten Thomas, der in der *„Summa theologiae"* seine früher geäußerte Ablehnung dieses Wissens ausdrücklich zurücknahm.[120] In seinem Sentenzenkommentar hatte Thomas noch die Möglichkeit verneint, daß der *intellectus agens* durch die Eingießung dem mit den Erkenntnisbildern aller Dinge ausgestatteten *intellectus possibilis* noch wirklich ‚neue' Bilder repräsentieren und die Seele Christi dadurch ein eigenständiges Wissen neben der *scientia infusa* erwerben konnte.[121] Wenn in der Seele Christi bereits seit ihrer Erschaffung und Vereinigung mit dem Körper alle Bilder vorhanden sind, die der *intellectus agens* sonst nur aus den Sinnesbildern zu abstrahieren vermag, dann muß der Versuch, neben dem infundierten noch ein abstrahierend erworbenes Wissen aufrecht zu halten, zu der inkonvenienten Konsequenz einer *species*-Verdoppelung führen. Gegenüber solchen Überlegungen, die den

---

[119] „Cognoscit ergo anima Christi, tam abstractive quam intuitive, per infusas species in proprio genere res longe perfectius quam quicumque angeli: et hoc ex excellentiori lumine gratuito sibi collato quam sit lumen naturale angelorum": *In* III 11,4 III (XI,163b); „Novit siquidem anima Christi, per scientiam inditam, divinam naturam multo magis quam quicumque philosophus; immo quam anima separata; immo quam angeli naturali cognitione: quoniam clara revelatione novit Deum esse trinum in personis, et alia huiusmodi spectantia ad gratiae ordinem, quae angelorum naturalem cognitionem excedunt": *In* III 11,1 II (XI,158a).

[120] „Et ideo, quamvis aliter alibi scripserim, dicendum est in Christo scientiam acquisitam fuisse": *S.th.* III 9,4 co. (XI,144b).

[121] „... per lumen intellectus agentis in Christo non fuit aliqua species de novo recepta in intellectu possibili ejus, sed fuit facta conversio nova ad species quae erant in phantasia": *In* III Sent., d.14, a.3, qla.5, ad 3 (III,462); „... Christus non habebat acceptam a sensibus scientiam, sed infusam": *In* III Sent., d.18, a.3, ad 5 (III,563f).

primär funktional definierten tätigen Intellekt ‚defunktionalisieren' und damit aufheben, macht Thomas in der theologischen Summe den natürlichen, auf Abstraktion beruhenden Erkenntnisvollzug als ein unaufgebbares Element des wirklichen Menschseins Christi geltend. Wenn der *intellectus agens* aus Gründen der Konnaturalität mit den Menschen in Christus anzunehmen ist, dann muß auch dessen hauptsächliche Tätigkeit, die Bereitstellung der *species intelligibiles* durch Abstraktion aus den Sinnesbildern, in Christus angenommen werden. Andernfalls besäße Christus den *intellectus agens* tatsächlich vergeblich. Aber diese Annahme—in sich schon bedenklich genug—verbietet sich Thomas von einem Diktum des Aristoteles her: „Gott und die Natur machen nichts vergeblich"[122]. Mit dem *intellectus agens* ist also auch ein aus dessen Tätigkeit resultierendes Wissen in der Seele Christi zu behaupten.[123]

Die Zustimmung Cajetans zu diesen thomanischen Gedanken läßt sich daraus ersehen, daß er die Lehre des Thomas von der *scientia acquisita* gegenüber den Argumenten des Duns Scotus und Durandus zu verteidigen sucht. Zwei der Einwände, die der *doctor subtilis* gegen diese Lehre vorbringt, formulieren Bedenken, die den Überlegungen, die Thomas im Sentenzenkommentar zur Ablehnung der *scientia acquisita* veranlaßten, recht nahe stehen. Sie stellen beide darauf ab, daß die Behauptung dieses Wissens zu in sich unmöglichen bzw. inkonvenienten Konsequenzen führt.

1.) Zwei Akzidentien derselben Art können nicht zugleich in demselben Subjekt sein; das wäre aber bei einem gleichzeitigen Gegebensein von infundierter und erworbener Erkenntnis derselben Sache der Fall.[124]

2.) Selbst wenn zwei Erkenntnisse derselben Art zugleich in demselben Subjekt sein könnten, dann doch nicht als zwei vollkommene Erkenntnisse desselben Objekts in derselben Art und Weise; denn entweder wäre dann die eine von ihnen überflüssig oder beide wären nicht wirklich vollkommen.[125]

Duns Scotus favorisiert aufgrund des streng disjunktiven Verhältnisses zwischen eingegossenem und erworbenem Wissen eines Gegenstandes ein Additionsmodell: Die Seele Christi hat durch die infundierten Erkenntnisbilder Kenntnis von allen Universalien und auch von einigen Individuen; von anderen Individuen jedoch hat sie sich erst durch die Tätigkeit des wirken-

---

[122] *De Caelo* I,4 271a33.
[123] Vgl. *S.th.* III 9,4 co. (XI,144ab).
[124] „Contra conclusionem arguitur ex dictis opinantis, quia secundum eum duo accidentia eiusdem speciei non possunt esse simul in eodem: sed cognitio infusa, et acquisita rei in proprio genere sunt eiusdem speciei": *Op.Ox.* III, d.14, q.3, n.2 (VII/1,302).
[125] „Praeterea, contra conclusionem in se, etsi duae cognitiones eiusdem speciei possunt simul esse in eodem, non tamen duae perfectae eiusdem obiecti, et secundum eandem rationem: quia aut utraque illarum cognoscit obiectum perfecte quantum est cognoscibile, et tunc altera superfluit: aut non, et tunc neutra est perfecta": ebd., n.3 (VII/1,302).

den Intellekts Bilder zu erwerben.[126] Diese Zuweisung der Erkenntnisgegenstände an die beiden Arten des Erkennens gilt freilich nur für den abstraktiven Erkenntnismodus; denn wir sahen ja bereits im vorhergehenden Abschnitt, daß ein intuitives Erkennen eines Gegenstandes nach Duns Scotus stets von dessen gegenwärtiger Existenz abhängt und somit nicht durch Eingießung eines vergleichbaren Abbildes erworben werden kann.[127]

Wie wir eingangs erwähnten, setzt Cajetans Lehre von dem erworbenen Wissen notwendig einen wirklichen Unterschied zwischen dem Erkennen mit abstrahierten und dem mit infundierten Erkenntnisbildern voraus. Denn nur wenn beide Erkenntnisarten—und das daraus jeweils resultierende Wissen—sich wirklich unterscheiden, läßt sich ein doppeltes Wissen desselben Objekts in der Seele Christi postulieren, ohne damit zugleich mehrere identische *species* annehmen zu müssen. Auf die entscheidende Differenz zwischen beiden Erkenntnisarten haben wir bereits aufmerksam gemacht.[128] Das eingegossene Wissen hat aufgrund der übernatürlichen Qualität der Erkenntnisbilder das *universale* als Einzelding, d.h. so, wie es zugleich die Washeiten aller Individuen samt deren Akzidentien umfaßt, zum Gegenstand; demgegenüber bezieht sich das erworbene Wissen auf das *universale*, wie es von den Individuen abstrahiert und somit notwendig ohne die Washeiten der Einzeldinge repräsentiert wird. Beide Arten des Wissens haben jeweils ein verschiedenes Formalobjekt und unterscheiden sich somit innerlich und wesentlich voneinander.[129]

Das eingegossene Wissen Christi beruht also nicht auf Erkenntnisbildern, die der *intellectus agens* auch via Abstraktion hätte bereitstellen können, die nun aber lediglich auf anderem, genauer übernatürlich-infundiertem Wege in die Seele Christi gelangen. Cajetan weist darauf hin, daß Adam ein solches Wissen von den natürlichen Dingen besaß.[130] Man muß hier nach Cajetan noch einmal zwischen einem *per se* eingegossenen Wissen, das aufgrund der qualitativ übernatürlichen Erkenntnisbilder nur durch einen gnadenhaften Akt der Infusion hervorgerufen werden kann, und einem *per accidens* eingegossenen Wissen unterscheiden, das der *intellectus agens* grundsätzlich durch seine natürliche Tätigkeit erwerben, das von Gott jedoch auch

---

[126] Vgl. ebd., n.4f. (VII/1,303f.); siehe auch o. Anm. 109.
[127] Vgl. o. Abschnitt 2.2.
[128] Siehe o. S. 146.
[129] „sicut, in communi loquendo, habitus per se infusi, et habitus per se acquisibiles, sunt diversarum rationum intrinsecus et essentialiter, ut patet de caritate, fide, spe, et virtutibus intellectualibus et moralibus; ita in speciali de scientia dicendum est quod scientia per se infusa seu ex suo genere, et per se seu ex suo genere acquisibilis, sunt diversarum rationum": *In* III 9,4 X (XI,147a).
[130] „Et propterea scientia naturalium quam habuit Adam, fuit scientia acquisita ex suo genere et per se: quamvis ipse non acquisierit illam, sed fuerit sibi a Deo infusa": ebd. V (XI,145b). Das lehrt schon Thomas, vgl. *S.th.* I 94,3 ad 1 (V,417b).

der Seele eingegossen werden kann.[131] Würde nun das eingegossene Wissen Christi als *scientia infusa per accidens* verstanden, dann werden in der Tat die Überlegungen des Duns Scotus zwingend. Die Vollkommenheit der *scientia infusa* ließe sich dann nur noch zu Lasten der Vollkommenheit der *scientia acquisita* behaupten und umgekehrt. Cajetan lehrt, daß Christus nicht ein akzidentiell, sondern ein per se infundiertes Wissen in Fülle besaß, während er die *scientia acquisita* durch die Erkenntnisbilder des wirkenden Intellekts erwarb. Denn für die natürlichen, von den wesenhaft-infundierten *species* real verschiedenen Erkenntnisbilder war der *intellectus possibilis* Christi noch in Potenz.[132] Damit besteht nach Cajetan grundsätzlich Raum in der Seele Christi für ein natürlich erworbenes Wissen.

Den entscheidenden Grund dafür, die *scientia acquisita* dann auch wirklich Christus zuzusprechen, sieht Cajetan in den eingangs angeführten Überlegungen des Thomas ausgesprochen. Das zeigt sich nicht zuletzt auch darin, daß Cajetan die Gültigkeit des aristotelisch-thomanischen Satzes „Vergeblich ist, was keine eigene Tätigkeit besitzt"[133] deutlich unterstreicht. Dieser Satz gilt nach Cajetan wenigstens in dem Sinne, daß etwas dann vergeblich ist, wenn es den Umständen entsprechend hätte tätig werden müssen, diese Tätigkeit aber nicht vollziehen konnte.[134] Hätte Christus unter keinen Umständen das natürlich-erwerbbare Wissen besitzen können, wäre der *intellectus agens* seiner ureigensten Tätigkeit nach ‚überflüssig' gewesen.[135]

---

[131] „scito quod scientiam esse et vocari infusam, contingit dupliciter: hoc est, per se; vel per accidens. Scientia est et vocatur infusa per se cuius naturalis generatio est infusio: qualis est scientia angelorum. Per accidens autem infusa est cui accidit quod habita sit per infusionem: ut scientia Adae": *In* III 9,4 V (XI,145b).

[132] „Noli ergo proponere ante mentis oculos Christum, velut Adam, plenum scientiae acquisibilis ex suo genere sed infusae per accidens ... Sed imaginare Christum plenum scientiae infusae ex suo genere; et sicut tabulam rasam [vgl. Aristoteles, De Anima III,4 429a15] quoad scientiam acquisitam ex suo genere": ebd.

[133] „Frustra autem est quod non habet propriam operationem: cum omnis res sit propter suam operationem, ut dicitur in II de Caelo et Mundo [II,2 268a8f.]": *S.th.* III 9,4 co. (XI,144a).

[134] „Et sane debet intelligi, scilicet, sub intellectis conditionibus generalibus quae, cum de operibus est sermo, subintelliguntur: scilicet, quando, ubi, et in quo, etc., debet operari. Ita quod sensus est quod Frustra est quod caret operatione quando debet illam habere. Et sic propositio ista efficaciter in littera probatur ex hoc quod unumquodque est propter suam operationem: frustra siquidem est quod finem suum non assequitur, quando debet": *In* III 9,4 VI (XI,146a). Cajetan faßt den Satz des Thomas also nicht nach dem Anspruch auf, daß *jede* Potenz zu einem bestimmten Wirken, die nicht aktuiert wird, in sich vergeblich wäre. Mit dieser Einschränkung gibt Cajetan den Einwänden des Duns Scotus nach, der auf den Zustand der Seligen hingewiesen hatte, die durchaus in Potenz zu Fortschritt in der Erkenntnis und zu körperlichem Wachstum sind, ohne daß doch diese operativen Potenzen jemals aktuiert werden könnten oder auch nur müßten; vgl. *Op.Ox.* III, d.14, q.3, n.2 (VII/1,302).

[135] „Et tunc processu litterae utere, dicendo quod, si in Christo non esset scientia acquisita ex suo genere,—dico autem, non esset omnino, scilicet nec per se nec per accidens, hoc est, neque per acquisitionem, quae est per se generatio eius, nec per infusionem, quae est per accidens generatio eius: si, inquam, in Christo non esset omnino scientia acquisita, intellectus

Von dieser Überlegung des Thomas her ist nach Cajetan die *scientia acquisita* der Seele Christi zu lehren.

Mit der Übernahme dieser Lehre des späten Thomas gewinnt Cajetan die Möglichkeit, an einem wesentlichen Punkt des Seelenlebens Jesu dessen Homousie mit den Menschen festzuhalten. Ein Wissensfortschritt aufgrund von Lernprozessen und damit eine echte innerseelische Entwicklung des Menschen Jesus, der mit den Menschen das Unterworfensein unter die Zeit teilt, können so ausgesagt werden. Aber Cajetan nimmt diese Möglichkeit nicht wirklich wahr. Die Seele Christi soll doch auch im Blick auf die *species intelligibiles* vollendet gewesen sein. Ist der Gegenstandsbereich des natürlich-erwerbbaren Wissens die Menge aller durch die Sinne wahrnehmbaren Einzeldinge, so umfaßt die *scientia acquisita* Christi den Erkenntnisbildern nach diese Objektmenge vollständig. Da der *intellectus possibilis* Christi wie eine *tabula rasa* zunächst noch nicht die auf natürlichem Wege zu erwerbenden Erkenntnisbilder beinhaltet, hält es Cajetan zur Einlösung der perfektionistischen Vorgabe für denkbar, daß Engel dem *intellectus agens* die Sinnesbilder derjenigen Gegenstände zugänglich machten, die Christus im Laufe seines Erdenlebens nicht sinnlich wahrnehmen und von denen er deshalb auch keine Erkenntnisbilder ‚abziehen' konnte.[136] Diese These steht deutlich dem Bemühen des Thomas entgegen, dem Menschen Jesus für den Bereich des erworbenen Wissens eine wirklich fortschreitende Kenntnisnahme der Welt aus eigener Erfahrung zuzuschreiben. Thomas hatte es aus Dignitätsgründen abgelehnt, daß Christus von den Engeln Wissen empfangen habe.[137] Die Überlegungen Cajetans zeigen somit wiederum das über Thomas hinausgehende Bemühen, die Seele Christi—um den Preis einer wirklich ‚natürlichen' Entwicklung des Seelenlebens Jesu—möglichst vollkommen zu denken. In der Christo-Psychologie Cajetans überwiegt das Perfektionsprinzip weitgehend die dogmatische Lehrvorgabe der Konnaturalität Christi mit den Menschen.

---

agens esset in ipso frustra; quia nihil esset impediens aut tollens quovis modo operationem eius, et tamen non posset habere operationem suam": *In* III 9,4 V (XI,145b).

[136] „At si quis dixerit sensibus Christi omnia singularia opportuna ad perfectam per inventionem scientiam omnium naturali ratione cognoscibilium, oblata esse angelorum ministerio supplente, non aberraret. Quoniam si, Evangelista testante, esurienti Christo angeli cibum corporalem ministraverunt, Matth. IV[,11]; multo magis rationabile est ut indigenti Christo spirituali cibo scientiae acquisitae, ministraverint angeli singularia opportuna ex quibus ipse suo ingenio adinveniret scientiam. Hoc enim nullum inconveniens habet annexum. Nec est miraculum voluntarie fictum: sed super simili et minus necessario expresso in Evangelio fundatum. Et propterea ut rationabile amplectendum est": *In* III 12,1 IV (XI,167b).

[137] Vgl. *S.th.* III 12,4 co. (XI,169b-170a).

3. WILLE UND WOLLEN CHRISTI

Daß das „rationale Strebevermögen" (*appetitus rationalis*) unabdingbar zur Integrität der menschlichen Natur dazugehört und daß deshalb in der vom Gottessohn assumierten Natur ein eigenständiger, speziell dieser Natur zugehöriger Wille angenommen werden muß, stellt ein von Cajetan vorausgesetztes, nicht mehr eigens expliziertes Argument dar. Wenn der Logos wirklich Mensch geworden ist, dann muß ihm ein zweites, von dem göttlichen zu unterscheidendes menschliches Willensvermögen zukommen, soll nicht die Homousie Christi mit den übrigen Menschen an einem wesentlichen Punkt in Frage gestellt sein. Cajetan sieht sich nirgendwo dazu veranlaßt, den vom sechsten ökumenischen Konzil (680/81) approbierten Dyothelitismus[138] in seiner theologischen Legitimität zu plausibilisieren. Der Text des Gethsemanegebetes Jesu (Mt 26,39par), auf den traditionellerweise zur Beobachtung der Willenszweiheit hingewiesen wurde[139], wird von Cajetan mit Hilfe einer an Thomas orientierten Terminologie folgendermaßen ausgelegt:

> ‚Nicht wie ich will, sondern wie du [willst]'. In diesen Worten erscheint ein dreifacher Wille: nämlich der göttliche in dem ‚du'; der dem göttlichen konforme menschliche [Wille] in dem ‚wie du [willst]'; und der menschliche [Wille], der etwas anderes will als der göttliche [Wille] in dem ‚nicht wie ich will'; und das ist der vernünftige Wille in seiner natürlichen Ausrichtung, der den Tod schlechthin zurückweist, und der Wille der Sinnlichkeit, der sinnliche Schmerzen meidet, etc.[140]

Diesem Text liegen zwei wichtige Unterscheidungen der philosophischen Psychologie zugrunde:

1.) Zum einen unterscheidet Cajetan im Anschluß an Thomas zwischen dem vernünftigen Willen, sofern er in seiner natürlichen finalen Hinordnung auf ein ihm entsprechendes Ziel betrachtet wird, das er um seiner inneren Güte willen unmittelbar anstrebt (*voluntas ut natura*) und dem vernünftigen

---

[138] ACO II 2,2 (722,13-23); vgl. auch die Akten des Laterankonzils von 649, ACO II 1 (316,9-14; 374,10-17).
[139] So etwa in den Verlautbarungen der 14. und 16. Synode zu Toledo (684 bzw. 693), vgl. DS 564.572, und im dritten Sentenzenbuch des Lombarden, d.17, c.2, n.4.6f. (II,107-109), wo Texte von Beda Venerabilis, Augustin und Ambrosius zitiert werden, in denen die Autoren jeweils Mt 26,39par zur Begründung der Annahme einer eigenständigen menschlichen *voluntas* neben dem göttlichen Willen in Christus anführen. Vgl. auch die Bemerkung Cajetans: „Hinc contra haereticos habes duas in christo voluntates, alteram humanam, non sicut ego volo. alteram divinam communem sibi et patri, sed sicut tu vis": *In* Mt 26,39 (61v).
[140] „Non sicut ego volo, sed sicut tu. In his enim verbis triplex voluntas patet: scilicet divina in ly tu; humana conformis divinae, in ly sicut tu, quae est voluntas per modum rationis; et humana aliud volens quam divina, in ly non sicut ego volo; et haec est voluntas rationalis per modum naturae, repudians mortem absolute, et voluntas sensualitatis, refutans dolores sensibiles, etc.": *In* III 18,5 III (XI,236b).

Willen, sofern er in seiner Hinordnung auf die Mittel zu diesem Ziel genommen wird, auf die er sich kraft einer vergleichend-abwägenden, d.h. letztlich einer vom Intellekt bestimmten Tätigkeit bezieht (*voluntas ut ratio*).[141]

2.) Zum anderen hebt Cajetan von dem „vernünftigen Willen" (*voluntas rationalis*) den „Willen der Sinnlichkeit" (*voluntas sensualitatis*) ab, dem er in diesem Text zusammen mit der *voluntas rationalis ut natura* ganz offensichtlich ein vom göttlichen Willen abweichendes Wollen konzediert.

Die erstgenannte Unterscheidung, die Thomas auf Johannes von Damaskus zurückführt[142], bezieht sich genaugenommen nicht auf die seelische Willenspotenz als solche, sondern auf deren Tätigkeiten.[143] Sie trägt mithin keine Differenz in den *appetitus rationalis* ein, durch die die *voluntas ut natura* und die *voluntas ut ratio* als eigenständige Vermögen verstanden werden könnten. Diese Gedanken des Thomas macht sich Cajetan zu eigen, wenn er in Christus eine vierfache *voluntas* unterscheidet, der *voluntas* als „Vermögen" (*potentia*) nach: den göttlichen und menschlichen Willen; der *voluntas* als „Tätigkeit" (*actus*) nach: das natürliche und das vernünftige Wollen des menschlichen Willens.[144]

Diese beiden Willenstätigkeiten wiederum, die Cajetan mit den Begriffspaaren „abwägender und natürlicher Wille" (*voluntas deliberativa-voluntas naturalis*)[145], „in gewisser Hinsicht und einfach wollender Wille" (*voluntas secundum quid-voluntas simpliciter*)[146], „vernünftiger Wille/Wille als Vernunft-natürlicher Wille/Wille als Natur" (*voluntas rationalis/ut ratio-voluntas naturalis/ut natura*)[147] bezeichnen kann, unterscheiden sich in mehrfacher Hinsicht. Cajetan verweist auf folgende Differenz zwischen der *voluntas ut ratio* und der *voluntas ut natura*. Die Akte des natürlichen Willens streben ähnlich wie die des Willens der Sinnlichkeit auf bestimmte Ziele in

---

[141] Vgl. *S.th.* III 18,3 co. (XI,233ab) und dazu den Kommentar Cajetans, *In* III 18,3 If. (XI,233a-234b); zu den Bezeichnungen *voluntas ut natura* und *voluntas ut ratio* siehe auch *In* III 18,4 I (XI,235b).

[142] Vgl. *S.th.* III 18,3 ob. 1 und co. Thomas verweist dort auf Johannes von Damaskus, *Exposito fidei*, II, 22 (PTS 12: 89,51-90,64).

[143] „Et ideo dicendum est quod, si loquamur de potentia voluntatis, in Christo est una sola voluntas humana essentialiter et non participative dicta. Si vero loquamur de voluntate quae est actus, sic distinguitur in Christo voluntas quae est ut natura, quae dicitur thelesis; et voluntas ut ratio, quae dicitur bulesis": *S.th.* III 18,3 co. (XI,233b); siehe dazu auch den Kommentar Cajetans, *In* III 18,3 III (XI,234b).

[144] „Ex tertia autem responsione habes collectam quadruplicem voluntatem in Christo poni: duplicem quasi potentiam, divinam scilicet et humanam; et duo genera actuum in humana, scilicet voluntatem naturalem et voluntatem rationalem": *In* III 18,1 III (XI,232b). Nimmt man die *voluntas sensualitatis* noch hinzu, so lehrt Cajetan genaugenommen einen fünffach differenzierten Willen Christi.

[145] Siehe *In* III 14,2 II (XI,181ab).
[146] Siehe *In* III 21,4 II (XI,254a).
[147] Siehe *In* III 18,1 III (XI,232b) und o. Anm. 141.

weitestgehender Unabhängigkeit von den „Umständen" (*circumstantiae*) und somit auch von der Beziehung zum Willen Gottes hin.[148] Damit ist diesen Willensstrebungen nach Cajetan grundsätzlich die Möglichkeit zuzugestehen, auf anderes als das von dem vernünftigen Willen Gewollte zu tendieren. Cajetan rechnet diese Akte zu den „einfachen Willensbewegungen" (*velleitates*), während er umgekehrt die Akte des vernünftigen Willens als „Willenswahl" (*electio*) auffaßt. Die *velleitates* sind nach dieser letztlich auf Aristoteles zurückgehenden Unterscheidung gerade dadurch von der aus rationaler Erwägung heraus getroffenen Willenswahl verschieden, daß sie sich auch auf Gegenstände beziehen können, die sie nicht selber zu beeinflussen bzw. zu bewerkstelligen vermögen, die mithin—wie Cajetan sagt— „unmögliche Dinge" (*impossibilia*) sein können.[149]

Auf diesem Hintergrund wird die von Cajetan im Falle des Gethsemanegebetes vorgenommene ‚Verteilung' der Willensakte verständlich: Christus will schlechthin die Erlösung des Menschengeschlechts. Der von seiner natürlichen Finalität her auf ein letztes Gut ausgerichtete menschliche Wille Christi (*voluntas ut natura*) kann dieses Gut auch mit einem Willensakt unmittelbar anstreben, so daß es Christus von der speziellen Finaltendenz dieses Willensaktes her zumindest nicht möglich ist, in das Übel des bevorstehenden Kreuzestodes einzuwilligen.[150] Der vernünftige Wille Christi (*voluntas ut ratio*) ist stets mit dem Willen Gottes konform. Er kann ein Teilziel, das ihm der Intellekt aufgrund der Evaluierung der gegebenen Möglichkeiten als das geeignete Mittel zum Erreichen des Letztzieles vorstellt, zum unmittelbaren Gegenstand eines Willensaktes erheben und so das vom göttlichen Willen erstrebte Übel des Kreuzestodes als das geeignete Mittel zur Erlösung des Menschengeschlechts wollen.[151] Dagegen kann der menschliche Wille als Naturstreben den bevorstehenden Kreuzestod nicht in seiner religiösen Referenz wahrnehmen. Er strebt unmittelbar auf das Gut

---

[148] „Naturalis autem voluntas vocatur motus ille voluntatis qui consequitur rationem apprehendentem bonum vel malum, non consideratis omnibus circumstantiis, sed ipsum nudum obiectum bonum, puta vitam, sanitatem, vel malum, puta mortem, infirmitatem, flagellari, et huiusmodi. Ad huiusmodi enim apprehensionem sequitur naturaliter motus voluntatis volens bonum vel nolens malum": *In* III 14,2 II (XI,181b); „tam actus voluntatis per modum naturae, quam actus sensualitatis, ex propria natura habet obiectum abstrahens ab ordine ad divinam voluntatem": *In* III 18,5 IV (XI,236b).

[149] „Et scito quod isti voluntatis motus qui in aliud tendebant in Christo, nihil aliud sunt quam velleitates. Universaliter siquidem loquendo, actus voluntatis per modum naturae, distinctus contra actum voluntatis per modum rationis contrarium eligentis, nihil aliud est quam velleitas: de qua dicitur in III Ethic. [c.4, 1111b20-24] quod est etiam impossibilium.": ebd.

[150] „Antecedens probatur quod ad voluntatem naturalem. Quia etiam voluntate absoluta Christus volebat salutem humani generis: quamvis non vellet hoc in ordine ad aliud, hoc est, quamvis non vellet eam ut rationem volendi mortem propriam; quia ad voluntatem ut naturam non spectat velle aliquid in ordine ad aliud, sed solum velle vel nolle aliquid absolute": *In* III 18,6 III (XI,238b); vgl. auch *In* III 18,5 II (XI,236a).

[151] Vgl. ebd.

der Schmerzvermeidung und muß von daher das Kreuzesleiden zurückweisen.[152] Cajetan macht freilich die Konformität des vernünftigen Willens mit dem göttlichen Willen nicht primär von einer permanenten Plausibilisierung des von Gott Gewollten als dem jeweils geeignetsten Mittel zur Erreichung des Letztzieles abhängig, sondern bringt dafür—wie wir noch sehen werden—einen anderen Grund in Anschlag.

Die Annahme eines eigenen Willens der Sinnlichkeit in Christus wird nach Cajetan vom Zeugnis der Schrift selber nahegelegt, indem das „sensitive Strebevermögen" (*appetitus sensitivus*), das sich gerade gegen das sinnlich erfahrbare Leiden sträuben mußte, in Mt 26,39 mit dem Ausdruck „doch nicht wie ich will"[153] mitumfaßt wird und demnach als ein „Wollen" (*velle*) bezeichnet werden kann.[154] Cajetan hält diese Bezeichnung insofern für zutreffend, als der *appetitus sensitivus* nicht nur die Möglichkeit hat, sondern vielmehr darauf angelegt ist, sich dem Befehl des vernünftigen Willens, der *voluntas* im eigentlichen Sinne, zu unterstellen und eben von daher—gleichsam durch Teilhabe an dem Wollen der *voluntas*—mit Recht „*voluntas sensualitatis*" genannt werden kann.[155] Er betont ausdrücklich, daß in Christus—im Unterschied zu den übrigen Menschen—jede Bewegung des sensitiven Strebevermögens als von einem Willensakt abhängig zu denken ist.[156] Damit wird die Vorstellung zurückgewiesen, Christus könnte, von Leidenschaften überwältigt, seinem Handeln eine nichtvernünftige,

---

[152] Denn im Unterschied zu den Seligen hat Christus vor seinem Tod einen leidensfähigen Körper: „Ita quod inter Christum ante mortem, et beatos, differentia horum motuum in volito ex parte subiecti oritur: quia scilicet Christus animam et carnem passibilem habebat, beati autem non. Hinc enim fit ut Christi voluntati naturali et sensuali occurrerent aliqua ut contraria et laesiva, quae beatis, exemptis ab omnis possibilitate mali, occurrere nequeunt": ebd. IV (XI,236b).

[153] „Verumtamen non sicut ego volo ...": Mt 26,39 (Vulg.).

[154] Cajetan bemerkt zu dem *titulus* von *S.th.* III 18,2 „Utrum in Christo fuerit aliqua voluntas sensualitatis, praeter rationis voluntatem": „Non quaerit Auctor de appetitu sensitivo ut sic: sed de appetitu sensitivo ut habet rationem voluntatis; non simpliciter et absolute, sed talis, hoc est, sensualis. Puto autem rationem tituli huius fuisse Evangelica verba quibus motus appetitus sensitivi velle vocatur, cum dicitur: Veruntamen non sicut ego volo [Mt 26,39]": *In* III 18,2 I (XI,232a).

[155] „Nam sicut a ratione praecipiente rationalis appetitus, ita a voluntate quoque praecipiente voluntarius appetitus, qui voluntas vocatur, dici potest. Immo, ex hoc ipso quod rationalis appetitus dicitur, voluntas dicitur: quia rationalis appetitus nomen est proprium voluntatis, et participative solum communicatum sensualitati": ebd. II (XI,233a); vgl. dazu Thomas, *S.th.* III 18,2 co. (XI,232ab). Der Gedanke, daß das sinnliche Strebevermögen an der Vernunft teilhat, indem es ihr Folge leistet, geht auf Aristoteles zurück, vgl. *Nik.Eth.* I,13 1102b30-32.

[156] „Adverte hic quod, quia omnis motus appetitus sensitivi in Christo fuit voluntarius; quoniam etiam motus proprii sensualitatis in propria obiecta voluntarii erant, nam voluntarie esurivit, et unamquamque virium propria exercere disposuit: ideo in Christo appetitus sensitivus semper rationalis, et semper participative voluntas, in quolibet suo actu fuit": *In* III 18,2 III (XI,233b).

letztlich vom sinnlichen Streben bedingte Willensentscheidung zugrundegelegt haben.

Die Abhängigkeit vom regulierenden Vernunftwillen darf freilich nicht als permanente Reduzierung des natürlich-physischen Lebens der Sinnenseele Christi aufgefaßt werden. Christus will vielmehr, daß die Strebevermögen in natürlicher Weise ihre Tätigkeiten entfalten und ‚erlaubt' somit jeder seelischen Kraft, das Ihre zu tun.[157] Mit Hilfe dieses Gedankens versucht Cajetan die Perfektionstendenzen, die mit der totalen Subordinierung der sensitiven Bewegungen unter das vernünftige Wollen sichtbar wurden, mit dem Dogma der menschlichen Homousie Christi auszubalancieren.

Es ist dann allerdings anzufragen, wie sich die Vorstellung, Christus habe seinen psychischen Kräften die natürliche Entfaltung willentlich gestattet, mit der Lehre vereinbaren läßt, daß der menschlich-rationale Wille Christi, konform mit dem göttlichen Willen, dem Kreuzesleiden um der Erlösung der Menschen willen zustimmte. Wenn Christus im Gethsemanegebet mit der Wendung „doch nicht wie ich will" das auf die Vermeidung sinnlich erfahrbarer Schmerzen bedachte Streben seines eigenen sinnlichen Strebevermögens aus einem Akt des vernünftigen Willens heraus für irrelevant gegenüber dem Willen Gottes erklärt, so hat Christus doch durch eben diesen vernünftigen Willen das sinnliche Streben seiner natürlichen Entfaltung nach wirklich gewollt. Da die voluntative Tätigkeit des sinnlichen Strebevermögens noch einmal von einem zulassenden Willensakt des vernünftigen Willens abhängig sein soll, scheint die Konsequenz nahezu unvermeidlich, die Gegensätzlichkeit der Willenstendenzen letztlich in den Vernunftwillen selber einzutragen. Christus will, was Gott will, und will zugleich, daß er nach seinem sinnlichen und natürlich-vernünftigen Willen das bevorstehende Leiden und den Tod am Kreuz nicht will. Wie angesichts der Simultaneität dieser Bestrebungen ein einheitliches Wollen der *voluntas ut ratio* denkbar sein kann, läßt Cajetan weitgehend offen.

Jedenfalls sind nach Cajetan im irdischen Jesus hinsichtlich des gewollten Gegenstands noch nicht alle Willensakte mit Gott konform. Darin liegt ein wichtiger Unterschied Jesu zu der verklärten Leiblichkeit und Geistigkeit der Seligen, deren Strebevermögen zwar noch die Möglichkeit besitzen, auf das ihnen eigene Gegenstandsfeld hinzutendieren—etwa die Fähigkeit des sinnlichen und natürlich-vernünftigen Strebens, sich auf Unmögliches zu beziehen—, aber gleichwohl diese Möglichkeit nicht mehr aktivieren.[158]

---

[157] „Filius Dei, ex quadam dispensatione, ante passionem suam, permittebat omnibus viribus animae agere quae propria sunt eis. Ergo permittebat in Christo voluntate sensualitatis refutare laesionem absolute, etc.; et voluntatem ut naturam repudiare mortem absolute": *In* III 18,5 II (XI,236a); vgl. *In* Hebr 5,7 (161r).
[158] Vgl. *In* III 18,5 IV (XI,236b); *In* Joh 5,30 (158r).

Den entscheidenden Grund für die Konformität des vernünftigen Willens mit dem göttlichen Willen sucht Cajetan nirgendwo anders als in der freien Entscheidung des menschlichen Willens.[159] Es bestand zu keiner Zeit ein von außen kommender Zwang, dem sich der freie Vernunftwille Christi wider besseres Wissen hätte beugen müssen. Die Wahlfreiheit Christi wird nicht dadurch eingeschränkt, daß die Gnadenfülle der Seele Christi aufgrund der hypostatischen Vereinigung mit dem Logos notwendig die Freiheit Jesu vom „Sündenzunder" (*fomes peccati*)[160] impliziert und somit die Option der Sünde als wählbarem Gegenstand strenggenommen ausschließt. Cajetan sieht sich aber doch—nicht zuletzt wegen des „freien Willens" (*liberum arbitrium*) Christi—zu dem Hinweis genötigt, daß der Wille Christi, der in seinem Sein dem supralapsarischen Willen Adams entspricht, in sich selbst das Gutsein, d.h. die Konformität mit dem Willen Gottes, nicht unverlierbar besaß, sondern nur sofern er sich dem Willen Gottes unterwarf.[161] Cajetan liegt mit der Betonung der Möglichkeit zur Sünde nicht daran, den kirchlichen Lehrsatz von der „Sündelosigkeit" (*impeccantia*) Jesu anzutasten. Aber es soll doch eine Beschreibung des menschlichen Willens Christi versucht werden, die den Bedingungen der Freiheit des Willens Rechnung trägt. Denn Cajetan sieht zwischen dem genannten Lehrsatz und der Behauptung eines freien Willens in Jesus keinen Widerspruch: In der ständigen freien Unterwerfung unter den Willen Gottes, im gewählten Gehorsam gegenüber und in der spontanen Konformität mit Gott, wird die Tatsache manifest, daß Christus vom Augenblick der Zeugung an sich selbst die Möglichkeit nahm, sich gegen Gott zu entscheiden.

4. Handeln und Wirken Christi

Die inhaltliche Abfolge der beiden Quästionen 18 und 19 der *Tertia*—„Über die Einheit Christi bezüglich des Willens" und „Über die Einheit des Wirkens Christi"—darf als ein Reflex auf die dogmatische Lehrsituation des 7. Jahrhunderts betrachtet werden, die maßgeblich durch die Auseinandersetzung um die monotheletischen und monergetischen Lehrformeln gekennzeichnet war. Mit Hilfe dieser Formeln wurde der Versuch unternommen,

---

[159] „... secundum voluntatem per modum rationis, semper voluit idem quod Deus": III 18,5 II (XI,236a); vgl. *S.th.* III 18,5 co. (XI,235b).

[160] „... perfectio virtutis in Christo infert in ipso non fuisse fomitem": *In* III 15,2 II (XI,187b).

[161] „Dupliciter autem de voluntate humana iesu loqui possumus. vel secundum seipsam: vel ut subiacet regulae divinae voluntatis. Voluntas enim iesu secundum seipsam, secundum suam naturam nude accepta, non habet bonitatem infallibiliter: quoniam eiusdem est naturae cum voluntate quae fuit in adam ante peccatum. Prout autem inhaeret regulae divinae voluntatis, declinare non potest ad malum": *In* Joh 6,38 (162v).

eine die konkrete Einheit Christi nicht auf der Ebene der Person, sondern wiederum auf der physisch-naturalen Ebene suchende Interpretation der chalkedonischen Definition zu geben, von der man sich die Zustimmung weiterer monophysitischer Kreise erhoffte. Christus sollte sich gerade—bei substantieller Trennung der Naturen—im Wollen und Wirken als einer erweisen. Dieses Ziel glaubte man freilich nicht anders erreichen zu können, als daß sich in dem Wollen und im Tun Christi die Unterscheidung beider Naturen nicht mehr durchführen ließ und damit über die Enhypostasie hinaus ein Punkt benennbar wurde, an dem die konkrete Einheit Christi wieder physisch, d.h. als wirkliche Vereinigung naturaler Aspekte aufgewiesen werden konnte.

Die Verurteilung der monotheletischen und monergetischen Lehrmeinungen folgte der Linie des Arguments, mit dem bereits zu Chalkedon der Monophysitismus anathematisiert worden war: Das eigene voluntative Strebevermögen und das eigene Tätig-Sein sind integrale Bestandteile bzw. Wesensäußerungen der menschlichen Natur und müssen um der doppelten Homousie Christi willen je zweifach in ihm angenommen werden. Freilich stellt sich für ein konsequentes, die konkretisierende Unterscheidung der beiden Naturen bis in die voluntativ-operationale Dimension Christi vorantreibendes dyophysitisches Denken die Aufgabe, wie denn dann, wenn die Behauptung einer physischen Einheit in dieser Dimension aufgegeben wird, noch wenigstens ein terminativ-resultativ einheitliches Wollen und Wirken Christi gedacht werden können. Vor dem Hintergrund der christologischen Basisentscheidungen Cajetans wird die Frage der Einheit gerade im Blick auf die monergetische Problemlösung, die im Unterschied zum Monotheletismus von der substantiellen Konzeption der Menschheit Christi weitgehend absieht und sich lediglich auf die Ebene des Wirkens und der Tätigkeit zu beziehen scheint, in besonderer Weise virulent. Gemäß dem scholastischen Axiom „Das Handeln folgt dem Sein" (*agere sequitur esse*) müßte aufgrund der von Cajetan so eminent herausgestellten Einheit des Seins in Christus eine nicht minder streng verstandene Einheit des Wirkens Christi gefolgert werden. Die Tätigkeiten der beiden Naturen müßten zu dem einen Akt des Christussubjekts zusammenlaufen. Denn so, wie die Wirksamkeit Christi als personaler Akt beschrieben wurde, dürfte sie nur eine sein.

Wenn auch Cajetan zunächst ganz unbestimmt davon sprechen kann, daß „es in Christus nicht nur eine Tätigkeit der Gottheit und der Menschheit gibt, sondern es gibt eine und mehrere"[162], ohne hier eine Verteilung nach unterschiedlichen Beschreibungsperspektiven—etwa nach Natur oder Person—vorzunehmen, so besteht doch gleichwohl aufgrund der genannten Überle-

---

[162] „non est deitatis et humanitatis in Christo operatio una tantum, sed est una et multae": *In* III 19,1 I (XI,241a).

gungen kein Zweifel darüber, in welcher Richtung Cajetans Lösungsansatz zu suchen sein wird. Analog zur Darstellung der Einheit des zweifachen Willens Christi durch den Gedanken des ‚Inwollens', der freiwilligen Übereinstimmung des menschlichen Willens mit dem göttlichen Willen, versteht Cajetan auch die Einheit des Wirkens nach einem Konkurrenzmodell des ‚Inwirkens' von göttlicher und menschlicher Tätigkeit. Zur Erklärung des Zusammenlaufens beider Wirksamkeiten greift Cajetan auf einen Gedanken zurück, der bereits als Metapher für den Modus der hypostatischen Union herangezogen wurde, den Gedanken von der Menschheit Christi als dem Werkzeug der Gottheit. Die besondere Bedeutung, die das Instrumentalmodell in Cajetans Konzeption der Wirksamkeit Christi einnimmt, erfordert zunächst eine gesonderte Untersuchung des Instrumentalbegriffs sowie des damit verbundenen Verständnisses der instrumentalen Kausalität.

4.1 *Zum Begriff des* instrumentum *und der Instrumentalursächlichkeit*

Cajetan versteht unter einem „Werkzeug" (*instrumentum*) im allgemeinen Sinne des Wortes nur dasjenige Instrument, das in einer bestimmten Hinsicht die Fähigkeit zum Wirken besitzt[163] und diese Fähigkeit auch im Zuge der Ingebrauchnahme des Werkzeugs aktuiert.[164] Mit der Betonung der eigenen „aktiven Wirkkraft" (*virtus activa*) und insbesondere der „eigenen Tätigkeit" (*actio propria*), die dem Instrument neben aller „Bewegung" (*motus*) durch die Prinzipalursache zukommt, sucht Cajetan den engen Anschluß an wichtige Bestimmungen, die der späte Thomas in der *„Summa theologiae"* bereits als Wesensmerkmale des *instrumentum* herausgearbeitet hatte.[165] Diese Bestimmungen gelten zunächst einmal für jedes Instrument, also auch für das Instrument im weiteren Sinne, das seinem Begriff nach mit dem „bewegenden Bewegten" (*movens motum*) zusammenfällt.[166] Cajetan kann eine Zweitursache oder überhaupt jede beliebige „untergeordnete Ursache" (*causa inferior*) in ihrem Verhältnis zur Erstursache bzw. übergeordneten Ursache als Instrument bezeichnen.[167] Denn auch in diesem Falle besitzen sowohl die Haupt- als auch die Instrumentalursache jeweils eine eigene „Wirkkraft" (*virtus*) und „Tätigkeit" (*actio*). Durch die Bewegung der Hauptursache,

---

[163] „... omnis causa instrumentalis propriam aliquam virtutem activam habet": *In* I 45,5 XV (IV,472a).

[164] „... causa instrumentalis habet actionem propriam": ebd. XVI (IV,472b).

[165] Vgl. T. TSCHIPKE, Die Menschheit Christi als Heilsorgan der Gottheit, 168-176.

[166] „accipiendo instrumentum non stricte, ut arguendo acceptum est; sed large, ut omne movens motum, ut sic, dicitur instrumentum": *In* I 115,3 VI (V,543b).

[167] „... dicendum est quod Auctor sumit instrumentum pro quacumque secundaria causa, sive sit causa attingens effectum sua causalitate in se vel in sua dispositione, sive sit causa per modum meriti, et similibus; et non accipit instrumentum proprie": *In* II-II 178,1 II (X,418a). Vgl. auch in I 19,8 VII (IV,245b).

durch deren eigene *actio*, wird die *virtus* des Instruments zu der ihr eigenen Tätigkeit aktiviert. Aber dieser bewegende Einfluß auf das Werkzeug geht dann nahezu vollständig in dem impulsiven Anstoß auf, durch den die instrumentale Eigenwirksamkeit freigesetzt wird.[168]

Cajetan hebt von diesem Begriff des Werkzeugs im weiteren Sinne, den er nirgends ausführlicher entfaltet hat, den für den christologischen Theoriezusammenhang zweifellos wichtigeren und entscheidenderen Begriff des „Werkzeugs im engeren Sinne" (*instrumentum proprie*) ab. Auch in diesem Falle lassen sich je ein eigenes Wirkvermögen sowie eine eigene Tätigkeit der Haupt- und Instrumentalursache unterscheiden. Aber die Bewegung der Erstursache bleibt doch nicht ein das Instrument lediglich äußerlich tangierender Impuls, der die eigene, dann unabhängig und selbständig die Wirkung herbeiführende Tätigkeit anstößt, sondern informiert das Werkzeug zu einer neuen, seine eigene effektive Kausalkraft weit überbietenden „werkzeuglichen Wirkkraft" (*virtus instrumentalis*).[169] Das Instrument partizipiert an der Bewegung der Erstursache—und gerade so erfolgt die Erhebung auf eine höhere Stufe kausaler Wirksamkeit, die Befähigung des Instruments zu Wirkungen, die letztlich in der Wirkkausalität der Prinzipalursache begründet liegen.[170] Zugleich wird durch diese Bewegung sowohl die eigene *virtus activa* des Instruments als auch die im Zuge der Bewegung konstituierte *virtus instrumentalis* in die jeweilige Tätigkeit überführt.

Wie das Instrument an der Bewegung und durch diese an der kausalen Wirkkraft der Prinzipalursache Anteil erhält, so nimmt es auch an der aus dieser Wirkkraft resultierenden Tätigkeit teil. Cajetan nennt diese dem instrumentalen Agieren zugrundeliegende Wirksamkeit „eine Tätigkeit qua Teilhabe" (*operatio participata*)[171]. Gleichwohl soll damit nicht ausgedrückt sein, daß die so beschriebene instrumentale Tätigkeit sowie die ihr zugrundeliegende Wirkkraft, die *virtus instrumentalis*, nicht mehr dem Instrument als dem Träger dieser Befähigungen und Akte zugesprochen werden könn-

---

[168] „Hoc etenim modo [= ut instrumentum large sumptum], corpora inferiora sunt instrumenta superiorum, quia non agunt nisi mota ab illis": *In* I 115,3 VI (V,543b).

[169] „Et hoc est motus ipse quo instrumentum movetur a principali agente: ut testatur Auctor inferius, qu. LXII, art. 1, dicens: Causa instrumentalis non agit per virtutem suae formae: sed solum per motum quo movetur a principali agente. Qui quidem motus vocatur virtus instrumentalis quandoque; et quandoque virtus intentionalis; et virtus spiritualis quandoque. Eo quod est et motus rei quae assumitur in instrumentum: et ideo motus. Et constituit ipsum in esse factivo: et ideo vis, seu virtus ... Et quia diminuta quaedam mediatio est inter principale agens et effectum, deferens principale agens ad effectum, ideo intentionalis. Et quia insensibilis est, et ad spiritualem quandoque effectum, ideo spiritualis": *In* III 13,2 V (XI,175a).

[170] „scilicet ut utens propria instrumenti virtute; et ut elevans ipsam ad aliquid altius causandum, intentum scilicet ab ipsa principali causa": *In* I 45,5 XVI (IV,472b); „ut scilicet virtus ista nihil aliud sit quam motus quo instrumentum a principali agente movetur ad proprium principalis agentis effectum inducendum": *In* III 62,4 III (XII,25b).

[171] *In* III 13,2 VII (XI,175b).

ten. Im Falle des *instrumentum proprie* ist also nach Cajetan eine zweifache Aktionsweise des Instruments zu unterscheiden: die Tätigkeit, die das Werkzeug aus eigener Kraft hervorbringt, und die Tätigkeit, die es qua Teilhabe an der überformenden Kraft der Hauptursache ausführt.[172] Beiden Tätigkeiten liegt jeweils ein eigenes Wirkprinzip zugrunde.

Cajetan läßt zur Erläuterung kurz und knapp ein Beispiel anklingen, das schon Thomas im Rahmen seiner Erörterungen der Instrumentalursächlichkeit mehrfach herangezogen hatte: Eine Säge wird verwendet, um eine Bank aus Holz herzustellen. Indem die Säge beim Zerschneiden der Bretter räumlich hin- und herbewegt wird, hat sie teil an der Bewegung der Erstursache. Aber streng genommen sägt nicht die Erstursache, der Handwerker, sondern die Säge sägt. Denn die *virtus*, die Fähigkeit, mit den ‚Eisenzähnen' das Holz zu zerschneiden, hat die Säge nicht durch die Bewegung der Erstursache, sondern aufgrund ihrer metallisch-profilierten Wesensform. Auch wenn diese *virtus* der Säge erst dann aktiviert wird, wenn die Säge durch die Erstursache räumlich entlang der beabsichtigten Linie bewegt wird, so gründet doch die eigene Tätigkeit des Schneidens allein in der Wirkkraft der Säge als ihrem Wirkprinzip.[173] Damit läßt sich durchaus eine sägende Eigenbewegung des Instruments von der intentional-herstellenden Bewegung der Erstursache unterscheiden.[174] Die dem Instrument eigene Wirksamkeit ist freilich ganz und gar abhängig und hineingenommen in den *motus*, d.h. in die Bewegung, die das Werkzeug aufgrund des Einflusses der Prinzipalursache vollführt. Ihrem materialen Gehalt nach koinzidiert die eigene Tätigkeit mit der werkzeuglichen Tätigkeit[175], beide bilden zusammen letztlich nur eine „Tätigkeit" (*operatio*)[176], in der die eigentliche Wirkung des Instruments letztlich direkt von der Hauptursache evoziert wird.

Das aber darf doch nicht so verstanden werden, als sei damit das eigene Wirkvermögen sowie die daraus resultierende eigene Tätigkeit des Werkzeugs in Frage zu stellen oder gar zu leugnen, wie Duns Scotus meinte. Die Überlegungen des Duns Scotus, die zwar unmittelbar auf die Ausführungen des Thomas über die instrumentale Wirksamkeit der Sakramente bezogen

---

[172] „Instrumentum siquidem habet duplicem actionem, scilicet propriam, et instrumentalem": ebd. V (XI,174b).

[173] „Et sicut instrumenti est operatio duplex, ita etiam est duplex quo operatur: alterum sibi proprium, ut dentatura ferrea et acuta serrae, qua scindit ... alterum a principali agente participatum, quo extenditur et facere dicitur principalem effectum": ebd. (XI,175a).

[174] „... scindere est propria operatio serrae, facere vero sedem secando est ipsius operatio instrumentalis": ebd. (XI,174b).

[175] „... causa instrumentalis habet actionem propriam, coincidentem tamen materialiter cum actione quam habet ut instrumentum agentis": In I 45,5 XVI (IV,472b); vgl. o. Anm. 163.

[176] „ut una operatio ... sicut situalis compositio trianguli ex virtute motiva simul ponit tres virgas, ex ratione autem facit formam trianguli, nulla alia actione adiuncta. Et simile est in sculpturis": In I 45,5 XV (IV,472a).

sind[177], laufen gleichwohl auf ein deutlich anders akzentuiertes Verständnis von Instrumentalursächlichkeit hinaus. Duns Scotus gesteht durchaus zu, daß man der Instrumentalursache ein eigenes Wirkprinzip zuschreiben kann. Aber was auch immer als Tätigkeit des Instruments ausgesagt werden kann, soll doch allein in der Wirkkraft der Prinzipalursache begründet liegen. Ein Werkzeug ist gerade dadurch charakterisiert, daß es keine eigene Tätigkeit neben und außer dem Wirken der Erstursache ausübt. Andernfalls besäße es selber den Status einer Hauptursache.[178] Die so von Duns Scotus eröffnete Alternative läßt allerdings für das von Cajetan vorgetragene Verständnis des instrumentalen Proprium keinen Raum mehr.

Cajetan ist grundsätzlich daran interessiert, den *instrumentum*-Gedanken für die Beschreibung der Menschheit Christi anwendbar zu erhalten. Das wäre dann nicht der Fall, wenn dem Instrument keine eigene Tätigkeit zukäme und so eine Übertragung dieses Gedankens auf den Menschen Jesus mit dem dyergetischen Dogma kollidieren würde. Von daher muß Cajetan gegenüber Duns Scotus auf der Behauptung einer eigenen Tätigkeit des Instruments beharren. Cajetan verfolgt also eine doppelte Strategie gegenüber der Argumentation des Duns Scotus: Zum einen hat er die Eigenwirksamkeit des Instruments nach Prinzip und Wirkung gegenüber der Wirksamkeit der Erstursache herauszuarbeiten. Zum anderen ist dann aber diese Eigenwirksamkeit wieder in die Wirksamkeit der Erstursache einzubinden, soll nicht das Instrument als selbständige Ursache verstanden werden.

1.) Zur Begründung der eigenen aktiven Wirkkraft begnügt sich Cajetan lediglich mit einem kurzen Hinweis auf das Argument des Thomas in der „*Summa theologiae*": Würde eine instrumentale Zweitursache ihrem eigenen Tätigkeitsprinzip nach nichts wirken, so würde sie eigentlich umsonst herangezogen. Von der alltäglichen Erfahrung her vermag es durchaus als fragwürdig erscheinen, warum man sich eines Gegenstandes zur Hervorbringung einer bestimmten Wirkung bedienen sollte, der keinen über das Vermögen der Prinzipalursache hinausgehenden, qualifizierenden Einfluß auf die Tätigkeit zu nehmen vermöchte. Die eigene Wirkmächtigkeit des Instruments steht für Cajetan außer Frage: Sie gehört zum Wesen des Instruments wie Fleisch und Knochen zum Wesen des Menschen.[179]

---

[177] Vgl. *In* IV *Sent.*, d.1, q.1, a.4, qla.1.2, sol. (IV,31-36); *S.th.* III 62,1.3f.

[178] „Quod etiam additur de instrumento, dico, quod maior potest bene, vel male intelligi; non enim debet intelligi, quod instrumentum habeat actionem propriam, sed quod per aliquid sibi proprium agat: et ad hoc adducit probationes suas, quae possunt concedi; nec tamen per illud proprium agit, nisi in virtute principalis agentis; quia in quacunque actione, quam haberet, non in virtute principalis agentis, in illa non esset instrumentum, sed principale agens": *Op.Ox.* IV, d.1, q.1, n.9 (VIII,13).

[179] „ratio namque instrumenti non nisi in propria virtute activa salvari potest, sicut ratio hominis in talibus carnibus et ossibus": *In* I 45,5 XVI (IV,472b).

Einem Wirkprinzip wiederum muß aber auch eine Wirkung entsprechen.[180] Cajetan lehrt, daß das Instrument aus seiner *virtus activa* heraus eine von der durch die Erstursache allein bewirkten „letzten Form" (*forma ultima*) durchaus verschiedene, eigenständige Wirkung hervorbringt. Der Unterschied zwischen beiden Wirkungen besteht darin, daß das, was das Instrument hervorbringt, wenigstens sachlich der Wirkung vorausgeht, die durch die eigentliche Tätigkeit des „hauptsächlich Wirkenden" (*agens principale*) verursacht wird.[181]

Cajetan nennt den vom Instrument hervorgebrachten Effekt deshalb ein „Vorlaufendes" (*praevium*).[182] Wenn Thomas dem Werkzeug ein disponierendes Wirken zuspricht[183], dann ist das nach Cajetan nicht im Sinne einer eigentlichen Disposition für die Tätigkeit der Erstursache zu verstehen[184], sondern meint lediglich, daß das Instrument ein *praevium*, d.h. eine Wirkung zeitigt, die der von der Prinzipalursache intendierten und herbeigeführten *forma ultima* (wenigstens) sachlich vorausgeht, sie gleichsam ‚berührt'.[185]

2.) Das Werkzeug wird jedoch durch seine *virtus activa*, durch die es eine eigenständige, unterscheidbare Wirkung verursacht, nicht selber zu einem *agens principale*, wie Duns Scotus meinte. Die Prinzipalursache nimmt das Instrument bzw. dessen eigene Wirkkraft in Gebrauch. Zugleich erhebt sie aber auch das Instrument zu einer völlig neuen Kausalqualität, indem sie das Instrument an ihrer Tätigkeit teilhaben läßt und so zu einer Wirkung befähigt, die die aktive Wirkkraft des Instruments aus sich selbst heraus nicht vollbringen kann.[186] Um diese Wirkung zu verursachen, bleibt also das Werkzeug auf das Wirken der Prinzipalursache angewiesen. Das Instrument vermag die von der Erstursache beabsichtigte Wirkung nur qua Teilhabe an

---

[180] „Omni autem virtuti activae respondet aliquid per eam factibile: alioquin esset activa nihili": ebd. XV (IV,472ab).

[181] „respondetur quod ad instrumentum exigitur quod habeat propriam operationem, ultra illam quam participat a principali agente; et quod operatio propria sit praesupposita operationi participatae, ita quod prius intelligatur propria operatio terminari ad illud in quod tenditur, quam operatio participata, sicut praesuppositum prius intelligitur quam iunctum illi": *In* III 13,2 VII (XI,175b).

[182] „... id quod habet effectus ex causa instrumentali, est praevium ei quod est ex causa principali": *In* I 45,5 XV (IV,472b); „... omnis causa instrumentalis causat virtute propria aliquid praevium termino formali principalis agentis": ebd.

[183] „Quia causa secunda instrumentalis non participat actionem causae superioris, nisi inquantum per aliquid sibi proprium dispositive operatur ad effectum principalis agentis": *S.th.* I 45,5 co. (IV,469b).

[184] „Et huiusmodi praeviam operationem appellavit Auctor operari dispositive: non quod oporteat illam operationem proprie disponere": *In* III 13,2 VII (XI,175b).

[185] „insinuans [Thomas] per hoc, quod nihil aliud intendebat nisi quod instrumenta, etiam attingendo formam intentam a principali, disponunt, idest praevium aliquid faciunt": *In* I 45,5 XVI (IV,472b).

[186] „scilicet ut utens propria instrumenti virtute; et ut elevans ipsam ad aliquid altius causandum, intentum scilicet ab ipsa principali causa": ebd.

der Tätigkeit der Erstursache, also aufgrund der *virtus instrumentalis*, hervorzubringen; aber daraus folgt nicht, daß das Instrument schlichtweg nichts Eigenes zum Zustandekommen dieser Wirkung beiträgt. Vielmehr verursacht das Instrument durchaus einen eigenen Effekt; aber daraus folgt wiederum nicht, daß das Instrument selber letztlich eigenständig prinzipalursächlich wirksam ist.

Die Alternative des Duns Scotus ist nicht haltbar: Denn nicht alle Tätigkeiten lassen sich entweder auf eine Erstursache oder eine Instrumentalursache (im Sinne des Duns Scotus) zurückführen, sondern es gibt das Werkzeug als „Mittleres" (*medium*), als Instrumentalursache mit eigener Wirkursächlichkeit. Man kann daher nach Cajetan das Instrument aufgrund der Applikation durch eine höhere Ursache sowohl als Instrumentalursache als auch aufgrund seiner Eigenwirksamkeit als Prinzipalursache bezeichnen.[187] Welche konkreten Vorstellungen Cajetan mit dem disponierenden Eigenwirken des Instruments verbindet, wird im nächsten Abschnitt aufzuweisen sein, wo der Blick auf die instrumentale Tätigkeit der assumierten Menschheit Christi gerichtet werden soll.

4.2 Das Agieren von Gott und Mensch in Jesus Christus

Nachdem sich bislang der Gang unserer Analyse nahezu ausschließlich an der christologischen Binnenstruktur und den daraus resultierenden Folgen für die Wesensbeschreibung Christi orientierte, müssen wir uns nun eingehender mit Cajetans Überlegungen zum Wirken Christi ‚nach außen' befassen. Thematisch steht hier im Grunde das, was man als ‚christologische Handlungstheorie' bezeichnen könnte, zur Debatte. Die von Cajetan kaum eigens hervorgehobenen dogmatischen Eckdaten, wie sie gegenüber den monergetischen Lehransichten formuliert wurden, lassen sich so zusammenfassen: In Christus gibt es zwei selbständige Wirkprinzipien, die aus je eigener Kraft heraus agieren, und infolgedessen auch zwei „Tätigkeiten" (*operationes*). Wir haben darauf hingewiesen, daß von dem Axiom „*agere sequitur esse*" her für Cajetan eine besondere Notwendigkeit besteht, seine so prononciert vorgetragene Theorie von der Einheit des Seins mit der dyergetischen Lehrvorgabe zu vermitteln.[188] Daß Cajetan diese Notwendigkeit durchaus gesehen hat, beweist eine Passage seines Kommentars zu *S.th.* III 19,1, in der Sein und Wirken in Christus einander nach ihrer prinzipiellen

---

[187] „non enim oportet quod, respectu omnis actionis, causa sit aut principalis aut instrumentalis, proprie loquendo; sed datur medium, scilicet quod est causa instrumentalis ex propriis illam causans. Extensis tamen vocabulis, potest dici et causa instrumentalis etiam illius propriae actionis, pro quanto agit applicata ab alio ... et potest dici causa principalis, quia propria virtute causat": ebd.
[188] Siehe o. die Einleitung zu Abschnitt 4.

Verursachung gegenübergestellt werden.[189] Im Unterschied zu der oben bereits dargestellten Linie der christologischen Seinsderivation, in der die Allgemeinnatur zur Person und damit zu dem, was ist, hinabgeführt wird, wechseln Natur und Person im Falle der Tätigkeitskonstitution gleichsam die Plätze in der Reihenfolge der verursachenden Prinzipien. Die Person, die jetzt als schon existent vorauszusetzen ist, ruft mittels der Natur als „Seinsprinzip" (*principium quo*) die Tätigkeit hervor. Daher kann mit der Einheit des Suppositums eine Mehrzahl von Tätigkeiten, die auf einer Mehrzahl von *quo*-Prinzipien beruht, zusammenbestehen.

Gleichwohl hat Cajetan vom orthodox-dyergetischen Standpunkt aus—ähnlich wie wir das auch im Falle seiner Überlegungen zum dyotheletischen Dogma beobachten konnten—ein eminentes Interesse daran, die zweifache Wirkweise Christi so mit dem einen Selbstand Christi zusammenzudenken, daß sie um dieser personalen Einheit willen zugleich auch als das *eine* Wirken des *einen* Subjekts begriffen werden kann. Gilt das Axiom „*agere sequitur esse*", und gibt es in Christus nur die eine seinsbegründende göttliche Hypostase, dann kann es aufgrund dieser Prämissen auch nur ein Wirken Christi geben. Im Blick auf die Person muß das Wirken Christi also auch als Einheit beschrieben werden können. Cajetan hat die Dialektik von Einheit und Vielheit der Tätigkeiten Christi klar formuliert:

> Wenn aber in Christus die Gottheit mit eigener Kraft agiert und auch die Menschheit mit eigener Kraft agiert, obwohl sie zugleich mit der Gottheit koagiert, gibt es nicht nur eine Tätigkeit der Gottheit und der Menschheit in Christus, sondern eine und mehrere.[190]

Es fällt auf, daß Cajetan in dieser grundsätzlichen und zugleich sehr allgemein gehaltenen Bemerkung bereits ein Modell parataktisch-komplementärer Beiordnung von göttlicher und menschlicher Tätigkeit ausschließt. Der Logos hat nicht in streng disjunktivem Sinne entweder aus dem göttlichen oder aus dem menschlichen Wirkvermögen heraus gleichsam alternierend in der zeitlichen Reihenfolge Akte gesetzt, sondern hat vielmehr beide Vermögen konkurrierend zu einer Tätigkeit verbunden. In dem an das zuletzt angeführte Zitat unmittelbar anschließenden Text erläutert Cajetan, wie die Ein-

---

[189] „Quia in constitutione personae a natura, esse se habet ut terminus: quia spectat ad ipsam personae constitutionem ut propria actualitas eius; persona enim nihil aliud est quam natura deducta ad hoc quod sit proprie id quod est. Et hinc provenit ut unitas personae exigat unitatem esse: oportet namque constitutionem unius personae ad unum tantummodo terminum compleri. Operatio vero non sic se habet. Non enim natura, constituendo personam, dat operari, sicut dat esse: sed persona iam existens profert, mediante natura, operationem. Et ideo unitas personae non exigit unitatem operationis": *In* III 19,1 III (XI,242a).

[190] „At si in Christo deitas agit virtute propria, et humanitas agit etiam virtute propria, quamvis co-agat simul deitati, non est deitatis et humanitatis in Christo operatio una tantum, sed est una et multae": ebd. I (XI,241a).

heit der Tätigkeit Christi bei gleichzeitiger Wahrung ihrer Pluralität gedacht werden kann:

> Zum Beispiel als Christus einen Kranken durch Berührung heilte: wenn in jenem Werk irgendein von der Menschheit in eigener Kraft verursachter Akt gewesen ist und [auch] irgendein von der Gottheit in eigener Kraft verursachter Akt, [so] ist jene Tätigkeit nicht nur eine, sondern sie ist eine und mehrere: eine freilich, etwa eine Heilung, weil sie aus der eigenen Kraft der Gottheit und von der Menschheit her instrumentalursächlich ist; zwei aber, weil der genannten Tätigkeit eine Tätigkeit, die von der Menschheit in eigener Kraft [bewirkt] ist, mitverbunden wird, im Augenblick, da der Heilung eine willentliche Berührung mitverbunden wird. Denn die Heilung ist eine Tätigkeit aus der Gottheit durch die Menschheit: aber die freiwillige Berührung wurde als menschliche Tätigkeit gesetzt, aus der eigenen Kraft der Menschheit.[191]

Cajetan unterscheidet am Beispiel der Krankenheilung deutlich zwischen den beiden Tätigkeiten der Naturen: Die Heilung, so wie sie im eigentlichen Sinne als die wunderbare Genesung des Kranken verstanden wird, ist der Gottheit zuzusprechen, während die Berührung des Kranken als eine von der Menschennatur selbständig bewirkte Handlung aufzufassen ist.

Es kommt nun alles darauf an zu sehen, daß Cajetan die beiden so unterschiedenen Tätigkeiten durch den *instrumentum*-Gedanken hypotaktisch als eine Wirkeinheit auszusagen vermag. Dieser Gedanke begegnete uns bereits als Analogie zum Verständnis der hypostatischen Union. Auch in dem operativen Kontext, in dem dieser Gedanke hier von Cajetan ausführlicher entfaltet wird, ist der analoge Charakter stets vorausgesetzt[192], wenn Cajetan von der Menschheit Christi[193] oder—pars pro toto—von der Seele[194] bzw. von dem Körper[195] als dem „verbundenen Werkzeug" (*organum/instrumentum coniunctum*) der Gottheit spricht. Gerade im Zusammenhang der Auslegung derjenigen biblischen Texte, die die Wundertätigkeit Jesu zur Sprache

---

[191] „Verbi gratia, dum Christus sanavit infirmum tangendo, si fuit in illo opere aliquis actus causatus ab humanitate virtute propria, et aliquis causatus a divinitate virtute propria, operatio illa non est una tantum, sed est una et multae: una quidem, puta sanatio, quia virtute propria deitatis, et ab humanitate instrumentaliter est; duae vero, quia adiungitur dictae operationi operatio quae est ab humanitate virtute propria, dum sanationi coniungitur voluntaria contactio. Sanatio enim una operatio est a deitate per humanitatem: contactus autem voluntarius poneretur humana operatio, a propria humanitatis virtute": ebd. (XI,241ab).

[192] Das belegen die Sätze, in denen Cajetan das *organum*-Prädikat unter Zwischenschaltung des komparativen „*ut/velut*" von der menschlichen Natur Christi aussagt, vgl. z.B.: „... humanae naturae: quae est velut organum coniunctum dei": *In* Lk 1,51 (89v); *Jentacula* 2, q.1 (21rv).

[193] „quia humanitas eius [= Christi] est dei organum coniunctum, sicut dextera est organum coniunctum personae humanae": *In* Ps 118,15 (193v); vgl. auch *In* Joh 12,38.

[194] „... anima sua [Christi], quatenus divini Verbi instrumentum non qualecumque, sed coniunctum": *In* III 13,2 VI (XI,175b); vgl. auch *In* III 47,1 IV-VI (XI,455ab). Auch ein einzelnes Seelenvermögen wie die *voluntas* kann in diesem Sinne von Cajetan als „*instrumentum*" bezeichnet werden, vgl. *In* III 18,1 III (XI,232ab).

[195] „... deitas corpore Christi ut instrumento utebatur": *In* III 50,6 II (XI,486ab).

bringen, wird von Cajetan darauf hingewiesen, daß die assumierte Menschennatur als Werkzeug zur Hervorbringung übernatürlicher Effekte vom Logos gebraucht wird. Die aus eigenem Wirkvermögen heraus gesetzten Akte der Menschheit Christi bestehen in der Berührung des Kranken und in der Aussprache des göttlichen „Befehls" (*imperium*) an die lebensfeindlichen Mächte, durch den zugleich die Genesung zugesprochen wird.[196] Aber es steht außer Frage, daß die eigentlich heilende oder gar auferweckende Tätigkeit die natürlichen Kräfte des Menschen Jesus übersteigt und somit auf das göttliche Wirken und Bewegen des Logos allein zurückgeführt werden muß. Die menschliche Natur wird also zur Hervorbringung der übernatürlichen Wirkungen ‚überformt'. Damit ist das entscheidende Kriterium genannt, aufgrund dessen die Instrumentalkausalität in diesem Falle nach dem Schema des „Werkzeugs im engeren Sinne"[197] verstanden werden muß. Das wird von Cajetan selbst ausdrücklich bestätigt.[198] Zwei wichtige Bestimmungen sind nach Cajetan freilich zu beachten, wenn die Menschheit Christi als *instrumentum proprie* verstanden und beschrieben werden soll:

1.) Christus als Mensch ist ein freies Instrument, das sich selbst zur Kooperation mit dem Logos bestimmt.[199] Jede Vorstellung von der Menschheit Christi als einem bloßen Werkzeug, sei es sofern ihr die Möglichkeit zur eigenen Tätigkeit fehlt, sei es sofern sie sich nicht selbst frei zu ihrer Tätigkeit bestimmen kann, wird von Cajetan strikt abgelehnt. Christus kann nur Werkzeug Gottes sein, indem seine menschliche Freiheit gewahrt bleibt. Wir haben bereits in Cajetans Überlegungen zum Wollen Christi das Modell des freiwilligen Inwollens kennengelernt, mit dem Cajetan die Freiheit des göttlichen und des menschlichen Willens zusammenzudenken versucht[200] und das auch im Hintergrund dieser Näherbestimmung der Instrumentalkausalität des Menschen Jesus stehen dürfte.

---

[196] Zu der Erzählung von der Blindenheilung vor Jericho (Mt 20,29-34) schreibt Cajetan: „Non solo iussu sed tactu interveniente sanat, ad confirmandam professionem caecorum. Sicut quia pluries clamaverant miserere, misertus est, ita quia professi fuerant potentiam miraculorum in filio davidis, utitur tactu carnis ex genere davidis: monstrando per hoc humanitatem suam esse organum deitatis facientis miracula": *In* Mt 20,34 (47v). Zu dem Wundersummarium der Feldrede notiert er: „Quandoque iesus curat solo imperio, quandoque tactu: ut monstret et autoritatem divinam et sanctitatem humanitatis suae. propterea enim tactu utitur ad curandum, ut cognoscamus naturam humanam in ipso esse organum coniunctum deitatis": *In* Lk 6,19 (98r).

[197] Vgl. o. S. 163.

[198] „sciendum est secundum Auctoris doctrinam indubitatum esse quod anima Christi instrumentaliter, non abusive, sed proprie loquendo de instrumento, concurrit ad miracula faciendum": *In* III 13,2 V (XI,174b).

[199] „... Christus homo sic est instrumentum Dei ut liber sit, libere cooperetur et efficiat nos beatos": *In* III 9,2 II (XI,141b).

[200] Siehe o. Abschnitt 3.

2.) Christus als Mensch ist ein mit dem göttlichen Logos personal verbundenes Werkzeug.[201] Cajetan verweist zur Erläuterung dieses Instrumentmodus immer wieder auf die Körperteile (Zunge, Hand, Arm) als mit dem menschlichen Leib verbundene Werkzeuge[202], nicht ohne aber zugleich auf den entscheidenden Unterschied zwischen ihnen und der angenommen Menschennatur Christi aufmerksam zu machen: Die diversen Körperteile sind dem menschlichen Leib organisch, d. h. als zu seiner substantiellen Integrität notwendig dazugehörende Wesensteile verbunden, währenddessen die Menschheit Christi als vollständige, wenn auch nicht terminativ abgeschlossene Substanz mit der göttlichen Natur in der und durch die Person des Gottessohnes geeint ist.[203]

Aus der einmaligen, weil höchstmöglichen Vereinigung im Selbstand des Gottessohnes folgert Cajetan eine einzigartige instrumentale Wirkkraft der Menschennatur. Da die menschliche Natur ein personal mit dem Gottessohn verbundenes Werkzeug ist, wird sie zu einem Werkzeug von nahezu unbegrenzter Wirkkraft.[204] Sie wird durch die unüberbietbare Vereinigung mit dem Logos in die Lage versetzt, zu allem Tun der göttlichen Hypostase zu konkurrieren, zu dem eben nur eine Kreatur zu konkurrieren vermag.[205] Ihrem positiven Inhalt nach wird die instrumentale Wirkkraft von Cajetan als Befähigung zu einem allumfassenden wunderhaften Wirken beschrieben.[206] Cajetan kann deshalb sogar von einer „Allmacht der Menschheit Christi" sprechen.[207] Selbstverständlich ist dann dabei nur an die Mitteilung einer relativen Allmacht gedacht. Denn der Schöpfungsakt sowie der ihm korrespondierende Akt der Annihilation des geschaffenen Seins bleiben ausschließlich dem unmittelbaren Wirken Gottes vorbehalten. Weder zur „Erschaffung" (*creatio originans*) noch zur „Erhaltung" (*creatio continua*) ist für Cajetan eine kreatürlich-instrumentalursächliche Kooperation denkbar.

---

[201] „... humanitas Christi, quia est organum coniunctum personaliter Verbo Dei": *In* III 56,1 II (XI,525a); „quia est instrumentum coniunctum personaliter deo": *In Ps* 98,1 (161v).

[202] „Humanitas autem Christi iuncta est deo ut organum coniunctum secundum esse personale: ita quod deus per humanitatem assumptam operatur sicut ego per linguam meam, per manum meam etc.": *Jentacula* 2, q.1 (21v); vgl. *In 2 Kor* 5,21 (81v); *In Joh* 12,38 (187r).

[203] „ut cognoscamus naturam humanam in ipso esse organum coniunctum deitatis: sicut manus mea est organum coniunctum personae meae: seu sicut lingua est organum coniunctum intellectus humani. coniunctum autem non organice sed personaliter": *In Lk* 6,19 (98r).

[204] „... anima sua [= Christi], quatenus divini Verbi instrumentum non qualecumque, sed coniunctum, omnia possit miraculosa opera efficere": *In* III 13,2 VI (XI,175b).

[205] „... dicitur quod, quia a Catholicis acceptatur quod anima Christi fuit organum coniunctum Verbi Dei, consentaneum rationi est ut quod singulariter et ineffabiliter assumptum est organum, ad omnia effectum sit organum ad quae potest instrumentaliter concurrere": *In* III 47,1 VI (XI,455b).

[206] Siehe o. Anm. 204; vgl. auch *In* III 13,2 X (XI,176b).

[207] „... ratio ista praesupponit supra dicta [*S.th.* III 13,2] de potentia seu omnipotentia humanitatis Christi": *In* III 56,2 I (XI,527a).

Da aber die Mitteilung der Gnade an den sündigen Menschen von Cajetan nicht als Schöpfungsakt im eigentlichen Sinne aufgefaßt wird[208], ist durch diese letzte Begrenzung instrumentaler Wirkkraft die soteriologische Funktionalität des *organum coniunctum Christi* in keiner Weise eingeschränkt. Die assumierte Menschennatur ist instrumental-wirkursächliches Prinzip der Gnade, die den einzelnen inkorporierten Menschen zuteil wird. Sie ist ein durchaus geeignetes Instrument für das Ziel, um dessentwillen der Gottessohn sie annahm: die „Wiederholung aller" (*instauratio omnium*).[209]

So sehr nun aber auch die Wirkung, die durch die Bewegung und die Wirkkraft der göttlichen Prinzipalursache hervorgerufen wird, zu Recht als Wirkung des kreatürlichen Instruments ausgesagt werden darf, so wenig wird doch die *virtus instrumentalis* eine bleibende Qualität des Werkzeugs selber. Daß eine Kreatur zweitursächlich als Werkzeug Gottes Wunder zu wirken vermag, verdankt sie ausschließlich der göttlichen Allmacht, die sie in den Rang einer Instrumentalursache erhebt. Sie selbst befindet sich lediglich in obödientialer Potenz zu ihrer Verwendung als Instrument Gottes. Die Aktuierung dieser Potenz kann aber nur durch den Akt der Ingebrauchnahme von seiten Gottes geschehen.[210] Durch diese Ingebrauchnahme, durch diese göttliche Bewegung, kommt den kreatürlichen Zweitursachen die übernatürliche Wirkfähigkeit zu, nicht aber aufgrund einer permanenten gnadenhaften Begabung mit Kausalkräften, die die Kreatur zur erstursächlichen Hervorbringung von Wundern befähigen würde.[211]

Das gilt auch im Falle der höchstmöglichen Vereinigung Gottes mit einem kreatürlichen Werkzeug, im Falle der hypostatischen Union des Logos mit der angenommenen Menschheit. Die übernatürliche Wirkkraft der

---

[208] Siehe o. Abschnitt 1.3.

[209] „Quia instrumentum ductivum debet esse ad finem, commensuratumque illi: ut instrumentum tamen. Unde ex hoc ipso quod anima Christi est instrumentum proprium Verbi incarnati, et finis incarnationis est instauratio omnium, habetur statim quod anima Christi instrumentaliter potest ad omnia miracula opportuna ad instaurationem omnium [vgl. Eph 1,10]": *In* III 13,2 II (XI,174a); vgl. auch *In* III 8,1 III (XI,127b-128b).

[210] „Ita quod ex hoc ipso quod Deus utitur aliqua re ut instrumento ad opus miraculosum, elevatur res illa in ordinem causae instrumentalis; et ipse passivus usus quo Deus illa utitur ad hoc opus, est motus quo a principali agente instrumentum movetur; et ex hoc ipso est vis actuativa atque constitutiva ipsius in esse instrumenti, ac per hoc in esse causae effective instrumentaliter operis miraculosi. Reducitur enim res illa de potentia obedientiali ad actum, cum de non-instrumento fit instrumentum: quod fieri constat ex hoc solo quod Deus utitur illa instrumentaliter ad opus miraculosum": *In* III 13,2 VI (XI,175a).

[211] „... Deus omnipotens, qui potest sine causis secundis cooperantibus effective miracula facere, dignatur quandoque illa efficere per causas secundas, non dando illis virtutes aliquas naturales aut gratuitas permanentes, sed utendo illis instrumentaliter ad opera miraculosa": ebd.

menschlichen Natur liegt nach Cajetan allein darin begründet, daß der Logos diese Natur instrumental ‚gebraucht'.[212]

Eine nähere Untersuchung der Frage, worin eigentlich die *virtus instrumentalis* besteht, die der Menschennatur durch die Teilhabe an der Bewegung der göttlichen Logoshypostase mitgeteilt wird, vermag in den Texten Cajetans nur wenige, schwache Anhaltspunkte zu finden, die zur Beantwortung herangezogen werden können. Am aussichtsreichsten dürfte der Kommentar zu *S.th.* III 13,2 zu befragen sein, den Cajetan als grundsätzliche Erörterung des christologischen Instrumentalproblems, gleichsam als Äußerung *ex professo* verstanden haben möchte.[213] Dort wird mehrfach auf die *„Quaestio disputata De Potentia"* rekurriert, in der Thomas bereits wichtige Gedanken seiner Konzeption der signifikativen Wirksamkeit des von Gott gebrauchten kreatürlichen Instruments vorgetragen hatte.

Der eigentliche Vollzug des Wunders besteht nach Thomas darin, daß Gott der Kreatur befiehlt und dieser Befehl—physisch wirksam—das Befohlene verwirklicht. Verwendet Gott ein kreatürliches Werkzeug, um das Wunder zu bewirken, dann kommt dem Werkzeug die Aufgabe zu, diesen Befehl durch ein Zeichen sichtbar zu machen. Diese Tätigkeit vermag das Instrument aus eigener Kraft auszuüben. Dagegen resultiert die Wirkung dieses Zeichens aus der Wirksamkeit, die das Werkzeug aufgrund der Bewegung durch die Prinzipalursache hervorbringt.[214] Die Befähigung zu dieser Wirksamkeit erfolgt offenbar gerade dadurch, daß Gott dem von der Kreatur eigenwirksam gesetzten Zeichen die Kraft zu einem bestimmten Effekt mitteilt. In dieser Zeichenkraft besteht die *virtus instrumentalis*.[215] Tho-

---

[212] „Et quoniam homo Christus Iesus plenitudinem omnium gratiarum habuit, consequens est ut anima sua, quatenus divini Verbi instrumentum non qualecumque, sed coniunctum, omnia possit miraculosa opera efficere. Nec opus est quaerere alium modum, aut quid et qualiter, nisi quod Verbum utatur instrumentaliter anima seu humanitate coniuncta sibi ad opera miraculosa. Applicando enim dicta [vgl. Anm. 210] ad Verbum et humanitatem Christi, perspicies quae dicimus, quae in hac littera ad Auctore traduntur": ebd. (XI,175b).

[213] Vgl. die abschließende Bemerkung: „Et per haec patet intellectus infinitorum dictorum de instrumentali efficientia attributa humanitati Christi, vel passioni, vel sacramentis Ecclesiae, et aliis huiusmodi": ebd. VIII (XI,176a). Im Summenkommentar finden sich an späterer Stelle Hinweise auf diese grundsätzlichen Ausführungen zu *S.th.* III 13,2: „Et multa alia possent hic dici: nisi diffuse de hac virtute instrumentali scripsissem superius in articulo secundo quaestionis tertiaedecimae": *In* III 62,4 III (XI,26a); vgl. auch o. Anm. 207.

[214] „Constat autem quod Deus solo imperio miracula operatur. Videmus autem quod imperium divinum ad inferiores rationales spiritus, scilicet humanos, mediantibus superioribus, scilicet Angelis, pervenit, ut in legis veteris latione apparet; et per hunc modum per spiritus angelicos vel humanos imperium divinum ad corporales creaturas pervenire potest, ut per eas quodammodo naturae praesentetur divinum praeceptum": *Qd. De Potentia*, q.6, a.4 co. (II,169a).

[215] Vgl. F. MITZKA, a.a.O. (Anm. 69), 199f.

mas lehrt somit eine signifikativ-wirkursächliche, keine physische Kausalwirksamkeit des von Gott gebrauchten Instruments.[216]

Ob diese Lehre allerdings so auch für Cajetan reklamiert werden kann, ist aufgrund seiner spärlichen Aussagen über die spezielle Eigenart der instrumentalursächlichen Wirksamkeit schwer zu entscheiden. Er übernimmt zwar einen wesentlichen Gedanken aus „*De Potentia*", wenn er davon spricht, daß das eigene Werk des Instruments die Präsentation oder Übermittlung des göttlichen Befehls sei.[217] Aber eine spezielle Reflexion auf das Verhältnis des Wirkens Gottes zu dem von der Kreatur gesetzten Zeichen unterbleibt. Die Argumentation des Thomas ist von Cajetan nicht aufgegriffen und weiterentwickelt worden.

Mit Hilfe des *instrumentum*-Gedankens gelingt es Cajetan, die beiden Tätigkeiten Christi, wie sie zur Hervorbringung übernatürlicher Effekte zusammenwirken, als Einheit zu denken. Die Beschreibung des menschlichen Tuns orientierte sich in diesem Zusammenhang an dem Begriff des *instrumentum proprie*, galt es doch vom Paradigma des Heilungswunders her, die übernatürlichen Wirkmöglichkeiten der Menschheit Christi zu erklären. Die Tätigkeit der angenommenen Menschennatur hat Teil an der die Wirkung letztlich verursachenden göttlichen Bewegung, der sie disponierend vorausgeht. Somit liegen in diesem *motus* die Einheit des instrumentalen Gesamtaktes als auch die Überformung des kreatürlichen Instruments begründet.

Und doch versteht Cajetan gerade auch die rein menschlichen Tätigkeiten, die keinen über das Wirkvermögen der angenommenen Menschennatur Christi hinausgehenden Effekt verursachen, von dem *instrumentum*-Gedanken her. Das ergibt sich aus folgender Überlegung: Der menschliche Wille ist Werkzeug Gottes[218]; alle seelischen und körperlichen Bewegungen in Christus unterstehen aber dem menschlichen Willen Christi; daraus folgt, daß auch die seelischen und körperlichen Bewegungen Christi unter dem prinzipalursächlichen Einfluß Gottes stehen. Im Blick auf die seelischen Tätigkeiten Christi wird dieser Schluß ausdrücklich bestätigt, indem Cajetan behauptet, daß die Werke der Seele ‚rein organisch' der Gottheit zu attribuieren sind. Aber auch im Blick auf körperliche Bewegungen, wie etwa Hun-

---

[216] So O. H. PESCH, Die Theologie der Rechtfertigung bei Martin Luther und Thomas von Aquin, 569f., der sich für sein Urteil vor allem auf die Arbeiten von F. MITZKA (siehe Anm. 69) und W. VAN ROO, The Resurrection of Christ, beruft.

[217] „opus proprium illius creaturae se habet ut praevium operi miraculoso: quia se habet ut praesentans seu deferens divinum imperium ad creaturam in qua fit opus miraculosum, ut Auctor docuit in loco allegato [q.6, a.4] in Qu. de Potentia": *In* III 13,2 VII (XI,175b); „ex hoc ipso quod Deus elevat illum in suum instrumentum ad opus miraculosum, fit executorius divini imperii, tanquam deferens": ebd. VIII (XI,175b).

[218] „... voluntas hominis Dei instrumentum dicitur ad aliquid operandum, sive miraculum sive non": *In* III 18,1 III (XI,232ab).

ger, Durst etc., rechnet Cajetan mit der göttlichen Hauptursache als letztverursachendem Prinzip, das gerade eine wirklich menschliche Totalverursachung des Effekts nicht ausschließt.[219] Die Auflösung dieses scheinbaren Widerspruchs liegt in dem Begriff des „Werkzeugs im weiteren Sinne" (*instrumentum improprie*), der, wenn auch die Bezeichnung als solche in diesem Kontext nicht fällt, gleichwohl als Erklärungsmodell im Hintergrund der genannten Aussage steht. Der göttliche Wille bewegt den menschlichen Willen dazu, sich selbst zu bewegen und aus eigener Kraft die vollständig im Kausalvermögen der Kreatur stehende Wirkung herbeizuführen.

Auch mit dieser weiter gefaßten Verwendung des Instrumentbegriffs will Cajetan die Einheit zweier unterschiedener Tätigkeiten ausdrücken, indem er versucht, die göttliche Erstursache als Ermöglichungsgrund einer freien und aus eigenem Vermögen heraus gesetzten menschlichen Tätigkeit zu verstehen.

5. Christologie und Kultus

Zum Abschluß dieses Untersuchungsganges, in dem wir die Überlegungen Cajetans zu den Vollkommenheiten der menschlichen Natur Christi verfolgen, wollen wir uns noch kurz der Frage zuwenden, welche Konsequenzen Cajetan für die kultische Verehrung der Menschheit Christi aus seiner Konzeption der Unionslehre zieht. Die Frage nach der kultisch-liturgischen Bedeutung der jeweiligen Lehre von Sein und Wesen Christi hatte einen festen Platz innerhalb des Themenkanons der mittelalterlichen und spätmittelalterlichen christologischen Diskussion: Das darf durchaus als ein Reflex der Tatsache angesehen werden, daß das liturgisch-gottesdienstliche Geschehen für die altkirchliche christologische Lehrbildung den wichtigsten Entdeckungszusammenhang dogmatischer Probleme darstellte. Soll die christologische Theorie mit der kirchlichen Gebetspraxis vermittelt werden, dann sind einerseits Fragestellungen, die sich aus dieser Praxis für die Lehre von Christus ergeben, in die christologische Theoriebildung mitaufzunehmen, und andererseits von dieser Theoriebildung her Anschlußüberlegungen anzustellen, die die unmittelbare Relevanz der jeweiligen Konzeption des Zusammenseins von Gott und Mensch in Jesus Christus für Liturgie und Volksfrömmigkeit herausarbeiten.

Bevor wir uns Cajetans Überlegungen zur kultischen Verehrung der Menschheit Christi zuwenden, müssen wir zunächst einige Grundzüge seiner

---

[219] „... opera animae Christi pure organice attribuuntur deitati. Et propterea utrumque est verum: scilicet quod Christus esurivit, sitivit, mortuus est, quia voluit voluntate divina, ut causa principali; et quod Christus esurivit, sitivit, mortuus est, voluntate humana ut causa potente instrumentaliter impedire et non impediente": *In* III 47,1 VI (XI,455b).

Lehre vom Kultus hervorheben. Zwei Begriffe sind vor allem zu klären, die innerhalb der Debatte zu diesem Themenkreis eine wichtige Rolle spielen. Ähnlich wie das deutsche Wort „Verehrung" verwendet Cajetan—im Anschluß an Thomas—das lateinische Wort „*adoratio*"[220] oder auch „*dulia*" als Gattungsbezeichnung für alle Akte der Ehrerweisung, die einer Person entgegengebracht werden. Innerhalb dieser Klasse unterscheidet Cajetan mit der Tradition zwischen der Tugend der „Verehrung" (*dulia* (im engeren Sinn)) und der Tugend der „Anbetung" (*latria*).[221] Der Unterschied zwischen beiden Tugenden besteht letztlich in dem Zielpunkt, auf den hin sie den kultischen Akt ausrichten: Während die *latria* allein Gott um seiner absoluten Vollkommenheit willen zukommt[222], kann der Akt der *dulia* auch auf bestimmte Kreaturen um ihrer—freilich stets nur relativen—Vollkommenheit willen bezogen werden. Beide kommen zugleich in der Grundbestimmung jedes duleutischen Aktes überein: Die kultische Verehrung—mag sie sich auch äußerlich auf einen Gegenstand beziehen—kann letztlich immer nur einer Person gelten, soll sie nicht mit der Personwürde des darbringenden Subjekts in Widerspruch geraten.

Auf zwei weitere Distinktionen Cajetans müssen wir noch in diesem Zusammenhang hinweisen. Die erste von ihnen, die Cajetan von Thomas übernimmt, betrifft das geehrte Subjekt und unterscheidet es selbst als das, was geehrt wird—die *res*—, von dem, worumwillen es geehrt wird—die *causa honoris*, die stets in bestimmten Vorzügen des Subjekts begründet liegt.[223] Damit ist bereits die spätere Distinktion der Schultheologie zwischen Material- und Formalobjekt im Blick auf den Kultgegenstand vorweggenommen.

Die Verehrung, die im Grunde der Person erwiesen wird, muß sich nun keineswegs immer auf das von der Person hypostasierte Ganze, etwa auf den ganzen Menschen, beziehen. Zwar kommt in diesem Bezug die personale Ausrichtung der Verehrung in besonders vollkommener Weise zum Ausdruck, aber diese Ausrichtung bleibt doch auch dann gewahrt, wenn lediglich ‚Teile' des Materialobjekts oder auch dem verehrten Subjekt äußerliche

---

[220] Die Einordnung der *dulia* unter den Oberbegriff der *adoratio* ist schon beim Lombarden belegbar, vgl. A. M. LANDGRAF, Der Kult der menschlichen Natur Christi, 145f.

[221] „Humanitas Christi, ut ratio adorandi, non est adoranda adoratione latriae, sed duliae": *In* III 25,2 I (XI,277b); vgl. Thomas, *S.th.* III 25,1 co. (XI,277b) und weiter z.B. *S.th.* II-II 84,1 ad 1 (IX,212ab); *S.th.* III 25,5 co. (XI,283ab). „… dulia qua persona Patris honoratur propter potentiam, et dulia qua persona Filii ratione humanitatis adoratur, non omnino sint eadem: quia illa est dulia communiter sumpta ad species duliae et latriae; ista vero est species duliae distincta contra latriam, sicut dispositio est genus ad dispositionem et habitum": *In* III 25,2 II (XI,278a).

[222] „… latria de facto non exhibetur, nec est exhibenda creaturae cuicumque rationali, etiam inquantum est imago Dei": *In* II-II 103,3 V (IX,380b).

[223] „Distinguuntur igitur in honorato res honorata, et causa honoris": *In* III 25,1 II (XI,276b); vgl. Thomas, *S.th.* III 25,1 co. (XI,275a-276a): „in eo qui honoratur, duo possumus considerare: scilicet eum cui honor exhibetur, et causam honoris".

Gegenstände, die in einem unmißverständlichen Verweisungszusammenhang mit dem Subjekt stehen, zum unmittelbaren Bezugspunkt des kultischen Aktes gewählt werden; so, „wie [eben] das Kleid des Königs zu verehren nichts anderes ist, als den gekleideten König zu verehren"[224]. Auch in diesem Falle bleibt die Person letztlich das ‚Objekt', dem die Verehrung gilt.

Cajetan versucht den Unterschied zwischen den beiden Verehrungsweisen des kultischen Materialobjekts mit der Distinktion *„per se-per aliud"* (bzw. *„secundum se-secundum aliud"*) zu beschreiben, die als zweite wichtige Unterscheidung Voraussetzung seiner Problemlösung ist und die er schon bei Thomas der Sache nach verwendet sieht. Das durch die Person getragene Ganze ist aus sich selbst heraus verehrungwürdig und wird deshalb „durch sich (selbst)" *(per se)* verehrt. Dagegen kommt die Verehrung den ‚Teilen' der Person oder auch den äußeren Dingen (wie etwa allen Zeichen für diese Person) nicht um ihrer selbst willen zu, sondern „durch anderes" *(per aliud)*, d. h. aufgrund eines Formalobjektes, das nicht unmittelbar selber mit ihnen gegeben ist.[225] Das Kleid des Königs wird nicht um seiner selbst willen verehrt, sondern wegen des Königs, der es trägt.

Schon von dem Grundsatz des personalen Bezugs her, der für jeden kultischen Akt gilt, muß Cajetan den Akt der Verehrung Christi im strengen Sinne als einen einzigen, latreutischen Akt begreifen. Denn die Person, die den ganzen Christus in seinem Sein konstituiert, ist für Cajetan in aller Ausschließlichkeit, die sich aufgrund seiner Überlegungen zur Personalität und zum Sein Christi ergibt, keine andere als die des göttlichen Logos allein. Diesem kommt nun aber auch als Menschgewordenem dieselbe *latria* zu wie dem Vater.[226] An der Terminierung des Anbetungsaktes auf die zweite göttliche Hypostase hin ändert sich dadurch, daß die Menschennatur zum unmittelbaren Bezugspunkt der *latria* gewählt wird, nichts. Da die menschliche Natur Christi mit der Gottperson des Logos hypostatisch vereint ist, dem aufgrund seiner Identität mit der vollkommenen göttlichen Natur allein die latreutische Verehrung gebührt, ist sie selber gleichsam in dem einen Mate-

---

[224] „sicut adorare vestem regis est adorare regem vestitum": *In* III 25,2 I (XI,277a); vgl. Thomas, *S.th.* III 25,2 co. (XI,277ab).

[225] „... adorari ut rem adoratam, contingit dupliciter: vel per se, vel per aliud": *In* III 25,2 II (XI,277b); „de modo duplici quo res adorata adoratur, vel secundum se vel secundum aliud in se: adverte primo, ex littera illam haberi, dum dicitur de partibus quod non secundum se honorantur, sed totum in illis honoratur, et subditur, per quem modum potest aliquis honorari in exteriori, puta veste, imagine vel nuntio. Ex his [*S.th.* III 25,1 co.] enim clara habetur dicta distinctio: dum totum secundum se honoratur; et, quando partes honorantur, totum honoratur in partibus. Hoc enim est partem honorari secundum quod totum est in parte. Et similiter vestis honoratur secundum quod persona est sub illa. Imago quoque veneratur secundum quod repraesentata persona est in illa. Et similiter nuntius honoratur secundum quod princeps est in illo": *In* III 25,1 VI (XI,276b); vgl. auch ebd. II (XI,276a).

[226] „ut iesus christus filius dei adoretur latria sicut adoratur pater deus": *In* Joh 5,23 (157r).

rialobjekt der *latria* anwesend und insofern selber zu Recht Gegenstand der kultischen Anbetung. Denn wegen des Verweisungszusammenhangs auf die Natur Gottes, der durch die hypostatische Union hergestellt wird, kann sie um des göttlichen Formalobjekts willen (*per aliud*) im wahren Sinne des Wortes angebetet werden.[227] Wie aber das schon genannte Beispiel von der Verehrung des Königskleides gezeigt hat, muß dieser Verweisungszusammenhang nach Cajetan keineswegs durch eine substantielle Verbindung mit dem eigentlichen Materialobjekt gegeben sein, sondern kann auch nur auf einer gedanklichen Relation beruhen.[228]

Von den mittelalterlichen Theologen wurde freilich doch häufig die Frage erwogen, ob nicht auch der Menschheit Christi an sich eine gewisse kultische Verehrung entgegengebracht werden könnte.[229] Gerade Cajetan, der das Perfektionsprinzip in der Beschreibung der vollkommenen menschlichen Natur Christi beständig durchzusetzen versucht, hätte wenig Schwierigkeiten, die unüberbietbare Gnadenfülle als ein ureigenes Formalobjekt der Menschheit Christi herauszuarbeiten, das eine solche Verehrung begründen könnte. Steht die duleutische Verehrung der Mutter Gottes und der Heiligen außer Frage, so müßte doch eine derartige Verehrung—*a minori ad maius*—auch der Menschheit Christi zukommen.

Tatsächlich gesteht Cajetan mit Thomas zu, daß die Menschennatur Christi an sich um ihrer übernatürlichen Gnadenausstattung willen in der Form der *dulia* verehrt werden darf. Der entscheidende Passus lautet:

> Und deswegen wird die Person Christi um ihrer [selbst] willen in Form der *latria* verehrt—weil [sie] durch die Gottheit, die ihre Personalität selbst ist, [verehrt wird]—, um etwas anderes willen aber in Form der *dulia*, weil [sie dann] durch die Menschheit, die etwas von ihr selbst verschiedenes ist [, verehrt wird]. Und umgekehrt wird die Menschheit Christi um etwas anderes willen in Form der *latria* verehrt, um ihrer selbst willen [wird sie] aber nicht [in Form der *latria*], sondern in Form der *dulia* [verehrt], freilich [nur] wie der Grund der Verehrung.[230]

Da die These eines eigenen Rechtstitels der Menschheit Christi auf duleutische Verehrung um ihrer selbst willen ständig Gefahr lief, des Nestorianismus verdächtigt zu werden, ist dieses Zugeständnis an den Dulismus, das Cajetan im Anschluß an den Text der „*Summa theologiae*" formuliert, auf den ersten Blick schon erstaunlich. Es liegt nahe, dieses Zugeständnis ur-

---

[227] „... humanitas Christi per aliud adoratur latria": *In* III 25,2 II (XI,278a).
[228] Das ist wiederum eine wichtige Voraussetzung für die theologische Legitimierung der religiösen Bildverehrung durch Cajetan.
[229] Vgl. A. M. LANDGRAF, a.a.O. (Anm. 220).
[230] „Et propterea persona Christi per se adoratur latria, quia per deitatem, quae est ipsa personalitas: per aliud vero dulia, quia per humanitatem, quae est aliud ab ipsa. Et e contra humanitas Christi per aliud adoratur latria: per se autem non, sed dulia, ut ratio tamen adorandi": *In* III 25,2 II (XI,278a).

sächlich mit dem Perfektionsprinzip in Zusammenhang zu bringen. Allerdings beeilt sich Cajetan hinzuzufügen, daß der Menschheit Christi diese Art der Verehrung eigentlich nur als Formalobjekt gebührt, da die Behauptung, die Menschheit Christi sei unmittelbarer Gegenstand eines duleutischen Aktes, doch offenbar zu sehr die Vorstellung einer hypostatischen Eigenständigkeit der assumierten Menschennatur suggeriert. Soll die menschliche Natur um ihrer selbst willen verehrt werden, dann kann sie nach Cajetan in diesem Kult allenfalls als Formalobjekt fungieren. Sie ist um ihrer selbst willen zu verehren, sie soll aber nur Grund, nicht Gegenstand der Verehrung sein. Es ist dann wiederum zu fragen, wer das eigentliche Materialobjekt dieses Kultes bildet. Da Cajetan zuvor angibt, der Logos werde um seiner assumierten Menschennatur willen duleutisch verehrt, ist wohl zu folgern, daß in dem Akt der duleutischen Verehrung der Menschheit Christi doch nur der Logos den zu verehrenden ‚Gegenstand' darstellen kann.

Es scheint also immer der Logos zu sein, dem als dem eigentlichen Materialobjekt die unterschiedliche kultische Verehrung nach den Vorzügen beider Naturen entgegengebracht wird. Cajetan macht jedoch darauf aufmerksam, daß der theologisch durchaus legitimierbare duleutische Kult der Menschheit Christi um seiner offenbar großen Mißdeutbarkeit willen von der Kirche de facto nicht praktiziert wird.[231]

---

[231] „Adorationem siquidem duliae Christo debitam ratione humanae naturae Ecclesia in mente retinet, non in usu, ad evitandos ... errores": ebd. III (XI,278b).

KAPITEL VII

DIE MYSTERIEN DES LEBENS JESU

Die Überlegungen Cajetans zu Sein und Wesen des Gottmenschen, zum Vollzug der Inkarnation und zu den Vollkommenheiten, die sich für die Menschheit Christi aus der Vereinigung mit dem Logos ergeben, kommen mit wenigen biblischen Eckdaten aus. Sie sind vor allem darauf bedacht, das christologische Dogma in Kohärenz zu bestimmten philosophischen Basisentscheidungen zu entfalten, die wiederum aus der aristotelisch-thomanischen Philosophie vorausgesetzt oder teilweise auch erst innerhalb des christologischen Reflexionszusammenhangs entschieden werden. Ausgehend von der Überzeugung der grundsätzlichen Konvergenz von Glauben und Wissen gelangt Cajetan zu einer abstrakten, ontologischen Christologie. Diesen vorwiegend auf das Wesen Christi ausgerichteten Überlegungen muß jedoch nach Cajetan die Anschlußfähigkeit an die biblische Überlieferung konkreter Jesusereignisse erhalten werden. Cajetan geht davon aus, daß die evangelischen Berichte des Lebens Jesu grundsätzlich mit der scholastisch-theologischen Wesensbeschreibung Christi vereinbar sind. Er bemüht sich daher auch—in enger Orientierung an der von Thomas in der *„Summa theologiae"* entwickelten Theologie der Mysterien des Lebens Jesu—um eine konkrete Christologie, die er besonders in seinen Schriftkommentaren entfaltet.

1. MYSTERIUM NATIVITATIS

1.1 *Die Empfängnis durch den Hl. Geist*

Unter der Voraussetzung, daß das Geheimnis der Menschwerdung unausdenkbar ist, wird das theologische Denken zum Denken des ihm Möglichen befreit. So vermag es sich der Frage nach den Anfängen Christi zuzuwenden, die hier nun nicht als Frage nach dem Ursprung Christi aus Gott, sondern nach den Anfängen dieses Menschen Jesus gestellt wird und zu deren Beantwortung eben auch die zur Verfügung stehenden naturwissenschaftlichen Erkenntnisse herangezogen werden können. Aufgrund des Komplexitätsgrades, den die unterschiedlichen zeugungsbiologischen Theorien der Scholastik erreichen, nehmen die biblischen Daten und dogmatischen Bestimmungen zu Empfängnis und Geburt Jesu, insbesondere das Dogma der jungfräulichen Geburt Christi, lediglich die Funktion von Rahmenentscheidungen wahr, können aber oft nicht selber die innerhalb dieser Theorien anfallenden Probleme determinieren. Vom Standpunkt heutiger naturwissenschaftlicher Erkenntnis aus müssen die Antworten, die Cajetan zur Deutung dieser beiden Grundmysterien des Lebens Jesu gibt, in vielen Bereichen als überholt angesehen werden. Damit kann jedoch nicht zugleich behauptet sein, daß unter der heuristischen Leitung des jeweiligen naturphilosophischen Modells nicht theologisch sinnvolle Fragen von den mittelalterlichen und spätmittelalterlichen Theologen gestellt worden wären.

Daß Cajetan auch in diesem, damaligen Augen unzugänglichen mikrobiologischen Erkenntnisbereich Aristoteles zu folgen gewillt ist, zeigt bereits seine Bestimmung der Materialursache des Leibes Christi an. Das Blut, das sich in der Gebärmutter sammelte, wurde von Maria selbst zur „nächsten Materie" (*materia proxima*) des zu bildenden Menschenleibes formiert.[1] Bereits Thomas hatte die aristotelische Bluttheorie mit einem legitimierenden Hinweis auf Johannes von Damaskus übernommen.[2] Allerdings ist Cajetan gegenüber Thomas frei genug, auch eine andere Ansicht zuzulassen, derzufolge der „Same der Frau" (*semen mulieris*), das Sekret, das im Zusammenhang sexueller Erregung in der Vagina abgeschieden wird, als die unmittelbare Materialursache des Körpers Christi mit dem Hl. Geist konkurriert.[3] Cajetan scheint die Möglichkeit einer wirklich materialursächlichen Funktion des *semen mulieris* nicht ausschließen zu wollen. Seiner Meinung nach kann die Überschattung durch die „Kraft des Höchsten" (Lk 1,35) gerade so gedeutet werden, daß Maria durch übernatürliche Einwirkung die Sekretion des *semen mulieris* ohne libidinösen Mitvollzug und somit unter Wahrung ihrer Jungfräulichkeit ermöglicht wurde.

Cajetan sieht den Unterschied der Empfängnis Christi zu der eines anderen Menschen nur darin gegeben, daß statt des „männlichen Samens" (*semen virile*) der Hl. Geist auf die von Maria bereitete Materie einwirkt.[4] Die Mut-

---

[1] Vgl. den Kommentar zu *S.th.* III 31,5.

[2] Vgl. *S.th.* III 31,5. Thomas zitiert im *sed contra* das Diktum des *Damascenus*: „... Filius Dei construxit sibi ipsi ex castis et purissimis sanguinibus Virginis carnem animatam anima rationali": ebd. s.c. (XI, 327a); siehe Johannes von Damaskus, *Expositio fidei* III,2 (PTS 12: 109,20-23).

[3] „De hac materia [= semen mulieris] multa scripsimus in praecedenti libro [*In* II-II 152,1]: et ideo nunc pertranseo, praemonendo novitios ne sic sectentur dictam sententiam a Damasceno sumptam quasi articulum fidei, aut tanquam oppositum erroneum putent. Tenentes enim materiam humani fetus proximam esse mulieris semen, absque fidei iniuria dicerent quod, sicut ad virginitatem matris Christi spectat quod sanguis eius ad locum naturalem generationis attractus fuerit absque concupiscentia, ita ad eiusdem virginalis conceptus miraculum spectat quod absque libidinis aestu resolutum semen habitum fuerit": *In* III 31,5 IV (XI,329a).

[4] „Ad hoc quod mulier concipiat requiritur non solum semen virile, sed actio virtutis generativae mulieris. Et quia ad hanc concurrunt duo (scilicet applicatio digestorum humorum ex corpore mulieris ad substantiam prolis, et delectatio sensibilis concomitans huiusmodi applicationem) ideo ratione utriusque dicitur obumbravit tibi: tanquam praeservando quidem velut

ter Jesu konkurriert also weitgehend mit denselben natürlichen, körperlichen Tätigkeiten in der Disposition zur Empfängnis, mit denen auch andere Frauen konkurriert haben würden—freilich ohne begleitende schuldhaft-libidinöse Empfindungen und ohne Verletzung ihrer körperlichen und seelischen Virginität. Nur so läßt sich nach Cajetan die Behauptung einer wahren Mutterschaft Marias sinnvoll aufrechterhalten. Das Wunderbare dieses Geschehens besteht also für ihn gerade auch in der Ermöglichung eines schuldfreien allgemein-weiblichen Mitvollzugs der Empfängnis. Damit wird zumindest das Bemühen sichtbar, trotz aller Wunderhaftigkeit, die zweifellos zur Wahrung der Jungfräulichkeit in Anschlag zu bringen ist, nicht die wahre Mutterschaft Marias zu gefährden.

Das läßt sich nicht zuletzt auch daran ablesen, daß Cajetan sich strikt gegen die u. a. von Petrus von Lucca (†1522) propagierte Lehre verwahrt, das allerreinste Herzblut sei die Materialursache des Leibes Christi gewesen und Christus sei in der Herzperipherie seiner Mutter empfangen worden.[5] Damit wäre in der Tat gegen alles biblische Zeugnis die uterale Empfängnis, die Grundbestimmung des natürlich-weiblichen Fortpflanzungsvollzugs, in Frage gestellt. Die wahre Mutterschaft, die zugleich eine wesentliche Voraussetzung für die Homousie Christi mit den Menschen bildet, stellt für Cajetan den theologisch übergeordneten Gesichtspunkt dar vor allem Bemühen um Vermeidung aller nur möglichen Indezenzen aufgrund moralischer und physischer Impuritäten.[6]

Freilich bliebe Cajetan auch dann, wenn er das *semen mulieris* als Materialursache des Leibes Christi zuließe, der von Aristoteles bestimmten Sicht der Empfängnis Christi treu, da nach der aristotelisch-thomanischen Zeugungsbiologie der Same wie das Blut jeweils nur als ein potentieller Körperteil betrachtet werden.[7] Es wird also nicht ein Teil des mütterlichen Körpers zum Menschenleib Christi, wenn hier ‚Teil' als formierter Wesensteil verstanden wird, sondern das Deszendenzverhältnis Christi zu Adam und den biblischen Stammvätern beruht ausschließlich auf einer materialen Kontinuität. Der menschliche Körper Christi wird aus Materie aufgebaut, die aus

---

umbra ab aestu et ardore concupiscentiae, quo ad secundum ... Ita quod intendit angelus dicere quod ultra spiritum sanctum loco seminis, virtus divina dabit tibi actualem efficaciam concipiendi servando te a delectatione venera": *In* Lk 1,35 (87v-88r). Vgl. *In* III 31,5 IV (XI,329ab); bezeichnenderweise wurde dieser Abschnitt (n. IV) in der *Editio Piana* der Werke des Thomas von Aquin (Rom 1569/1570) nicht unter den Kommentaren Cajetans abgedruckt.

[5] „... adverte novum errorem diebus nostris exortum, dicentem Christum conceptum ex sanguine Beatae Virginis purissimo, non quocumque, sed in corde existente, ita quod ex tribus guttis sanguinis circa cor Beatae Virginis conceptus est Christus": ebd. II (XI,328a). Vgl. dazu A. COSSIO, Il Cardinale Gaetano e la riforma, 129-131.

[6] Nach einem leicht zu führenden Schrift- und Autoritätsbeweis für die uterale Geburt resümiert Cajetan: „Tollit ergo veritatem maternitatis Beatae Virginis respectu Christi error iste": *In* III 31,5 II (XI,328b).

[7] Siehe o. Kap. V.3.

Maria und über deren Ahnen aus Adam genommen ist.[8] Aber diese Materie ist noch nicht der Körper Christi. Sie ist die von der Mutter aktiv bereitete und dann passiv dargebotene (Blut-)Materie, die erst durch das Wirken des Hl. Geistes zum menschlichen Leib informiert wird.[9] Da also der Körper Christi nicht einen irgendwie Maria entnommenen Körperteil darstellt, sondern vom Hl. Geist aus dem Blut Marias aufgebaut und von ihm informiert wird, ist er nach Cajetans Verständnis auch frei von der Erbschuld.[10]

Die aristotelische Zeugungsbiologie gestattet die Annahme einer wirklichen biologischen Wesensverwandtschaft Christi mit den Menschen, ohne doch gleichzeitig eine Konstitution des Körpers Christi ausschließlich aus dem mit der Erbschuld kontaminierten Fleisch Adams und damit eine vorgängige Schuldverhaftung der menschlichen Natur Christi zu behaupten. Obwohl also die Menschheit Christi von jeder Befleckung durch die „Ursünde" (*peccatum originale*) vollständig frei ist, bleibt es nach Cajetan gleichwohl richtig zu sagen, daß der Körper Christi in den Vätern der Sünde unterworfen war.[11] Denn Cajetan ist der Meinung, daß der Logos sein Fleisch in den Vätern mit Absicht der Erbschuld unterworfen hat, um so auch dieses Übel zu vergöttlichen.[12]

Die folgenden Überlegungen Cajetans setzen den allgemein-scholastischen Konsens voraus, daß der Hl. Geist, der nach der Lehre der Kirche im Geschehen der Empfängnis Christi an die Stelle des männlichen Samens tritt, wirk-, nicht materialursächlichen Einfluß auf den zu bildenden Körper Christi nimmt. Die von Maria dem Hl. Geist dargebrachte Materie ist also die alleinige Materialursache des Körpers Christi, da der Hl. Geist in rein geistiger Weise—und nicht wie das *semen virile* in materialer Gestalt—auf

---

[8] Die Davidsohnschaft Christi macht gerade die Abstammung *Marias* von David erforderlich: „vide Auctoris conatum tendere ad duo: et quod Ioseph per Salomonem descendit a David; et quod Beata Virgo similiter per Salomonem descendit a David": *In* III 31,3 II (XI,326a); „Et hinc apparet beatam virginem ex qua natus est iesus, ex semine david descendisse: alioquin non esset verum quod iesus secundum carnem factus esset ex semine david": *In* Röm 1,3 (1r)

[9] „Ad ipsum autem conceptionis actum [Beata Virgo] non concurrit active, sed passive, suscipiendo in materia ministrata actionem agentis Spiritus Sancti loco seminis": *In* III 32,4 VI (XI,338b).

[10] „... caro Christi in patribus, ut ad Christum deducenda, non erat peccato obnoxia; quia munda ad Christum per Spiritum Sanctum, et non ex virili semine, deducenda erat": *In* III 31,7 II (XI,331b); „Non solum significat [Lucas] sanctitas prolis, sed significatur modus sanctitatis: quod scilicet nascetur sanctum, ad differentiam cuiuscunque alterius nascentis. quilibet enim nascitur obnoxius originali peccato ac poenis concomitantibus, etiam si in eodem instanti divina gratia sanctificaretur: iesus autem nascitur sanctus, nulli obnoxius culpae aut poenae": *In* Lk 1,35 (88r).

[11] „Potest nihilominus vere dici quod caro Christi in patribus, ut in patribus erat, fuit subiecta peccato": *In* III 31,7 II (XI,331b).

[12] „etiam malo culpae carnem suam in patribus subiacere voluit, ut, de massa peccatrice corpus sumens, malum culpae etiam quodammodo deificaret": *In* III 46,5 IV (XI,442b). Auch dieser Abschnitt fehlt wiederum in der *Editio Piana*, vgl. o. Anm. 4.

diese Materie einwirkt. Es blieb jedoch selbst zur Zeit Cajetans noch in der Diskussion umstritten, ob der Hl. Geist als das alleinige aktive Prinzip der Zeugung Christi angesehen werden muß oder ob nicht auch seitens der Mutter Jesu ein aktiver Einfluß auf das Empfängnisgeschehen anzunehmen ist. Die mittelalterlichen Theologen beantworteten diese Frage zum Teil im engen Anschluß an verschiedene zeugungsbiologische Theorien der Antike (Aristoteles, Galen), die in der Beurteilung der weiblichen Mitwirkung beim Zeugungsakt deutlich voneinander differierten und deren Wahrheitsgehalt ohne die Erkenntnismöglichkeiten neuzeitlicher Naturwissenschaft kaum sachgemäß beurteilt werden konnte. Auch wenn Cajetan zu Recht bemerkt, daß die Beantwortung dieser Frage den Rahmen des Theologischen sprenge und vielmehr eine naturphilosophische Lösung erfordere[13], so bleibt es doch zweifelhaft, ob man dem Problem mit rein naturphilosophischen Mitteln hätte beikommen können.

Cajetan folgt dem aristotelisch-thomanischen Lösungsversuch bei gleichzeitiger Betonung der aktiven Rolle Marias im Gesamtgeschehen der Empfängnis Christi. Er betrachtet Maria im Vorbereitungsakt der „Blutbereitung" (*attractio sanguinis*) durchaus als Wirkende und bezeichnet sie sogar als Wirkursache der „nächsten Materie"[14], da sie durch die Blutformierung im Uterus aktiv die Sohnesmaterie bereite. Im eigentlichen Empfängnisgeschehen verhält sich Maria jedoch rein passiv. Die von ihr präparierte Materie bildet lediglich das unmittelbare Objekt für die Einwirkung des Hl. Geistes.[15] Im Vergleich dazu steht die These des Duns Scotus, die Mutter wirke generell mit dem männlichen Samen aktiv zur Bildung des menschlichen Körpers zusammen[16], dem heutigen Erkenntnisstand der Zeugungsbiologie wesentlich näher. Duns Scotus ist vor allem schon deshalb genötigt, der Gottesmutter den Status eines aktiven Prinzips bei der Empfängnis zuzuerkennen, weil er die Informierung des Blutes durch die (mütterliche) Seele ablehnt[17] und so, um den Lehrsatz von der Zeugung aus Maria aufrecht er-

---

[13] „Adverte hic quod oportet digredi ad quaestiones multas, si examinandae essent hae rationes. Nam et de inchoatione formarum, et de motu gravium et levium, et de maxima atque vetustissima ambiguitate an aliquid seipso movere possit, tractare oporteret: et non theologiam, sed philosophiam puram tradere, opere longo. Propterea extra librum hunc tractanda haec relinquam": *In* III 32,4 II (XI,338a).

[14] „Est enim ipsa [Beata Virgo] effectiva causa materiae proximae": ebd. X (XI,339b).

[15] „Nam Beata Virgo in illo instanti conceptionis materiam ministravit; ac per hoc, active operata est; quia materiam ministrare agere procul dubio est. Ita quod in certo tempore praecedente instans conceptionis, Beata Virgo active praeparavit materiam ... Ad ipsum autem conceptionis actum non concurrit active, sed passive, suscipiendo in materia ministrata actionem agentis Spiritus Sancti loco seminis": ebd. VI (XI,338b).

[16] „... mater quaecunque cum patre est causa activa respectu formationis corporis prolis, tamen minus principalis, et secundaria": *Op.Ox.* III, d.4, q.1, n.5 (VII/1,107); vgl. auch ebd. n.7 (VII/1,110f.).

[17] „... sanguis non est animatus": *Op.Ox.* IV, d.10, q.4, n.3 (VIII,532).

halten zu können, der Gottesmutter wenigstens einen Wirkanteil an dem gezeugten Leben beilegen muß.

Cajetan ist sich freilich dessen bewußt, daß die aristotelisch-thomanische Zeugungsbiologie nicht ‚mathematisch' wird bewiesen werden können[18], vielmehr besitzt die peripatetische Theorie einen medialen Eigenwert, indem sie gerade die beiden Extreme vermeidet: die Mutter als passives Gefäß des werdenden Lebens zu sehen oder sie zum aktiven Prinzip am Empfängnisvorgang zu erheben.[19] Da Maria die *materia proxima* wie alle Frauen in einer solchen Situation passiv darbietet, kann die Empfängnis Christi in dieser Hinsicht ‚natürlich' genannt werden. Da aber der Hl. Geist als das aktive Prinzip diese Materie informiert, muß sie als wesentlich ‚übernatürlich' bezeichnet werden.[20]

In der genauen Bestimmung dieses wirkursächlichen Anteils des Hl. Geistes sowie in der Erörterung dieser Tätigkeit in ihrem Verhältnis zur gesamten Trinität zeigt sich Cajetan freilich wenig an einer eigenständigen reflexiven Aneignung der thomanischen Argumentation interessiert. Er begnügt sich hier im wesentlichen mit dem Hinweis darauf, daß das unterschiedliche Verhältnis von Hl. Geist und Logos zu dem Körper Christi mit Hilfe der Distinktion „*appropriatum-proprium*" theologisch bestimmt werden kann. Der dritten göttlichen Hypostase wird die wirkursächliche Hervorbringung des Fleisches appropriiert—sie ist ein „Zugeeignetes" (*appropriatum*) des Hl. Geistes, obwohl sie als „Werk nach außen" von der ganzen Trinität bewirkt wird—; der zweiten göttlichen Hypostase wird die Annahme des Fleisches im ausschließlichen Sinne als „Eigenes" (*proprium*) zugesprochen.[21] Während also der Leib Christi auch vom Vater und dem Sohn empfangen wurde, so wurde er doch allein vom Sohn angenommen. Allerdings geht Cajetan auf die von Thomas genannten trinitätstheologisch be-

---

[18] „Non est alienum a doctrina sana tradere quod rationi consonat, licet demonstratio mathematica non habeatur, licet alii oppositum sentiant": *In* III 32,4 IX (XI,339b).

[19] „Ambae enim opiniones sunt extremae: et quod mater concurrat active ad generationem; et quod mater sit pure receptive et passive principium filii. Media siquidem est peripatetica sententia: matrem esse principium activum materiae filii, et passivum generationis eiusdem": ebd. X (XI,339b).

[20] „Constat enim quod in conceptione aliquid fuerit naturale, et aliquid miraculosum": *In* III 33,4 I (XI,344a).

[21] „... aliter attribuitur personae Spiritus Sancti efficere carnem Christi: et aliter Filio assumere eandem. Nam Spiritui Sancto attribuitur conceptionis causalitas ut appropriatum, sicut bonitas et amor: Filio autem attribuitur assumere carnem ut proprium. Ita quod corpus Christi ita conceptum est de Spiritu Sancto appropriate quod etiam conceptum est de Patre et Filio, indivisa enim sunt opera Trinitatis ad extra: sicut Spiritus Sanctus ita est amor appopriate quod tam Pater quam Filius est etiam amor. Sed corpus Christi ita est assumptum a Filio quod nec a Patre nec a Spiritu Sancto est assumptum. Et propterea incarnatum esse non appropriatum, sed proprium est Filio": *In* III 32,1 II (XI,334ab).

deutsamen Konvenienzargumente für die Zueignung der wirkursächlichen Hervorbringung des Fleisches an den Hl. Geist[22] nicht näher ein.

Bislang haben wir Cajetans Interpretation des Empfängnisaktes ausschließlich unter dem Aspekt der Konstituierung des menschlichen Leibes Christi untersucht, als dessen alleinige Materialursache Cajetan das uteral gesammelte Blut Marias und als dessen alleinige Wirkursache er die dritte trinitarische Person (bzw. die drei trinitarischen Personen) festgestellt hat.

Wir haben uns jetzt dem Aspekt der substantiellen Form, der menschlichen Seele, zuzuwenden, durch die der Leib erst zum *menschlichen* Leib wird. Nach der thomanischen Theorie der menschlichen Ontogenese, an der sich Cajetan weitgehend orientiert, ist der menschliche Körper erst nach Erreichen einer ‚ameisenähnlichen' Größe der Aufnahme der „Geistseele" (*anima intellectiva*) und somit der Rezeption der den Menschen letztlich als Menschen bestimmenden Wesensform fähig.[23] Das Empfängnisgeschehen findet nach 40/46 oder 80-90 Tagen mit der Mitteilung der *anima intellectiva* an die bis dahin nur durch die animalische und vegetative Seele informierte Leibesfrucht seinen Abschluß.[24] Aber diese Theorie kann nach Cajetan so nicht für die Ontogenese der menschlichen Natur Christi geltend gemacht werden. Es bleibt doch zu fragen, ob im Falle Christi die zeitliche Differenz zwischen Empfängnis und Beseelung im Blick auf die Annahme der Menschennatur durch den Logos theologisch haltbar ist. Wir haben bereits gesehen, daß Cajetan eine zeitlich-sukzessive Annahme der beiden menschlichen Teilsubstanzen strikt ablehnt und den *ordo assumptionis* lediglich als logische Reihenfolge zu verstehen bereit ist.[25]

Cajetan löst das Problem ganz traditionell, indem er die Zeugung bzw. die Erschaffung von Leib und Seele sowie deren Annahme als ganze menschliche Natur zeitlich simultan ansetzt.[26] Gilt einerseits das augustinische Axiom „Der Logos hat das Fleisch durch die vermittelnde Seele angenommen" (*Verbum assumpsit carnem mediante anima*) und kann anderer-

---

[22] Vgl. *S.th.* III 32,1 co. (XI,333a-334b).

[23] „Minimum autem quantitatis in uno individuo est in primo instanti suae figurationis et animationis. Quae quantitas adeo parva est quod parum excedit quantitatem formicae, ut dicit Philosophus in IX De anim. [*Historia animalium* VII,3 583b17-18], quod in quadragesima die muliere pariente abortum, inventum est corpus prolis omnia membra distincta habere, quamvis in quantitate esset sicut magna formica": *In III Sent.*, d.3, q.2, a.2, ad 3 (III,146f.); vgl. auch *S.th.* III 33,2 ad 2 (342b).

[24] „In aliis [hominibus praeter Christum] autem haec successive contingunt, ita quod maris conceptio non perficitur nisi usque ad quadragesimum diem, ut Philosophus in IX De animalibus [*Historia animalium* VII,3 583b2-5] dicit; feminae autem usque ad nonagesimum": *In III Sent.*, d.3, q.5, a.2, co. (III,145f); vgl. dazu A. MITTERER, Die Zeugung der Organismen, insbesondere des Menschen, 163-170.

[25] Siehe o. Kap. V.4.

[26] „... in mysterio incarnationis, in quo simul tota natura et omnes partes eius factae et assumptae sunt": *In III* 6,5 VII (XI,102b); vgl. o. Kap. V.1.

seits kein Selbstand des Menschen Jesus außer und neben dem Logos behauptet werden, so wird die Annahme einer Informierung des menschlichen Embryos im Augenblick der Zeugung unumgänglich. Aber aus diesem Lehrsatz folgert Cajetan nicht, daß der Leib Christi unmittelbar in der Körpergröße empfangen worden sei, die dem Embryo nach 40 bzw. 46 Tagen eignet. Die körperliche Entwicklung läuft seiner Meinung nach parallel zu der der anderen Menschen, jedoch sind die essentiellen Vollkommenheiten, die Umrisse und Glieder, zu Beginn der Empfängnis sofort gegeben.[27]

Wichtig ist jedoch vor allem eine andere Konsequenz, die sich für Cajetan im Anschluß an Thomas aus der sofortigen Beseelung des gezeugten Leibes Christi ergibt: Da der Mensch Jesus bereits im ersten Augenblick seiner Empfängnis alle seelischen Vollkommenheiten besitzt, die ihm nach dem biblisch bezeugten vollmächtigen Wirken in Leben, Tod und Auferstehung zugesprochen werden können, so konnte er bereits in diesem Augenblick kraft seines Willens Akte setzen und Verdienste erwerben.[28] Cajetan rechnet dann sogar damit, daß der vollkommene Embryo Jesus mit seiner Empfängnis eine extrauteral wirksame Heiligungstätigkeit gegenüber Maria und Johannes dem Täufer entfaltete.[29] Wiederum wird hier in Cajetans Reflexionen der Versuch, das Menschsein Jesu zu wahren, von dem Bemühen überlagert, dem Gottmenschen die weitestgehenden Vollkommenheiten zu sichern.

1.2 Die Geburt aus Maria

Die Spannung zwischen der Konnaturalität Jesu mit den Menschen und der Vollkommenheit aufgrund seines göttlichen Selbstandes prägt auch die Überlegungen Cajetans zur Geburt Christi. Er geht nicht nur mit Thomas davon aus, daß Maria aufgrund des Dogmas von der „Jungfräulichkeit in der Geburt" (*virginitas in partu*) Christus in völlig schmerzloser Weise gebar[30],

---

[27] „Quamvis enim ipsa formatio dominici corporis in primo instanti fuerit perfecta essentialiter, non tamen fuit perfecta quantitative. Hoc est quod, licet habuerit in primo instanti omnia membra et lineamenta, non tamen in ea quantitate quam habuisset si in quadraginta et sex diebus fuisset corpus illud formatum: sed ad tantam quantitatem pervenit spatio quadraginta et sex dierum. ... licet inter formationem corporis Christi et aliorum sit differentia temporis, quia Christi corpus in instanti formatum est, aliorum vero in quadraginta sex diebus; inter perfectionem tamen quantitativam solitam perfici in quadraginta sex diebus in corporibus masculorum, respectu corporis Christi et aliorum nulla est differentia": *In* III 33,1 IV (XI,341b).
[28] Siehe *S.th.* III 34,3 und dazu den Kommentar Cajetans (XI,348a-349b); vgl. auch *In* Ps 21,2 (34v).
[29] „Iesus enim qui conceptus matris carnem statim sanctificaverat (extinguendo in ea fomitem) modo incipit exterius operari, sanctificando praecursorem suum": *In* Lk 1,41 (88r).
[30] „... dolor parientis causatur ex apertione meatuum per quos proles egreditur. Dictum est autem supra [*S.th.* III 28,2] quod Christus est egressus ex clauso utero matris: et sic nulla apertio meatuum ibi fuit. Et propter hoc in illo partu nullus fuit dolor, sicut nec aliqua corrup-

vielmehr behauptet er, daß sich die Geburt Christi durch das Wirken dienender Engel wie im „Stand der Unschuld", d.h. ohne die als Strafe für den Sündenfall Mutter wie Kind auferlegten Geburtsumstände vollzog.[31]

Wir hatten bereits im Zusammenhang der Lehre von dem erworbenen Wissen Christi die eigenartige Überlegung Cajetans kennengelernt, daß der *intellectus possibilis* Christi durch von Engeln repräsentierte Bilder mit sämtlichen, je nur vom *intellectus agens* erwerbbaren Erkenntnisbildern versehen worden sei.[32] Tatsächlich greift Cajetan auch zur Erklärung der Geburtsumstände Jesu wiederum auf den Gedanken der Engeldienste an dem Gottmenschen zurück. Einerseits wird also das Wunder der schmerzlosen, sich gleichsam wie im Urstand vollziehenden Geburt als Zeichen für die Gottheit des Kindes gefordert; andererseits kann aber doch dieses nach außen sichtbare Wunder dem zu gebärenden Kind nur unter Gefährdung seines wirklichen Menschseins wirkursächlich zugeschrieben werden. Diese Gefahr wird von Cajetan durchaus erkannt. Er meint ihr entgehen zu können durch die Annahme, Christus habe im Verborgenen seine Ankunft mitbewirkt, indem er Engel anwies, durch ihren äußerlich sichtbaren Beistand die Geburt in einer wunderbaren, für Mutter und Kind schmerzfreien Weise zu vollziehen.[33] Diese Überlegung belegt exemplarisch Cajetans Tendenz zur christologischen Perfektionsmaximierung, die die Homousie Christi mit den Menschen nur unter der Einführung neuer übernatürlicher Faktoren zu wahren vermag.

Cajetan interessiert sich mit dem gewohnten Gespür für spekulative Probleme im Zusammenhang des Themas von der Geburt Christi vor allem für die Frage, ob die Geburt eher der Natur oder der Person des Menschen zukommt. Unter „Geburt" ist dabei nicht nur die *nativitas ex utero*, der äußerlich-sichtbare Hervorgang des Kindes aus dem Uterus, sondern auch die *nativitas in utero*, die mit der Empfängnis sachlich identisch ist, zu verstehen.[34] Es wird also eigentlich nach dem Verhältnis von Empfängnis und

---

tio": *S.th.* III 35,6 co. (XI,360b-361a); vgl. dazu den Kommentar Cajetans, *In* III 35,6 I (XI,361a). Zum Dogma der *virginitas in partu* siehe DS 299.368.442.571.

[31] „Rationabile autem est ut mirabilem partum angelica ministeria foverint: ita ut angelorum ministerio tam nascens filius quam pariens mater omnia quae etiam in statu innocentiae opportuna fuissent, quae non ex peccato sed ex natura sunt, habuerint, quamvis alio modo, puta absque ablutione munditiam, etc.": *In* III 35,6 II (XI,361b).

[32] Siehe o. Kap. VI.2.3.

[33] „Et licet publica miracula ab infante fieri non debuerint, ne phantasma putaretur illius humanitas; secreta tamen, quae ab hac suspicione aliena sunt, non dedecet ipsum effecisse, ad Virginis matris obsequia; ut suavis sit semper omnium dispositio a divina procedens Sapientia [vgl. Weish 8,1]": *In* III 35,6 II (XI,361b).

[34] „... nativitas sumitur proprie et formaliter, ut continet nativitatem in utero et nativitatem ex utero. Ita quod non tractabitur solum de nativitate ex utero, sed etiam de nativitate in utero: ut testantur quinque primi articuli huius quaestionis. Est autem differentia inter conceptionem et nativitatem in utero formalis: quia conceptio attenditur penes captionem rei ad concipientem, ex hoc enim dicitur mulier concipere quod simul apud se capit quod generan-

Geburt zu den beiden zentralen Determinanten der christologischen Binnenstruktur, Natur und Person, gefragt.

Die Antwort Cajetans läßt sich kurz zusammenfassen: Der Person kommen Empfängnis und Geburt gleichsam als „Subjekt der Benennung" (*subiectum denominationis*) zu. Das ist so zu verstehen, daß Empfängnis und Geburt von der Person subjekthaft ausgesagt werden können, weil die Person eben genaugenommen das ist, was empfangen und geboren wird und dann geboren worden ist.[35] Die Natur dagegen ist das Ziel der Geburt, und dies nicht nur der Bezeichnung, sondern auch der Wirklichkeit nach.[36] Das, was durch Empfängnis und Geburt hervorgebracht werden soll, ist die substantielle Wesensform[37]—gemäß dem aristotelischen Diktum des Thomas: „Die Geburt wird ‚der Weg zur Natur' genannt."[38]

1.3 *Christus als Sohn Gottes und Sohn Marias*

In seinen Überlegungen zum Themenkreis der Geburt Christi beschäftigt sich Cajetan schließlich eingehend mit der schon zur Zeit des Thomas kontrovers diskutierten Frage nach dem Wesen der Sohnesbeziehung, in die Christus durch seine zeitliche Geburt aus Maria getreten ist. Versuchen wir uns das Problem der doppelten „Sohnschaft" (*filiatio*) Christi zu vergegenwärtigen, das mit dieser Frage angesprochen ist.

Das zeitliche und eigenständige Sohnsein Christi als Sohn der Maria ergibt sich unmittelbar aus der Tatsache, daß seine Mutter unabdingbares generatives Prinzip ist und sämtliche natürlichen Aktivitäten der Frau vor und nach dem Empfängnisakt ausübt. Zudem wird das Muttersein Marias durch die *nativitas ex utero* nach außen hin manifest. Von der Betonung der wahren Mutterschaft Marias her, wie wir sie bei Cajetan vorfanden, legt sich die wahre Sohnesbeziehung Christi zu seiner Mutter als notwendig korrespondierende Relation nahe, so daß dann eigentlich eine doppelte reale Sohnschaft Christi, eine ewige und eine zeitliche, zu behaupten wäre.

---

dum est; nativitas autem attenditur penes egressum a parente; ex hoc enim res nasci dicitur quod ad naturam pergit, est enim via in naturam": *In* III 35,1 I (XI,352a). Vgl. schon Thomas: „… est duplex nativitas, scilicet nativitas in utero quae conceptio dicitur, et nativitas ex utero quae communiter nativitas nominatur": *In* III *Sent.*, d.3, q.1, a.1, qla.3, ob.2 (III,97).

[35] „Persona siquidem est subiectum proprium denominationis respectu nativitatis: nam, proprie loquendo, Socrates est qui nascitur et postea natus est": *In* III 35,1 IV (XI,352b); „… illi [= persona] attribuatur nativitas ut subiecto, quod denominatur proprie a nativitate nascens et natum": ebd.

[36] „… natura non solum se habet ut terminus in denominando ipsam nativitatem (a terminis enim denominantur generationes): sed et secundum rem natura habet termini rationem, quoniam ad naturam terminatur secundum rem generatio": ebd. VI (XI,352b).

[37] „cum sit [nativitas] species generationis substantialis": ebd. IV (XI,352ab).

[38] „… nativitas dicitur via in naturam [Aristoteles, *Physik* II,1 193b12f.]": *S.th.* III 35,1 co. (XI,351b); vgl. dazu Cajetan: *In* III 35,1 I.VI (XI,352a.b).

Da aber Cajetan andererseits, wie wir bereits mehrfach betont haben[39], daran festhält, daß sich Gott auf die kreatürliche Wirklichkeit nur gedanklich bezieht, ist es seinem Denken eigentlich verwehrt, die zweite göttliche Hypostase in eine wirkliche Beziehung zu Maria zu setzen. Damit stellt sich also die Frage, ob der realen Mutterbeziehung Marias zu Christus gleichfalls eine reale Sohnesbeziehung Christi zu Maria entsprechen kann. Die Antwort darauf hängt ganz wesentlich davon ab, ob über die Wirklichkeit der Sohnesbeziehung Christi zu Maria von der Geburt (*nativitas in et ex utero*) oder von dem göttlichen Personsubjekt her entschieden wird.

Thomas hatte zugegeben, daß dann, wenn man die Vollkommenheit der *filiatio* gerade in dem Relationsfundament der Geburt sehen würde, durchaus eine doppelte reale Sohnschaft Christi gelehrt werden müßte.[40] Denn in Christus ist mit der ewigen und der zeitlichen Geburt jeweils ein eigenständiges reales Fundament für eine Sohnesbeziehung gegeben. Aber Thomas selbst kann sich dieser Argumentation nicht anschließen, da sie seiner Meinung nach zu wenig die ‚metaphysische Sonderstellung' des Logos-Subjekts berücksichtigt. ‚Im Logos'—wenn diese Ausdrucksweise hier einmal gestattet sein mag—gibt es nur die eine, reale, ewige Beziehung zum Vater, durch die der Sohn als zweite göttliche Hypostase subsistiert. Da aber jede zeitliche Beziehung, die von Gott ausgesagt wird, eine Beziehung zu kreatürlicher Wirklichkeit ist, kann die durch die zeitliche Geburt bewirkte Relation des Logos zu Maria nur eine gedankliche sein.[41] Die Sohnesbeziehung Christi zu seiner Mutter unterliegt den allgemeinen Bedingungen des Gott-Welt-Verhältnisses.

Bedenkt man die Bindung Cajetans an die Autorität des *doctor communis* sowie den dominanten Einfluß, den Cajetan dem Logos in seinem christologischen Denken auf die Konstitution Christi einräumt, dann wäre alles andere als das Bemühen um eine möglichst vollständige Aneignung dieser Lehransicht des Thomas durch Cajetan erstaunlich gewesen. Alles, was sich auf Christus als Person bezieht, muß für Cajetan grundsätzlich mit der trinitätstheologischen Gottesbeschreibung vereinbar sein. „Denn es steht fest, daß alle Dinge, die die Person betreffen, seien es nun menschliche oder göttliche, Christus nach der Weise der ewigen Personalität zukommen."[42] Nun betrifft die Relation der Sohnschaft die Person unmittelbar, da nur eine Person Sub-

---

[39] Vgl. o. Kap. II.3.1.

[40] „Nam si attendamus ad perfectas rationes filiationis, oportet dicere duas filiationes, secundum dualitatem nativitatum": *S.th.* III 35,5 co. (XI,357a).

[41] „Omnis autem relatio quae ex tempore de Deo dicitur, non ponit in ipso Deo aeterno aliquid secundum rem, sed secundum rationem tantum: sicut in Prima Parte [13,7] habitum est": ebd.

[42] „Constat enim quod omnia personalia, sive humana sive divina, conveniunt Christo secundum rationem personalitatis aeternae": *In* III 35,5 XV (XI,360a).

jekt dieser Beziehung sein kann.[43] Dann ist aber die Schlußfolgerung nahezu unvermeidlich, daß jede Sohnesbeziehung Christus nach der Weise des ewigen Personseins zukommt.

Damit sind freilich vom scholastischen Verständnishorizont her die Möglichkeiten, eine reale Beziehung Christi zu seiner Mutter zu behaupten, verstellt. Denn der Logos kann keinen Seinszuwachs—und wäre dieser auch nur aufgrund des Hinzutretens einer realen Relation gegeben—erfahren, weil das die Annahme einer vorausliegenden Unvollkommenheit in Gott bedeuten würde. Der Logos vermag keine in der Zeit hinzukommende wirkliche *filiatio* aufzunehmen[44]—das ist ein von Cajetan als nahezu unmittelbar evident und daher auch keiner weiteren Begründung in diesem Zusammenhang für nötig erachteter Grundsatz. Gilt also die genannte Schlußfolgerung Cajetans und wird zugleich die Unmöglichkeit eines zeitlichen Seinszuwachses des Logos als Implikat der Behauptung des ewigen Sohnseins ausgegeben, dann bleibt nur noch die Möglichkeit, daß sich Christus entweder nicht oder nur gedanklich auf Maria bezieht. Da Cajetan an der wahren Mutterschaft Marias unbedingt festhält, kann nur letzteres der Fall sein, wenn denn der Satz gilt, daß jede Relation eines Subjektes auf einen Terminus notwendig die Umkehrrelation des Terminus auf das Subjekt miteinschließt.

Von dieser Grundposition aus setzt sich Cajetan mit den Argumenten des Duns Scotus auseinander, der bereits gegenüber Thomas die These einer doppelten realen Sohnschaft Christi vertreten hatte.[45] Christus steht in einer wirklichen, in der Zeit neu hinzugekommenen Beziehung zu seiner Mutter. Da nun Duns Scotus wie Thomas das Verhältnis Gottes zur geschaffenen Wirklichkeit generell als rein gedankliche Beziehung auffaßt[46] und somit auch der Logos durch die Menschwerdung in keine neue reale Beziehung treten kann, muß die Begründung seiner These gegenüber Thomas in einer Lockerung der strikten Bindung der *filiatio* an das Suppositum gesucht werden. Damit verlieren dann auch die metaphysischen Bedingungen der Logos-Person ihren bestimmenden Einfluß auf die Lösung des *filiatio*-Problems, so daß der Weg für die Annahme einer doppelten realen Sohnesbeziehung Christi frei wird.

Die These, daß die Sohnesbeziehung nur von einem Personsubjekt getragen werden kann, und zwar in einer derartigen Ausschließlichkeit, daß einer

---

[43] „... sola persona capax est filiationis": ebd.

[44] „... non est in Christo suppositum capax filiationis realis novae ... quia persona est, et illa est Deus, ideo subiectum realis filiationis novae esse non potest": ebd. XVI (XI,360b).

[45] „Ad quaestionem ergo dico quod alia est filiatio in Christo ad Patrem, et alia ad Matrem, et utraque est realis": *Op.Ox.* III, d.8, q.1, n.10 (VII/1,211).

[46] „... in Deo non est aliqua relatio realis ad creaturam": *Op.Ox.* I, d.30, q.2, n.14 (V/2,1196); vgl. P. MINGES, Ioannis Duns Scoti doctrina philosophica et theologica, Bd. 2, 255-257.

Person jeweils nur eine natürliche Sohnschaft entspricht, wurde bereits von Bonaventura formuliert[47] und wird auch von Thomas seiner Argumentation in *S.th.* III 35,5 zugrundegelegt[48]. Aber Duns Scotus läßt diese These nicht gelten. Er rechnet die Sohnesrelation zum Genus der Ursprungsrelationen, d.h. derjenigen Relationen, denen ein Hervorgang im allgemeinen Sinne des Wortes zugrundeliegt. Das entscheidende Argument gegen die These des Bonaventura lautet nun: Wenn die Fundamentalursachen solcher Ursprungsbeziehungen offenbar mehrfach in einer Person gegeben sein können, dann ist nicht einzusehen, warum nicht auch die durch sie verursachten Relationen der Person zugesprochen werden sollen, zumal doch diese Beziehungen selbst bei *einer* Fundamentalursache schon doppelt gegeben sein können. Das beweist ein Blick auf die göttliche Hypostase des Vaters, die aufgrund der *einen* „aktiven Zeugung" (*generatio activa*) in einer zweifachen Ursprungsbeziehung steht.[49] Eine Ursprungsrelation wie die Sohnesbeziehung kann also einer Person wie dem Logos durchaus mehrfach zukommen. Die strenge Korrespondenz „*una persona-una filiatio*" ist damit von Duns Scotus aufgebrochen worden.

Mit einem zweiten Kreis von Argumenten versucht Duns Scotus speziell zu beweisen, daß die zweite, in der Zeit hinzugekommene Sohnesbeziehung Christi tatsächlich als eine reale Beziehung aufgefaßt werden kann.

Er richtet seine Überlegungen auf das Christus-Subjekt. Duns Scotus sieht die entscheidende Bedingung für das Vorhandensein einer realen Beziehung darin, daß (1.) das Fundament und der Terminus wirkliche Entitäten sind, daß (2.) beide Extreme sich real voneinander unterscheiden und daß sich schließlich (3.) die Beziehung aus beiden Extremen ohne gedankliche Vermittlung ergibt.[50] Duns Scotus kann sich in seiner Argumentation mit dem Hinweis begnügen, daß auch gerade die dritte Bedingung durch die Geburt des Menschen Jesus aus Maria erfüllt ist und Christus somit als Mensch eine zweite reale Sohnschaft neben dem Hervorgang seines Suppositums aus der ersten göttlichen Hypostase zukommt.[51]

---

[47] *In* III *Sent.*, d.8, a.2, q.2 (III,194a).
[48] Vgl. *S.th.* III 35,5 co. (XI,356a-357a).
[49] „... non magis repugnat relationem originis plurificari in supposito, quam ipsam originationem quae praecedit istam relationem originis ut proxima ratio fundandi eam: sed origines plurificantur in eodem supposito secundum Damascenum lib.3 cap.7 [PTS 12: 123,19] Duas generationes Christi veneramur. Praeterea, Pater aeternus etsi sit unum suppositum, tamen habet duas relationes originis ad Filium, et Spiritum sanctum, et ita super idem suppositum, et idem fundamentum, fundantur duae relationes originis activae: ergo multo magis super duo fundamenta diversa possunt fundari duae relationes originis passivae": *Op.Ox.* III, d.8, q.1, n.3f. (VII/1,207).
[50] Vgl. *Op.Ox.* I, d.31, n.2 (V/2,1214); *Quodl.*, q.6, n.33 (XII,166); *Rep.* I, d.31, q.3, n.26 (XI/1,167a).
[51] „quod [filiatio] utraque sit realis, patet de aeterna, quia realiter est Filius aeternus. Probo de temporali, quia illa relatio est realis, quae consequitur extrema ex natura extremorum

Durch diese beiden Argumentationsschritte wird nun die oben angedeutete These des Duns Scotus von der doppelten realen Sohnesbeziehung Christi verständlich. Der Logos, das christologische Personzentrum, steht durchaus in einer zweifachen Sohnesbeziehung, aber in der zweiten, zeitlichen Sohnesbeziehung steht der Logos nur als Mensch. Duns Scotus versucht so die rein gedankliche Beziehung Gottes zur Welt festzuhalten und zugleich eine wirkliche Sohnesbeziehung Christi zu seiner Mutter auszusagen. Seine Überlegungen zeigen eindrucksvoll, wie selbständig er den Logos *als Mensch* zu denken vermag.

In der Auseinandersetzung mit den Einwänden des Duns Scotus gegen Thomas rückt Cajetan vor allem ein Argument in den Vordergrund, das er gegen beide Beweisschritte anführt. Er wehrt sich dagegen, die Sohnesbeziehung ohne Berücksichtigung ihrer speziellen Eigenart mit anderen Ursprungsbeziehungen zusammenzustellen. Denn im Unterschied zu diesen Relationen kann die Sohnesbeziehung nur einer Person zukommen.[52] Cajetan knüpft die *filiatio* ausschließlich an die Person, die seiner Meinung nach allein Träger dieser Beziehung sein kann. Damit werden aber dann die metaphysischen Bedingungen des Logos zu den ausschlaggebenden Kriterien für die Lösung des *filiatio*-Problems. Die Möglichkeit, die Reflexionen auf die menschliche Natur des Logos zu beziehen und von daher eine zweite reale Sohnesbeziehung Christi zu behaupten, die derjenigen eines anderen Menschen zu seiner Mutter entspricht, ist somit verstellt.

Cajetan weigert sich, neben und außer dem trinitarischen Sohnesvollzug, der den Logos keineswegs akzidentiell betrifft, sondern ihn gerade als zweite göttliche Hypostase konstituiert, eine weitere reale Sohnesbeziehung anzunehmen, würde sie doch in seinen Augen eine Herabsetzung und Verdunkelung des innergöttlichen Hervorgangs zur Folge haben und somit letztlich den Logos als Gott in seiner Vollkommenheit beeinträchtigen. Die nahezu ausschließliche Fixierung auf die Belange des Logos ist von Cajetans Unionslehre her verständlich. In allen personalen Beziehungen, die Christus betreffen, ist zuerst und ausschließlich der Logos in seiner Vollkommenheit zu berücksichtigen, dem Cajetan doch in seiner Theorie der hypostatischen Union eine so überaus dominante, letztlich sogar durch den *modus subsistendi* substantiell begründete Stellung eingeräumt hat. Der Gedanke, in Christus personale Relationen doppelt anzusetzen, durch den Duns Scotus eindrucksvoll die quasi-personale Würde der Menschennatur Christi unter-

---

sine actu intellectus, posita autem matre generante, et ita supposito habente naturam per generationem, ex natura extremorum sine actu intellectus sequitur hic filiatio, sicut ibi maternitas": *Op.Ox.* III, d.8, q.1, n.11 (VII/1,212). Wie die Mutter dem Suppositum wirklich die menschliche Natur mitteilt, so empfängt umgekehrt das Suppositum auch wirklich die menschliche Natur, ist also wirklich ‚Sohn'.
[52] Siehe o. Anm. 43.

streicht, liegt Cajetan völlig fern. Die Zentrierung der christologischen Überlegungen auf das Gottsein Gottes, der auch in Christus Gott bleibt, zeigt vielmehr, wie sehr der Logos von der ihm dogmatisch zugedachten Rolle des Suppositums aus das gesamte Wesen Christi in Cajetans Denken maßgeblich bestimmt. Daher muß sich Cajetan letztlich dem thomanischen Lösungsversuch anschließen und die Sohnesbeziehung Christi in das allgemeine Gott-Welt-Verhältnis einordnen, das auf seiten Gottes lediglich eine gedankliche Beziehung setzt.

2. MYSTERIUM PASCHALE

2.1 *Passion und Tod Christi*

Zu den schwierigsten Problemen, die die biblischen Passionstraditionen dem scholastischen Denken aufgaben, gehört zweifelsohne die Frage, wie sich die Schmerzempfindungen Jesu aufgrund des körperlichen und seelischen Leidens und der Zustand der Glückseligkeit, in dem sich die permanent Gott schauende Seele Christi befindet, in ihrer Simultaneität vereinbaren lassen. Steht die beseligende Gottesschau als notwendige Konsequenz aus der Vereinigung des Logos mit der Menschennatur, d.h. als im Sein des Gottmenschen begründete Eigenschaft der menschlichen Seele Christi bereits fest, dann wird die Aufgabe, dieser Seele eine wirkliche Schmerzaffizierung zuzudenken, eigentlich unlösbar. Aus der Perspektive heutiger, für die Dimension des wahren Menschseins Jesu (*vere homo*) besonders sensibilisierter Theologie offenbart sich an diesem Punkt das Dilemma eines christologischen Denkens, das dem Logos innerhalb der christologischen Binnenstruktur eine derart dominante und die menschliche Natur durch Gnadengaben perfektionierende Rolle zuweist, daß wesentliche Züge wahren Menschseins von Christus nicht mehr im univoken Sinne ausgesagt werden können.

Als denkbare und aus der christologischen Denkbewegung heraus konsequenteste Lösung erwies sich immer noch die Möglichkeit, Schmerz und Freude unterschiedlichen Seelenvermögen zuzuteilen. Soll das Theologumenon von der permanenten beseligenden Gottesschau Christi *in statu viae* auch angesichts der in den Evangelien, besonders in der Gethsemaneszene, belegbaren Schmerzaffizierungen aufrecht erhalten werden können, so muß nach dieser Lehrmeinung für die Seele Christi ein Refugium des unveränderlichen Gottesgenusses postuliert werden, in das körperliche und seelische Schmerzen nicht vorzudringen vermochten. So betrachtet Thomas den obersten Seelenteil, die „obere Vernunft" (*ratio superior*), als dieses Refugium und verweist zur Begründung auf den speziellen Objektbereich, durch den sich die obere Vernunft von der niederen unterscheidet: Die *ratio superior* kann nicht von den durch äußere Einwirkungen hervorgebrachten Empfindungen tangiert werden, da sie nicht auf körperliche, sondern ewige ‚Dinge' ausgerichtet ist.[53] Thomas hält das „Überfließen" (*redundantia*) der oberen Vernunft- und Willensvermögen auf die „niederen Seelenpotenzen" (*ratio inferior*), wie es allen Menschen zu eigen ist, durch eine übernatürliche Einwirkung für ‚ausgesetzt'[54], um wenigstens in den niederen Seelenvermögen ein Schmerzempfinden Jesu zu wahren.

Auch Duns Scotus stimmt grundsätzlich dem Theologumenon der permanenten beseligenden Gottesschau zu[55], obwohl sein Bemühen unverkennbar ist, gerade auch die höchsten Seelenpotenzen Christi für Leiderfahrungen zugänglich zu halten. Da nach einem Diktum Augustins die „Traurigkeit" (*tristitia*) dadurch entsteht, daß uns Dinge geschehen, die wir „nicht wollen" (*nolle*)[56], konkretisiert sich für Duns Scotus das Problem in der Frage, ob in Christus der obere Wille seiner natürlichen Teleologie nach (*voluntas ut natura*) oder seiner freien Selbstbestimmung nach (*voluntas ut libera*) das Leiden nicht wollte. Nun steht für Duns Scotus fest, daß der freie Wille Christi die Passion als Mittel zur Erlösung des Menschengeschlechts wirklich will.[57] Andererseits kann nach seinem Dafürhalten mit diesem Wollen ein Nichtwollen des Leidens, wie es jedem menschlichen Willen und insbesondere der auf das ewige Gut hingeordneten *ratio superior* eignet, durchaus zusammenbestehen. Der Wille (*voluntas ut natura*) kann ‚natürlicherweise' das bevorstehende Kreuzesleiden nicht wollen. Da aber selbst die so hohe Aufgabe der Erlösung dem Willen Christi nie näher zu liegen kommt und somit angelegentlicher sein könnte als die Erhaltung des eigenen Lebens[58], will auch die *voluntas ut libera* das bevorstehende Kreuzesleiden um dieser Bedingung willen nicht. Duns Scotus spricht deshalb von einem Akt konditionalisierten Nichtwollens, den die Seele Christi gegenüber dem

---

[53] „Sed secundum hoc superior ratio non patiebatur in Christo ex parte sui obiecti, scilicet Dei, qui non erat animae Christi causa doloris, sed delectationis et gaudii": *S.th.* III 46,7 co. (XI,445b). Vgl. zu der Unterscheidung zwischen der *ratio superior* und der *ratio inferior*, die Thomas im Anschluß an Augustin, *De Trinitate* XII,4.7 formuliert, vor allem *S.th.* I 79,9 (V,275b-276a).

[54] „Nam in aliis patientibus mitigatur tristitia interior, et etiam dolor exterior, ex aliqua consideratione rationis, per quandam derivationem seu redundantiam a superioribus viribus ad inferiores. Quod in Christo patiente non fuit: unicuique enim virium permisit agere quod est sibi proprium, sicut Damascenus [*Expositio fidei* III,19 (PTS 12: 160,13-161,14)] dicit": *S.th.* III 46,6 co. (XI,443b); vgl. auch ebd. ad 2 (XI,443b-444a) und *S.th.* III 14,1 ad 2 (XI,180b).

[55] Vgl. P. MINGES, Ioannis Duns Scoti doctrina philosophica et theologica, Bd. 2, 352-354.

[56] „sicut animi dolor, quae tristitia nuncupatur, dissensio est ab his rebus, quae nobis nolentibus acciderunt": *De Civitate Dei* XIV,15 (CChr.SL 48: 438,59-61); vgl. Duns Scotus, *Op.Ox.* III, d.15, q.1, n.4 (VII/1,328).

[57] „Respondeo, Conclusio demonstrationis practicae est de actu circunstantianato, et sicut pro tunc velle mortem fuit bonum simpliciter, quia pro tunc a Trinitate fuit volita, et ideo pro tunc sustinenda etiam pro iustitia conservanda, et pro salute hominum procuranda: ita pro nunc eius vita est bona": ebd. n.25 (VII/1,349).

[58] Vgl. ebd. n.24 (VII/1,348).

körperlichen und seelischen Leiden setzt.[59] Das Unterordnen frei gesetzter Willensziele unter ein natürliches und letztlich gewolltes Ziel verdeutlicht Duns Scotus durch ein Beispiel: Der zur See fahrende Kaufmann hat ein elementares Interesse, seine Handelsware unversehrt an den gewünschten Zielort zu bringen; steht aber bei hohem Seegang das Kentern des Schiffes und somit der Verlust des eigenen Lebens zu befürchten, wird er gleichwohl um dieser Bedingung willen Teile seiner Ware über Bord gehen lassen.[60] Es leuchtet ein, daß auch dieser Akt konditionalisierten Nichtwollens Traurigkeit verursacht. Duns Scotus setzt von daher sowohl in der *voluntas ut natura Christi* als auch in der *voluntas ut libera Christi* Schmerzempfindungen an.[61]

In Cajetans Konzeption der Menschheit Christi, soweit wir sie bisher kennengelernt haben, ist nichts angelegt, wodurch diese Überlegungen des Duns Scotus, die die Konnaturalität der Seele Christi mit den Seelen der Menschen an einem entscheidenden Punkt zu wahren versuchen, hätten aufgenommen und weitergeführt werden können. Cajetan begreift vielmehr in der Auseinandersetzung mit Duns Scotus die Gottesschau der Seele Christi *in statu viae* streng von dem Zustand der Seligen her, die—geeint mit Gott—seiner Meinung nach nichts von Gottes Willen Verschiedenes wollen können und insofern von jeglichen Willenskonflikten frei sind. Das natürliche Nichtwollen von Leid und Schmerzen wird von Cajetan in diesem Falle als reine Denkmöglichkeit, als Nichtwollen eines *in statu viae* von jeglicher Bestimmung durch die hypostatische Vereinigung abstrahierten menschlichen Willens Christi ausgegeben. Der Vater des ungerechten Reichen (nach Lk 16,19-31), der *in statu viae* trotz der moralischen Verfehlungen seines Sohnes nie als völlig frei von der natürlichen Liebe zu seinem Kind gedacht werden kann, will als Gottschauender dann tatsächlich die von Gott verhängte gerechte Strafe für seinen Sohn und empfindet ihretwegen keinerlei Schmerzen. Denn *in statu patriae* ist alles Wollen des Menschen mit dem Willen Gottes konform.[62]

---

[59] „… videndum est de portione superiori voluntatis, ut libera, et de nolitione conditionata, sive habituali; et dico habitualem, in cuius actum voluntas prona ex se est exire nisi aliud obstet. Sic videtur dicendum, quod illa portio noluit passionem, hoc est, noluisset quantum in se erat, si omnia prospera et iusta, secundum se appetibilia aeque fuissent sine ea": ebd. n.26 (VII/1,349).

[60] Siehe ebd. n.17 (VII/1,341).

[61] Das natürliche und das frei gewählte konditionalisierte Nichtwollen des Leidens sind nach Duns Scotus sowohl der oberen wie der niederen *voluntas* eigen. Der *ganze* Wille Christi widerstrebt dem bevorstehenden Tod, vgl. ebd. n.30 (VII/1,353).

[62] „Voluntas enim cuiusque patris in patria est quod, secundum se, nollet filium damnari: ut patet quia ista nolleitas est secundum amorem naturalem ad filium; et quia in damnatis remanet, ut patet de divite qui petiit ne fratres damnarentur [vgl. Lk 16,27ff.]. Et tamen beatus non tristatur si filius damnatur": *In* III 46,7 IV (XI,446a); „Pater siquidem iustus viator respectu miseriae filii praesciti habet nolle, et naturale et conditionatum, non solum ita quod

Ist nun mit Cajetan davon auszugehen, daß Christus in seinen oberen Seelenregionen vollkommen selig gewesen ist[63], dann ist die Folgerung eigentlich unausweichlich, daß sich gegen die von Gott bestimmte Passion in Jesu Vernunft und Wille kein natürlicher Widerspruch (*nolle*) und infolgedessen auch kein Schmerzempfinden (*tristitia*) erheben konnte.[64] Cajetan ist freilich von dem Bemühen, die obere Vernunft ihrem natürlichen und konditionalisiertem Wollen nach in völliger Übereinstimmung mit dem Willen Gottes zu erweisen, so absorbiert, daß er einen wichtigen Gedanken des Thomas nahezu übersieht. Nach Thomas ist die obere Vernunfts- und Willensregion zwar von seiten des Objekts her, der ewigen Güter, keinerlei Schmerzeinwirkungen ausgesetzt, aber deswegen will Thomas keineswegs eine Affizierung dieser Region durch den körperlichen Schmerz ausgeschlossen haben.[65]

Als einzige Region der Seele Christi, in der Cajetan Traurigkeit aufgrund des Nichtwollens anzusiedeln bereit ist, bleibt somit die *ratio inferior* übrig. Sie ist *in statu viae* nicht mit dem göttlichen Willen konform und kann sich somit zugunsten der natürlichen Schmerzvermeidung entscheiden. Die Affektäußerungen wie der Gebetskampf Christi am Ölberg[66] und der verzweifelte Eli-Eli-Ruf des Gekreuzigten[67] liegen ebenso in diesen niederen Vernunftpotenzen begründet wie der Schmerz Christi über die Sündhaftigkeit

---

voluntati paternae secundum se absolute sumptae contrariatur miseria filii, et nollet filii damnationem secluso divinae iustitiae ordine ... Idem autem pater beatus non habet amplius amorem illum primum, ut consonet sibi exire in actum nolleitatis respectu miseriae filii, alioquin non esset beatus, quoniam aliquid vellet quod non haberet: sed in omnibus conformae divinae voluntati suum velle": ebd. V (XI,446ab).

[63] „quoniam [Christus] fuit perfecte beatus secundum partem superiorem animae": *In* Mt 24,36 (56v).

[64] „Et in proposito ideo Christus Dominus, beatus secundum portionem superiorem, non tristabatur de sua passione, quia secundum illam nec nolleitatem illius habebat: sed, tanquam beatus, illam nullo modo refutabat. Unde patet falsum esse quod rationi superiori Christi ut natura, contrariabatur passio Christi: quoniam pars illa, secundum illum statum, non habuit aliquid contrarii. Et similiter falsum est quod habuerit nolleitatem mortis: eadem ratione, quia scilicet beata erat": *In* III 46,7 V (XI,446b). Unter der *voluntas ut natura* versteht Cajetan im Anschluß an Duns Scotus, mit dem er sich in diesem Text auseinandersetzt, den Willen nach seiner natürlichen *inclinatio*, vgl. ebd. III.VI (XI,446a.b).

[65] „Secundum autem illum modum passionis quo potentia aliqua dicitur pati ex parte sui subiecti, sic omnes potentiae animae Christi patiebantur. Omnes enim potentiae animae Christi radicantur in essentia eius, ad quam perveniebat passio, passo corpore, cuius est actus": *S.th.* III 46,7 co. (XI,445b); „laesio quidem principaliter est in corpore, sed consequenter in anima, in quantum corpori unitur. Unitur autem anima corpori per suam essentiam; in essentia vero animae omnes potentiae radicantur, et secundum hoc illa laesio ad animam et ad omnes partes eius in Christo pertinebat, etiam ad superiorem rationem, secundum quod in essentia animae fundatur": *Qd. De Veritate*, q.26, a.9, co. (XXII/3,780,109-116).

[66] „... magnitudo tristitiae ac pavoris tanta describitur in inferiori parte animi Christi, ut indiguerit mitigatione": *In* Lk 22,43 (131v).

[67] „Vox ista quaerula vox est iesu veri hominis secundum partem inferiorem (hoc est corpus, et animum prout ad creatas res refertur) valde patientis, usqueadeo quod nihil consolationis interius recipiebat ex parte superiori": *In* Mk 15,34 (82v).

der Menschennatur.[68] Voraussetzung für das Schmerzempfinden der *ratio inferior* ist auch bei Cajetan die Lehre von der wunderhaften Suspendierung der Potenzenredundanz in der Seele Christi.[69] Das zur satisfaktorischen Qualifizierung des Kreuzestodes so wichtige Leiden, das Cajetan durch diese Lehre christo-psychologisch ermöglicht sieht, soll nun das der beiden mitgekreuzigten Verbrecher an Schmerz übertroffen haben, da in ihnen nach wie vor die Einwirkung der oberen auf die niederen Seelenteile statthaben konnte und sie durch die tröstlichen Worte Jesu in ihrem schmerzlichen Nichtwollen des körperlichen Leidens Linderung erfahren konnten.[70] Auch versucht Cajetan den biblischen Texten, die von Gefühlsäußerungen Jesu berichten, insofern gerecht zu werden, als er sie als Zeugnisse für ein echtes, innerlich und äußerlich verursachtes Leiden versteht. Er betont mehrfach, daß Christus kein „stoisches Gemüt" (*animus stoicus*), sondern ein leidensfähiges Bewußtsein angenommen habe[71], in dem sich das wahre Menschsein Jesu manifestiere und zugleich von der göttlichen Heilsökonomie her manifestieren sollte.[72]

Gleichwohl bleibt aber doch die Berufung auf das *vere homo* bedenklich, wenn sich die so vorgestellte Leidensfähigkeit lediglich auf die niederen Seelenpotenzen Christi erstreckt. Nicht umsonst spricht Cajetan häufig vom „*animus passibilis*", da das Wort „*animus*" nach der aristotelisch-thomanischen Psychologie gerade auch das sinnliche Strebevermögen bezeichnen kann.[73] Cajetan vermag mit seinen Überlegungen nicht wirksam dem Eindruck entgegenzutreten, daß die so eröffnete Möglichkeit des Leidens Jesu kaum im Sinne gemeinmenschlichen Leidens und damit als Ausdruck wirklicher Konsubstantialität Christi mit den Menschen verstanden werden kann. Die Radikalität, mit der Cajetan auch in diesem Problemfeld die Perfektio-

---

[68] „... de contritione peccatorum nostrorum, dicitur quod dolor ille est rationis inferioris: quoniam obiectum talis actus est aliquid temporale, scilicet offensa Dei. Nec obstat quod secundum rationes aeternas sit haec tristitia: quoniam ratio inferior regulatur ex ratione superiori, et ab illa sumit principia": *In* III 46,7 VI (XI,446b).

[69] „In christo nulla erat redundantia partis inferioris ad superiorem aut econverso. ita quod motus timoris et tristitiae non pertingebant ad superiorem partem animae: et econverso delectatio continua superioris partis de divina essentia visa, non tollebat neque mitigabat tristitiam aut timorem inferioris partis": *In* Lk 22,43 (131v); „... non habuit locum redundantia in Christo": *In* III 46,7 VI (XI,446b).

[70] „... passio eius [= Christus] erat pura, scilicet sine redundantia consolationis. Latrones enim consolabantur: alter spe, alter saltem sua sorte contentus": *In* III 47,1 VIII (XI,456b).

[71] „... utitur [Christus] animo non stoico sed passibili": *In* Mt 26,37 (61r); „non enim assumpsit [Christus] animum stoicum, sed vere naturalem": *In* Mk 3,4 (69v); vgl. auch *In* Joh 12,27 (185v).

[72] „Duo simul in hoc opere iesus efficit. Alterum est quod se verum hominem esse, verum animum passibilem habere, et animum facere in eo suum officium contestatus est. Alterum est quod cruciatum propassionis adiicere cruciatui passionis suae voluit. ita quod voluit non solum pati exterius crucem et mortem, sed etiam interius provenite cruciatum meditationis, tristitiae et timoris futurae passionis ac mortis: ut omnia nostra mala experiretur": *In* Lk 22,42 (131v).

[73] Vgl. die einschlägigen Lexika (R. J. DEFERRARI, L. SCHÜTZ) zum Stichwort „*animus*".

nierung des höheren Seelenlebens Jesu verfolgt, verschärft die der gemeinscholastischen Lehre von der bleibenden, auch während der Leidenszeit fortdauernden Gottesschau Christi innewohnende, latente Vorstellung einer ‚Schizotymie des Empfindens' zum offenen Widerspruch, zur Behauptung einer Gleichzeitigkeit sich ausschließender Seelenaffektionen, die den Menschen Jesus gerade an diesem psychologischen Punkt wesentlich von allen anderen Menschen unterscheidet. Die Diastase, in die Cajetan die im Zustand höchster Glückseligkeit und Schmerzüberhobenheit befindlichen, aber gerade als Propria der Menschennatur zu bezeichnenden oberen Seelenpotenzen (Vernunft und Wille) einerseits und die *ratio inferior*, in deren Schmerzempfindlichkeit Cajetan das wahre Menschsein Jesu aufleuchten sieht, andererseits treten läßt, gefährdet in eminenter Weise ein wirklich menschliches ‚Erleiden'. Hier zeigt sich dann in exemplarischer Weise die Problematik einer Lehrbildung, die das Menschsein Christi *in statu viae* auf bestimmte anthropologische Regionen beschränkt und dadurch den irdischen Menschen Jesus nicht ganz Mensch sein läßt.

Gleichwohl bleiben im Blick auf das *vere homo* auch gegenüber der Lösung des Duns Scotus Bedenken anzumelden. Die Wunderhaftigkeit verlagert sich in seinem Konzept im Unterschied zu der Lehrmeinung Cajetans lediglich auf den Willensakt Christi, insofern nun nicht die Bewahrung unverminderter Gottesschau und die Suspendierung der Potenzenredundanz eigentlich übernatürlichen Charakter haben, sondern der unbedingte Wille, trotz aller Leiden und trotz des bevorstehenden Todes den göttlichen Erlösungsbeschluß durchzuführen. Der Christus des Duns Scotus ist von einer derart ausgeprägten Willenssicherheit gekennzeichnet, daß er nicht nur gegenüber den physischen Schmerzen, sondern auch gegenüber dem von Duns Scotus als die eigentliche Leidensursache betrachteten Schmerz über die Sünde die Bejahung des Kreuzestodes um des Erlösungsauftrags willen durchhält. Die Schmerzaffizierung Jesu bis in die höchsten Seelenregionen hinauf wird hier durch einen im Vergleich zur Cajetanschen Lösung nicht minder übernatürlichen Akt, des Willenentschlusses Jesu zu seinem Leid und Tod, kompensiert.

Die besondere, einzigartige Gnadenbegabung, die dem Menschen Jesus durch die Vereinigung mit dem Logos zuteil geworden ist, zeigt aber innerhalb der Passionsreflexionen Cajetans noch an anderer Stelle Auswirkungen, die die sich im solidarischen Mitleiden offenbarende Menschlichkeit Christi zu verdunkeln drohen. Wie wir bereits kurz erwähnten, steht es für Cajetan außer Frage, daß Christus freiwillig Leiden und Sterben auf sich genommen hat.[74] Dies läßt sich gerade durch einschlägige Bemerkungen Cajetans aus

---

[74] Siehe o. Kap. VI.3.

seinen Evangelienkommentaren belegen.[75] Voraussetzung dieses Gedankens der Freiwilligkeit ist aber bei Cajetan ein Verständnis von Freiheit, das Freiheit nicht in der Fähigkeit aufgehen sieht, den von Gott vorherbestimmten Tod am Kreuz auch nicht wollen zu können, sondern das mit dieser Möglichkeit des Nichtwollens zugleich auch die effektive Befähigung zur Verhinderung des Nichtgewollten als unabdingbar notwendig in Christus gegeben sieht. Das zeigt sich deutlich darin, wie Cajetan den bereits von Thomas formulierten Gedanken aufgreift, die Seele Christi habe die Macht besessen, den Körper vor dem Tod zu bewahren. Nach Cajetan hätte die Seele den Körper trotz äußerer Einwirkungen durchaus schad- und schmerzlos halten können, sie hat ihn aber im Einklang mit den übergeordneten Gesichtspunkten göttlicher Vorsehung freiwillig—die Konsequenz des Suizids wird dabei nahezu unvermeidlich—und sogar erst zu dem Zeitpunkt verlassen, zu dem unter rein natürlichen Bedingungen die Separation der Seele aufgrund der körperlichen Dekomposition längst eingetreten wäre. Als Grund für dieses vollmächtige Wirken Christi selbst noch am Kreuz führt Cajetan wiederum den *instrumentum-coniunctum*-Gedanken an: Die Menschheit ist nicht an sich, sondern als Werkzeug des Logos mit allen übernatürlichen Potenzen ausgestattet, so daß sie selbst unter Todesqualen noch zu Wundern mächtig ist, soweit sich diese im Rahmen des Erlösungszwecks bewegen.[76] Aufgrund der personalen Vereinigung mit dem Gottessohn steht es für Cajetan außer Frage, daß die Seele Christi als Werkzeug des Logos wirklich die Macht besaß, den eigenen Körper vor Verletzungen zu bewahren.[77]

Diese auch im Todesleiden anhaltende, nahezu allmächtige instrumentalursächliche Wirkmächtigkeit der Seele Christi legt für Cajetan am besten Zeugnis von der absoluten Freiwilligkeit des Leidens und Sterbens ab, die wiederum eine wichtige Voraussetzung für die soteriologische Interpretation des Passionsgeschehens durch den Verdienstbegriff ist. Die Instrumentalvollmacht Christi blieb freilich nach Cajetan nicht nur im Hintergrund des

---

[75] „... christi passionem voluntariam ...": *In* Mt 27,57f. (64v); „significat voluntario dono se passurum ac moriturum": *In* Joh 6,51 (163v); „... gratum est patri me ponere animam meam, hoc est voluntarie mori": *In* Joh 10,17 (178v); vgl. auch *In* Joh 10,18; 12,27 und o. Anm. 72.

[76] „... loqui possumus de anima Christi ut est instrumentum coniunctum deitatis. Et sic, ut superius in qu. XIII, art. 2 et 3, dixit Auctor, potestatem habuit faciendi omnia miracula ordinabilia in finem incarnationis: hoc est, omnes mutationes creaturarum praeter spectantes ad creationem et huiusmodi. Et sic loquitur hic Auctor de anima Christi. Ita quod intendit quod anima Christi, ut organum Verbi, poterat et voluntates persecutorum immutare, et potestatem eorum impedire, sicut poterat alia miracula in caelo et in terra facere [vgl. Mt 28,18]. Et similiter poterat conservare carnem suam ne laederetur a flagellis, clavis et quibuscumque laesivis: sicut potuit servare Petrum super aquas ambulantem [vgl. Mt 14,29ff.], etc.": *In* III 47,1 IV (XI,455ab).

[77] „Et sic ex unione animae Christi ad Verbum manifestatur rationabiliter potestas haec, scilicet praeservandi proprium corpus a laesivis in anima Christi ut organum est Verbi": ebd. VI (XI,455b).

Passionsgeschehens als die ständige Möglichkeit, es auch anders machen zu können, sondern wurde in den wunderhaften Umständen des Todes Christi als Zeichen bleibender Selbstmächtigkeit und Freiwilligkeit sichtbar. Christus, im Blick auf den Körper von deutlich schwächerer Konstitution als seine Mitgekreuzigten, bewahrte sich so bis zuletzt die Kraft, durch den einmaligen Kreuzesschrei das freiwillige Abscheiden allen Umstehenden kund zu tun.[78] Von dem *instrumentum-coniunctum*-Gedanken her begreift Cajetan den Tod Christi als ein wunderhaftes, weil von Christus selbst wissent- und willentlich gestaltetes Geschehen, das, weit davon entfernt, nur ein den Menschen Jesus ereilendes Schicksal zu sein, vielmehr gerade als frei gewollter und bejahter Akt wahre Verdienstqualitäten besitzt und so dem Zweck der Erlösung wirklich entspricht.

Und es ist gerade der *instrumentum-coniunctum*-Gedanke, mit dem Cajetan die Ansicht des Duns Scotus zurückweist, der der menschlichen Seele (nicht dem Logos!) die Möglichkeit, den Körper Christi vor dem Tod zu bewahren, abspricht und Christus vielmehr an den destruierenden Einwirkungen auf seinen Leib gestorben sein läßt.[79] Für Duns Scotus wirkt der freie Wille der Seele Christi auch nicht wirkursächlich zum Tod mit, sondern der Wille bejaht das von der Seele Christi nicht weiter beeinflußbare, auf den Tod zulaufende Passionsgeschehen.[80] Christus hat den Tod insofern freiwillig und verdienstwirksam auf sich genommen, als sein Wille in das von Gott verhängte Todesschicksal ‚einwilligt'.[81] Wir sehen hier wieder die grundsätzlichen Vorbehalte des Duns Scotus gegen eine Kumulation übernatürlicher Vollkommenheiten in der Seele Christi, die die Homousie mit den Menschen gefährden könnte.

Nach Cajetan gerät die Menschheit Christi in ihrer eigentlich soteriologischen Wirksamkeit noch nicht in den Blick, wenn man sie lediglich nach den ihr innewohnenden natürlichen Vermögen beurteilt. Sie ist in diesem Zusammenhang zuerst und vor allem das Werkzeug, dessen sich der Logos

---

[78] „... Christus permisit quidem corpus pati, et, nihil minuendo de passione, miraculose conservavit fortitudinem naturae ad clamandum, ita quod conservatio fortitudinis fuit miraculosa: qua conservatione desinente, statim passio effectum mortis habuit; clamans enim exspiravit [Mk 15,39; vgl. Lk 23,46] ... ad hoc Christus conservavit fortitudinem, ut monstraret quod nemo tollit animam suam a corpore suo, sed ipse ponit eam": ebd. VII (XI,455b-456a).

[79] „Nec fuit in potestate animae a passione praeservari: cuius ratio est, quia ex prima institutione naturae est, quod aliqua activa sunt nata dominari aliquibus passivis: tunc sic, omne corpus alterabile, et corruptibile per approximationem activi dominantis potest corrumpi: corpus Christi fuit tale a primo instanti unionis usque ad mortem: igitur per activum approximatum potuit in corpus illud induci dispositio, vel qualitas incompossibilis animationi passivae illius corporis; et ita potuit per mortem privari vita, quia anima non perficit nisi corpus dispositum et proportionatum ei": *Op.Ox.* III, d.16, q.2, n.11 (VII/1,371).

[80] „quia [Christus] ut homo, accepit mandatum ponendi animam, id est, de complacendo et patiendo poni: sed non effective, ita quod ponere animam, et non ponere, fuerit in potestate animae eius": ebd. n.15 (VII/1,375).

[81] Vgl. ebd. n.14 (VII/1,372).

zur Erlösung der Menschheit bedient und das als solches an der Wirkmächtigkeit der Ersturache gegenüber allen anderen Geschöpfen einzigartigen Anteil hat.[82] Der Werkzeug-Gedanke ist nach Cajetan aber wiederum eine wichtige Voraussetzung für die Anwendbarkeit des Verdienstbegriffs, der das freie Wollen der Menschheit Christi notwendigerweise voraussetzt. Die seelischen Vollkommenheiten Jesu sind somit für Cajetan stets auch von soteriologischer Bedeutung, da in ihnen die Tatsache zum Ausdruck kommt, daß wirklich Gott in Christus anwesend ist und zum Heil der Menschen wirksam wird.

2.2 Der Gottmensch während des triduum mortis

2.2.1 Das permanente Verbundensein der beiden menschlichen Teilsubstanzen mit dem Logos

Von den bewegten, sich über Jahrzehnte erstreckenden Diskussionen, die in der Frühscholastik um das Sein des Christus im Grab geführt wurden[83], ist in den Ausführungen Cajetans zu dem Problemkreis des „drei Todestage" (*triduum mortis*) nur noch wenig zu spüren. Nirgendwo zeigt sich Cajetan an einem ausführlicheren und eindringenderen, etwa in der Form einer Quästion oder eines Traktates schriftlich niedergelegten Nachdenken über die vielfältigen Probleme, die mit diesem Mysterium dem theologischen Denken aufgegeben sind, interessiert. Immerhin lassen die verstreuten, meist kurzen Bemerkungen, mit denen Cajetan auf dieses Thema zu sprechen kommt, erkennen, daß er sich in einigen Spezialfragen der Lösung des Thomas anschließt. Doch gereichen ihm das heilsgeschichtliche Faktum des Todes Jesu und näherhin die daraus resultierende Frage, was es denn nun sei mit der hypostatischen Union, wenn doch die Menschennatur Christi durch die Auflösung in die beiden Teilsubstanzen hinein so offensichtlich zerstört wurde, nicht zum Anlaß, sein christologisches Basismodell des Zusammenseins von Gott und Mensch in Jesus Christus insgesamt zur Disposition zu stellen und im Blick auf dieses Heilsmysterium erneut zu durchdenken. Vielmehr richtet sich die Reflexion auf das Sein und Wirken des Gottmenschen während der drei Tage seines Todes als auf eine von Schrift und Dogma her vorgegebene ‚Spezialsituation' Christi, mit der sich die jeweils schon vorher, d.h. unabhängig davon entwickelte Christo-Ontologie als vereinbar zu erweisen hat und die insofern als Kriterium zur Konsistenzüberprüfung bestimmter christologischer Lehrmeinungen auch in anderen Begründungszusammenhängen von Cajetan herangezogen wird.

---

[82] Siehe o. Kap. VI.4.
[83] Siehe A. M. LANDGRAF, Das Problem «Utrum Christus fuerit homo in triduo mortis».

Zunächst einmal ist zu klären, was der Tod Christi für die Menschennatur bedeutet. Cajetan greift zur Erklärung auf die Unterscheidung von „Verderben" (*corruptio*) und „Vernichten" (*annihilatio*) zurück: Es ist Konsens der Theologen, daß die menschliche Natur Christi durch die separierte Seele korrumpiert, nicht aber völlig aufgelöst und vernichtet wurde. Sie verliert ihr Sein als Wesenheit (*esse essentiae*), nicht aber ihr aktuelles Vorhandensein (*esse existentiae*).[84] Diese Aussage wird vor dem Hintergrund der oben dargestellten Lehre vom Sein Christi verständlich. Ist die Menschennatur Christi nicht anders als durch das göttliche Sein des Logos existent, dann bleibt dieses ewige Sein *verbotenus* auch über den Tod Christi hinaus bestehen. Sofern nun aber auch die Menschheit nicht völlig zerstört wird, sondern in ihren Teilsubstanzen erhalten bleibt, und diese Teilsubstanzen je für sich mit dem Logos hypostatisch vereint sind[85], besteht nach wie vor eine ontologische Beziehung der an sich nicht mehr dem Wesen nach als ‚menschlich' zu bestimmenden Natur auf die zweite göttliche Hypostase, so daß es diesen Überlegungen zufolge den Menschen Jesus nicht mehr seiner individuellen Wesenheit, sondern nur noch dem Suppositum nach gibt.

Daß Leib und Seele Christi auch nach dem Tod mit dem Logos verbunden bleiben, steht für Cajetan außer Frage. Wir haben bereits in unserer Untersuchung der Assumptionslehre die These Cajetans kennengelernt, daß die menschliche Seele, würde sie aus der hypostatischen Union mit dem Logos entlassen, sofort auf ihren eigenen *terminus* der Abgeschlossenheit hin ausgerichtet wäre und dadurch ihre eigene Personalität und Existenz gewinnen würde.[86] Um diese Suspendierung des der Seele natürlichen Drangs zur Eigensuppositionalität aufzuheben, genügt nun nach Cajetan keineswegs die Trennung vom Leibe. Zu dieser hat vielmehr noch die Ablösung von der Logosperson zu treten. Denn dies beweist gerade die einzigartige Situation des *triduum mortis*: Trotz Separation vom Körper wird die Seele Christi nach wie vor durch die göttliche Hypostase ein für sich bestehendes Ganzes, so daß sie erst auch von dieser getrennt werden müßte, um durch den eigenen *terminus* in die vom göttlichen Personsein unabhängige Subsistenz entlassen werden zu können. Weil sie mit dem Logos auch während der Todestage hypostatisch vereint ist, bleibt sie „Halb-Natur" (*semi-*

---

[84] „... corruptio simpliciter naturae compositae, qualis est humanitas Christi, non attenditur penes esse actualis existentiae, sed penes esse essentiae. Quod ex eo clare patet quod humanitas Christi per mortem corrupta est, ex hoc quod anima separata est a corpore (et in hoc omnes convenimus): quamvis, secundum Auctorem et multos, nullum esse actualis existentiae fuerit per Christi mortem corruptum. ... Stat enim quod ... non annihiletur, sed corrumpatur per exspoliationem materiae ab illa forma": *In* III 17,2 XVII (XI,227b).
[85] „Hypostasis siquidem divina etiam in morte iuncta tum corpori tum rei quae fuerat anima": *In* Joh 10,17 (178v).
[86] Siehe o. Kap. II.2.1.

natura) und wird nicht „Person".[87] Wenn auch in der Hl. Schrift des öfteren die Ausdrucksweise von dem „Setzen der Seele" (*ponere animam*) begegnet[88]—besagte Schriftstellen sind gerade für die Verdienstinterpretation des Todes Jesu von großer Relevanz—, so darf das nach Cajetan doch nicht so verstanden werden, als ob hierdurch angezeigt sei, der Logos werde sich mit dem Kreuzestod von seiner menschlichen Seele trennen, die dadurch wie aus der Vereinigung mit dem Körper, so auch aus der Union mit der göttlichen Hypostase entlassen wäre. Denn das Wort „*anima*" bezeichnet im Zusammenhang dieser besagten Wendung, wie Cajetan exegetisch anmerkt, nicht die menschliche *forma substantialis*, sondern die „Belebung" (*animatio*) bzw. das ‚körperliche Leben', von dem der Logos läßt.[89]

Noch erstaunlicher als das Verbundensein des Logos mit der separierten Seele ist das heilsgeschichtliche Faktum, daß die zweite göttliche Hypostase auch mit dem entseelten und somit nicht mehr menschlichen und vernunftbegabten toten Körper Christi hypostatisch vereinigt bleibt. Hier liegt ein Glaubensgeheimnis im strengen Sinne des Wortes vor, wäre doch ohne das Zeugnis der Schrift wohl nie von Gott das substantielle Verbundensein mit einem Leichnam behauptet worden.[90] Cajetan sieht dieses Faktum insbesondere in denjenigen biblischen Wendungen zum Ausdruck gebracht, die dieselben Hoheitstitel, mit denen der lebende Jesus bezeichnet wurde, auch zur Bezeichnung seines toten und bestatteten Körpers gebrauchen, die also gerade nicht vom „Körper" oder „Leichnam" in diesem Zusammenhang reden.[91]

---

[87] „Notanter autem dico non solum a corpore, sed ab hypostasi: quia, si anima separaretur a corpore et non ab hypostasi (quod in solo Christo accidit in triduo), tunc non nisi ut seminatura separata a tota natura, quae desineret, remaneret, subsistens non per se, sed per hypostasim alienam, puta Filii Dei, cui semper est unita": *In* III 6,3 III (XI,98b).

[88] „... ille [= Christus] pro nobis animam suam posuit ...": 1 Joh 3,16 (Vulg.); vgl. auch Joh 10,17f.; 15,13.

[89] „Planior autem sensus Evangelici textus est intelligere animae nomine ipsam quidem animam, non ut in se quaedam substantia est, sed ut substantialiter animat. Sic enim anima formaliter sumitur: et absque omni quaestione liquet quod ipse Dei Filius, qui loquitur dicens, Ego pono animam meam, posuit animam suam tollendo animationem illius, tollitur siquidem animare per hoc ipsum quod anima separatur a corpore ... Tu autem qui sermonis formalis non es capax, aut ad plebem loqueris, potes, eandem sententiam servando, glossare animam, hoc est, vitam corporalem. Sic enim Filius Dei posuit animam suam, hoc est, vitam suam": *In* III 50,3 II (XI,482ab).

[90] Cajetan führt in seinem Kommentar zum Johannesevangelium fünf Gründe an, warum der Evangelist gerade formuliert hat „verbum caro factum est" und nicht „verbum homo factum est". Einer von ihnen lautet: „Tum ad explicandum divinae omnipotentiae efficaciam: ex hoc quod pertingit ad faciendum deum esse etiam hypostasim substantiae non solum rationalis sed irrationalis, sed inanimatae. Quis enim auderet dicere verbum divinum esse hypostasim corporis christi mortui in illo triduo mortis, nisi ioannes dixisset et verbum caro factum est": *In* Joh 1,14 (141r).

[91] „Et hinc habes quod divinitas non fuit separata a corpore iesu sepulto. Nam cum in loco illo non fuerit positum nisi corpus iesu, si hypostasis illius corporis non fuisset deus, non esset verum verbum hoc angeli scilicet ubi positus erat dominus non enim dominus sed corpus quod fuerat domini, fuisset tunc in illo loco positum": *In* Mt 28,6 (65v).

Im *corpus articuli* zu der Frage „Ob im Tod Christi die Gottheit vom Fleisch getrennt wurde" (*S.th*. III 50,2) kommt Thomas auf den Grund für die permanente hypostatische Vereinigung des Logos mit Leib und Seele zu sprechen. Ausgangspunkt seiner Argumentation ist das Axiom, „daß das, was durch Gnade gewährt wird, niemals ohne Schuld zurückgezogen wird"[92]. Da nun der Gottmensch die Fähigkeit zu sündigen nicht besaß, läßt sich aus diesem Axiom folgern, daß die Unionsgnade als eine bleibende Gabe der Menschennatur (bzw. deren Teilsubstanzen) von Gott geschenkt und erhalten wurde.[93]

Cajetan arbeitet in seinem Kommentar zu dieser Frage die *A-minori-ad-maius*-Struktur des thomanischen Arguments heraus: Das von Thomas genannte Axiom bezieht sich auf dauerhafte Gnadengaben, nicht auf punktuelle Beistandsgnaden wie die Gabe der Prophetie oder die Gnade, Wunder zu wirken.[94] Wenn also schon die Anwendung dieses Axioms auf die „Kindschaftsgnade" (*gratia adoptionis*) zulässig ist, wie vielmehr gilt dann erst recht von der „Unionsgnade" (*gratia unionis*), daß sie nur durch ein schuldhaftes Versagen Christi von Gott zurückgezogen werden könnte. Denn die *gratia unionis* ist als personale Selbstmitteilung Gottes nicht nur eine exzellentere, sondern vor allem auch eine wesentlich dauerhaftere Gabe als die *gratia adoptionis*, da sie nicht in der Mitteilung eines bloß akzidentiellen, sondern eines substantiellen, göttlich-hypostatischen Seins besteht.[95] Wie diese Reflexionen andeuten, geht Cajetan also davon aus, daß die hypostatische Union ab dem Zeitpunkt der Vereinigung von ewiger Dauer ist. Der Logos bleibt der Menschheit Christi ständig als Suppositum verbunden[96], und die Menschheit findet stets in ihm ihre Existenz und Subsistenz.[97] Wenn auch die menschlichen Teilsubstanzen zur Zeit des *triduum mortis* untereinander getrennt waren, so hatten doch sowohl der Leichnam als auch die separate Seele Christi jeweils denselben göttlichen Selbstand wie zur Zeit

---

[92] „... quod id quod per gratiam Dei conceditur, nunquam absque culpa revocatur": *S.th*. III 50,2 co. (XI,480a).

[93] Siehe ebd.

[94] „... illa maior, Nullum donum divinae gratiae perditur sine culpa, locum habet in donis permanentibus: non autem in his donis quae solum consistunt in quodam fieri, ut donum prophetiae, vel assistentia, ut gratia miraculorum, quae altero duorum modorum conceditur": *In* III 50,2 II (XI,481a).

[95] „Nam cum dicitur, Iesus est Dei Filius, enuntiatur substantia secundum esse substantiale de substantia: cum autem dicimur nos Dei filii, enuntiatur accidens de substantia mediante etiam accidente, scilicet affectiva parte, in qua consummatur gratia adoptionis ... Quanto ergo ex propria ratione permanentius est esse quam operari; et esse substantiale quam accidentale; et esse substantiale divinum hypostatice quam esse accidentale divinum adoptive: tanto permanentius divinae gratiae donum est unio personalis carnis ad Verbum Dei, quam gratia adoptionis filiorum Dei": ebd. III (XI,481b).

[96] Siehe o. Anm. 85.

[97] „... dominus Iesus ... ab aeterno fuerit deus, et nunquam desierit esse deus": *Jentacula* 7, q.3 (80v).

ihres Zusammenseins als Menschennatur. Zur Begründung verweist Cajetan einfach auf das scholastische Axiom: „was er [= der Logos] einmal angenommen hat, das hat er niemals [wieder] entlassen"[98].

Aus den beiden Grunddaten seines theologischen Verständnisses des Todes Jesu, der Separation der Seele vom Leib bei gleichzeitiger Verbundenheit der einzelnen Teilsubstanzen mit der zweiten göttlichen Hypostase, ergeben sich für Cajetan wichtige Konsequenzen im Blick auf die Frage nach dem *ordo assumptionis*. Die folgenden Argumente Cajetans haben wir dem Inhalt nach schon kennengelernt; wir müssen aber hier noch einmal auf sie zu sprechen kommen, da sie erst im Zusammenhang der bereits dargestellten Überlegungen zum Mysterium des Todes Jesu voll verständlich werden. Gilt das thomanische Axiom „Das erste in der Auflösung ist das letzte in der Zusammenfügung gewesen"[99], dann hat der Logos die Teilsubstanzen der Menschennatur erst je für sich und dann als geeinte, d. h. als menschliche Einzelnatur angenommen.[100] Denn durch den Tod wurde die Menschheit Christi dem *esse essentiae* nach zerstört, ihre Wesenskomponenten blieben gleichwohl erhalten. Der Hinweis auf das *triduum mortis* stellt somit ein starkes Argument für die Gültigkeit der These Cajetans dar, der Logos habe die menschliche Natur durch die Teilsubstanzen Leib und Seele angenommen.

Zugleich vermag das Faktum der bleibenden Verbundenheit des Logos mit dem Leichnam Christi Licht in die Frage nach der Assumptionsreihenfolge innerhalb der Teilsubstanzen zu bringen. Cajetan überlegt in diesem Zusammenhang, wie das augustinische Diktum „Der Logos hat das Fleisch durch die vermittelnde Seele angenommen" angesichts der Tatsache zu verstehen ist, daß der Körper Christi nach der dogmatischen Lehrvorgabe während des *triduum mortis* unmittelbar mit dem Logos verbunden sein konnte. Eine bleibende Mittlerfunktion der Seele in dem Sinne, daß nicht nur der Assumptionsakt, sondern auch das Verbundensein des Logos mit dem Fleisch in der hypostatischen Union dauerhaft durch die Seele vermittelt wäre, kann durch diesen Satz offenbar nicht ausgesprochen sein. Cajetan zieht zur Lösung des Problems die Unterscheidung „*in fieri-in facto esse*"

---

[98] „... ad significandum identitatem hypostasis in mortuo et vivo iesu, quod fuit in ipso singularissimum. Quamvis enim anima iesu separata fuerit a corpore eius, eadem tamen numero hypostasis perseveravit in corpore mortuo et in anima: quia quod semel assumpsit numquam dimisit": *In Joh* 19,42 (208v).

[99] Siehe o. S. 120f.

[100] „... ordo resolutionis verax testis est ordinis compositionis, quia primum in resolutione fuit ultimum in compositione; et constare nos meminerimus quod in morte Christi assumptio quasi resolvi incoepit, dum natura ipsa ab assumptione desiit, partes autem naturae assumptae remanserunt; percipiemus quod ex hoc ipso facto revelavit Deus quod assumendo inchoavit, executionis ordine, a partibus, et quod velut primum in compositione assumptionis fuit assumptio partium; ut sic divina sapientia disposuerit etiam suaviter [vgl. Weish 8,1] assumptionem, secundum executionem et resolutionem": *In* III 6,5 VII (XI,103a).

heran: Das „Fleisch" (*caro*) terminiert seinen eigenen Akt der Annahme durch den Logos *in facto esse*, die Vermittlerrolle der Seele bleibt dagegen auf die Annahme *in fieri* beschränkt.[101] Somit kann das augustinische Diktum nur für den letztgenannten Akt Gültigkeit beanspruchen.

2.2.2 *Der tote Körper Christi im Grab*

Nachdem innerhalb eines christo-ontologischen Reflexionsgangs die Bedeutung des Todes Jesu im Blick auf die Permanenz der hypostatischen Union einerseits und die Auflösung der Menschennatur Christi andererseits sichtbar geworden ist, haben wir uns jetzt einigen Problemen zuzuwenden, die mit dem speziellen Zustand und Schicksal der beiden getrennten Teilsubstanzen der Menschennatur Christi während des *triduum mortis* gegeben sind. Die dauerhafte hypostatische Vereinigung der zweiten trinitarischen Person mit dem toten Körper Christi mußte vor dem Hintergrund der aristotelischen Metaphysik und Naturphilosophie eine Reihe von Problemen aufwerfen, die—gerade weil sie die grundlegenden Leitdifferenzen der jeweiligen philosophischen Lehrtradition betreffen—von den einzelnen theologischen Schulen in unterschiedlicher Weise beantwortet wurden. Cajetan beschäftigt sich freilich näherhin nur mit einer einzigen Frage, die in diesem Kontext kontrovers diskutiert wurde, der Frage, ob der Leib des lebenden Christus und der Leichnam Christi numerisch derselbe Körper seien. Dahinter verbirgt sich das philosophische Problem der Mehrzahl oder Einzahl der substantiellen Formen, das seit der Mitte des 13. Jahrhunderts in dieser theologischen Fassung diskutiert wurde und seitdem auch in den Problemkanon des scholastischen Passionstraktats Eingang fand.

Ausgehend von der thomistischen Lehrtradition läßt sich das Problem folgendermaßen skizzieren: Stellt die menschliche Seele die einzige Wesensform des Menschen dar, dann muß im Falle des Todes, der Separation der Seele, der zurückbleibende Körper durch eine andere, neue Form—in der Thomistenschule kam dafür der Ausdruck „Form des Leichnams" (*forma cadaveris*) in Aufnahme[102]—als ‚toter Körper' konstituiert werden.[103] Denn in der sinnlich wahrnehmbaren Welt gibt es keine aktuellen, rein mate-

---

[101] „Et propterea, cessante tali conditione actualiter, ut de facto cessavit in morte Christi (quia caro Christi in triduo non erat animata nec humana, nec etiam caro nisi aequivoce), non propterea desinit unio assumptae carnis ad divinam hypostasim: quam oportuisset desinere si anima esset medium in facto esse; sicut, quia est medium in fieri, ideo in principio assumptionis caro non nisi animata ac humana assumitur. Et hinc habes quod caro ipsa se terminat assumptivam actionem, et non solum ut animata et ut humana": *In* III 6,1 IX (XI,96a).

[102] Vgl. P. BAYERSCHMIDT, Die Seins- und Formmetaphysik des Heinrich von Gent in ihrer Anwendung auf die Christologie, 303.313.321.

[103] Thomas selber hatte sich zu der Art dieser neuen Form des toten Körpers Christi noch nicht näher geäußert.

rialen, formlosen Gegenstände.[104] Wie angesichts dieses Formenwechsels dann noch die numerische Identität des Körpers Christi gewahrt werden kann, stellt ein schwieriges Problem für das thomistische Denken dar, da eine spezifische Differenz stets auch eine numerische Differenz impliziert. Thomas gibt die Artverschiedenheit des lebenden und toten Körpers zu, sieht aber zugleich durch die Einheit des göttlichen Suppositums im Falle Christi auch die numerische Einheit des Körpers gewahrt.[105] Andere Theologen, die den Körper auch des lebenden Christus stets durch eine eigene „Form der Körperlichkeit" (*forma corporeitatis*) informiert sehen, vermögen die numerische Identität des Körpers Christi demgegenüber leichter zu erklären.[106]

Cajetans Antwort besteht in einem dezidierten Festhalten an der thomanischen Lehre von der Einheit der Wesensform[107], das doch frei genug ist, zuzugeben, daß die gegenteilige Ansicht keineswegs illegitim ist, da die unterschiedlichen Problemlösungen letztlich in einem rein philosophischen Dissens gründen und beide der Wahrheit des Glaubens nicht widersprechen.[108] Mit philosophischen Mitteln allein wäre es zu entscheiden, ob die numerische Identität eines lebenden und dann toten Körpers durch die sich durchhaltende Form der Körperlichkeit oder durch eine mit der Seelenseparation neu eintretende *forma cadaveris* gewährleistet bleibt. Tritt das Leben nur akzidentiell zum Körper oder gehört es zu dessen Wesen? Ersteres—an sich eine dem Begriff des Lebens inadäquate Kategorialisierung—müßte bei dem nichtthomistischen Lösungsversuch angenommen werden, wenn der Körper gleichbleibend informiert bliebe und nur die Zuständlichkeit ‚lebendig' gewechselt würde. Wird aber die ‚Lebendigkeit' als eine Wesenseigenschaft der Körpersubstanz selber betrachtet, dann kann der lebende Körper nicht mehr formal identisch mit dem Leichnam sein.[109] Er wird vielmehr

---

[104] Das ist durchgängige Lehre des Thomas: „Dicere ergo quod materia sit in actu sine forma, est dicere contradictoria esse simul": *Quodl.* 3, q.1, a.1 co. (XXV/2,242,62-64). Siehe dazu auch die grundsätzlichen Äußerungen in *S.th.* I 66,1f.

[105] Vgl. *S.th.* III 50,5 co. (XI,484ab); siehe auch P. BAYERSCHMIDT, a.a.O. (Anm. 102), 188-196.

[106] Vgl. P. BAYERSCHMIDT, a.a.O. (Anm. 102), 279-287 (v.a. Richard von Mediavilla († 1302/08) und Wilhelm von Ware († nach 1300));

[107] „Et unam tantum in composito formam, iuxta Peripateticam doctrinam bene perspectam, novimus": *In* III 50,5 II (XI,485b).

[108] „Tenentes enim plures formas in homine, puta formam corporeitatis aut mixti, cui superadditur anima, evaderent consequentiam in littera factam, dicendo quod in morte Christi facta est separatio animae a corpore, et sic fuit ibi corruptio mortis: sed corpus remansit cum illamet corporeitatis forma quam prius habebat; et propterea corpus Christi, inquantum corpus, remansit totaliter idem numero. Et dicere hoc nulla est haeresis. Et ad philosophiam declinandum esset si hoc esset discutiendum": ebd. (XI,485ab).

[109] „Nam, si corpus Christi remansisset omnino idem quod prius, oporteret quod remansisset vivum eadem vita: alioquin, aut vita nihil illius fuisset nisi accidens; aut non totaliter remansisset idem, deficiente aliqua eius substantia, scilicet vita": ebd. (XI,485b). Der tote

durch eine mit der Separation der Seele neu ‚entstehende' *forma cadaveris* zum toten Körper informiert. Diese Lehre sieht Cajetan schon bei Thomas intendiert.[110] Nach Cajetan garantiert dann—entsprechend zu der Lehre des Thomas—die hypostatische Verbundenheit mit dem Logos die numerische Identität des neuüberformten Leibes.[111] Das scheint Cajetan die schon dem Begriff des Lebens angemessenere Lösung zu sein.

Die in dieser Auseinandersetzung von Cajetan so pointiert herausgestellte Teilhabe des Leichnams am göttlichen Sein, in der eben allein die numerische Identität begründet sein soll, führt freilich die Schwierigkeit mit sich, wie dann noch der Körper Christi—hypostatisch geeint mit dem, dem das Prädikat des „Lebens" im analog-ursprünglichen Sinne zukommt—als wirklich tot gedacht werden kann. Diese Schwierigkeit ergibt sich keineswegs nur für das thomistische Lösungsmodell Cajetans, sondern ist generell mit der Annahme einer bleibenden Union des Logos mit dem ‚Fleisch' verbunden. Ihr gegenüber bleibt der Verdacht bestehen, der tote Körper Christi im Grabe sei eigentlich nur dem Schein nach ein Leichnam. In den Texten Cajetans lassen sich immerhin einige, wenn auch spärliche Aussagen feststellen, aus denen hervorgeht, daß Cajetan diese Verdachtsmomente durchaus als Problem gesehen hat. Das zeigt sein Hinweis auf den Unterschied, der zwischen der Informierung durch die Seele und der Informierung durch Gott besteht. Wenn die Seele mit dem Körper verbunden ist, formiert sie diesen zwangsläufig und formursächlich zu einem Menschen. Gott aber kann nicht Form einer kreatürlichen Materie sein, er belebt vielmehr schaffend, d.h. wirkursächlich. Und diese schöpferische Wirkmächtigkeit ist gänzlich seinem freien Willen unterworfen, so daß die Anwesenheit Gottes im toten Körper Christi nicht notwendig zu dessen Verlebendigung führt.[112] Die Behauptung, daß die zweite göttliche Hypostase den Körper Christi wie die Seele verlebendigen würde und infolgedessen nicht mit ihr während des *triduum mortis* verbunden sein könnte, erweist sich nach Cajetan als Trugschluß, der den Wechsel im Genus der Ursächlichkeit zwischen Seele und Gott nicht berücksichtigt. Mit diesem durchaus thomistischen Lösungsvorschlag, der den Körper Christi letztlich nur aufgrund eines göttlichen Wil-

---

Körper Christi ist nicht mehr beseelt und deshalb auch nur noch im äquivoken Sinne ein menschlicher Leib, vgl. o. Anm. 101.

[110] „Auctor autem aliam formam genitam in Christi corpore tenet, scilicet formam cadaveris, per quam erat corpus: quia naturalis ordo habet ut semper corruptio unius sit generatio alterius [Aristoteles, *De generatione et corruptione* I 318a29-31]": *In* III 50,5 II (XI,485b).

[111] Vgl. o. Anm. 98; siehe dazu Thomas, *S.th.* III 50,5 co. (XI,484ab).

[112] „Deus non necessitate naturae, sed voluntarie vivificat. Et intendit [Auctor] per hoc quod, licet deitas personaliter fuerit praesens carni Christi post mortem, et haberet maximam virtutem vivificandi effective; non propterea sequitur quod effective tunc vivificaret carnem Christi, quia non vivificat naturali necessitate, sed voluntarie. Anima autem praesens carni et vivificat formaliter, et ex necessitate naturae": *In* III 50,2 IV (XI,481b).

lensaktes, eines momentanen freiwilligen Verzichts auf die Ausübung der göttlichen Schöpfermacht tot sein läßt, ist das oben angezeigte Problem jedoch nur verschoben. Denn wenn Cajetan nach wie vor an der These von der Unverweslichkeit des Leichnams Christi festhält, dann zeigt dies doch, daß für ihn die Anwesenheit Gottes in dem toten Körper nicht nur auf die reine Seinserhaltung, sondern auf das Wesen dieses durch die *forma cadaveris* informierten und somit auch auf die eigene Dekomposition hin ausgerichteten Körpers Einfluß zu nehmen vermag. Damit wird aber die Natürlichkeit des Todes Jesu wiederum zugunsten einer wunderbaren, übernatürlichen Bestimmung zurückgenommen.

2.2.3 *Die vom Körper separierte Seele Christi im* limbus patrum

Wenden wir uns nun den Überlegungen zu, die Cajetan im Blick auf die in der Zeit des *triduum mortis* vom Körper getrennte Seele Christi anstellt. Während der Körper Christi noch der Auferstehung harrte, begann die Verherrlichung des Menschensohns „nach der Seele" (*secundum animam*) schon mit seinem Abstieg in den „Aufenthaltsort der Väter" (*limbus patrum*)[113], durch den er die Gerechten des Alten Bundes dem Reich des Teufels entriß.[114] In diesen Ort stieg die Seele Christi nach Thomas mit dem Eintritt des Todes hinab. Nachdem die These Abaelards, die Seele Christi sei nur „der Kraft nach" (*per potentiam*) bei den Christusgläubigen des Alten Bundes gewesen, auf dem Konzil zu Sens (1140) verurteilt worden war[115], lehrten nahezu alle Theologen des Hoch- und Spätmittelalters die substantielle Gegenwart. Eine Ausnahme stellt der Versuch des Durandus dar, das Dogma des „Abstiegs" (*descensus*) rein dynamistisch, d.h. als bloße Gegenwart der Wirkung nach zu interpretieren.

Durandus hatte zunächst von dem Gedanken her argumentiert, daß der separaten Seele Christi als solcher eigentlich nicht derselbe Bewegungsmodus wie den Engeln zukommen könne, da die Engel—ähnlich wie Gott—als geistige Substanzen sich nicht räumlich bewegen, sondern durch Kraftentäußerung im Raum anwesend werden. Eine solche tätige Vergegenwärtigung ist aber der Seele Christi, die wie jede menschliche Seele zu ihrer Tätigkeit auf die Vermittlung durch den Körper angewiesen ist, nicht möglich

---

[113] „Verum fuit inter spirituales substantias glorificatus filius hominis statim mortuus: quando filius hominis secundum animam triumphavit de daemonibus, et beavit sanctos in limbo, confutavitque damnatos in inferno": *In Joh* 12,23 (185r).

[114] „Destruxit autem eum iesus per mortem, et tollendo imperium occasionatum ex peccato primi parentis, et expoliando eam inferni partem quae dicebatur limbus patrum": *In Hebr* 2,14 (159v). Entsprechend weist Cajetan darauf hin, daß der ‚Schoß Abrahams' sich vor dem Höllenabstieg im *limbus patrum* befindet: „Sinus abrahae tunc temporis erat limbus patrum": *In Lk* 16,22 (121v).

[115] DS 738.

gewesen.¹¹⁶ Durandus schlägt daher vor, sie nur in ihren Wirkungen, nicht aber selber als *agens*, als tätiges Kraftzentrum, bei den Vätern im *limbus* gegenwärtig sein zu lassen.¹¹⁷ Dieser Modus soll dann im Resultat genau dem Bewegungsmodus entsprechen, wie er auch den anderen rein geistigen Substanzen—Gott und den Engeln—beigelegt wird.¹¹⁸

Man wird die Argumentation des Durandus nicht als gelungen bezeichnen können. Einerseits wird darauf hingewiesen, daß der Seele Christi im Unterschied zu den Engeln nicht die Bewegung durch tätiges Wirksamwerden zugeschrieben werden kann, andererseits wird der dann von Durandus bevorzugte rein dynamistische Bewegungsmodus mit dem Gottes und der Engel auf eine Stufe gestellt. Dies legt das Mißverständnis nahe, als ginge es nach Durandus lediglich um diverse Grade der dynamistischen Vergegenwärtigung, so daß auch die Engel letztlich nicht als sie selbst, sondern nur ihren Wirkungen nach anwesend wären. Eine solche Behauptung hält Cajetan in der Tat für falsch, „weil nicht nur die Wirkung, sondern auch der Engel selbst von Ort zu Ort wandert"¹¹⁹. Die Alternative, entweder ist eine Substanz—aufgrund ihrer materialen Seinskonstitution—körperlich anwesend, oder sie ist nur wirkend gegenwärtig, greift für Cajetan zu kurz. Denn der Modus der tätigen Vergegenwärtigung, wie er den Engeln eigentümlich und nach Cajetan auch für die Seele Christi während des *triduum mortis* anzunehmen ist, führt gerade zu einer substantiellen Anwesenheit des Engels, zu einem definitiven Gegenwärtigsein des Engels im Raum. Die Seele Christi begegnet den Vätern im *limbus* als Dynamis; aber durch diese wirkende Gegenwart nimmt die Seele wirklich der Substanz nach Raum ein— sie ist dort und nicht anderswo.¹²⁰ Freilich muß dann Cajetan eine spezielle

---

¹¹⁶ „Et rursus quod anima moveatur eo genere motus quo angeli moventur non clare patet. Angeli enim dicuntur moveri de loco ad locum, inquantum successive operantur in diversis locis. Anima autem separata non potest habere aliquam operationem circa locum, vel circa corpus existens in loco. Quia cum ex natura sua sit determinata ad certum corpus non potest movere, nec agere in aliud nisi mediante corpore proprio. Sed illo caret dum est separata, ergo non potest dici moveri de loco ad locum ratione operationis quem habet circa locum vel circa corpus existens in loco": *In* III *Sent.*, d.22, q.3, n.4 (II,249rb).

¹¹⁷ „Alio modo potest dici anima separata descendere ad infernum secundum effectum, et hoc modo potest dici anima Christi descendisse ad infernum": ebd. n.6 (II,249rb).

¹¹⁸ „quia moveri vel descendere competit animae separatae non per modum motus corporum, sed per modum quo moveri competit substantiae spirituali, sed reliquis substantiis spiritualibus puta Deo et angelo non competit moveri de loco ad locum per motum qui sit subiective in ipsis, sed per effectum quem habent in aliis rebus, ergo simili modo competit animae et competebat animae Christi": ebd. (II,249va).

¹¹⁹ „quoniam non solus effectus, sed etiam angelus ipse migrat de loco ad locum": *In* III 52,2 VII (XI,496a).

¹²⁰ „Ita quod, sicut corpus ratione quantitatis est in loco circumscriptive, et tamen ipsum corpus circumscribitur loco; ita angelus seu anima ratione contactus virtualis est in loco definitive, et tamen ipsa substantia animae seu angeli definitur loco, ita quod est ibi et non alibi. Et sic anima Christi, licet ratione contactus virtualis fuerit in loco inferni, ipsa tamen substantia

Vorsehung Gottes postulieren, durch die die Seele Christi, die ohne Körper nicht an einem bestimmten Ort tätig werden kann, befähigt werden soll, in einer den Engeln vergleichbaren Weise wirksam ‚anwesend' zu werden.[121]

Einen wichtigen Hinweis für die Richtigkeit seiner *descensus*-Interpretation sah Durandus in dem Wort Jesu an den reuigen Schächer (Lk 23,43b): Wie das „Paradies" (*paradisus*), von dem an dieser Schriftstelle die Rede ist, nicht einen Ort bezeichnen könne, der durch Bewegung zugänglich ist, so auch nicht die „Hölle" (*infernus*), in die Christus nach dem Bekenntnis des Glaubens hinabgestiegen ist. Denn auch eine rein geistige Substanz ist nicht der Bilokation fähig. Cajetan macht gegenüber dieser These eines ‚geistig' verstandenen Paradieses und einer ‚geistig' verstandenen Hölle auf den biblischen Sprachgebrauch aufmerksam: Während das Wort „*paradisus*" in Lk 23,43b—aber auch sonst häufig in der Hl. Schrift—im metaphorischen Sinne zu verstehen sei, müsse das Wort „*infernus*" meist im eigentlichen Sinne, d.h. als Ortsbestimmung, von den Interpreten genommen werden. Auffallend ist die Legitimierung des substantiellen Höllenabstiegs Christi durch einen längeren Traditionsbeweis in Cajetans Summenkommentar (aus Schrift, lehramtlichen Verlautbarungen und Liturgie). Aus den angeführten kirchlichen Lehrtexten formuliert Cajetan ein Komparationsargument: Die Kette räumlich-heilsgeschichtlicher Fakten wie Kreuz, Auferstehung, Himmelfahrt kann schwerlich durch das Glied einer spiritualistischen Höllenfahrt unterbrochen sein.[122]

Die eigentliche Tätigkeit Christi sieht Cajetan dann in der Zuwendung der *visio beatifica* an die Väter, die gerade als Wirkung des Passionsgeschehens—und nicht unmittelbar—verliehen werden sollte. Er gibt damit einen Hinweis, in welcher Richtung für ihn die Bedeutung des Theologumenons vom Höllenabstieg der Seele Christi liegen könnte. Er lehrt, daß Christus durch den *descensus* zu den Heiligen des Alten Bundes kam, um ihnen—gleichsam in Vorwegnahme seines sakramentalen Wirkens—die Wirkungen

---

eius ita erat ibi, idest in loco inferni, ubi erant et animae sanctorum Patrum, quod non alibi": ebd. (XI,496b).

[121] Vgl. ebd. (XI,496a).

[122] „ex Symbolo Apostolorum clare habetur quod Christus descendit ad inferos: et ex contextu ipsius Symboli clare patet quod de reali praesentia ipsius Christi, et non effectus eius, intelligitur. Quoniam per modum historiae interponitur antecedentibus et consequentibus, et non aliter intellectis quam de simili reali praesentia: ut patet cum praeponitur, crucifixus, mortuus et sepultus, et cum subiungitur, surrexit a mortuis, ascendit in caelos. Cum enim de reliquis nulla sit quaestio, neque de hoc intermedio debet esse quaestio quin de reali praesentia substantiae Christi intelligatur": ebd. VI (XI,495b). Cajetan führt auch (ebd.) die entsprechende Passage aus den Akten des vierten Laterankonzils (DS 801) an, in der der Höllenabstieg der Seele Christi gelehrt wird. Die Texte des Konzils zu Sens dagegen scheinen ihm unbekannt gewesen zu sein.

seines Leidens und Sterbens mitzuteilen.[123] Wiederum hebt Cajetan in diesem Zusammenhang deutlich den *organum*-Gedanken hervor: Die Gottheit Christi, ständig mit der Seele verbunden, verursacht wirkursächlich die Beseligung der Väter, bedient sich aber dazu der Seele alsWerkzeug.[124] Zugleich hat diese Tätigkeit aber auch Auswirkungen auf diejenigen Orte der Seelen, in die Christus nicht der definitiven Präsenz nach hinabstieg. So wurde einigen Seelen im Fegefeuer—wie Cajetan in der Ausführung eines bereits bei Thomas angelegten Gedankens zeigt—Indulgenz gewährt, sowie sie sich Christus zu Lebzeiten persönlich zugewandt hatten, doch vor seiner Passion verstorben waren.[125] Außerdem beschämte Christus durch seinen Abstieg in den *limbus* alle Seelen der Verdammten in der Hölle.[126]

An einer eingehenden spekulativen Erörterung des „Höllenabstiegs Christi" zeigt Cajetan kein Interesse. Er bleibt in seinen weiteren Ausführungen zu diesem Thema innerhalb des Summenkommentars ganz in den von Thomas gesteckten Bahnen, wenn er die Fragen, ob Christus auch in die „Hölle" (*gehenna*), den „Aufenthaltsort der (ungetauften) Kinder" (*limbus puerorum*) oder das „Fegefeuer" (*purgatorium*) hinabgestiegen sei, verneint. Zugleich bewahrt er sich dadurch aber auch die auf das für den Leser relevante Rechtfertigungsgeschehen konzentrierte Sicht des Thomas, der eine Mission in die anderen Aufenthaltsorte immer mit der mangelnden Zweckhaftigkeit abgelehnt hatte, da doch der Mensch nur in diesem Leben die Möglichkeit habe, vom Tod zum Leben überzugehen. Die Mahnung zur tätigen Liebe, die die These impliziert, daß nur diejenigen Seelen aus Fegefeuer und *limbus* gerettet werden konnten, die sich durch ihr Tun die Gottesschau verdienten, ist nicht zu überhören. Daß Cajetans Überlegungen zum *descensus*-Dogma durchaus auf das Verhalten des gegenwärtigen Lesers abzielen, zeigt sich

---

[123] „Et quia, ut in praec. art. resp. ad 2 dicitur, virtus passionis Christi applicata est ad Sanctos mediante descensu Christi ad inferos, sicut ad nos mediis sacramentis; ideo ad infusionem luminis gloriae in Sanctis operatus est descensus animae Christi applicando ad eos virtutem suae mortis, hoc est, exequendo substantiali praesentia ablationem poenae qua privabantur lumine gloriae; et sic deitas immediate eos beavit": *In* III 52,2 III (XI,495a); vgl. auch *In* Joh 13,1 (189r).

[124] „Quibus tamen animam Christi instrumentaliter ipsum gloriae lumen contulisse non est impossibile. Ad beatitudinem enim sufficit quod deitas immediate beet obiective: nam cum hoc stat quod effective mediate beat, et causando, mediante Christi anima instrumentaliter, lumen gloriae; et, mediante ipso lumine ac anima beati, actum beatitudinis": *In* III 52,2 III (XI,495a).

[125] „Et secundum hoc, rationabiliter dicitur quod Christus, descendens ad inferos, multos in purgatorio existentes qui non tam cito fuissent liberati, ex speciali gratia descensus sui liberavit. Consentaneum siquidem est ut multae personae propinquae tempori mortis Christi, ante ipsum mortuae, praeparatae sint a Deo cum simili devotione: ut sicut nascens Simeonem et Annam perfectos invenit, et Pastores et Magos praeparatos ut digni essent consolatione nativitatis suae, ita moriens non solum Patres sanctos perfectos, sed etiam in purgatorio speciali devotione praeparatos invenit, qui digni essent consolari ex descensu ad inferos liberatorio": *In* III 52,8 II (XI,502b); vgl. Thomas, *S.th.* III 52,8 ad 1 (XI,501b-502a).

[126] Vgl. o. Anm. 113.

auch an der Verbindung dieses Dogmas mit dem *humilitas*-Gedanken und dadurch mit der Ermahnung zur Nachfolge. Wir sind bereits in unserer Untersuchung der habituellen Gnadenbegabung Christi auf die Vorbildfunktion der *humilitas* Christi gestoßen.[127] Das Aushalten von Schmerzen, die Christus in Gestalt der Leib-Seele-Trennung sowie der „Gemeinheiten der Hölle" (*vilitates inferni*) widerfuhren, wird ausdrücklich als Übernahme ‚unserer Strafen' verstanden. Und diese endet keineswegs mit dem Eintritt Christi in den Zustand der Herrlichkeit: Denn Christus wollte um des Beispiels willen die Schmach erdulden, von einem Großteil der Erdenbewohner für einen bloßen Menschen und Verführer gehalten zu werden. Dem fügt Cajetan mahnend hinzu: „Und wir müssen das Haupt darin wie in den übrigen Dingen nachahmen, wenn wir seine Glieder sein wollen."[128]

3. MYSTERIUM RESURRECTIONIS

3.1 *Der Körper des auferstandenen Christus*

Zu Beginn unserer Untersuchung der Theologie des nachösterlichen Lebens Jesu ist noch einmal auf das durchaus auswählende, zum Teil eigenwillige Akzente setzende Interesse hinzuweisen, mit dem Cajetan den theologischen Problemen begegnet, die sich für das scholastische Denken aus der biblischen Jesusüberlieferung ergaben. Cajetan hat nicht den Anspruch, auch nur auf die wichtigsten Fragen einzugehen, die in der zeitgenössischen theologischen Diskussion um die Auferstehung, Himmelfahrt und Wiederkunft Christi verhandelt wurden, sondern beschränkt sich auf die Hervorhebung einiger für sein Denken gleichwohl aufschlußreicher Aspekte.

Seine Darlegungen zum Thema „Auferstehung Jesu Christi" konkretisieren diese allgemeine Vorbemerkung. In den einschlägigen Texten zeigt sich Cajetan weder an den Fragen des Vollzugs der Auferstehung (*resurrectio in fieri*) noch auch an dem schwierigen exegetischen Problem der Vereinbarkeit der evangelischen Osterberichte interessiert. Seine Überlegungen gelten zunächst den Ursachen dieses Geschehens. Wie die anderen nachösterlichen Heilsmysterien Jesu, so ist auch die Auferstehung ein Gegenstand, mit dem der Gehorsam Christi „bis zum Tod" (Phil 2,8) entlohnt wird.[129] Damit ist

---

[127] Siehe o. Kap. VI.1.2.

[128] „Nam ex eo quod Christus iugem, usque ad consummationem saeculi, vult sustinere infamiam, et haberi seductor, etc., exemplum dedit nobis despiciendi huiusmodi immortalitatem famae. Et debemus caput nostrum in hoc, sicut et in ceteris, imitari, si membra esse illius cupimus": *In* III 52,4 II (XI,498b).

[129] „... resuscitatus est [Christus] merito effusi sanguinis": *In* Hebr 13,20 (172r). Zu den anderen, nachösterlichen Heilsmysterien vgl. *In* Joh 3,14 (148v): „Verum iesus mysterium intendit significare exaltationis quo ad meritum: quoniam ex morte crucis meruit exaltari.

aber erst eine moralische Ursache genannt. Wirkursächlich liegt die Auferstehung letztlich in der Hypostase des Gottessohnes begründet, die die Trennung wie die Zusammenfügung der beiden, mit dem göttlichen Suppositum stets je für sich hypostatisch verbundenen Teilsubstanzen, Leib und Seele, selber frei verfügt und vollbringt.[130] Beide Teilsubstanzen fungieren als Instrumente des Logos, durch die er sich selbst als Mensch rekonstruiert.[131] Die assumierte Seele und der assumierte Leib werden wieder in der göttlichen Hypostase zu einer menschlichen Individualnatur, zu ‚diesem Menschen Jesus'. Cajetan unterscheidet genau: Christus wurde seiner menschlichen Natur nach von Gott auferweckt, aber seiner göttlichen Natur und Person nach weckte er sich selber auf.[132] Biblische Aussagen, die das Geschehen der Auferstehung als Handeln Gottes am Menschen Jesus aktivisch oder im „göttlichen Passiv" (*passivum divinum*) zur Sprache bringen, sind demnach auf Christus als Mensch zu beziehen und treten nicht mit anderen, einen ‚automotorischen' Resurrektionsvorgang Christi nahelegenden Schriftaussagen in Widerspruch. Dementsprechend nennt Cajetan auch meist einfach Gott den Urheber der Auferweckung des Menschen Jesus[133] und kann doch gleichzeitig betonen, Gott habe seinen Sohn so in den Tod gegeben, daß es in dessen Macht stand, wieder aufzuerstehen.[134]

---

propter quod inquit apostolus, deus exaltavit illum et dedit ei nomen quod est supra omne nomen [Phil 2,9]"; siehe auch *In* Lk 22,69 (132v): „Et demonstratur praesens passionis tempus. et rursus significatur appropriatio praemii ad meritum. Ac si apertius diceret. ex merito huius subiectionis qua vobis subditus sum, repositum est mihi praemium sedendi a dexteris virtutis dei: ut tantae humilitati respondeat tanta celsitudo".

[130] „Hypostasis siquidem divina etiam in morte iuncta tum corpori tum rei quae fuerat anima, sumpsit iterum corporalem vitam: quod est sumere iterum animam animantem corpus": *In* Joh 10,17 (178v); „... iesus habebat in sua libera potestate suum mori quando volebat. Et similiter habebat in sua potestate resuscitare seipsum": *In* Joh 10,18 (178v).

[131] „Significatur sub metaphora dexterae et bracchii humanitas christi: quia est instrumentum coniunctum personaliter deo. Utrunque autem nominatur: quia et anima et corpus christi organum coniunctum fuit deitatis. Et anima quidem assimilatur brachio, corpus vero manui dexterae: quia sicut manus mediante brachio iungitur personae humanae, ita corpus mediante anima iunctum est personae divinae. anima enim fuit ratio quod corpus uniretur filio dei: ut in theologia speculativa patet. Attribuiturque utrique salutem facere: quia anima et corpus christi non solum meritorie sed etiam effective quatenus organa deitatis, effecerunt resurrectionem ipsius christi. propterea enim dexterae et bracchii nominibus quae sonant instrumenta coniuncta, appellata sunt": *In* Ps 98,1 (161r).

[132] „Iesus quatenus homo suscitatus est a deo: quatenus vero deus suscitavit seipsum": *In* Röm 8,11 (20v).

[133] „... iesu christi resuscitati a deo": *In* Röm 4,24 (11r); „... christus surrexit in vitam novam operatione dei qui suscitavit illum": *In* Kol 2,12 (128r); vgl. auch *In* Apg 17,31 (229r); *In* Röm 8,11 (20v); *In* Eph 1,20 (107v).

[134] „Sed sensus intentus est quod non tradidit [= Deus] me [= Christus] morti sicut subiiciuntur morti alii homines. alii siquidem dantur morti sic quod non est in eorum potestate resurgere: me autem non sic dedit morti, sed sic ut in potestate mea esset resurgere. Potestatem inquit ipse habeo ponendi animam meam, et potestatem habeo iterum sumendi eam": *In* Ps 118,1 (193v); „Est enim sensus quod tam gratum est patri me ponere animam meam, hoc est voluntarie mori, ut quia ego pono animam meam, propterea ex hoc merito diligat me ad tan-

Die durch die Auferstehung als Einzelsubstanz wiederhergestellte Menschennatur steht zu ihrem praemortalen Sein in einem eigentümlichen Verhältnis von Identität und Verschiedenheit. Nachdem die Seele Christi bereits mit dem Eintritt des Todes verherrlicht wurde, tritt mit der Auferstehung auch der Leib in den Zustand der ‚Herrlichkeit'.[135] Cajetan steuert jedem Doketismusverdacht, der sich an den Ostererzählungen der Evangelien entzünden könnte, energisch entgegen. Durch die biblisch bezeugte Aufforderung Christi an die Jünger, seinen auferstandenen Körper zu berühren, wird nach Cajetan bewiesen: „Das Fleisch Christi ist nach der Auferstehung von derselben Natur gewesen wie vorher: es ist nicht in geistiges Fleisch verwandelt worden, da es [ja] berührt werden kann."[136] Der Auferstandene redet die Jünger als „Brüder" an, um zu zeigen, „daß er selbst seine Natur nicht geändert hat, sondern von derselben Natur und von demselben Fleisch [ist], wie er früher war und wie die Apostel waren."[137]

Andererseits muß aber auch aufgrund der biblischen Texte klar die Verschiedenheit des auferstandenen Körpers Christi von dem revivifiszierter Toter, z.B. des Lazarus, sowie erst recht von dem des Menschen *in statu viae* herausgearbeitet werden. Die Menschennatur des Auferstandenen hat zwar kein „geistig zu verstehendes Fleisch" (*caro spiritualis*) zur Materialursache, das hindert aber Cajetan nicht, den auferstandenen Körper im Anschluß an Paulus als einen „geistlichen Leib" (*corpus spirituale*) zu bezeichnen. Der Körper des Auferstandenen ist ein menschlicher Körper, der zugleich verklärt ist, weil die Suspendierung der Glorienredundanz, die in der Seele Christi aufgrund der übernatürlichen Gnadenausstattung anzusetzen ist, mit der Auferstehung aufgehoben wurde.[138] Die Seligkeit, die vor dem

---

tum beneficium: scilicet ut iterum sumam eam, hoc est ut resuscitem meipsum": *In* Joh 10,17 (178v).

[135] „Verum fuit inter spirituales substantias glorificatus filius hominis statim mortuus: quando filius hominis secundum animam triumphavit de daemonibus, et beavit sanctos in limbo, confutavitque damnatos in inferno. In resurrectione autem fuit filius hominis glorificatus secundum corpus": *In* Joh 12,23 (185r); vgl. o. Anm. 113.

[136] „Eiusdem naturae caro christi post resurrectionem fuit cuius erat prius: non est mutata in carnem spiritualem quia palpari potest": *In* Lk 24,39 (135v).

[137] „... ut eiusdem naturae se cum illis esse declararet: et intelligeremus ex hac appellatione ipsum non mutasse naturam, sed esse eiusdem naturae humanae et carnis cuius prius fuerat, cuius erant apostoli": *In* Joh 20,17 (209v). Vgl. auch die schöne Stelle, *In* Mt 28,10 (65v-66r): „ITE, NUNCIATE FRATRIBUS MEIS. O confusionem humanae superbiae. Iesus effectus immortalis, accepta omni potestate in caelo et in terra, servos suos (eosque piscatores) quos olim humilis vocaret amicos, modo appellat fratres: et nos elevati ad superiorem gradum, quos prius habebamus fratres, dedignamur habere amicos. Ultra mortale autem exemplum, veritas carnis iesu significatur. Ideo enim appellavit discipulos fratres suos iesus immortalis, ut eiusdem naturae se et illos esse testaretur: ne crederes cum nova immortalitate et gloria novam advenisse naturam".

[138] „... christus factus est in corpore non solum animali (quale habuerat adam in statu inocentiae) sed et passionibus subiecto, ideo occurrendo huic obiectioni dicit [Paulus] quod christus quidem a principio quo factus est, factus est in spiritum vivificatem, sed non statim

Tod auf die oberen Seelenpotenzen zurückgenommen war, um die Leidensfähigkeit und damit den satisfaktorischen Wert des Kreuzesopfers Christi zu gewährleisten, ‚strömt' nach der Vollendung des Erlösungswerkes und mit der Wiedervereinigung von Leib und Seele in der Auferstehung auch auf den Körper Christi über und ‚durchdringt' ihn. Im Unterschied zur Verklärung ist die Seligkeit jetzt keine vorübergehende Zuständlichkeit des Körpers Christi mehr, sondern diesem „konnatural"[139], ohne daß deswegen schon der verklärte Leib Christi die ‚äußerlich' sichtbare Herrlichkeit eines menschlichen Körpers *in statu patriae* erreicht hätte.[140]

Cajetans Tendenz, die menschliche Natur Christi in weitestgehender Perfektion zu denken, wird gleichwohl auch in diesem Zusammenhang deutlich sichtbar. Er interpretiert die Notiz Mt 27,52f. dahingehend, daß die Toten, die sich unmittelbar nach dem Kreuzesschrei Christi aus den Gräbern erheben, bereits zum ewigen Leben und somit zur Unverweslichkeit auferstanden seien. Zur Begründung dieser durchaus anfechtbaren Auslegung verweist Cajetan auf die Seligkeit des auferstandenen Körpers Christi, die seiner Meinung nach in ungebührlicher Weise beeinträchtigt wäre, wenn der Auferstandene—als Mensch ein „soziales Lebewesen"[141]—nicht die Möglichkeit zur Freude aufgrund der Begegnung und Kommunikation mit ‚seinesgleichen' gehabt hätte.[142] Das aristotelische Diktum dient somit dazu, perfektionierende Begleitumstände der Auferstehung Jesu zu legitimieren.

Von den charakteristischen Eigenschaften, die von den scholastischen Theologen dem Körper des Auferstandenen beigelegt wurden, hebt Cajetan nur wenige hervor. Neben der Glorienbegabung sind dies vor allem die „Un-

---

spiritus eius vivificavit suum corpus sed ordine servato, non habuit primum corpus spirituale sed animale, et postea resurrectionis suae tempore habuit et habet corpus spirituale. Suspensa est enim redundantia vivificationis a spiritu in corpus, ut primum hominis corpus animale redemptionis humanae opus perficeret": *In* 1 Kor 15,46 (70r).

[139] „Si consideremus quod transfiguratio haec facta est in testimonium gloriosi adventus christi, consentaneum apparebit quod splendor hic ex gloria interna, animae christi coaeterna ab initio creationis suae, divina dispensatione emanavit: et non ab extra advenit, ut splendor faciei moysi. nam sic eadem videtur gloria corporis quae post resurrectionem erit, quamvis non eodem modo: quia tamen erit tanquam connaturalis corpori, in transfiguratione autem tanquam passio transitoria": *In* Mt 17,2 (40r).

[140] „Et dicitur iesus nondum glorificatur, quia non totaliter fuit glorificatus ante resurrectionem suam: immo ante resurrectionem habuit tam corpus quam animam passioni alicui subiectam: et ante ascensionem adhuc non habebat extrinsecam gloriam coelestis habitaculi": *In* Joh 7,39 (169r).

[141] „... ἄνθρωπος φύσει πολιτικὸν ζῷον": *Politik* I,2 1253a2f.

[142] „circa diversam opinionem de resurrectione illorum qui cum Christo surrexerunt, rationabile videtur quod surrexerint perfecte ad vitam, scilicet penitus immortalem, ut beatitudo corporis in Christo haberet socios. Minus enim corporalis felicitas aliquid habere videtur si desit corporalis societas. Est enim homo secundum vitam corpoream animal sociale, non solum propter indigentiam necessariorum ad vitam, ut in hoc mundo contingit; sed etiam propter naturalem delectationem in ipsa corporali conversatione consistentem": *In* III 53,3 II (XI,506a).

sterblichkeit" (*immortalitas*)[143], die die entscheidende Differenz zu den sterblichen Leibern der Revivifiszierten markiert[144], und die „Unfähigkeit zu leiden" (*impassibilitas*)[145]. Außerdem nennt Cajetan in diesem Zusammenhang die Fähigkeit des auferstandenen Körpers Christi, bei essentieller Unveränderlichkeit verschiedene *species sensibiles* hervorzurufen, wodurch er den Beobachtern in unterschiedlicher Gestalt (als Gärtner oder Fremder) erscheinen konnte.[146] Diesen Bestimmungen ist gemeinsam, daß sie die Leibesmaterie neu qualifizieren, ohne doch ihr Wesen als menschlicher Körper in Frage stellen zu wollen.

Interessanterweise aber beginnt Cajetan angesichts des auferstandenen Körpers Christi das Blut als integralen Bestandteil der humoralen Konstitution des menschlichen Leibes in Zweifel zu ziehen. Wurde es im Kommentar zu *S.th.* III 5,2 noch als aktueller Teil des Körperganzen aufgefaßt und als mit dem Logos vereinigt angesehen[147], so ist Cajetan nun der Ansicht, daß die vier „Grundflüssigkeiten" (*humores*)—auch hinsichtlich des Körperganzen—keine aktuellen Bestandteile des lebenden irdisch-menschlichen Körpers sind.[148] Sie wären folglich zwar aktuell im Körper vorhanden, aber nicht als aktuelle Wesensteile dieses Körpers. Cajetan versucht sie jetzt vielmehr rein als Nährflüssigkeiten zu verstehen, d.h. als in Veränderung auf die Körperstoffe begriffene Materie (*materia transiens*), die eben nicht bleibender Bestandteil der materialen Konstitution der menschlichen Natur ist (*materia permanens*). Demnach hätte also der Logos das Blut zur Wahrung der essentiellen Identität mit dem irdischen Leib nicht notwendig in seinen auferstandenen Körper, ja überhaupt auch in die hypostatische Union mit sich selbst, aufnehmen müssen.[149] Offenbar läßt es jetzt die schwer nachvollziehbare Vorstellung, der Logos habe das im Laufe seines Leidens vergossene

---

[143] „... viventem [christum] secundum spiritum in carne immortali": *In* 2 Kor 5,16 (81r); „... in resurrectione [deus] manifestatus est in carne immortali": *In* 1 Tim 3,16 (143r); vgl. auch *In* 1 Tim 1,1 (139v); *In* 2 Tim 1,10 (148r); *In* 1 Joh 1,2 (184r).

[144] „... christus ad hocipsum mortuus est et resurrexit ut dominus sit vivorum atque mortuorum. Adverte quod in textu latino post resurrexit, deest et revixit. Quod adiunxit paulus ad significandum quod non surrexit iterum moriturus quemadmodum lazarus: sed quod resurrexit ad hoc ut reviveret": *In* Röm 14,9 (36r).

[145] „et victa morte, etiam totum corpus iesu in regnum dei translatum est, nulla passibilitate animi vel corporis remanente": *In* Mk 9,1 (75v).

[146] Vgl. *In* Lk 24,18 (135r); *In* III 55,4 II (XI,520ab).

[147] Siehe o. S. 112.

[148] „Haec responsio est apud me ambigua: quia non video necessitatem ponendi sanguinem et alios humores esse partes in actu animalis": *In* III 54,3 V (XI,512b). Der gesamte Abschnitt (n.5) fehlt wiederum in der *Editio Piana*, vgl. o. Anm. 4 und 12.

[149] „Compositio siquidem animalis ex humoribus sufficienter salvari videtur si sit compositio ex humoribus ut materia transeunte. Substantialis siquidem animalis integritas, si fomento non egeret, ex solis partibus aliis, scilicet membris, et carnibus, ossibus, etc., constare videtur: humores autem ministrari videntur a natura ut partes solidae conserventur, et non ut ipsi secundum se integrent animal. ... Et ideo, nisi allata in oppositum obstarent, rationabilius forte diceretur in resurrectione non resumi humores": *In* III 54,3 V (XI,512b).

Blut irgendwie wieder in seinen auferstandenen Körper zurückzunehmen, als durchaus plausibel erscheinen, die Verteilung nach Akt und Potenz, die Cajetan in seinem Kommentar zu S.th. III 5,2 vorgenommen hatte[150], zugunsten der Potentialität aufzulösen und das Blut nicht mehr als aktuellen Teil des Körpers zu begreifen.

Freilich will Cajetan diese Überlegungen nicht als Kritik an der Lehre der Kirche verstanden wissen. Er betont vielmehr, daß im Anschluß an die kirchliche Lehrvorgabe das Blut als Wesensbestandteil des auferstandenen Körpers Christi geglaubt werden müsse.[151] In der Tat könnte das lehramtlich definierte Verständnis der Eucharistie, demzufolge der Gottessohn in den Elementen mit seinem Leib und Blut real gegenwärtig ist, kaum noch aufrecht erhalten werden, wenn das Blut des Erhöhten nicht mehr mit dem Logos hypostatisch vereint wäre. So wagt Cajetan lediglich die reduzierte Behauptung, daß zumindest das „Nährblut" (*sanguis nutrimentalis*)[152], das während des Todeskampfes im Garten Gethsemane weitestgehend vergossen wurde[153], keinesfalls mit dem Logos hypostatisch geeint sein könne, da es nie aktueller Teil des Blutes sei.[154] In der Nichtannahme des Nährblutes liegt eine weitere Differenz zwischen prae- und postmortalem Christuskörper.

3.2 Der Beginn der Königsherrschaft Christi

Die so beschriebene Zuständlichkeit des auferstandenen Körpers Christi bedeutet nicht nur die Wiedervereinigung des menschlichen Leibes mit seiner ureigensten Wesensform und somit die ‚Wiederherstellung' der menschlichen Individualnatur Christi, sondern ist für Cajetan zugleich Ausdruck und Zeichen für eine völlig neue Evaluierung der assumierten Menschennatur

---

[150] „Nam [humores] inquantum sunt partes in actu, verificatur quod corpus nostrum componitur ex eis ... Ut vero sunt in potentia ad alias partes, verificatur quod est alimentum corporis": *In* III 5,2 IV (XI,89b); vgl. auch *In* III 54,3 IV (XI,512b).

[151] „Quia tamen non oportet sapere nisi ad sobrietatem [vgl. Röm 12,3], indubie credendum est, sanctae matris Ecclesiae doctrinam sequendo, sanguinem vere esse in Christi corpore post resurrectionem, quamvis ratio naturalis de hoc non appareat certa": ebd. V (XI,512b). Zu der zwischen Franziskanern und Dominikanern umstrittenen Frage, ob das am Kreuz vergossene Blut Christi während des *triduum mortis* von der Gottheit getrennt gewesen ist, hat sich Cajetan gemäß dem päpstlichen Schweigegebot (vgl. DS 1385) nicht geäußert.

[152] Nach der aristotelisch-thomanischen Physiologie bildet der *sanguis nutrimentalis*, der auch als *humidum nutrimentale* bezeichnet werden kann, das Resultat der ersten Verdauungsstufe, aus dem wiederum dann das Blut und andere organische Bestandteile durch die Verdauungstätigkeit des Organismus gewonnen werden, vgl. A. MITTERER, a.a.O. (Anm. 24), 74f.

[153] Cajetan identifiziert den *sudor sanguineus* (vgl. Lk 22,44) mit dem Nährblut, vgl. *In* III 54,3 VI (XI,513a).

[154] „Certum tamen, et absque haesitatione qualibet constat Christi sanguinem nutrimentalem, qui dicitur in terra inveniri, etiam si in passione effusus sit, non esse unitum Verbo Dei personaliter: quoniam nunquam fuit actu pars sanguinis qui est de veritate humanae naturae": ebd. (XI,513b).

durch Gott. Christus tritt—und zwar seiner Menschheit nach—mit der Auferstehung in den „Zustand der Königsherrschaft" (*status regni*)[155] und damit in den Zustand der Erhöhung. Gott setzt ihn zum Herrscher seines Reiches ein[156], das simultan zu diesem Inthronisationsgeschehen konstituiert wird. Das belegen die häufigen Aussagen Cajetans, daß das Reich Gottes (*regnum dei*) mit der Auferstehung Jesu seinen Anfang genommen habe.[157] Wenn er auch an einigen Stellen davon spricht, das Reich Gottes werde bereits mit der Menschwerdung geöffnet[158] bzw. beginne mit der Predigt des irdischen Jesus[159], so steht es doch für ihn außer Frage, daß von einem ‚Beginn' des Reiches Gottes in dem Sinne, daß nun auch anderen Menschen der Zugang zu diesem Reich eröffnet wird, erst ab der Auferstehung Jesu die Rede sein kann. Denn keiner der vor diesem Heilsdatum Gestorbenen hatte die Möglichkeit, zur beseligenden Gottesschau zu gelangen.[160] Mit Jesus ist aber der erste, vollständig an Leib und Seele beseligte Mensch zu den Seinsbedingungen des Reiches Gottes erstanden; seit seiner Auferstehung haben die Christusgläubigen Zugang zu diesem Reich.

Wenn auch dem Auferstandenen schon die Königsherrschaft von Gott übergeben worden ist, so muß sie doch gleichsam erst noch eingelöst, muß das Reich, auf das sie sich erstreckt, erst noch verwirklicht werden. Christus ist König eines Reiches, das erst noch zu seiner vorbestimmten Größe ‚wachsen' muß. Cajetan sieht die Auferstehung, die Himmelfahrt und die Wiederkunft Christi auf einer Linie, der Linie einer sukzessiven Machtübernahme, mit der die Regierungsgewalt Christi stufenweise auf einen je größeren Teil der Welt ausgedehnt wird, bis Christus schließlich durch den zweiten *adventus* über den ganzen Kosmos herrschen wird. Er betont, daß das Reich Gottes mit der Auferstehung Christi noch nicht sichtbar auf Erden an-

---

[155] „Ubi adverte haec omnia spectare ad ea quae sunt salutis mesiae in seipso (ut patet discurrendo) non in statu humilitatis, sed in statu regni": *In* Ps 21,2 (34v).

[156] „Et christus quidem in sua resurrectione regni potestatem accepit (dicente ipso tunc, data est mihi omnis potestas in coelo et in terra [Mt 28,18])": *In* Ps 97,1 (160r).

[157] „IN REGNO DEI. in mea resurrectione: quid est principium regni dei tamdiu expectati et prophetati": *In* Lk 22,16 (130r); vgl. *In* Ps 93 titulus (154v-155r); *In* Joh 18,36 (206v); *In* Mt 16,28 (40r).

[158] „… quando verbum caro factum est, tunc incoepit regnum coelorum aperiri": *In* Mt 3,2 (6r).

[159] „Unde et ioannes baptista incoepit praedicare. poenitentiam agite, appropinquavit enim regnum coelorum [vgl. Mt 3,2]. Et similiter idem incoepit praedicare iesus: et in toto evangelio continue de regno coelorum tractat. Ac si apertius dixisset. finitum est tempus opulentiae secularis promissae in statu veteris testamenti: et iam venit tempus regni dei, regni spiritualis, quo deus regnum suum propagare vult in cordibus totius humani generis": *In* Lk 16,16 (121r).

[160] „Hoc regnum per adventum christi factum est propinquum hominibus. fide, spe ac charitate iesu christi propinquum illud reddente. et ita propinquum ut statim post mortem fruantur homines regno dei, nisi obicem ponant: quod praeteritis ante christum saeculis concessum non erat": *In* Lk 10,9 (107r).

gekommen ist.¹⁶¹ Es beginnt vielmehr unsichtbar, indem Gott durch Glauben, Liebe und Hoffnung in den Herzen der Gläubigen zu herrschen beginnt. Das Reich Gottes hat, bezogen auf das Leben des einzelnen Menschen, einen doppelten Status, indem Gott *in statu viae* in der Seele regiert, *in statu patriae* aber auch in dem glorifizierten Körper des seligen Menschen.¹⁶² Die Spannung zwischen ‚schon' und ‚noch nicht', die die jesuanische Reich-Gottes-Verkündigung durchzieht, wird von Cajetan als Spannung zwischen der Bevollmächtigung des Auferstandenen und dem Geltendmachen dieser Vollmacht formuliert. So kann Cajetan sagen: Wer den Auferstandenen sah, sah Christus in seinem Reich¹⁶³, und gleichzeitig daran festhalten, daß das Reich selber noch nicht zu sehen war und ist.

Damit ist bereits eine Bestimmung angezeigt, die eine vorschnelle Gleichsetzung von Kirche und Reich Gottes verbietet. Beide Größen sind für Cajetan nicht einfach identisch. Zwar versteht Cajetan an einigen Stellen die Kirche als den Ort der irdischen Präsenz des Gottesreiches und kann sie mit dem *regnum dei* gleichsetzen, aber generell überwiegt bei ihm doch die Tendenz zur Unterscheidung.¹⁶⁴ Die Kirche wird von Cajetan als das Medium aufgefaßt, durch das die Menschen *in statu viae* Zugang zum Reich Gottes haben. Sie ist die irdisch-sichtbare Repräsentationsgestalt für das auf Erden unsichtbare Gottesreich, das seinem Wesen und seinem Ursprung nach nicht von dieser Welt ist. Zugleich aber wendet sich Cajetan mit der betonten Aussage, das Reich Gottes habe mit der Auferstehung Jesu begonnen¹⁶⁵, gegen eine Reduzierung dieses Reiches auf den Status der „triumphierenden Kirche" (*ecclesia triumphans*) und damit gegen eine Eschatologisierung der Reich-Gottes-Vorstellung.

Bezeichnenderweise verbindet Cajetan in seinen Texten den Gedanken des Reiches Gottes nur selten mit der ekklesiologischen Haupt-Leib-Analogie. Das Königsamt, das Christus mit der Auferstehung antritt, wird von Cajetan keineswegs mit seiner ekklesialen Präsenz als Haupt des mystischen

---

[161] Cajetan schreibt in seinem Kommentar zu der Perikope von der Anfrage der Zebedaiden (Mt 20,20-28): „Et vere nesciebant quid appetendum petendumque sibi esset post christi resurrectionem: quia errabant tum in tempore regni, putantes regnum christi sensibile secuturum statim resurrectionem christi. tum in modo regnandi: quia consequenter putabant se sic viventes sensibiliter regnaturos cum christo": *In* Mt 20,22 (47r).

[162] „Regnum dei duplicem habet statum. Alterum spiritualem in praesenti vita in cordibus fidelium. regnat enim deus per fidem, spem et charitatem iesu christi in cordibus hominum. Alterum non solum spiritualem sed etiam corporalem, regnante deo non solum in animis sed etiam in corporibus hominum iam glorificatorum in anima et corpore": *In* Lk 17,20 (123r); vgl. auch *In* Hebr 12,28 (171r); o. Anm. 160.

[163] „... qui viderunt iesum post ipsius resurrectionem, viderunt ipsum in regno suo": *In* Mt 16,28 (40r).

[164] Vgl. A. BODEM, Das Wesen der Kirche nach Kardinal Cajetan, 69f.

[165] „constat autem regnum dei gloriosum, in christi resurrectione inchoasse, cum mortale corpus induit immortalitatem": *In* Lk 9,27 (104v).

Leibes gleichgesetzt. Dem entspricht, daß die Kirche von Cajetan als „besondere Herrschaft des Gottessohnes" (*speciale filii dei regnum*)[166] bezeichnet und letztlich dem umfassenderen Königsamt eingeordnet wird. Die Worte des Auferstandenen an die Jünger sprechen für Cajetan in hinreichender Deutlichkeit aus, daß Gott dem auferweckten Menschen Jesus alle Dinge zum Besitz gegeben und ihn damit zum universalen Herrscher eingesetzt hat.[167] Deshalb liegt der Schluß nahe, daß auch das Reich Gottes, das nichts anderes als eben das Reich dieses Herrschers ist[168], gleichfalls von kosmisch-umfassender Dimension gedacht werden muß. Der Reich-Gottes-Begriff konnotiert in der Verwendung Cajetans stets auch diese universale Dimension, die der *ecclesia triumphans*—aufgrund der göttlichen Prädestination und somit von Gott selbst verfügt—gerade nicht zu eigen sein wird. Wenn Cajetan in Ps 2 die Übergabe des ganzen Universums an den Auferstandenen intendiert sieht, dann darf dies folglich nicht so verstanden werden, als ob damit gemeint sei, daß sich die Kirche und mithin auch der Einflußbereich ihres Hauptes über den ganzen Kosmos erstrecke; vielmehr nimmt der Auferstandene die ganze Machtfülle der göttlichen Kosmokratie, die von ihm aufgrund der hypostatischen Union mit dem Gottessohn idiomatisch ausgesagt werden darf, der Vollmacht nach zu sich.[169] Über den rein ekklesialen Herrschaftsbereich hinaus gewinnt der auferstandene Christus aktiven Anteil an der göttlichen Weltregierung, der ‚alle Dinge'—eben auch die Kreaturen außerhalb des mystischen Leibes—unterworfen sind. Mit der Auferstehung ist Christus zum Pantokrator inthronisiert.

---

[166] „Est autem speciale filii dei regnum quod appellatur regnum dei corpus ecclesiae tam triumphantis quam militantis: quoniam in his peculiariter regnat per gratiam primo fidei et iustitiae, et demum gloriae aeternae foelicitatis": *In* Kol 1,18 (125v).

[167] „modo statum adeptus sum regni, quo praesum coelo et terrae": *In* Mt 28,18 (66r).

[168] „Regnum filii, regnum dei, regnum coelorum unum atque idem est": *In* Kol 1,13 (125r); „regnum verum coelorum (quod idem est cum regno dei et regno christi)": *In* Mt 3,2 (6r).

[169] „licet christo resurgenti totius universi dominium collatum sit (dicente ipso matth. ulti. [v.18] data est mihi omnis potestas in coelo et in terra) possessio tamen non tunc sed postea conferenda relicta est. Et possessionem quidem coeli accepit ascendendo super omnes coelos. possessionem vero totius terrae accepturus est veniens in potestate ad iudicandum: tunc enim dabit deus illi terminos angulos, latera, confines terrae in possessionem eius. Sunt autem termini oriens, occidens, auster et septentrino [!]": *In* Ps 2,8 (4v).

4. MYSTERIUM EXALTATIONIS

4.1 Die Himmelfahrt

Wie die Auferstehung so ist auch der „Aufstieg" (*ascensus*) in den Himmel ein aus dem freien Vermögen Christi heraus gesetzter Akt. Im Unterschied zu den ‚Entrückungen' der Heiligen (Henoch, Elia) ist Christus selbst agierendes Subjekt seiner Himmelfahrt[170], sofern eben—wie man wohl ergänzen darf—der Logos das entscheidende wirkursächliche Prinzip dieses Geschehens ist. Cajetan betont, daß die Auffahrt in den Himmel Christus eigentlich nur als Mensch betrifft.[171] Diese Deutung des biblischen Himmelfahrtszeugnisses ist insofern konsequent, als dem im Raum superrepletiv-gegenwärtigen Gottlogos keine räumliche Bewegung im strengen Sinne des Wortes zugeschrieben werden kann. Andererseits ist aber der Logos doch auch nicht nur Ursache der himmelwärts gerichteten Bewegung, sondern hat aufgrund der hypostatischen Vereinigung mit der Menschennatur zugleich am Aufstieg Jesu teil. Unter diesem Aspekt kann Cajetan sogar davon sprechen, daß Mensch *und Gott* in Jesus Christus zum Himmel aufgefahren seien.[172]

Sind diese Bemerkungen vorausgeschickt, dann erscheint die Korrespondenz von Abstieg und Aufstieg, von *descensus* und *ascensus*, die Cajetan in seinem Johanneskommentar entwickelt, theologisch weniger mißverständlich. Himmelfahrt und Menschwerdung legen einander ergänzend Zeugnis ab für die christologische Binnenstruktur: Christus steigt der Menschheit nach in den Himmel, in dem er vor seinem „Herabkommen ins Fleisch" der Gottheit nach war. Abstieg und Aufstieg korrespondieren einander in der Appropriierung an jeweils eine der beiden Wesenheiten. Zugleich begegnet in beiden Bewegungen nur ein und dasselbe Subjekt, die zweite göttliche Hypostase.[173] Ebenso zeigt für Cajetan die Ankündigung Jesu „Ich fahre auf zu meinem Vater und zu eurem Vater, zu meinem Gott und zu eurem Gott" (Joh 20,17) die Zweiheit der Naturen an. Durch das Prädikat „Ich fahre auf" wird die menschliche Natur bezeichnet, durch das Präpositionalobjekt „zu

---

[170] „... christus solus ascendit in coelum secundum corpus (reliqui enim sancti velut rapiuntur in coelum)": *In* Joh 3,13 (148v).

[171] „Iesus homo proculdubio ascendit": *In* Joh 20,17 (209v).

[172] „Ascendit, in coelum, deus mesias, non purus homo sed homo et deus": *In* Ps 47,5 (81v).

[173] „Et dicit ubi prius erat, propter veritatem utriusque naturae. erat enim prius secundum naturam divinam in coelo, et ascendebat secundum naturam humanam: una tamen et eadem hypostasis utriusque naturae. Et propterea ratione unius erat ibi: ratione alterius erat ascensurus": *In* Joh 6,62 (165v).

meinem Vater" dagegen die göttliche Natur.[174] Das Possessivpronomen „meinem" beweist zugleich für Cajetan, daß die menschliche Natur auf einzigartige, weil personale Weise mit der göttlichen Hypostase verbunden ist.[175] Auch an dieser Stelle gibt nach Cajetan das Himmelfahrtsgeschehen Aufschluß über die Wesenskonstitution Christi, indem die Zielbestimmung des menschlichen Aufstiegs die göttliche Natur offenbart.

Cajetan unterscheidet deutlich zwischen der Himmelfahrt und dem Gang Jesu zum Vater. Durch das Sterben und Auferstehen ist Christus bereits in die Herrlichkeit des Vaters eingegangen.[176] Das muß wohl so verstanden werden, daß bereits während des *triduum mortis*, spätestens aber mit der Auferstehung auch die niederen Seelenteile an der Seligkeit, die den oberen Seelenteilen aus der permanenten Gottesschau zukommt, in ungeminderter Fülle teilhaben und somit die Suspendierung der Glorienredundanz aufgehoben ist.[177] Indem die Herrlichkeit aus der *visio beatifica* die ganze Seele und auch den Leib des Auferstandenen durchdringt, ist Jesus bereits zum Vater gegangen. Die Himmelfahrt ist dann noch lediglich für den Körper Christi von Bedeutung. Dessen verklärte Leiblichkeit kann mit dem Aufstieg aus dem irdisch-vergänglichen Seinsbereich in den Himmel vollends nach außen hin manifest werden.[178]

Cajetan hält sich mit ‚topographischen' Überlegungen zum Aufenthaltsort des erhöhten Körpers Christi im translunaren Raum nicht weiter auf. Im Summenkommentar lehrt er mit Thomas, daß Christus seiner menschlichen Natur nach über alle Himmel und somit auch über alle geistigen Kreaturen hinausgestiegen ist (vgl. Eph 1,20f.; 4,10).[179] Die in altkirchlichen Bekenntnissen häufig begegnende Wendung „er ist aufgestiegen in den Himmel" (*ascendit ad/in caelos*) wird also von den Aussagen des Epheserbriefes her interpretiert.[180] Alle nähergehenden Bestimmungen relativiert Cajetan selber

---

[174] „... dicendo ascendo, secundum humanam naturam se significat. addendo vero ad patrem meum, naturam in se divinam significat": *In Joh* 20,17 (209v).

[175] „Ex hoc enim quod ascendit, hominem se manifestat: ex hoc vero quod ascendit ad deum suum, gratia unionis personalis iunctam naturam humanam hypostasi divinae manifestat. Est enim sensus. ascendo ad deum meum, singularissima gratia, singularissimo modo (unionis scilicet personalis) meum": ebd.

[176] „Et bene nota quod non dicit nondum ivi ad patrem meum, sed dicit nondum ascendi: quam iam iverat ad patrem moriendo et resurgendo: ut ipse prius dixerat, vado ad eum qui me misit. Iam enim intraverat in gloriam suam: sed quia adhuc secundum corpus erat in terra, ideo dicit nondum ascendi": ebd.; „transitum iesu habere duplex officium: et transferendi iesum in patris gloriam, et beandi electos": *In Joh* 13,1 (189r); vgl. auch *In Joh* 16,10 (199v).

[177] Siehe o. Abschnitt 3.1.

[178] Vgl. o. Anm. 140.

[179] Cajetan versteht das sehr wörtlich: „Adverte hic Auctorem opinari Christum secundum corpus esse supra caelos omnes sic quod planta pedis eius est supra superficiem convexam supremi caeli": *In III* 57,4 II (XI,533a); vgl. auch den Kommentar zu *S.th.* III 57,5.

[180] Die genannten Verse werden von Thomas jeweils im *sed contra* zu *S.th.* III 57,4f. zitiert.

mit der Bemerkung: „Laßt uns diese übernatürlichen Dinge des kommenden Äons dem Wissen des kommenden Äons anbefehlen."[181]

4.2 Das Sitzen zur Rechten des Vaters

Von dem Begriff der Allgegenwart Gottes her verbietet sich für Cajetan jedes mehr als nur metaphorische Verständnis der dogmatischen Formel von dem „Sitzen zur Rechten des Vaters" (sessio ad dexteram Patris), mit der in enger Anlehnung an die Ausdrucksweise der Schrift und der altkirchlichen Glaubenssymbole der Aufenthalt des Erhöhten näher umschrieben wird. Cajetan weist darauf hin, daß aufgrund der Geistnatur Gottes mit den Worten „Rechte Gottes" bzw. „Rechte des Vaters" keine räumlich-körperliche Größe bezeichnet sein kann.[182]

Aber auch der Ausdruck „Sitzen" (sessio) ist nicht wörtlich zu nehmen. Denn Cajetan faßt das „Sitzen" im Unterschied zum „Stehen" als eine der Würde der menschlichen Natur inadäquate Körperhaltung auf, die erst recht nicht dem verklärten und erhöhten Leib Christi ansteht.[183] Daraus ergibt sich für Cajetan die Notwendigkeit, den biblischen Ausdruck allegorisch auszulegen: Das „Sitzen" bedeutet nach Cajetan die Herrscher- und Regierungstätigkeit Christi und stellt somit auf dessen Königsamt ab; die „Rechte" bezeichnet die „höchsten Güter" Gottes, über die der erhöhte Christus herrscht.[184] Was ist aber mit diesen „höchsten Gütern" gemeint? Cajetan gibt sich wenig Mühe, diese Worte näher zu erläutern. An einer Stelle in seinem Kommentar zum Hebräerbrief setzt er diese „Güter" einfach mit „himmlischen und geistlichen Dingen" gleich.[185] Damit ist wenigstens ein Hinweis gegeben, in welcher Richtung die inhaltliche Füllung des Ausdrucks zu suchen sein dürfte. Mit der Himmelfahrt ist Christus nach Cajetan in eine neue Phase seiner kosmokratischen Tätigkeit eingetreten. Christus hat *als Mensch* den Himmel, die himmlischen „Güter", in Besitz genommen und übt nun über diesen

---

[181] „Mittamus haec supernaturalia futuri saeculi scientiae futuri saeculi": In III 57,4 III (XI,533b).

[182] „Dextera siquidem dei non potest intelligi membrum corporeum, cum deus sit spiritus": In Ps 110,1 (183r).

[183] „Iesus in coelo vere stat (non sedet) quo ad situm corporalem: quoniam stare est naturalis situs hominis, et sic Stephanus vidit ipsum iesum stantem ut vere stat": In Apg 7,55 (220r).

[184] „... suprema dei bona appellatione dexterae significantur": In Ps 110,1 (183r); „Describitur autem christus sedens non corporali positione sed quiete regnans. sicut nec est ibi dextera corporea dei, sed summa bona dei dextera metaphorice appellantur. Significant enim quod christus homo quiete regnat in summis bonis dei, et hoc in coelis existens": In Eph 1,20 (107v); vgl. In Mk 14,62 (82r).

[185] „[ut Christus] regnaret in praecipuis bonis regni dei: qualia sunt spiritualia et coelestia": In Hebr 12,3 (170r).

Bereich des Universums seine Herrschaft uneingeschränkt aus.[186] Damit ist bis auf die irdisch-sichtbare Lebenswelt die mit der Auferstehung verliehene kosmokratische Machtfülle vollgültig eingelöst.

Auf Erden übt der Erhöhte dagegen bis zu seiner Parusie seine Herrschaft noch nicht sichtbar und allumfassend aus. Nach Cajetan regiert Christus durch den Glauben die Erde „in den geistlichen Dingen" (*in spiritualibus*)[187], d.h. die kosmische Universalherrschaft Christi, die sich auch auf die kleinsten sichtbaren Kreaturen erstreckt, wird vor dem zweiten Advent innerhalb der ekklesialen „besonderen Herrschaft" (*dominium speciale*), also innerhalb des mystischen Leibes, ausgeübt[188] und wird somit auch nur in der Repräsentationsgestalt Christi, der „streitenden Kirche" (*ecclesia militans*), anschaulich.[189]

Die sichtbare Inbesitznahme der Erde durch den erhöhten Christus wird sich erst mit seiner Wiederkunft zum Gericht vollziehen. Dann wird das Reich dieses Christus offenbar werden[190], das mit dem Reich Gottes identisch und von ewiger Dauer[191] ist. Der universal-kosmologische Aspekt des Gottesreiches scheint hier freilich von Cajetan wenigstens in einer Hinsicht wieder auf den ekklesiologischen zurückgenommen. Zwar ist jetzt das gesamte Universum vollständig dem Erhöhten zu eigen und seinem Königsamt unterstellt, aber sein Reich wird doch wiederum nur an den Leibern der Seligen sichtbar werden.[192] Auch in den Aussagen Cajetans zu dem letzten Offenbarwerden der Kosmokratie Christi bleibt die Spannung zwischen universaler Extension und partieller Anschaulichkeit des Gottesreiches erhalten.

---

[186] „Et possessionem quidem coeli accepit ascendendo super omnes coelos": *In* Ps 2,8 (4v); „... in sua autem ascensione accepit possessionem regni in coelo": *In* Ps 97,1 (160r).

[187] *In* Ps 8,7 (15r).

[188] „Est autem speciale filii dei regnum quod appellatur regnum dei corpus ecclesiae tam triumphantis quam militantis": *In* Kol 1,18 (125v); vgl. o. Anm. 166.

[189] „... cum praedestinatus fructus regni coelorum (hoc est praesentis ecclesiae) productus fuerit": *In* Mk 4,28f. (71r).

[190] „Donec ponam: hoc est usque ad diem iudicii regna in istis, regnaturus postmodum etiam sensibiliter in toto universo": *In* Ps 110,1 (183r).

[191] „Ne dubitares antedicta secula quandoque finienda, explicat angelus quod nullus erit finis regni iesu": *In* Lk 1,33 (87v).

[192] „Regnum siquidem dei quod in secundo adventu manifestabitur, in christi resurrectione inchoavit: cum ex tunc regnavit deus per gloriam etiam in corpore humano": *In* Lk 22,16 (130r).

KAPITEL VIII

ZUSAMMENFASSUNG

In diesem Kapitel wollen wir noch einmal die wichtigsten Ergebnisse unserer Untersuchung bündeln, um so die Kohärenz und zugleich die entscheidenden Linien im christologischen Denken Cajetans sichtbar werden zu lassen.

Der Weg, auf dem sich Cajetan dem Christusmysterium nähert, ist entscheidend vorbestimmt durch das Modell der Zuordnung von Vernunfterkenntnis und Glaubenserkenntnis, von philosophischem und theologischem Gotterkennen, das für Cajetans Verständnis der Theologie als Wissenschaft charakteristisch ist. Cajetan beobachtet das Christusereignis gleichsam „im Raum der Metaphysik" (Hans Urs von Balthasar)[1]. Das hat zur Folge, daß Cajetan seine christologische Basistheorie, die Lehre von der hypostatischen Union auf wichtigen philosophischen Prämissen fundiert, die er in durchaus eigenständiger Rezeption aus Aristoteles und Thomas, seinen beiden maßgeblichen philosophisch-theologischen Autoritäten, gewinnt. Wir haben die Realdistinktion zwischen Sein und Wesenheit als eine solche philosophische Vorentscheidung kennengelernt. Diese ist insofern für die Christologie von Bedeutung, als sie eine leichtere gedankliche Ablösbarkeit des Seinsaktes von der Natur ermöglicht und so eine wichtige Voraussetzung für das christologische Substitutionsdenken Cajetans darstellt.

Eine zweite wichtige philosophische Grundentscheidung wird von Cajetan innerhalb seiner christologischen Erörterungen selber getroffen und entfaltet. Es handelt sich um die Realdistinktion von Individualnatur und Suppositum. Wir haben gesehen, daß Cajetan an diesem Punkt eine Lehrentwicklung durchlaufen hat. In seinem Kommentar zu der Schrift „*De ente et essentia*" lehrte Cajetan noch die Existenz als das Formalkonstitutivum der Person. Die Individualnatur ist dann Person, wenn sie existiert. In seinem Summenkommentar dagegen wird der Seinsakt noch einmal von einem anderen Kriterium abhängig gemacht, dessen Vorhandensein die Natur unabhängig von der Existenz bereits zum Suppositum konstituiert. Dieses Kriterium ist ein positives Seiendes, aber kein ‚Gegenstand' im eigentlichen

---

[1] Vgl. den gleichnamigen Titel des Bandes III/1 der „Theologischen Ästhetik" von H. U. VON BALTHASAR.

Sinne, sondern ein Seinsmodus: das vollständige Abgeschlossensein der Natur als Substanz.

Zugleich koppelt Cajetan die Existenz an die Personalität. Das bedeutet, daß die bloße Individualnatur in sich als Substanz noch nicht vollendet ist und auch kein eigenes Sein besitzt. Die Realdistinktion zwischen Sein und Wesen wird somit durch das reale Kriterium der Subsistenz, durch den *terminus ultimus*, festgeschrieben. Auch diese philosophische Grundentscheidung ist—wiederum im christologischen Kontext entfaltet—von großer Relevanz für die Christologie Cajetans.

Das Grundmodell, nach dem Cajetan seine Lehre von der hypostatischen Union entwirft, ist die sog. Subsistenztheorie, wie sie Petrus Lombardus in seiner berühmten Doxographie als zweite Lehrmeinung anführt. Cajetan interpretiert aber aufgrund seiner philosophischen Basisentscheidungen diese Theorie im Sinne einer ontologisch abgestützten Substitutionstheorie: Die in sich anhypostatische Menschennatur Christi gewinnt in der hypostatischen Union anstelle der eigenen Personalität die göttliche Personalität und—aufgrund der Koppelung des Seinsaktes an die Personation—zugleich anstelle der eigenen Existenz die göttliche Existenz, indem der Logos die menschliche Natur als Substanz vollendet und ins eigene Dasein setzt. Die Vereinigung in der Person schließt für Cajetan die Vereinigung im Sein notwendig mit ein, ja jene wird durch diese erst vollendet. Cajetan steht damit in der langen thomistischen Traditionslinie, in der die höchstmögliche Verbindung Gottes mit dem Menschen gesucht und nicht eigentlich in der Person, sondern gerade in dem einen Sein des Logos gefunden wurde.

In Christus gibt es also nach Cajetan nur eine einzige Person, die zweite göttliche Hypostase und ein einziges Sein, das ungeschaffene Sein. Darin besteht die ontologische Fundierung der Cajetanschen Einigungschristologie. Nicht auf etwas Äußerlichem, Akzidentiellem, schon gar nicht auf der bloßen Negation eines Abhängigkeitsverhältnisses, wie Duns Scotus meinte, sondern auf etwas der menschlichen Natur zutiefst Innerlichem soll die Verbindung des Menschen mit Gott in Jesus Christus ihr Fundament haben. Dieser Grund ist nach Cajetan die eine Person und das eine Sein des Logos. Aber Cajetan treibt die Interpretation der thomanischen Texte in eine durchaus eigenständig bestimmte Richtung voran: Seine Theorie der kreatürlichen Personalität ist nicht nur als legitime Entfaltung und Fortschreibung der—zugegeben—‚offen' formulierten Gedanken des Thomas außerordentlich umstritten, ja wird von den meisten Forschern heute in deutlicher Differenz zur thomanischen Personlehre gesehen; auch seine Lösung der christologischen Seinsfrage hat wenigstens den Text der „*Quaestio disputata De unione Verbi incarnati*", a.4 ausdrücklich gegen sich. Cajetan verfolgt in seiner Theorie der hypostatischen Union eine Radikalisierung des Substitutionsgedankens, der zwar in der Formel von Chalkedon schon angelegt gewesen sein mag, jedoch nun von Cajetan aufgrund seiner Personlehre in nicht ungefährlicher Weise ontologisch abgesichert wird. Cajetan begründet die Apersonalität der Menschheit Christi auf der Linie der substantiellen Unabgeschlossenheit. Der Logos substituiert (‚suppliert') den der angenommenen menschlichen Natur eigenen *terminus ultimus* und schließt sie so zur Person ab. Die Ausführungen Cajetans sind an diesem Punkt kaum wirksam gegen die naheliegende Vorstellung geschützt, die Menschheit Christi auf der Linie der Substanz—und damit auf der Linie der Natur—als defizient zu denken.

Diese Akzentuierungen der christologischen Basistheorie spiegeln sich auch in der Lehre von den Vollkommenheiten der menschlichen Natur Christi und von den Heilsmysterien wider. Die durch die strenge Fassung des Substitutionsgedankens so betont herausgestellte Einheit der menschlichen Natur mit dem Logos in dessen Hypostase und Sein zieht nach Cajetan unweigerlich die höchstmögliche Einheit im Bereich des Seelenlebens Jesu nach sich. Da dem Menschen—unter Verlust seiner naturalen Integrität—keine höhere Verbindung mit Gott zugedacht werden kann, als daß seine menschliche Natur in Gott Person wird und durch das Sein Gottes ins Dasein tritt, bedeutet die hypostatische Union für diese Natur in höchstmöglicher Weise ‚Gnade', Selbstmitteilung des lebendigen Gottes. Die bis in den Bereich der substantiellen Vollendung hineinreichende Präsenz des Logos führt bei Cajetan zu einer gegenüber Thomas verstärkten Anwendung des Perfektionsprinzips. Wir konnten diese Tendenz vor allem an folgenden Punkten beobachten:

1.) Cajetan hält die Ansicht für theologisch vertretbar, daß der Seele Christi unter Mitwirkung von Engeln alle nur möglichen, natürlich erwerbbaren Sinnesbilder repräsentiert wurden und somit der *intellectus possibilis* vollständig aktuiert werden konnte.

2.) Die Tugend der Großzügigkeit wird von Cajetan der Seele Christi trotz der fehlenden materiellen Rahmenbedingung des Reichtums zugesprochen.

3.) Die *ratio superior* befand sich nach Cajetan während des Passionsgeschehens im Zustand vollkommener Beseligung aufgrund der Logosschau, ohne in irgendeiner Weise von körperlichen Schmerzen ‚berührt' worden zu sein.

Das Theologumenon des „*simul viator et comprehensor*" erfährt vor dem Hintergrund der christologischen Basistheorie eine verschärft dualistische Interpretation: Der irdische Jesus befindet sich eigentlich nur dem Leib und den niederen Seelenpotenzen nach *in statu viae*, da seine Seele bereits vom Augenblick der Zeugung an ununterbrochen Gott schaut und dadurch schon von diesem Zeitpunkt an vollkommen selig ist. Die Bemühungen des Thomas und vor allem des Duns Scotus um eine wirkliche Affizierung auch der oberen Seelenregionen Christi mit dem Leiden werden von Cajetan nicht aufgenommen, zu sehr ist er daran interessiert, die Aktuierung der Seele Christi im Sein und in der Person des Logos nicht durch die Behauptung einer ‚Ohnmacht des Wollens' und den daraus resultierenden Schmerzempfindungen zu verdunkeln. Die vorzüglichsten humanen Potenzen Christi, Vernunft und Wille, werden nach Cajetan stets vom Logos dominiert. Wenn aber die Seele schon seit ihrer Erschaffung und Vereinigung mit dem Logos im Zustand der *visio beatifica* ist, dann können die österlich-nachösterlichen Heilsmysterien eigentlich nur noch für den Körper Christi von Bedeutung sein. Wie wir gesehen haben, wird die Richtigkeit dieser Folgerung durch Cajetans Ausführungen bestätigt.

Die Fülle der Gnade, die in Jesus Christus mit der substantiellen Gegenwart des Logos gegeben ist, und die Cajetan in ihren Konsequenzen für das Seelenleben Jesu so perfektionistisch auszuziehen weiß, ist von grundsätzlicher soteriologischer und ekklesiologischer Relevanz. Das Christus-Haupt besitzt die Gnade im Übermaß, damit sie von ihm auf die Glieder ‚überströme'. Alle Gnade, die den Menschen von Gott zuteil wird, ist nach Cajetan letztlich durch die Menschheit Christi vermittelt. Diese alle Möglichkeiten eines Menschen übersteigende Vermittlungswirksamkeit der Menschheit Christi versteht Cajetan nach dem Modell einer Analogie, die bereits zur Erläuterung des Inkarnationsmodus herangezogen wurde: Es handelt sich um die *instrumentum-coniunctum*-Analogie.

Die angenommene Menschennatur ist ein verbundenes Werkzeug der Gottheit, das von der Prinzipalursache überformt und so zur Verursachung übernatürlicher Wirkungen befähigt wird. Cajetan greift dezidiert auf diese von Thomas wieder in die christologische Diskussion eingeführte Analogie zur Erklärung des Zusammenwirkens von Gott und Mensch zurück. Mit diesem Modell vermag er das menschliche Wirken Christi dem Wirken des Logos nach dem Schema von Haupt- und Instrumentalursache einzuordnen und durch den Gedanken der Informierung in seiner übernatürlichen Wirksamkeit zu erklären. In dieser Wirksamkeit ist die Menschheit Christi—auch die Menschheit des Erhöhten—von bleibender Bedeutung für das Heil aller Menschen, da Gott die Gnade gerade über die Menschennatur seines Sohnes den Menschen mitteilt. Durch die Menschwerdung ist für Cajetan das Gottesverhältnis des Menschen in seiner inkarnatorischen Struktur endgültig manifest geworden. Das *organum*-Modell kann also auf zwei unterschiedliche Aspekte hin akzentuiert werden: Zum einen dient es Cajetan dazu, die Substitution der eigenen Personalität und des eigenen Seins der Menschheit Christi durch den Logos zu erklären; zum andern zieht es Cajetan heran, um mit ihm die übernatürliche Wirksächlichkeit der irdischen wie der erhöhten Menschheit Christi zu verdeutlichen. Beide Verwendungen sind nicht zu trennen, da die unüberbietbare Verbindung der menschlichen Natur mit dem Logos in dessen Person und Sein nach Cajetan gerade die Wirksamkeit des menschlichen Instruments bedingt: *agere sequitur esse*. Die soteriologische Wirkmächtigkeit Christi liegt letztlich in seiner ontologischen Binnenstruktur begründet.

Der soteriologische Bezug der speziellen Christologie ist schon mit den Überlegungen zum Inkarnationsmotiv gegeben. Die Frage nach dem Grund der Menschwerdung wird von Cajetan mit dem Hinweis auf den Willen Gottes, auf die göttliche Vorweganordnung vor aller Zeit, beantwortet. Diese Entscheidung kann nicht mehr hinterfragt, für sie können lediglich Konvenienz- und Motivgründe angegeben werden. Cajetan betont in diesem Zusammenhang den Gedanken der *communicatio*: Die Selbstmitteilung Gottes findet im Modus der hypostatischen Union ihren höchsten und in der Annahme der menschlichen Natur ihren universalen Ausdruck. Mit der dreifachen Staffelung hebt Cajetan noch einmal die hypostatische Union von der Gnade ab. Die Gnade hat in Jesus Christus, in der Substituierung der menschlichen Person und Existenz durch die göttliche Person und Existenz, ihr Ziel und Urbild. Dieser Gedanke der Selbstmitteilung wird aber von Cajetan an die konkrete Freiheitsgeschichte des Menschen zurückgebunden, wenn er als das entscheidende Inkarnationsmotiv mit der thomistischen Tradition die Barmherzigkeit Gottes gegenüber dem Sünder angibt. Das ist das grundsätzliche, von Cajetan bereits in seinem Kommentar zu *S.th.* III 1,1 entwickelte soteriologische Vorzeichen für den gesamten Christologietraktat, insbesondere auch für die teilweise sehr subtil ausgearbeitete spezielle Christologie.

Mit dieser christologischen Basistheorie wird die Christologie des Thomas, dem Cajetan als maßgeblicher Autorität zu folgen vorgibt, dem Schwerpunkt nach also noch einmal zugunsten des Logos verlagert. Man kann diese Verlagerung als „eutychianisch" bezeichnen, wenn damit gemeint sein sollte, daß die Menschheit Christi zugunsten der Einheit des Gottmenschen nicht mehr in rein apersonaler Unvollständigkeit gedacht wird. Tatsächlich geht Cajetan in der ontologischen Fundierung der Apersonalität noch deutlich über Thomas hinaus, wenn er die Menschheit Christi in sich auch ihrer Substantialität nach nicht vollendet sieht. Es stellt sich dann die Frage, ob eine menschliche Natur ohne eigene terminative Abgeschlossenheit (als Substanz) und ohne eigenes Dasein überhaupt noch eine menschliche Natur ist. Wird hier nicht der Mensch Jesus auf eine bloß sekundäre human-essentielle Qualifikation des Logos reduziert? Cajetan vermag tatsächlich mit seinem Verständnis der Apersonalität das Dogma der Homousie Christi mit den Menschen, wie es in Chalkedon formuliert wurde, kaum mehr hinreichend einzuholen. Aufgrund des Mangels an eigenem Sein und der eigenen terminativen Abgeschlossenheit steht der Mensch ernsthaft in Gefahr, nicht mehr vollständig Mensch zu bleiben, wenn er mit Gott vereint wird.

In der christologischen Konzeption Cajetans wird also der Akzent nicht auf die Homousie Christi mit den Menschen gesetzt, sondern vielmehr auf das Eingehen des Menschen in die Person und das Sein des Logos. Der Mensch wird in Jesus Christus unüberbietbar mit Gott und Gott mit dem Menschen verbunden, der Mensch gewinnt in Gott seine Personalität und Existenz und erhält so Anteil am innertrinitarischen Leben. Diese Verbindung kann nach Cajetan ihr Fundament nur in dem ungeschaffenen ‚Sein selbst' haben. Der Suppositionsgedanke hat mithin bei Cajetan eine deutlich soteriologische Ausrichtung: Supponiert die Menschheit Christi den einzelnen gläubigen Menschen, dann bringt der Gedanke, der Logos trete an die Stelle der menschlichen Person und Existenz, letztlich nichts Geringeres als die ungeheure, nahezu ‚mystische Verheißung' einer Gottwerdung des Menschen zum Ausdruck: *factus sum Deus personaliter.*

LITERATURVERZEICHNIS

1. Quellen

1.1 *Cajetan*

Commentaria in De anima Aristotelis (1509), I und II, hg. v. I. Coquelle, 2 Bde., Rom 1938/1939; III, hg. v. Guy Picard/Gilles Pelland, Brügge-Paris 1965.
Commentaria in Porphyrii Isagogen ad Praedicamenta Aristotelis (1497), hg. v. Isnardus M. Marega, Rom 1934.
Commentaria in Praedicamenta Aristotelis (1498), hg. v. Marie-Hyacinthe Laurent, Rom 1939.
Commentarii illustres planeque insignes in Quinque Mosaicos libros, Paris 1539.
De comparatione auctoritatis Papae et concilii cum Apologia eiusdem Tractatus (1511), hg. v. Vincent-Marie Pollet, Rom 1936.
De nominum analogia tractatus (1498) et De conceptu entis quaesita (1509). De l'analogie et Du concept d'être, Trad., comm. et index par Hyacinthe-Márie Robillard, Montréal 1963.
Epistolae Pauli et aliorum apostolorum ad graecam veritatem castigatae, et per Reverendissimum dominum dominum [!] Thomam de Vio Caietanum Cardinalem sancti Xisti iuxta sensum literalem enarratae, Venedig 1531.
Evangelia cum commentariis Caietani. Reverendissimi domini domini [!] Thomae de Vio Caietani Cardinalis sancti Xisti: in quattuor Evangelia et Acta apostolorum ad graecorum codicum veritatem castigata ad sensum quem vocant literalem Commentarii, Venedig 1530.
Ientacula novi testamenti Cardinalis sancti Xisti. Reverendissimi domini Thomae de Vio caietani Cardinalis sancti Xisti preclarissima sexagintaquattuor notabilium sententiarum novi testamenti literalis expositio, in duodecim capita distincta, Köln 1526.
In de ente et essentia D. Thomae Aquinatis Commentaria (1495), hg. v. Marie-Hyacinthe Laurent, Turin 1934.
Kommentar zur Summa theologiae in der Editio Leonina der Werke des Thomas von Aquin (siehe u.), Bd. IV-XII, Rom 1888-1906; Bd. XVI: Indices auctoritatum et rerum occurrentium in Summa theologiae et Summa Contra Gentiles et in annexis commentariis Thomae de Vio Caietani et Francisci de Sylvestris Ferrariensis, Rom 1948.
Opuscula omnia, Venedig 1542.
——, Nunc primum summa diligentia castigata, et doctissimorum quorundam virorum ope suo nitori accurate restituta, Lyon 1587 (Nachdruck: Hildesheim-Zürich-New York 1995).
Psalmi Davidici ad hebraicam veritatem castigati et iuxta sensum quem literalem dicunt enarrati, Venedig 1530.

1.2 *Andere Autoren*

ALBERTUS MAGNUS, Opera omnia, hg. v. Institutum Alberti Magni Coloniense, Bd. 1ff., Münster 1951ff.
ALEXANDER VON HALES, Glossa in quattuor libros Sententiarum Petri Lombardi, hg. v. den PP. Collegii S. Bonaventurae, 4 Bde., BiblFranc 12-15, Ad Claras Aquas (Quaracchi) 1951-1957.
ANSELM VON CANTERBURY, Opera omnia, hg. v. Franciscus Salesius Schmitt, 6 Bde., Seckau-Edinburgh 1938-1961 (Nachdruck: Stuttgart 1968).
ARISTOTELES, Opera, hg. v. Immanuel Bekker, 5 Bde., Berlin 1831-70 (Nachdruck: Berlin 1960-1961).

AUGUSTINUS, Opera, Migne PL 32-47; CSEL 1887ff.; CChr.SL 1954ff.
BIEL, GABRIEL, Canonis Misse Expositio, hg. v. Heiko A. Oberman u. William J. Courtenay, 4 Bde., VIEG 31-34, Wiesbaden 1963-1967.
BOETHIUS, ANICIUS MANLIUS SEVERINUS, The Theological Tractates with an English translation by H. F. Stewart and E. K. Rand, The Consolation of Philosophy with the English translation of "I.T." (1609), revised by H. F. Stewart, Cambridge (Mass.) 1962.
BONAVENTURA, Opera omnia, hg. v. den PP. Collegii S. Bonaventurae, 10 Bde., Ad Claras Aquas (Quaracchi) 1882-1902.
DURANDUS A SANCTO PORCIANO, Petri Lombardi Sententias Theologicas Commentarium Libri IV, Venedig 1571 (Nachdruck in 2 Bden.: Ridgewood 1964).
JOHANNES CAPREOLUS, Defensiones Theologiae Divi Thomae Aquinatis, hg. v. Ceslai Paban/Thomas Pègues, 7 Bde., Tours 1904-1908.
JOHANNES DUNS SCOTUS, Opera omnia, hg. v. Lucas Wadding, 12 Bde., Lyon 1639 (Nachdruck: Hildesheim 1968).
——, Opera Omnia, hg. v. der Commissio Scotistica, Bd. 1ff., Vatikanstadt 1950ff.
JOHANNES VON DAMASKUS, Ἔκδοσις ἀκριβὴς τῆς ὀρθοδόξου πίστεως (Expositio fidei), besorgt v. Bonifatius Kotter, PTS 12 (= Die Schriften des Johannes von Damaskus, hg. v. Byzantinischen Institut der Abtei Scheyern, Bd. 2), Berlin-New York 1973.
PETRUS DE PALUDE, Tertium scriptum super tertium sententiarum, Paris 1517.
PETRUS LOMBARDUS, Sententiae in IV libris distinctae, hg. v. den PP. Collegii S. Bonaventurae, 2 Bde., SpicBon 4/5, 3. Aufl. Grottaferrata (Rom) 1971/1981.
RICHARD VON ST. VICTOR, De Trinitate, Texte critique avec introduction, notes et tables publié par Jean Ribaillier, TPMA 6, Paris 1958.
SALMANTICENSIS COLLEGII CURSUS THEOLOGICUS, 20 Bde., Paris 1870-98.
THOMAS VON AQUIN, Opera omnia iussu impensaque Leonis XIII P. M. edita, Bd. 1ff., Rom 1882ff.
——, Quaestiones Disputatae, hg. v. Raymund Spiazzi, 2 Bde., Turin-Rom 1964/1965.
——, Scriptum super Sententias Magistri Petri Lombardi, I und II, hg. v. Pierre Mandonnet, 2 Bde., Paris 1929; III und IV d.1-22, hg. v. Marie Fabian Moos, 2 Bde., Paris 1933/1947.

2. ÜBERSETZUNGEN

ARISTOTELES, Werke in deutscher Übersetzung, begr. v. Ernst Grumach, hg. v. Hellmut Flashar, Bd. 1ff., Berlin 1956ff.
CAJETAN, Commentary on Being and Essence, hg. v. Lottie H. Kendzierski u. Francis C. Wade, Milwaukee 1964.
DIE DEUTSCHE THOMAS-AUSGABE. Vollständige, ungekürzte deutsch-lateinische Ausgabe der Summa Theologiae. Übersetzt und kommentiert von Dominikanern und Benediktinern Deutschlands und Österreichs, hg. v. der Albertus-Magnus-Akademie, Walberberg bei Bonn, Bd. 1ff., Salzburg-Leipzig (seit 1941: Heidelberg; seit 1950: Heidelberg-Graz; seit 1980: Graz-Wien-Köln) 1933ff.
WICKS, JARED, Cajetan responds. A reader in Reformation Controversy, Washington 1978.

3. SEKUNDÄRLITERATUR

3.1 *Sammel- und Nachschlagewerke*

ACTA CONCILIORUM OECUMENICORUM iussu atque mandato Societas Scientiarum Argentoratensis edidit Eduard Schwartz, 4 Bde., Berlin-Leipzig 1927-1984.
——, sub auspiciis Academiae Scientiarum Bavaricae edita, Series secunda, Bd. 1ff., Berlin 1984ff.

DEFERRARI, ROY J./BARRY, INVIOLATA/MCGUINESS, IGNATIUS, A Lexicon of St. Thomas Aquinas based on The Summa Theologica and selected passages of his other works, Washington 1954.
DENZINGER, HEINRICH/SCHÖNMETZER, ADOLF, Enchiridion symbolorum, definitionum et declarationum de rebus fidei et morum, 36. Aufl. Barcelona-Freiburg/Br.-Rom 1976.
DICTIONNAIRE DE THÉOLOGIE CATHOLIQUE, hg. v. A. Vacant/E. Mangenot, fortges. v. E. Amann, 15 Bde., Paris 1930-1967.
DIE RELIGION IN GESCHICHTE UND GEGENWART, hg. v. Kurt Galling u.a., 6 Bde., 3. Aufl. Tübingen 1957-62.
GRILLMEIER, ALOIS/BACHT, HERMANN (Hgg.), Das Konzil von Chalkedon. Geschichte und Gegenwart, 3 Bde., 5. Aufl. Würzburg 1979.
HISTORISCHES WÖRTERBUCH DER PHILOSOPHIE, hg. v. Joachim Ritter/Karlfried Gründer, Bd. 1ff., Basel/Darmstadt 1971ff.
INDEX THOMISTICUS. Sancti Thomae Aquinatis Operum Omnium Indices et Concordantiae, hg. v. Robert Busa, 49 Bde., Rom-Stuttgart/Bad Cannstatt 1974-1980.
JAFFÉ, PHILIPP, Regesta Pontificium Romanorum ab condita ecclesia ad annum post christum natum MCXVIII, editionem secundam correctam et auctam auspiciis W. Wattenbach curaverunt S. Loewenfeld, A. Kaltenbrunner, P. Ewald, 2 Bde., Leipzig 1885 (Nachdruck: Graz 1956).
GARCÍA, MARIANO FERNÁNDEZ, Lexicon Scholasticum philosophico-theologicum, in quo termini, definitiones, distinctiones et effata a Joanne Duns Scoto exponuntur, declarantur, Ad Claras Aquas (Quaracchi) 1910 (Nachdruck: Hildesheim 1974).
LEXIKON FÜR THEOLOGIE UND KIRCHE, hg. v. Josef Höfer u. Karl Rahner, 10 Bde. u. 1 Registerbd., 2. Aufl. Freiburg/Br.-Basel-Wien 1957-65.
——, hg. v. Walter Kasper u.a., Bd. 1ff., 3. Aufl. Freiburg/Br.-Basel-Rom-Wien 1994ff.
MANSI, JOANNES DOMINICUS, Sacrorum Conciliorum Nova et amplissima collectio, 32 Bde., Florenz-Verona 1759-1798 (Nachdruck: Graz 1960-1961).
MARIENLEXIKON, hg. v. Remigius Bäumer u. Leo Scheffczyk, 6 Bde., St. Ottilien 1988-1991.
NEW CATHOLIC ENCYCLOPEDIA, hg. v. W. J. McDonald u.a., 14 Bde. u. 1 Registerbd. u. 2 Supplementbde., Washington 1967/1974-79 (Nachdruck: Palatine 1981).
SCHÜTZ, LUDWIG, Thomas-Lexikon. Sammlung, Übersetzung und Erklärung der in sämtlichen Werken des hl. Thomas von Aquin vorkommenden Kunstausdrücke und wissenschaftlichen Aussprüche, 2. Aufl. Paderborn 1895 (Nachdruck: 2. Aufl. Stuttgart/Bad Cannstatt 1983).
THEOLOGISCHE REALENZYKLOPÄDIE, hg. v. Gerhard Krause u. Gerhard Müller, Bd. 1ff., Berlin 1977ff.
TOTOK, WILHELM, Handbuch der Geschichte der Philosophie, Bd. 3: Renaissance, unter Mitarbeit v. Erwin Schadel u.a., Frankfurt 1980.

3.2 Weitere Literatur

ANDRESEN, CARL, Zur Entstehung und Geschichte des trinitarischen Personbegriffes, ZNW 52, 1961, 1-39.
BACKES, IGNAZ, Die christologische Problematik der Hochscholastik und ihre Beziehung zu Chalkedon, in: KonChal 2, 923-939.
BALIĆ, CARL M., Duns Skotus' Lehre über Christi Prädestination im Lichte der neuesten Forschungen, WiWei 3, 1936, 19-35.
BARTH, BERNHARD, Ein neues Dokument zur Geschichte der frühscholastischen Christologie, ThQ 100, 1919, 409-426; 101, 1920, 235-262.
BAUER, ROBERT, Art. Cajetan, LThK[2], Bd. 2 (1958), 875f.
BAUM, WILLIAM W., The Teaching of the Cardinal Cajetan on the Sacrifice of the Mass. A Study in Pre-Tridentine Theology, Rom 1958.
BAYERSCHMIDT, PAUL, Die Seins- und Formmetaphysik des Heinrich von Gent in ihrer Anwendung auf die Christologie. Eine philosophie- und dogmengeschichtliche Studie, BGPhMA 36,3/4, Münster 1941.

BETTONI, EFREM, Duns Scotus: the basic principles of his philosophy, Washington 1961 (Nachdruck: Westport 1978) (ital.: Duns Scoto, Brescia 1948).
BEUMER, JOHANNES, Suffizienz und Insuffizienz der Heiligen Schrift nach Kardinal Thomas de Vio Cajetan, Gr. 45, 1964, 816-824.
BISSEN, JOHANNES M., De motivo incarnationis. Disquisitio historico-dogmatica, Anton. 7, 1932, 314-336.
BODEM, ANTON, Das Wesen der Kirche nach Kardinal Cajetan. Ein Beitrag zur Ekklesiologie im Zeitalter der Reformation, TThSt 25, Trier 1971.
BORCHERT, ERNST, Der Einfluß des Nominalismus auf die Christologie der Spätscholastik nach dem Traktat De communione idiomatum des Nicolaus de Oresme. Untersuchungen und Textausgabe, BGPhMA 35,4/5, Münster 1940.
BOSSHARD, STEFAN NIKLAUS, Zwingli–Erasmus–Cajetan. Die Eucharistie als Zeichen der Einheit, VIEG 89, Wiesbaden 1978.
BRINKTRINE, JOHANNES, Die Lehre von der Menschwerdung und Erlösung, Paderborn 1959.
BROSSE, O. DE LA, Le pape et le concile. La comparaison de leurs pouvoirs à la veille de la Réforme, Unam Sanctam 58, Paris 1965.
BRUGGER, WALTER/LOTZ, JOHANN BAPTIST, Allgemeine Metaphysik, Philosophische Hefte 2, Pullach bei München 1956 (Nachdruck: 1962).
CAROSI, PAOLO, La sussistenza ossia il formale constitutivo del supposito, DT(P) 43, 1940, 393-420; 44, 1941, 3-26.
CHENU, MARIE-DOMINIQUE, Das Werk des hl. Thomas von Aquin, DThA Erg.-Bd. 2, 2. Aufl. Graz 1982 (franz.: Introduction à l'étude de saint Thomas, Paris 1950).
COLLINS, THOMAS AQUINAS, Cardinal Cajetan's fundamental biblical principles, CBQ 17, 1955, 363-378.
——, The Cajetan Controversy, AEcR 128, 1953, 90-100.
CONGAR, YVES (MARIE-JEAN), Bio-bibliographie de Cajétan, RThom 39, 1934/1935, 3-49.
——, Regards et réflexions sur la christologie de Luther, in: KonChal 3, 457-486.
CORDOVANI, MARIANO, Il Gaetano e l'edizione Piana della Somma Teólogica, Ang. 11, 1934, 561-567.
COSSIO, ALUIGI, Il Cardinale Gaetano e la riforma, Bd. 1, Cividale 1902.
CROSS, RICHARD, Nominalism and the Christology of William of Ockham, RThAM 58, 1991, 126-156.
CROWLEY, PAUL G., Instrumentum divinitatis in Thomas Aquinas: Recovering the Divinity of Christ, TS 52, 1991, 451-475.
DAVIES, BRIAN, The Thought of Thomas Aquinas, Oxford 1992.
DEGL'INNOCENTI, UMBERTO, L'opinione giovanile del Gaetano sulla constituzione ontologica della persona, DT(P) 44, 1941, 154-166; aufgenommen in: Il problema della persona nel pensiero di S. Tommaso, CSTPUL 2, Rom 1967, 43-57 (danach zitiert).
DETTLOFF, WERNER, Art. Duns Scotus/Scotismus, in: TRE, Bd. 9 (1982), 218-231.
——, Art. Durandus de S. Porciano (ca. 1275-1334), in: TRE, Bd. 9 (1982), 240-242.
DIEKAMP, FRANZ, Katholische Dogmatik nach den Grundsätzen des hl. Thomas, 3 Bde., 10.-11. Aufl. Münster 1952.
DIEPEN, HERMAN-MICHEL, L'existence humaine du Christ en métaphysique thomiste, RThom 58, 1958, 197-213.
DOHERTY, DENNIS, The sexual Doctrine of Cardinal Cajetan, Studien zur katholischen Moraltheologie 12, Regensburg 1966.
DOMÍNGUEZ ASENSIO, JOSÉ ARTURO, Infalibilidad y potestad magisterial en la polémica anticonciliarista de Cayetano, Communio 14, 1981, 3-50. 204-226.
FINKENZELLER, JOSEPH, Die christologische und ekklesiologische Sicht der gratia Christi in der Hochscholastik, MThZ 11, 1960, 169-180.
FRÉNAUD, GEORGES, Les Inédits de Cajetan, RThom 41, 1936, 331-366.
FUHRMANN, MANFRED, Art. Person, I. Von der Antike bis zum Mittelalter, HWP, Bd. 7 (1981), 269-283.
GALTIER, PAUL, L'union hypostatique et l'entre deux de Saint Thomas, EThL 7, 1930, 425-470.

GARRIGOU-LAGRANGE, REGINALD, Art. Thomisme, in: DThC, Bd. 15/1 (1946), 823-1023.
—, De Personalitate iuxta Caietanum, Ang. 11, 1934, 407-424.
—, L'Éminence de la Déité. Ses Attributs et les Personnes Divines selon Cajétan, RThom 39, 1934/35, 297-318.
GAZZANA, UMBERTO, De formali constitutivo personae iuxta Caietanum (recens quaedam controversia), Gr. 27, 1946, 319-326.
GILSON, ÉTIENNE, Cajetan et l'humanisme théologique, AHDL 22, 1955, 113-136.
GIORDANO, ALBERTO, Il sacrificio della Messa nel pensiero del Gaetano (1469-1534), Rom 1953.
GRABMANN, MARTIN, Die Stellung des Kardinals Cajetan in der Geschichte des Thomismus und der Thomistenschule, Angelicum 11, 1934, 547-560; erweitert aufgenommen in: Mittelalterliches Geistesleben, Bd. 2, München 1936, 602-613 (danach zitiert).
GRILLMEIER, ALOIS, Art. Jesus Christus, II. Nachbiblische Christologie, LThK², Bd. 5 (1960), 941-953.
GRONER, JOSEF FULKO, Kardinal Cajetan. Eine Gestalt aus der Reformatorenzeit, Fribourg-Louvain 1951.
GUNTEN, FRANCISCUS VAN, La doctrine de Cajétan sur l'indissolubilité du mariage, Ang. 43, 1966, 62-72.
—, Sur la trace des inédits de Cajétan, Ang. 46, 1969, 336-346.
GUTWENGER, ENGELBERT, Bewußtsein und Wissen Christi. Eine dogmatische Studie, Innsbruck 1960.
—, Das menschliche Wissen des irdischen Christus, ZKTh 76, 1954, 170-186.
—, Zur Ontologie der hypostatischen Union, ZKTh 76, 1954, 385-410.
HALLENSLEBEN, BARBARA, Art. Cajetan, in: LThK³, Bd. 2 (1994), 884f.
—, Communicatio. Anthropologie und Gnadenlehre bei Thomas de Vio Cajetan, RGST 123, Münster 1985.
—, „Das heißt eine neue Kirche bauen". Kardinal Cajetans Antwort auf die reformatorische Lehre von der Rechtfertigungsgewißheit, Cath(M) 39, 1985, 217-239.
—, Kardinal Cajetans Traktat „De fide et operibus" (1532). Seine Auseinandersetzung mit der lutherischen Buß- und Rechtfertigungslehre, lic. masch. Münster 1980.
—, Thomas de Vio Cajetan (1469-1534), in: Erwin Iserloh (Hg.), Katholische Theologen der Reformationszeit 1, Münster 1984, 11-25.
HAMM, BERNDT, Frömmigkeitstheologie am Anfang des 16. Jahrhunderts. Studien zu Johannes Paltz und seinem Umkreis, BHTh 65, Tübingen 1982.
—, Promissio, Pactum, Ordinatio. Freiheit und Selbstbindung Gottes in der scholastischen Gnadenlehre, BHTh 54, Tübingen 1977.
HARRISON, FRANK H., The Cajetan Tradition of Analogy, FrS 23, 1963, 179-204.
HARTMANN, NORBERT, Person in Einsamkeit und Gemeinsamkeit. Überlegungen zum Personbegriff des Johannes Duns Skotus, WiWei 47, 1984, 37-60.
—, Person und Einsamkeit, WiWei 47, 1984, 179-200.
HAUBST, RUDOLF, Das hoch- und spätmittelalterliche „Cur Deus homo?", MThZ 6, 1955, 302-313.
—, Welches Ich spricht in Christus?, TThZ 91, 1982, 1-17.
HEGYI, JOHANNES, Die Bedeutung des Seins bei den klassischen Kommentatoren des heiligen Thomas von Aquin Capreolus–Silvester von Ferrara–Cajetan, PPhF 4, Pullach 1959.
HENNIG, GERHARD, Cajetan und Luther. Ein historischer Beitrag zur Begegnung von Thomismus und Reformation, AzTH.II 7, Stuttgart 1966.
HENNINGER, MARK G., Relations. Medieval Theories 1250-1325, Oxford 1989.
HOFFMANN, A. (SCHENK, R.), Art. Cajetan, Marienlexikon, Bd. 1 (1988), 635-636.
HOLZER, OSWALD, Zur Beziehungslehre des Doctor Subtilis Johannes Duns Scotus, FS 33, 1951, 22-49.
HORST, ULRICH, Der Streit um die hl. Schrift zwischen Kardinal Cajetan und Ambrosius Catharinus, in: Wahrheit und Verkündigung, Festschr. Michael Schmaus, hg. v. Leo Scheffczyk u.a., Bd. 1, München-Paderborn-Wien 1967, 551-577.
—, Thomas de Vio Cajetan (1469-1534), in: KlTh, Bd. 1 (1981), 269-282.430-432.

——, Zwischen Konziliarismus und Reformation. Studien zur Ekklesiologie im Dominikanerorden, Institutum Historicum FF. Praedicatorum Romae Ad S. Sabinae. Dissertationes Historicae, Bd. 22, Rom 1985.

ISERLOH, ERWIN/HALLENSLEBEN, BARBARA, Art. Cajetan de Vio, Jakob, in: TRE, Bd. 7 (1981), 538-546.

JANZ, DENIS R., Luther and Late Medieval Thomism. A Study in Theological Anthropology, Waterloo/Ontario 1983.

KAISER, PHILIPP, Die Gott-menschliche Einigung in Christus als Problem der spekulativen Theologie seit der Scholastik, MThS.S 36, München 1968.

KOCH, JOSEPH, Durandus de S. Porciano O.P. Forschungen zum Streit um Thomas von Aquin zu Beginn des 14. Jahrhunderts, 1. Teil: Literargeschichtliche Grundlegung, BGPhMA 26, Münster 1927.

KOSTER, MANNES DOMINIKUS, Die Menschennatur in Christus hat ihr eigenes Dasein? Zu einer früheren Thomasauslegung, in: Theologie in Geschichte und Gegenwart, Festschr. Michael Schmaus, hg. v. Johann Auer u. Hermann Volk, München 1957, 607-624.

——, Zur Metaphysik Cajetans. Ergebnisse jüngster Forschung, Schol. 35, 1960, 537-551.

KREMPEL, ANTON J., Des hl. Thomas Natur- und Personbegriff im Zusammenhang mit dem Dreifaltigkeits- und Menschwerdungsverständnis, MThZ 10, 1959, 114-122.

——, La doctrine de la Relation chez Saint Thomas. Exposé historique et systématique, Paris 1952.

KUNTZ, PAUL G., The Analogy of Degrees of Being: A Critique of Cajetan's Analogy of names, NSchol 56, 1982, 51-79.

LANDGRAF, ARTHUR MICHAEL, Das Axiom «Verbum assumpsit carnem mediante anima», Acta Pontificiae Academiae S. Thomae Aquinatis et religionis catholicae 9, 1944, 12-23; aufgenommen in: Dogmengeschichte der Frühscholastik, Bd. II/1, Regensburg 1953, 150-171 (danach zitiert).

——, Das Problem «Utrum Christus fuerit homo in triduo mortis» in der Frühscholastik, in: Mélanges Auguste Pelzer, Löwen 1947, 109-158; aufgenommen in: Dogmengeschichte der Frühscholastik, Bd. II/1, Regensburg 1953, 273-319 (danach zitiert).

——, Der Kult der menschlichen Natur Christi nach der Lehre der Frühscholastik, Schol. 12, 1937, 361-377. 498-518; aufgenommen in: Dogmengeschichte der Frühscholastik, Bd. II/2, Regensburg 1954, 132-169 (danach zitiert).

——, Die spekulativ-theologische Erörterung der hypostatischen Vereinigung, ZKTh 65, 1941, 183-216; aufgenommen in: Dogmengeschichte der Frühscholastik, Bd. II/1, Regensburg 1953, 70-115 (danach zitiert).

——, Untersuchungen zum christologischen Streit des 12. Jahrhunderts, in: ders., Dogmengeschichte der Frühscholastik, Bd. II/1, Regensburg 1953, 116-137.

LANG, JUSTIN, Die Christologie bei Heinrich von Langenstein. Eine dogmenhistorische Untersuchung, FThSt 85, Freiburg/Br.-Basel-Wien 1966.

LIEBING, H., Art. Cajetan, RGG³, Bd. 1 (1957), 1582f.

LOHAUS, GERD, Die Geheimnisse des Lebens Jesu in der Summa theologiae des heiligen Thomas von Aquin, FThSt 131, Freiburg/Br.-Basel-Wien 1985.

LOHSE, BERNHARD, Cajetan und Luther. Zur Begegnung von Thomismus und Reformation, KuD 32, 1986, 150-169; aufgenommen in: Bernhard Lohse: Evangelium in der Geschichte. Studien zu Luther und der Reformation, hg. v. Leif Grane, Bernd Moeller u. Otto Hermann Pesch, Göttingen 1988, 44-63.

MALMBERG, FELIX, Über den Gottmenschen, QD 9, Freiburg/Br.-Basel-Wien 1960.

MANDONNET, PIERRE, Art. Cajétan, in: DThC, Bd. 2 (1923), 1313-1329.

MCCANLES, MICHAEL, Univocalism in Cajetan's Doctrine of Analogy, Nschol 42, 1968, 18-47.

MCGRATH, ALISTER E., Homo assumptus? A Study in the Christology of the Via Moderna, with Particular Reference to William of Ockham, EThL 60, 1984, 283-297.

MICHEL, MARIE-ALBERT, Art. Hypostase, in: DThC, Bd. 7/1 (1922), 369-437.

——, Art. Hypostatique (Union), in: DThC, Bd. 7/1 (1922), 437-568.

——, Art. Incarnation, in: DThC, Bd. 7/2 (1923), 1445-1539.

MINGES, PARTHENIUS, Ioannis Duns Scoti doctrina philosophica et theologica quoad res praecipuas proposita et exposita, 2 Bde., Ad Claras Aquas (Quaracchi) 1930.
MITTERER, ALBERT, Die Zeugung der Organismen, insbesondere des Menschen, nach dem Weltbild des hl. Thomas von Aquin und dem der Gegenwart, Wien 1947.
MITZKA, FRANZ, Das Wirken der Menschheit Christi zu unserem Heil nach dem Hl. Thomas von Aquin, ZKTh 69, 1947, 189-208.
MONDELLO, VICTORIO, La dottrina del Gaetano sul Romano Pontefice, Messina 1965.
MOREROD, CHARLES, La controverse entre Cajétan et Luther à propos de l'excommunication, à Augsbourg, en 1518, in: Bruno Pinchard/Saverio Ricci (Hgg.), Rationalisme analogique et humanisme théologique. La culture de Thomas de Vio ‚Il Gaetano', Neapel 1993, 253-282.
MÜHLEN, HERIBERT, Sein und Person nach Johannes Duns Scotus. Beitrag zur Grundlegung einer Metaphysik der Person, FrFor 11, Werl/Westf. 1954.
MULLANEY, THOMAS U., Created Personality: The Unity of Thomistic Tradition, NSchol 29, 1955, 369-402.
MUÑIZ, FRANCISCO P., El constitutivo formal de la persona creada en la tradicion tomista, CTom 36, 1945, 5-89; 37, 1946, 201-293.
NEF, FRÉDÉRIC, Le rationalisme analogique en question? A propos de la théorie cajétanienne de l'analogie, in: Bruno Pinchard/Saverio Ricci (Hgg.), Rationalisme analogique et humanisme théologique. La culture de Thomas de Vio ‚Il Gaetano', Neapel 1993, 153-168.
OBERMAN, HEIKO AUGUSTINUS, Spätscholastik und Reformation, Bd. 1: Der Herbst der mittelalterlichen Theologie, Zürich 1965 (engl.: The Harvest of Medieval Theology. Gabriel Biel and Late Medieval Nominalism, Cambridge/Mass. 1963).
O'CONNELL, MARVIN, Cardinal Cajetan: Intellectual and Activist, The New Scholasticism 50, 1976, 310-322.
OTT, LUDWIG, Das Konzil von Chalkedon in der Frühscholastik, KonChal 2, 873-922.
PANNENBERG, WOLFHART, Grundzüge der Christologie, 7. Aufl. Gütersloh 1990.
PATFOORT, ALBERT, L'unité d'être dans le Christ d'après S. Thomas à la croisée de l'ontologie et de la christologie, BT.D I.4, Paris-Tournai-Rom-New York 1964.
PESCH, OTTO HERMANN, Art. Thomismus, in: LThK², Bd. 10 (1965), 157-167.
——, „Das heißt eine neue Kirche bauen". Luther und Cajetan in Augsburg, in: Begegnung. Beiträge zu einer Hermeneutik des theologischen Gesprächs, hg. v. Max Seckler u.a., Graz-Wien-Köln 1972, 645-661.
——, Theologie der Rechtfertigung bei Martin Luther und Thomas von Aquin. Versuch eines systematisch-theologischen Dialogs, WSAMA.T 4, 2. Aufl. Mainz 1985.
——, Thomas von Aquin. Grenze und Größe mittelalterlicher Theologie. Eine Einführung, 2. Aufl. Mainz 1989.
PINCHARD, BRUNO, Du mystère analogique à la «sagesse des Italiens». L'invention cajétanienne de la similitude, Les Études philosophiques 3, 1989, 413-427.
——, Métaphysique et sémantique. Autour de Cajetan, Etude et traduction du «De Nominum Analogia», Paris 1987.
——, /RICCI, SAVERIO (Hgg.), Rationalisme analogique et humanisme théologique. La culture de Thomas de Vio ‚Il Gaetano', Istituto Italiano per gli Studi filosofici. Biblioteca Europea 2, Neapel 1993.
QUARELLO, ERALDO, Il problema scolastico della persona nel Gaetano e nel Capreolo, DT(P) 55, 1952, 34-63.
RAEYMAEKER, LOUIS DE, Metaphysica generalis, Bd. 2: Notae historicae, 2. Aufl. Löwen 1935.
RAHNER, KARL, Chalkedon–Ende oder Anfang?, KonChal 3, 3-49; aufgenommen unter dem Titel „Probleme der Christologie von heute" in: Schriften zur Theologie, Bd. 1, 3. Aufl. Einsiedeln-Zürich-Köln 1958, 169-222 (danach zitiert).
REICHMANN, JAMES B., St. Thomas, Capreolus, Cajetan and the Created Person, NSchol 33, 1959, 1-31.202-230.
RICHELDI, FERRUCCIO, La Cristologia de Egidio Romano, Modena 1938.
ROHOF, JAN, La Sainteté substantielle du Christ dans la théologie scolastique. Histoire du Problème, SF (NS) 5, Fribourg 1952.

Roo, Willem van, De Sacramentis in genere, Rom 1957.
——, The Resurrection of Christ: Instrumental Cause of Grace, Gr. 39, 1958, 271-284.
Scheeben, Matthias Joseph, Handbuch der katholischen Dogmatik, 6 Bde. (= Gesammelte Schriften Bd. III-VII), Freiburg/Br. 1941-1964.
Schoonenberg, Piet, Ein Gott der Menschen, Zürich-Einsiedeln-Köln 1969 (holl.: Hij is een God van Mensen, 's-Hertogenbosch 1969).
Schwarz, Reinhard, Gott ist Mensch. Zur Lehre von der Person Christi bei den Ockhamisten und bei Luther, ZThK 63, 1966, 289-351.
Schweizer, Othmar, Person und hypostatische Union bei Thomas von Aquin, SF (NS) 16, Fribourg 1957.
Seaver, William, Cardinal Cajetan: renaissance man, Dom. 44, 1959, 354-370.
Seckler, Max, Das Heil in der Geschichte. Geschichtstheologisches Denken bei Thomas von Aquin, München 1964.
Selge, Kurt-Victor, Die Augsburger Begegnung von Luther und Kardinal Cajetan im Oktober 1518. Ein erster Wendepunkt auf dem Weg zur Reformation, JHKGV 20, 1969, 37-54.
——, Normen der Christenheit im Streit um Ablaß und Kirchenautorität 1518 bis 1521, Erster Teil: Das Jahr 1518, Habil. masch. Heidelberg 1968.
Skelly, Gerard B., Cardinal Cajetan, in: Le «divorce» du roi Henry VIII, Genf 1987, 205-228.
Ternus, Joseph, Das Seelen- und Bewußtseinsleben Jesu. Problemgeschichtlich-systematische Untersuchung, in: KonChal 3, 81-237.
Tschipke, Theophil, Die Menschheit Christi als Heilsorgan der Gottheit. Unter Berücksichtigung der Lehre des heiligen Thomas von Aquin, Freiburg/Br. 1940.
Wéber, Édouard-Henri, Le Christ selon Saint Thomas d'Aquin, CJJC 35, Paris 1988.
Weisheipl, James A., Art. Cajetan (Tommaso de Vio), in: NCE, Bd. 2 (1974), 1053-1055.
——, Thomas von Aquin. Sein Leben und seine Theologie, Graz-Wien-Köln 1980 (engl.: Friar Thomas d'Aquino: His life, thought and works, New York 1974).
Wicks, Jared, Cajetan und die Anfänge der Reformation, Münster 1983.
——, Roman reactions to Luther: The first year (1518), CHR 69, 1983, 521-562.

REGISTER

1. Personenregister

Abaelard, 58, 210
Adam, 52-55, 57, 110f., 152f., 159f., 181-183, 216
Ägidius Romanus, 22
Albertus Magnus, 36
Alexander III., Papst, 59, 102
Alexander von Hales, 70
Almain, J., 4
Ambrosius, 155
Andresen, C., 15
Anselm von Canterbury, 106
Appolinaris von Laodicea, 15, 112
Aristoteles, 3, 8, 12f., 15, 19, 31, 37-39, 92, 112, 151, 153, 157f., 181f., 184, 189, 209, 227
Arius, 10, 112
Augustinus, 59, 99, 112f., 118, 155, 195

Backes, I., 59, 125f.
Balić, C. M., 54
Balthasar, H. U. v., 227
Barth, B., 58
Basly, D.-M., 138
Bauer, R., 3
Baum, W. W., 5
Bayerschmidt, P., 207f.
Beda Venerabilis, 155
Bettoni, E., 80, 148
Biel, G., 71, 112
Bodem, A., 2f., 134, 221
Boethius, 14-17, 25, 29, 59
Bonaventura, 70, 192
Bosshard, St. N., 5, 10
Brosse, O. de la, 4
Brugger, W., 16
Brulefer, Stefan, 71

Capreolus, Johannes, 8f., 20, 22f., 84, 140, 143
Catharinus, Ambrosius, 6
Chenu, M.-D., 42
Collins, T. A., 6
Congar, Y., 2, 10
Cossio, A., 2, 182
Degl'Innocenti, U., 22

Dettloff, W., 53
Diepen, H.-M., 86
Doherty, D., 3
Domínguez Asensio, J. A., 4
Dominik von Flandern, 40
Duns Scotus, Johannes, 7-9, 18, 22-25, 28, 36-41, 53-55, 71, 79-81, 83, 88, 91-94, 97, 102f., 106, 116, 119-121, 126f., 146-153, 164-167, 183f., 190-193, 195-197, 199, 201, 228f.
Durandus de Sancto Porciano, 7-9, 26, 50-52, 71, 88, 103f., 114, 117, 141, 146, 151, 210-212

Felix von Urgel, 58
Ferreri, Zaccaria, 4
Friedrich der Weise, Kurfürst, 5
Fuhrmann, M., 15

Galen, 184
Garrigou-Lagrange, R., 19, 28
Gilson, É., 7
Giordano, A., 5
Grabmann, M., 8
Gregor von Nazianz, 23, 84
Grillmeier, A., 62
Groner, J. F., 2
Grosseteste, Robert, 53
Gunten, F. van, 3

Hadrian IV., Papst, 5
Hallensleben, B., 2f., 5, 7, 10, 13, 27, 32, 36, 38f., 45, 136
Harrison, F. H., 3
Hartmann, N., 18
Haubst, R., 53
Hegyi, J., 2
Heinrich VIII., König, 5
Heinrich von Gent, 20
Hennig, G., 3-5, 10
Henninger, M. G., 31, 34, 40
Herveus Natalis, 20
Hieronymus, 6
Hilarius von Poitiers, 112
Hoffmann, A., 3

Honorius Augustodunensis, 53
Horst, U., 2, 4, 6f., 10

Iserloh, E., 3

Janz, D. R., 5
Johannes ab Annuntiatione, 111
Johannes der Täufer, 187
Johannes von Damaskus, 23f., 59, 84, 113f., 137, 156, 181, 192, 195
Johannes von Neapel, 84, 88
Johannes von Ripa, 140

Kaiser, P., 68, 102, 123
Karl V., Kaiser, 5
Koch, J., 9
Koster, M. D., 3, 86, 88
Krempel, A., 16, 33-35, 37f., 40f.
Kuntz, P. G., 3

Landgraf, A. M., 70, 113, 116, 176, 178, 202
Leo X., Papst, 4f.
Liebing, H., 3
Lohaus, G., 42
Lohse, B., 5
Lotz, J. B., 16
Luther, Martin, 4f., 10

Mandonnet, P., 2f.
Maria, 181-187, 189-192
Matthäus von Acquasparta, 53
McCanles, M., 3
Michel, A., 22, 53
Minges, P., 80, 148, 191, 195
Mitterer, A., 186, 219
Mitzka, F., 137, 173f.
Mondello, V., 4
Morerod, C., 5
Mühlen, H., 18
Mullaney, T. U., 22

Nestorius, 10, 61, 102

O'Connell, M., 3

Pannenberg, W., 1
Patfoort, A., 86
Pelster, F., 86
Pesch, O. H., 5, 22, 174

Petrus, 54-56, 200
Petrus Aureoli, 23f., 31
Petrus de Palude, 9
Petrus Lombardus, 10, 58-60, 62, 97, 155, 176, 228
Petrus von Lucca, 182
Pinchard, B., 3
Porphyrios, 3

Quarello, E., 19

Rahner, K., 2
Reichmann, J. B., 16, 22
Richard von Mediavilla, 208
Richard von St. Victor, 15, 17, 29
Robert von Melun, 70
Rohof, J., 123
Roo, W. van, 174

Scheeben, M. J., 70
Schenk, R., 3
Schwarz, R., 71, 83
Schweizer, O., 22
Seaver, W., 3
Seckler, M., 43
Selge, K.-V., 5
Skelly, G. B., 5

Ternus, J., 125
Thomas von Aquin, 3f., 7-9, 11f., 14, 17, 22, 27, 31-34, 37-47, 49, 51-55, 57, 60, 62, 68f., 73, 75, 77, 79, 81, 84-90, 92, 94, 96, 98, 100, 103, 105, 107-110, 112f., 117-120, 122-128, 131f., 135, 137-139, 141, 143-145, 147, 150-156, 158, 162, 164-166, 173f., 176-178, 180f., 185, 187, 189-195, 197, 200, 202, 205, 207-210, 213, 224, 227-231
Totok, W., 2
Trombetta, Antonius, 3
Tschipke, T., 162

Valentinus, 112

Weisheipl, J. A., 3, 85
Wicks, J., 2-5
Wilhelm von Ware, 208
Wodeham, Adam, 143

2. Ortsregister

Augsburg, 4
Bologna, 3
Chalkedon, 1f., 12, 15, 30, 69, 75, 81, 88, 90, 161, 228, 231
Gaeta, 3, 5
Konstantinopel, 30
Neapel, 3

Padua, 3, 10
Paris, 10, 54, 85
Pavia, 3
Pisa, 4
Preßburg, 5
Rom, 3f., 8, 155, 182, 212
Toledo, 155

3. Sachregister

Abhängigkeit (*dependentia*), 17f., 38, 80, 106f., 119, 159
Akt
  Akt (Tätigkeit), 53, 55, 64, 98-121, 123, 128-131, 133f., 137, 145, 152, 156f., 159, 161, 163, 168-172, 176f., 179, 195f., 199, 201, 207, 223
  Akt und Potenz, 24, 37, 40, 46, 79, 83, 99, 139, 141, 144-147, 149, 153, 172, 200, 219, 230
  Seinsakt, 17f., 20-22, 25, 30, 64, 76, 78-80, 82f., 91, 140, 227f.
Akzidens, 31-34, 37, 39, 62, 66, 91, 142f., 151-153
  akzidentielle Verbindung, 59-61, 71, 74, 102
Allmacht, 46, 55, 118, 125, 141, 171f., 200
Analogie, 3, 14, 21, 30, 64, 70-74, 135, 209
  Baum-Implantat-Analogie, 71
  instrumentum-coniunctum-Analogie, 137, 169, 230
  Leib-Seele-Analogie, 70-74
  Punkt-Linie-Analogie, 21
  Substanz-Akzidens-Analogie, 17, 65, 71
  Teil-Ganzes-Analogie, 81
Anbetung (*latria*), 176-188
Annahme der menschlichen Natur, 45-47, 61, 78, 81, 83f., 98-110, 112-121, 123-125, 129, 144, 172, 185f., 198, 206f., 231
  assumere/unire, 98-103, 123
  ordo assumptionis, 113-121, 125, 186, 206
Apersonaliät/Anhypostasie, 19, 23f., 63, 66, 80, 104f., 228f., 231
appetitus, 64, 130, 155f., 158
Äquivokation, 18, 26, 209
Aristotelesrezeption, -interpretation, 15f., 30, 37, 39, 111, 117, 137, 153, 180-185, 189, 198, 207, 217-219
Assumptustheorie, 58f., 65

Aszendenz, 223
Auferstehung
  der Toten, 72f.
  Jesu von den Toten, 49, 129, 187, 210, 212, 214-222, 224, 226
Averroismus, 3

Barmherzigkeit, Erbarmen, 57, 129, 231
Beziehung (*relatio*), 26f., 30-41, 99, 102, 191f.
  prädikamentale Relation, 30-39
  relatio mutua/non mutua, 38f., 68f.
  transzendentale Relation, 39-41
  trinitarische Ursprungsrelation, 26f., 29, 192
  Sohnesbeziehung (*filiatio*), 18, 21, 26-29, 50f., 110, 189-194
Bild Gottes (*imago*), Gottesebenbildlichkeit, 43, 176
Blut, 111f., 181-184, 186, 214, 218f.

Chalkedon, Formel von, 1f., 12, 15, 75, 81, 88, 90, 161, 228, 231

Demut, 131f., 214-216, 220
Deszendenz, 65, 112, 182, 210, 223
Disposition, 19, 121, 125f., 129f., 138, 158, 162, 166f., 174, 176, 182, 188, 201, 206
Dyergismus, 165, 167f.
Dyotheletismus, 155, 168

Einheit, 26, 28, 69-71, 75-84, 87f., 93, 98, 114, 160-162, 167-169, 174f., 208, 229, 231
Empfängnis, 113, 127, 140, 180-189
Engel, 14f., 25, 30, 46f., 110, 127, 150, 154, 188, 210-212, 224, 229
Enhypostasie, 15, 59, 63, 75, 78, 84, 161
Enthaltsamkeit, 131
Erhaltung (*creatio continua*), 171, 210

Erkenntnis, 2, 43, 53, 138-144, 146f., 149, 151f., 180f., 184, 227
Erkenntnisbilder, 141, 145-154, 188
Erlösung, 6, 51f., 54, 111, 130, 137, 157, 159, 172, 195, 199-202, 231f.
Eschatologie, 49, 221, 226
Evangelium, 88, 94, 126, 154, 158, 180, 194, 200, 204, 214, 216, 220
ewiges Leben/Heil, 52, 54f., 122, 217
Exegese (der Hl. Schrift), 1, 5f., 10, 15, 48-50, 71, 85, 112, 132, 169, 204, 214, 217
Existenztheorie, 20, 22

Fegefeuer, 4, 213
Fleisch (*caro*), 49, 51, 58-60, 65, 71f., 84, 98f., 108, 110-113, 115, 117, 158, 165, 181, 183, 185-187, 200, 205-207, 209, 216, 218, 223
Form (*forma*), 13, 27f., 55, 67, 72f., 75, 81f., 89, 93, 108f., 112, 116, 166, 208f.
  forma cadaveris, 207-210
  forma substantialis, 13, 186, 207
Formalkonstitutivum der Person, 17, 20, 22f., 25-27, 29, 63, 83, 227
Freiheit, 13, 42f., 48, 57, 137-139, 160, 162, 169f., 175, 195f., 199-202, 209f., 215, 223, 231
Freimütigkeit, 131
Fundamentalursache (*fundamentum*), 31-36, 39, 67f., 101-103, 192

Gebet, 155, 157, 159, 175, 178, 197
Geburt, 32, 42, 79, 110, 180f., 187-189, 190, 192
Geheimnis (*mysterium*), 2, 21, 48, 70, 89, 98, 108, 126, 128, 134, 180f., 194, 202, 204, 206, 214, 223, 227, 229f., 232
Geist (*mens*), 12, 98, 115
Glaube, 1, 4f., 60, 63, 73, 79, 84, 87, 92, 95, 104, 108, 112, 135, 142, 145, 152, 180f., 204, 208, 212, 220-222, 225-227
  Glaube Christi, 127-131
Gnade, 12f., 44f., 49f., 55, 122-138, 144f., 147, 149, 152, 172, 194, 205, 214, 229-231
  Gnadenfülle Christi, 122, 126, 132-134, 136, 140, 160, 178, 199, 216, 230
  gratia capitis, 122, 127, 133-137
  gratia habitualis, 122, 125-134, 137
  gratia unionis, 50-52, 122-127, 137, 140, 144, 205, 224
  Kindschaftsgnade, 124, 134, 205
Gott Vater, 28, 45f., 100, 107, 177, 185, 190, 192, 223-225
Gott-Welt-Verhältnis, 30, 38f., 41, 68, 190f., 194

Gut (*bonum*), 43-45, 49, 55-57, 157, 195
  geistliche Güter (*spiritualia*), 52, 197, 225f.

Habitus, 88, 126-134, 145, 148
Habitustheorie, 48f., 58f., 61, 89
haecceitas, 25
Heilige Schrift, 5f., 9f., 42, 53, 55, 204, 212
Heiliger Geist, 45, 99, 107, 132, 140, 180f., 183-196
Heilsgeschichte, 11, 42, 98, 107, 120, 122, 202, 204, 212
Hervorgang, innertrinitarischer, 29, 50, 192f.
Herz, 142, 182, 221
hic Deus, 28f., 90, 104f., 107
Himmel, 65, 67, 223-225
Himmelfahrt, 212, 214, 220, 223-225
Hoffnung, 127-130, 221
Hölle, 84, 210-214, 216
Homousie, 81, 111, 154f., 159, 161, 182, 188, 201, 231f.
Humanismus, 6
Hypostase, 16-20, 26-30, 45, 50, 60-67, 69, 74f., 82f., 87, 89f., 92-94, 99-101, 103f., 106f., 111, 120, 124, 135, 137f., 168, 171, 173, 177, 185, 190, 192f., 203f., 206f., 209, 215, 223f., 228f.
Hypostatische Union, 24, 30, 50, 58-98, 102f., 111f., 114, 117, 119, 121-127, 133, 137, 140, 160, 162, 169, 172, 177-179, 193, 196, 202-207, 209, 215, 218f., 222f., 227f., 229, 231
  als Beziehung, 67-69, 99-103, 122-124
  als personale Verbindung (*coniunctio personalis*), 67f., 99, 101, 103, 122f.
  als Veränderung (*mutatio*), 68, 95f., 122-124

Ich, 110f., 123
Idiomenkommunikation, -prädikation, 69, 88-97
incommunicabilitas, 15, 17, 23, 26, 28-30, 62, 105
Individuation, 21, 108
Individuum, 15-29, 35, 51, 59, 63, 72, 76, 80, 86, 89, 92, 108f., 111, 127, 143, 146, 149, 151f., 186, 203, 215, 219, 227f.
Inkarnation, 1, 42-58, 60f., 65, 67, 85f., 90-121, 126-128, 155, 180, 191, 220, 223, 230-232
Insubsistenz, 45
Intellekt, 51, 56, 136, 141-143, 145, 147-149, 156f.
  intellectus agens, 145f., 150-154, 188
  intellectus possibilis, 145f., 150, 153f., 188, 229

REGISTER

Intention, 12, 16, 118, 127, 146, 163f., 166, 215

Kirche, 4, 23f., 52, 60, 62f., 98, 104, 134f., 145, 160, 175, 179, 183, 212, 219, 221f., 226, 230
Königsherrschaft, -amt Christi, 147, 219-222, 225f.
Konkupiszenz, 181f.
Konstantinopel, Synoden von, 30, 60, 155
Konvenienz, 13, 23f., 42-48, 84, 107-111, 115, 117, 150f., 154, 186, 231
Konziliarismus, 4
Kreuz, 6, 42, 115, 157-159, 195, 197-201, 204, 212, 217, 219
Kult, 175-179

Leib, Körper, 25, 58-60, 62, 64, 70, 72-74, 111-117, 119-121, 129, 134, 144, 146, 150, 159, 169, 171, 174, 181-187, 194-198, 200f., 203-221, 224-226, 229f.
Leiden Christi, 155, 158f., 194-200, 214, 218, 229f.
Liebe, 47f., 127, 196, 213, 221
limbus patrum, 210f., 213
limbus puerorum, 213
Literalsinn, 5, 10, 112

Materie (*materia*), 27, 33, 72f., 75, 85, 93, 111f., 114f., 118, 121, 128, 131, 164, 176-179, 182-185, 208f., 211, 218
materia proxima, 181, 184
medium ut quo/ut quod, 116f., 119
Metaphysik, 1, 3, 12, 14, 17f., 25, 30, 32, 38, 61, 63, 74, 77f., 86, 89, 93, 108, 115, 119, 121, 133, 140, 180, 190f., 193, 202f., 207, 227-229, 231
Mitteilung (*communicatio*), 43-45, 48, 57, 172, 205, 229, 231
Mitwirkung, 162, 184, 229
modus subsistendi, 17, 21f., 28, 30, 35, 63, 193
modus unionis, 51, 66, 71, 75, 89, 108f., 162
Modustheorie, 22f., 26, 74, 93
Monergismus, 160f., 167
Monotheletismus, 160f.
Moral, 3, 5, 52, 109, 127, 130f., 134f., 138, 182, 196, 215
Mystischer Leib (*corpus mysticum*), 52, 122, 134-137, 221f., 226

Nachfolge Christi, 132, 214
Natur, 12-14
 göttliche Natur Christi, 14, 26, 28-30, 35, 44f., 60, 65, 69, 90, 103-105, 122, 141, 171, 177, 215, 224

menschliche Natur Christi, *passim*
Nestorianismus, 10, 60f., 96, 98, 102, 178
Neuchalkedonismus, 1, 58, 63
Neuplatonismus, 43, 113, 117
Nihilianismus, 59
Nominalismus, 71, 83, 112
Notwendigkeit, 2, 27, 39, 42f., 48, 54f., 69, 90, 93, 107, 117, 130, 160, 171, 189, 191, 194, 202

obödientiale Potenz, 46, 138f., 145, 172
Offenbarung, 1, 55, 145
opera ad extra, 99f.

Papst(tum), 4-6, 224
Paradies, 212
Passion Christi, 132, 158f., 173, 194-201, 212f., 215-217, 219, 229
Perfektionsprinzip, 130, 154, 159, 178f., 188, 229
Perichorese, 88
Person, 14-16, 86, 134, 176f., 192
 geschaffene Person, 16-27, 35, 59, 63-65, 73, 75-84, 86, 119-121, 125, 136, 168, 188f., 203f., 227f., 230-232
 göttliche Person, 15, 26-30, 35, 44f., 47, 51, 58-61, 63-68, 73, 75, 95, 99-107, 111, 138, 171, 186, 190-192, 207, 215, 228f., 232
Person der Engel, 25
Prädikation *per se/per accidens*, 81, 85, 90-93, 96
principium quo/quod, 13f., 20, 25, 77f., 104, 168

Realdistinktion
 zw. Individuum u. Suppositum, 18, 227
 zw. Relation u. Fundament, 33-35
 zw. Sein u. Wesen, 14, 18, 26, 76, 80, 83, 227f.
 zw. Substanz u. Akzidens, 34
Redundanz, 131, 195, 198f., 216f., 224
Reduplikation, 94f.
Reformation, 2, 10
Reich Gottes/Christi, 140, 218, 220-222, 226

Schau Gottes/des Logos, 52, 56, 127-129, 138-147, 194-196, 199, 212f., 220, 224, 229f.
Schöpfung, 14, 38f., 41, 44-48, 69, 137f., 142, 171f., 200, 209f., 217
Schuld, 47, 182f., 205
Seele, 25, 52, 54f., 58-60, 62, 64, 70-74, 111, 113-115, 117, 119f., 121, 136-136, 138-154, 159f., 169, 174, 184, 186, 194-201, 203-207, 209, 215-217, 220f., 224, 229f.

separate Seele, 25, 72f., 115, 121, 200, 203-214
Sein(sbegriff), *passim*
Dasein (*esse existentiae*), 14f., 17, 19-23, 36, 55f., 63, 76-82, 84, 87, 142, 148f., 152, 203, 205, 227f., 231f.
Sosein (*esse essentiae*), 12, 14, 29, 43-45, 76, 79, 83, 87, 91, 93, 105, 122, 132, 136, 138, 140-143, 145, 165, 175, 180, 189, 194, 203, 208, 210, 218, 221, 228
simul viator et comprehensor, 128f., 140, 146, 194, 196f., 199, 229
Sitzen zur Rechten, 225f.
Strafe, 110, 188, 196, 214
subsistens, 25, 28-30, 60, 66, 72, 84, 86, 96, 106, 204
Subsistenz (*subsistentia*), 16f., 21f., 25, 27-30, 45, 60, 63-68, 72f., 78, 80, 82, 95, 102, 104-106, 119-121, 123f., 203, 205
Subsistenztheorie, 60-62, 65, 69, 89, 228
Substanz, 13-17, 20-22, 25f., 29-34, 44f., 59-67, 70-74, 77, 80, 85, 96, 102, 110, 113-121, 140f., 143, 171, 181, 186, 202-208, 211, 215f., 228f., 231
erste Substanz, 13, 15-21, 27f., 65, 108
geistige Substanz, 26, 47, 143, 210-212, 216
zweite Substanz, 13
Substanz-Akzidens-Verhältnis, 17, 34, 71
Sünde/Sünder, 52-57, 110f., 134, 160, 172, 183, 188, 197, 199, 205, 231
Sündenfall (*lapsus*), 52-55, 188
Suppositum (Selbstand), 13, 16-20, 20f., 25f., 28, 61, 65-67, 70-72, 77, 82, 85-87, 90, 92, 94-97, 104, 124, 168, 191-194, 203, 205, 208, 215, 227
Symbolum Quicumque, 70f., 73f., 84, 98

Teilhabe, 44f., 47, 81, 110, 122, 133, 149, 158, 163f., 166, 173, 209, 223f.
Terminus
als Teil einer Beziehung, 31, 35f., 37, 69, 191f.
als Zielpunkt des Assumptionsaktes, 30, 45, 100f., 103-107, 114, 207
terminus ultimus (als Abschluß der Person), 20f., 23-26, 29f., 63-65, 74, 82, 100, 171, 203, 228f., 231
Theosis, 88
Thomismus, 3, 6f. 22, 33, 40, 67, 84f., 87f., 123, 207-209, 228, 231
Tod, 6, 25, 42, 115, 120f., 155, 157-159, 187, 194, 196, 198-207, 210, 213-219
Tradition, 1, 6, 53, 55, 71, 98, 100, 114, 123, 155, 176, 186, 194, 207, 212, 228, 231
triduum mortis, 120, 202-214, 224

Trinität, 13-15, 26-30, 35, 37, 50, 64, 83, 99f., 103-105, 107, 122, 124, 128, 185f., 190, 193, 207, 232
Tugenden, 127-131, 134, 176, 229

Unendlichkeit, 21, 29, 64, 105f., 124, 141-143, 148
Univokation, 92, 108f., 194
Unveränderlichkeit Gottes, 39, 68, 95f.
Ursache
Formursache, 21, 25, 121, 209
Instrumental-/Zweitursache, 162-167, 172, 230
Materialursache, 21, 40, 56f., 118, 126, 181-184, 186, 216
Prinzipal-/Erstursache, 46, 73, 139, 162-167, 172-175, 202, 230
Wirkursache, 100, 118, 126, 139f., 163, 172, 184, 186
Zielursache, 53, 126

Verdienst, 109f., 125, 129f., 136, 138, 162, 187, 200-202, 204, 213-215
Verehrung (*dulia*), 175-179
Vereinigung (*unio*), 23, 30, 50f., 56, 58-71, 73-75, 78, 81, 91, 93, 98-101, 103, 108f., 114, 123f., 140, 150, 160f., 171f., 180, 194, 196, 199, 204f., 207, 223, 228, 230
substantielle Vereinigung, 61f., 64, 66, 69-72, 74, 91, 204
unio in causando, 74
unio in natura, 62, 72, 140
unio in persona/personalis, 43, 46, 57, 122, 200, 228
Vergöttlichung, 183
Vernunft, 8, 14-16, 20, 25, 29, 36, 42, 44, 49, 91, 142, 155-159, 194f., 197-199, 204, 227, 229f.
virginitas in partu, 187f.
Vorherbestimmung (*praedestinatio*), 48-57, 200, 222
Vorherwissen (*praescientia*), 52-57

Wahrheit, 1f., 51, 96f., 184, 208, 219
Washeit (*quiditas*), 14, 19, 147-149, 152
Welt, 38f., 43f., 47f., 52f., 68, 108, 142, 147, 154, 190, 193f., 220-222, 226
Werkzeug (*instrumentum/organum*), 73f., 137-139, 160-167, 169-175, 200-202, 213, 215, 231
instrumentum abiunctum, 74
instumentum coniunctum, 73f., 137-139, 169, 171, 200f., 215, 230
Wesen(heit) (*essentia*), 12-14, 18, 20f., 23, 26, 28-31, 35, 43-45, 47f., 53, 55, 75f., 80f., 83, 87, 90-93, 105f., 108, 114, 121f.,

132, 136, 138, 140-143, 146, 149, 161, 164f., 175, 180, 182f., 186, 189, 194, 203, 206-208, 218f., 221, 223f., 227f.
Wiederkunft Christi, 49, 214, 217, 220, 226
Wille, 36, 42f., 53-55, 57, 135, 139, 155-161, 169f., 174f., 187, 195-197, 199-201, 209, 230f.
   der Sinnlichkeit, 155f., 158
Wissen (*scientia*), 127, 131, 180, 225
   scientia acquisita, 142, 145, 150-154, 188
   scientia beata, 138-144, 150

   scientia infusa, 144-150, 152f.

Zeit, 1f., 6, 48f., 65, 67f., 77, 82, 85, 91, 94f., 99, 113f., 117, 123, 133, 138, 141f., 149, 154, 160, 168, 186, 189-193, 199f., 205f., 210, 229, 231
Ziel, 13, 46f., 49-51, 53, 55f., 64, 95f., 100f., 103, 109, 114, 118, 122, 126, 138f., 155-158, 172, 189, 224, 231
Zweinaturenlehre, 12, 60, 65-67, 69, 75, 90, 105

STUDIES IN MEDIEVAL AND REFORMATION THOUGHT

EDITED BY HEIKO A. OBERMAN

1. DOUGLASS, E. J. D. *Justification in Late Medieval Preaching.* 2nd ed. 1989
2. WILLIS, E. D. *Calvin's Catholic Christology.* 1966 *out of print*
3. POST, R. R. *The Modern Devotion.* 1968 *out of print*
4. STEINMETZ, D. C. *Misericordia Dei.* The Theology of Johannes von Staupitz. 1968 *out of print*
5. O'MALLEY, J. W. *Giles of Viterbo on Church and Reform.* 1968 *out of print*
6. OZMENT, S. E. *Homo Spiritualis.* The Anthropology of Tauler, Gerson and Luther. 1969
7. PASCOE, L. B. *Jean Gerson: Principles of Church Reform.* 1973 *out of print*
8. HENDRIX, S. H. *Ecclesia in Via.* Medieval Psalms Exegesis and the *Dictata super Psalterium* (1513-1515) of Martin Luther. 1974
9. TREXLER, R. C. *The Spiritual Power.* Republican Florence under Interdict. 1974
10. TRINKAUS, Ch. with OBERMAN, H. A. (eds.). *The Pursuit of Holiness.* 1974 *out of print*
11. SIDER, R. J. *Andreas Bodenstein von Karlstadt.* 1974
12. HAGEN, K. *A Theology of Testament in the Young Luther.* 1974
13. MOORE, Jr., W. L. *Annotatiunculae D. Iohanne Eckio Praelectore.* 1976
14. OBERMAN, H. A. with BRADY, Jr., Th. A. (eds.). *Itinerarium Italicum.* Dedicated to Paul Oskar Kristeller. 1975
15. KEMPFF, D. *A Bibliography of Calviniana.* 1959-1974. 1975 *out of print*
16. WINDHORST, C. *Täuferisches Taufverständnis.* 1976
17. KITTELSON, J. M. *Wolfgang Capito.* 1975
18. DONNELLY, J. P. *Calvinism and Scholasticism in Vermigli's Doctrine of Man and Grace.* 1976
19. LAMPING, A. J. *Ulrichus Velenus (Oldřich Velenský) and his Treatise against the Papacy.* 1976
20. BAYLOR, M. G. *Action and Person.* Conscience in Late Scholasticism and the Young Luther. 1977
21. COURTENAY, W. J. *Adam Wodeham.* 1978
22. BRADY, Jr., Th. A. *Ruling Class, Regime and Reformation at Strasbourg, 1520-1555.* 1978
23. KLAASSEN, W. *Michael Gaismair.* 1978
24. BERNSTEIN, A. E. *Pierre d'Ailly and the Blanchard Affair.* 1978
25. BUCER, Martin. *Correspondance.* Tome I (Jusqu'en 1524). Publié par J. Rott. 1979
26. POSTHUMUS MEYJES, G. H. M. *Jean Gerson et l'Assemblée de Vincennes (1329).* 1978
27. VIVES, Juan Luis. *In Pseudodialecticos.* Ed. by Ch. Fantazzi. 1979
28. BORNERT, R. *La Réforme Protestante du Culte à Strasbourg au XVIe siècle (1523-1598).* 1981
29. SEBASTIAN CASTELLIO. *De Arte Dubitandi.* Ed. by E. Feist Hirsch. 1981
30. BUCER, Martin. *Opera Latina.* Vol I. Publié par C. Augustijn, P. Fraenkel, M. Lienhard. 1982
31. BÜSSER, F. *Wurzeln der Reformation in Zürich.* 1985 *out of print*
32. FARGE, J. K. *Orthodoxy and Reform in Early Reformation France.* 1985
33, 34. BUCER, Martin. *Etudes sur les relations de Bucer avec les Pays-Bas.* I. Etudes; II. Documents. Par J. V. Pollet. 1985
35. HELLER, H. *The Conquest of Poverty.* The Calvinist Revolt in Sixteenth Century France. 1986

36. MEERHOFF, K. *Rhétorique et poétique au XVIe siècle en France.* 1986
37. GERRITS, G. H. *Inter timorem et spem.* Gerard Zerbolt of Zutphen. 1986
38. ANGELO POLIZIANO. *Lamia.* Ed. by A. Wesseling. 1986
39. BRAW, C. *Bücher im Staube.* Die Theologie Johann Arndts in ihrem Verhältnis zur Mystik. 1986
40. BUCER, Martin. *Opera Latina.* Vol. II. Enarratio in Evangelion Iohannis (1528, 1530, 1536). Publié par I. Backus. 1988
41. BUCER, Martin. *Opera Latina.* Vol. III. Martin Bucer and Matthew Parker: Florilegium Patristicum. Edition critique. Publié par P. Fraenkel. 1988
42. BUCER, Martin. *Opera Latina.* Vol. IV. Consilium Theologicum Privatim Conscriptum. Publié par P. Fraenkel. 1988
43. BUCER, Martin. *Correspondance.* Tome II (1524-1526). Publié par J. Rott. 1989
44. RASMUSSEN, T. *Inimici Ecclesiae.* Das ekklesiologische Feindbild in Luthers "Dictata super Psalterium" (1513-1515) im Horizont der theologischen Tradition. 1989
45. POLLET, J. *Julius Pflug et la crise religieuse dans l'Allemagne du XVIe siècle.* Essai de synthèse biographique et théologique. 1990
46. BUBENHEIMER, U. *Thomas Müntzer.* Herkunft und Bildung. 1989
47. BAUMAN, C. *The Spiritual Legacy of Hans Denck.* Interpretation and Translation of Key Texts. 1991
48. OBERMAN, H. A. and JAMES, F. A., III (eds.). in cooperation with SAAK, E. L. *Via Augustini.* Augustine in the Later Middle Ages, Renaissance and Reformation: Essays in Honor of Damasus Trapp. 1991 *out of print*
49. SEIDEL MENCHI, S. *Erasmus als Ketzer.* Reformation und Inquisition im Italien des 16. Jahrhunderts. 1993
50. SCHILLING, H. *Religion, Political Culture, and the Emergence of Early Modern Society.* Essays in German and Dutch History. 1992
51. DYKEMA, P. A. and OBERMAN, H. A. (eds.). *Anticlericalism in Late Medieval and Early Modern Europe.* 2nd ed. 1994
52, 53. KRIEGER, Chr. and LIENHARD, M. (eds.). *Martin Bucer and Sixteenth Century Europe.* Actes du colloque de Strasbourg (28-31 août 1991). 1993
54. SCREECH, M. A. *Clément Marot: A Renaissance Poet discovers the World.* Lutheranism, Fabrism and Calvinism in the Royal Courts of France and of Navarre and in the Ducal Court of Ferrara. 1994
55. GOW, A. C. *The Red Jews: Antisemitism in an Apocalyptic Age, 1200-1600.* 1995
56. BUCER, Martin. *Correspondance.* Tome III (1527-1529). Publié par Chr. Krieger et J. Rott. 1989
57. SPIJKER, W. VAN 'T. *The Ecclesiastical Offices in the Thought of Martin Bucer.* Translated by J. Vriend (text) and L.D. Bierma (notes). 1996
58. GRAHAM, M.F. *The Uses of Reform.* 'Godly Discipline' and Popular Behavior in Scotland and Beyond, 1560-1610. 1996
59. AUGUSTIJN, C. *Erasmus. Der Humanist als Theologe und Kirchenreformer.* 1996
60. McCOOG SJ, T. M. *The Society of Jesus in Ireland, Scotland, and England 1541-1588.* 'Our Way of Proceeding?' 1996
61. FISCHER, N. und KOBELT-GROCH, M. (Hrsg.). *Außenseiter zwischen Mittelalter und Neuzeit.* Festschrift für Hans-Jürgen Goertz zum 60. Geburtstag. 1997
62. NIEDEN, M. *Organum Deitatis.* Die Christologie des Thomas de Vio Cajetan. 1997